KB084489

# 국민은행
# 신입행원 채용대비

## 제1회 모의고사

| 성명 | | 생년월일 | |
|---|---|---|---|
| 문제 수(배점) | 100문항 | 풀이시간 | / 100분 |
| 영역 | 직업기초능력 + 직무심화지식 + 상식 | | |
| 비고 | 객관식 4지선다형 | | |

각 문제에서 가장 적절한 답을 하나만 고르시오.

**1.** 다음 글의 내용과 일치하지 않는 것은?

> 무역이나 해외 여행 등을 위해서는 서로 다른 두 나라의 화폐를 교환할 필요가 있다. 이때 두 나라의 화폐는 일정한 비율로 교환되는데, 이 비율을 환율(換率)이라고 한다. 환율은 특정 국가 통화에 대해 자국 통화가 어느 정도의 값어치가 있는가를 나타내는 지표이다. 물건의 가격이 시장에서 수요와 공급에 따라 결정되는 것처럼, 환율도 외환시장의 수요와 공급에 따라 결정된다. 국제 외환시장에서는 달러화가 주로 거래되고 있기 때문에 편의상 우리나라를 비롯한 대부분의 나라에서는 미국 달러화를 기준으로 환율을 표시하고 있으며, 1달러=1,000원과 같은 형태로 나타낸다.
>
> 환율은 고정되어 있지 않고 시시각각으로 변한다. 1달러당 1,000원 하던 환율이 900원으로 내려가면 1달러를 교환할 때 필요한 우리나라 원화가 줄어든다. 이때 '환율이 내렸다'고 하는데, 이것은 거꾸로 원화 가치가 올랐음을 의미한다. 이처럼 원화 가치가 상대적으로 높아지는 것을 평가절상 되었다고 하며, 원화가 오른 상태가 지속되면 '원고(高)'가 진행된다고 한다. 반대로 1달러당 1,000원 하던 환율이 1,100원으로 올라가면 원화의 가치는 떨어지는데, 이때에는 원화가 평가절하 되었다고 하며 이 상태가 유지되면 '원저(低)'가 진행된다고 한다.

> 이러한 환율 변화는 경우에 따라서 우리나라에 호재가 될 수도, 악재가 될 수도 있다. 일반적으로 환율이 내려가면 국내 수출업체들은 불리해진다. 원화의 달러당 환율이 1,000원일 때 국내기업이 수출 대금으로 1달러를 받으면 1,000원을 받는 셈이다. 하지만 환율이 900원으로 내려가면 1달러를 받아 900원밖에 받지 못하므로 기업의 수익이 줄어든다. 반면에 환율이 내려가면 수입업체들은 유리해진다. 수입상품 대금을 치를 때 원화 대금이 줄기 때문이다. 그래서 원화 환율이 내려가면 수입(輸入)이 증가한다.
>
> 환율이 올라가면 일반적으로 이와 반대되는 현상이 발생한다. 환율이 1,100원으로 오르면 수출대금으로 달러당 1,000원을 받던 수출업체들은 더 많은 원화를 받기 때문에 수출업체들의 수익성이 좋아진다. 이와 반대로 수입업체들은 수입 대금을 결제하기 위해 더 많은 원화를 지불해야 하기 때문에 수입 원가가 비싸진다. 따라서 환율이 오르면 원자재 수입 가격이 상승하기 때문에 이를 사용하는 공산품의 가격도 상승한다. 뿐만 아니라 기계류 등 수입 완제품 가격도 상승하게 되므로 결과적으로 국내 물가 전반은 상승 압력을 받는다.
>
> 우리나라는 대외무역 의존도가 아주 높기 때문에 환율의 변화에 민감하게 반응할 수밖에 없는 경제 구조를 갖고 있다. 환율이 완만하게 변동하면 수출입업체가 대처할 수 있는 시간적 여유가 충분하므로 별 문제가 되지 않는다. 하지만 환율이 급격하게 변동하면 국내 수출입업체들이 이에 신속하게 대처하기 어려워 심각한 문제가 야기되기도 한다. 따라서 환율 변동으로 인한 업체들의 불안을 해소하기 위해서는 적절한 환율 관리가 필요하다.

① 우리나라 경제는 환율 변화에 민감하게 반응한다.

② 환율은 외환시장의 수요와 공급에 따라 결정된다.

③ 대부분의 나라는 미국 달러화를 기준으로 환율을 표시한다.

④ 환율이 오르면 해외에서 들여오는 원자재의 수입 가격이 하락한다.

**2.** 다음 글을 통해 알 수 있는 것은?

식량부족 해결책으로 품종 개발을 계획하였다. 1962년 필리핀에 설립된 국제미작연구소에서 생산성이 높은 품종 개발 연구를 시작하였는데, 당시 반 왜성 품종의 밀과 벼가 생산성이 높다고 인정되었기 때문에 반 왜성 품종 유전자와 열대지역의 인디카, 온대지역의 자포니카 품종을 결합하는 교배를 진행하였다. 이를 통해 만들어진 벼들 가운데 우수종자를 선발하고 교배하여 더욱 발전시켰다. 그 결과 1971년에 통일벼가 개발되었고 이듬해 농가에 보급되어 본격적인 재배가 시작되었다. 통일벼는 키가 짧고 내비성과 광합성 능력이 높아 당시 다른 품종보다 약 30 ~ 40% 가량 생산성이 높은 다수확 품종이었다. 또한 도열병, 줄무늬잎마름병, 흰잎마름병 등 주요 병해에도 강하다는 특성이 있었다. 때문에 정부에서도 이를 적극 권장하였으며, 이중곡가제를 실시하였다. 1976년에는 통일벼의 재배면적은 전체 44%로 확대되면서 521.5만 톤을 생산해냈고, 안정적인 자급자족이 이루어졌다. 이후 세계 벼 육종학자들은 물론, 농학계의 관심 대상이 되었다. 그러나 인디카 품종 유전자가 높았기 때문에 저온에 대한 내성이 약했다. 찰기가 많고 품질이 좋은 자포니아 품종에 비하여 찰기가 없고 품질이 다소 떨어지며 탈립성이 약해서 수확기에 알맹이가 쉽게 떨어져 나가는 등의 단점이 있었다. 이를 개선하기 위한 연구를 추진하여 조생통일, 영남조생, 유신 등의 통일형 품종이 개발·보급되었으나 1980년대부터는 통일벼 과다생산의 우려와 양질의 쌀을 추구함에 따라 재배면적이 줄어들었다. 하지만 기적의 볍씨라고도 불리는 통일벼의 개발은 우리나라 식량자급의 직접적인 계기가 되었고, 작물육종 기술 격상과 나라의 안정 및 발전에 크게 이바지하였다. 이를 바탕으로 최근에는 농·식품 수출시장 확대를 위하여 쌀의 품질을 보다 끌어올려 생산량은 유지하되 해외시장을 공략하려는 사업이 일고 있다.

① 통일벼가 본격적으로 보급된 시기의 재배 면적은 44%에 달하였다.
② 역사상 최초로 자급자족을 이루었다.
③ 정부에서는 농민에게 비싸게 사들이고, 저렴한 가격으로 보급하였다.
④ 후에 비탈립성의 단점 등의 이유로 재배면적이 줄어들었다.

**3.** 다음 글을 읽고 ㉠의 내용을 뒷받침할 수 있는 경우로 보기 가장 어려운 것은?

범죄 사건을 다루는 언론 보도의 대부분은 수사기관으로부터 얻은 정보에 근거하고 있고, 공소제기 전인 수사 단계에 집중되어 있다. 따라서 언론의 범죄 관련 보도는 범죄사실이 인정되는지 여부를 백지상태에서 판단하여야 할 법관이나 배심원들에게 유죄의 예단을 심어줄 우려가 있다. 이는 헌법상 적법절차 보장에 근거하여 공정한 형사재판을 받을 피고인의 권리를 침해할 위험이 있어 이를 제한할 필요성이 제기된다. 실제로 피의자의 자백이나 전과, 거짓말탐지기 검사 결과 등에 관한 언론 보도는 유죄판단에 큰 영향을 미친다는 실증적 연구도 있다. 하지만 보도 제한은 헌법에 보장된 표현의 자유에 대한 침해가 된다는 반론도 만만치 않다. 미국 연방대법원은 어빈 사건 판결에서 지나치게 편향적이고 피의자를 유죄로 취급하는 언론 보도가 예단을 형성시켜 실제로 재판에 영향을 주었다는 사실이 입증되면, 법관이나 배심원이 피고인을 유죄라고 확신하더라도 그 유죄판결을 파기하여야 한다고 했다. 이 판결은 이른바 '현실적 예단'의 법리를 형성시켰다. 이후 리도 사건 판결에 와서는, 일반적으로 보도의 내용이나 행태 등에서 예단을 유발할 수 있다고 인정이 되면, 개개의 배심원이 실제로 예단을 가졌는지의 입증 여부를 따지지 않고, 적법 절차의 위반을 들어 유죄판결을 파기할 수 있다는 '일반적 예단'의 법리로 나아갔다.

셰퍼드 사건 판결에서는 유죄 판결을 파기하면서, '침해 예방'이라는 관점을 제시하였다. 즉, 배심원 선정 절차에서 상세한 질문을 통하여 예단을 가진 후보자를 배제하고, 배심원이나 증인을 격리하며, 재판을 연기하거나, 관할을 변경하는 등의 수단을 언급하였다. 그런데 법원이 보도기관에 내린 '공판 전 보도금지명령'에 대하여 기자협회가 연방대법원에 상고한 네브래스카 기자협회 사건 판결에서는 침해의 위험이 명백하지 않은데도 가장 강력한 사전 예방 수단을 쓰는 것은 위헌이라고 판단하였다.

이러한 판결들을 거치면서 미국에서는 언론의 자유와 공정한 형사절차를 조화시키면서 범죄 보도를 제한할 수 있는 방법을 모색하였다. 그리하여 셰퍼드 사건에서 제시된 수단과 함께 형사 재판의 비공개, 형사소송 관계인의 언론에 대한 정보제공금지 등이 시행되었다. 하지만 ㉠예단 방지 수단들의 실효성을 의심하는 견해가 있고, 여전히 표현의 자유와 알 권리에 대한 제한의 우려도 있어, 이 수단들은 매우 제한적으로 시행되고 있다. 그런데 언론 보도의 자유와 공정한 재판이 꼭 상충된다고만 볼 것은 아니며, 피고인 측의 표현의 자유를 존중하는 것이 공정한 재판에 도움이 된다는 입장에서 네브래스카 기자협회 사건 판결의 의미를 새기는 견해도 있다. 이 견해는 수사기관으로부터 얻은 정보에 근거한 범죄 보도로 인하여 피고인을 유죄로 추정하는 구조에 대항하기 위하여 변호인이 적극적으로 피고인 측의 주장을 보도기관에 전하여, 보도가 일방적으로 편향되는 것을 방지할 필요가 있다고 한다.

일반적으로 변호인이 피고인을 위하여 사건에 대해 발언하는 것은 범죄 보도의 경우보다 적법절차를 침해할 위험성이 크지 않은데도 제한을 받는 것은 적절하지 않다고 보며, 반면에 수사기관으로부터 얻은 정보를 기반으로 하는 언론 보도는 예단 형성의 위험성이 큰데도 헌법상 보호를 두껍게 받는다고 비판한다. 미국과 우리나라의 헌법상 변호인의 조력을 받을 권리는 변호인의 실질적 조력을 받을 권리를 의미한다. 실질적 조력에는 법정 밖의 적극적 변호 활동도 포함된다. 따라서 형사 절차에서 피고인 측에게 유리한 정보를 언론에 제공할 기회나 반론권을 제약하지 말고, 언론이 검사 측 못지않게 피고인 측에게도 대등한 보도를 할 수 있도록 해야 한다.

① 법원이 재판을 장기간 연기했지만 재판 재개에 임박하여 다시 언론 보도가 이어진 경우
② 검사가 피의자의 진술거부권 행사 사실을 공개하려고 하였으나 법원이 검사에게 그 사실에 대한 공개 금지 명령을 내린 경우
③ 변호사가 배심원 후보자에게 해당 사건에 대한 보도를 접했는지에 대해 질문했으나 후보자가 정직하게 답변하지 않은 경우
④ 법원이 관할 변경 조치를 취하였으나 이미 전국적으로 보도가 된 경우

**4.** 다음 글을 읽고 논리적 흐름에 따라 바르게 배열한 것을 고르시오.

㉮ 중동이란 단어는 오늘날 학계와 언론계에서 자주 사용되고 있다. 그러나 이 단어의 역사는 그리 길지 않다. 유럽, 특히 영국은 19세기 이래 아시아지역에서 식민정책을 펼치기 위해 전략적으로 이 지역을 근동, 중동, 극동의 세 지역으로 구분했으며, 이후 이러한 구분은 『런던 타임즈』에 기고된 글을 통해 정착되었다. 따라서 이 단어 뒤에는 중동을 타자화한 유럽 중심적인 사고관이 내재되어 있다.

㉯ 대부분의 사람들은 '이슬람', '중동', 그리고 '아랍'이라는 지역 개념을 혼용한다. 그러나 엄밀히 말하면 세 지역 개념은 서로 다르다.

㉰ 이슬람지역이 가장 광의의 지역 개념이라면 아랍은 가장 협소한 지역 개념이다. 아랍인들은 셈족이라는 종족적 공통성과 더불어 아랍어와 이슬람 문화를 공유하고 있다. 아랍지역에 속하는 국가는 아랍연맹 회원국 22개국이다. 아랍연맹 회원국에는 아라비아 반도에 위치한 사우디아라비아, 바레인, 쿠웨이트, 이라크, 오만, 아랍에미레이트 등과 북아프리카 지역의 알제리, 모로코, 리비아, 튀니지, 이집트, 수단 등이 포함된다.

㉱ 중동지역의 지리적 정의는 학자에 따라, 그리고 국가의 정책에 따라 다르다. 북아프리카에 위치한 국가들과 소련 해체 이후 독립한 중앙아시아의 신생 독립국들을 이 지역에 포함시켜야 하는가에 대해서는 확고하게 정립된 입장은 아직 없지만, 일반적으로 합의된 중동지역에는 아랍연맹 22개국과 비아랍국가인 이란, 터키 등이 포함된다. 이 중 터키는 유럽 연합 가입을 위해 계속적으로 노력하고 있으나 거부되고 있다.

① ㉮ - ㉱ - ㉯ - ㉰ - ㉲
② ㉯ - ㉲ - ㉮ - ㉱ - ㉰
③ ㉯ - ㉲ - ㉰ - ㉱ - ㉮
④ ㉲ - ㉮ - ㉯ - ㉱ - ㉰

5. 〈보기〉는 '자연 재해로 인한 재난과 나눔'에 관한 글을 쓰기 위해 작성한 개요이다. 수정 의견으로 가장 적절한 것은?

> 〈보기〉
> Ⅰ. 자연 재해의 피해
>   – 국내와 국외의 자연 재해 실태
> Ⅱ. 자연 재해의 종류와 예방법
>   1. 종류 ………… ㉠
>   가. 기상 이변 : 태풍, 홍수, 가뭄
>   나. 지변 재해 : 지진, 화산
>   다. 생물 재해 : 병충해, 전염병, 풍토병 …
>     ……… ㉡
>   2. 예방법
>   가. 기상 이변에 대한 대비
>   나. 위험 시설물의 지진 대비 설계
>   다. 국내와 해외 이동의 검역 철저
> Ⅲ. 자연 재해 피해자에 대한 구호 방안 ……… ㉢
>   1. 각종 구호단체에 의연금 기부
>   2. 자원 봉사를 통한 이재민 구호
>   3. SNS(소셜 네트워크 서비스)를 통한 위험 경고 ……… ㉣
> Ⅳ. 자연 재해의 재난 극복과 나눔의 세상 이룩

① ㉠의 하위 항목으로 '교통 재해 : 지하철 사고, 선박 침몰 사고'를 추가해야겠어.

② ㉡은 주제에서 벗어난 내용이어서 'Ⅱ-1-나'와 중복되므로 생략해야겠어.

③ 글의 완결성을 위해 ㉢은 '자연 재해를 예방하기 위한 실천 방안'으로 바꿔야겠어.

④ 논리적 일관성을 고려해 ㉣은 Ⅱ-2의 하위 항목으로 옮겨야겠어.

6. '사회 통합을 위한 언어 정책 마련'이라는 주제로 생각을 정리한 것이다. 논지 전개 과정으로 보아 [가]에 들어갈 내용으로 적절하지 않은 것은?

| 논지의 전개 과정 | 주요 내용 |
| --- | --- |
| 문제의 실태 | 외국인 근로자, 여성 결혼 이민자, 새터민 등의 증가에 따른 언어 소통의 문제와 세대 간의 언어 차이로 인한 사회 통합이 어려워지고 있다. |
| 문제의 원인 | – 우리 사회의 국제화 및 다변화 추세에 따른 준비가 부족했다.<br>– 젊은 층의 언어 질서 파괴에 따른 세대 간의 언어 장벽이 형성되고 있다. |
| 문제 해결을 위한 방향 | – 국제화 및 다변화 시대의 한국어 교육을 위한 관련 부서의 대책 마련이 필요하다.<br>– 세대 간의 언어 차이를 극복할 수 있는 소통의 장을 마련하여야 한다. |
| 구체적인 문제 해결 방안 | [가] |

\* 새터민 : '탈북자'를 가리키는 표현

① 국제화, 다변화에 따른 국민 의식의 전환을 유도하여야 할 것이며, 아울러 실질적인 한국어 소통 능력을 향상시킬 수 있는 프로그램을 만들어 실행한다.

② 시대의 변화에 따른 국제화, 다변화의 필연성을 인정하고, 해당자들을 위한 언어 정책을 적극적으로 모색하여야 한다.

③ 전문가들의 정확한 진단에 따른 분석을 바탕으로 세대 간 언어 차이의 원인과 실상을 명확히 하고, 필요한 경우 통합을 위한 언어 대책을 강구하여야 한다.

④ 새터민은 제도적, 사회적 차이에서 오는 심리적 부적응과 생활상의 문제가 더 시급하므로 담당 사회복지사를 배정한다.

**7.** 아래 글을 고쳐 쓰기 위한 의견으로 타당하지 않은 것은?

> 화분에 있는 꽃에 물을 줄 때 어떻게 해야 할까? 꽃을 키울 때 가장 어려운 일은 물 주기다. ㉠물이 적게 주어도 안 되고, 많이 주어도 안 된다. 품종에 따라 적당하게 주어야 한다. ㉡바람이 적당하게 통하게 하는 것은 그런 면에서 중요하다. 토양의 수분 상태를 미리 파악하면 물 주는 시기의 양을 쉽게 조절할 수 있다. 먼저 나무로 된 이쑤시개를 2~3cm 깊이로 흙에 꽂고 30분 뒤 꺼냈을 때 이쑤시개가 1cm 이상 젖어 있다면 뿌리가 흡수할 수 있는 수분이 있다는 표시로 볼 수 있다. ㉢그 이상이면 물을 충분히 줘야 한다. 또 손가락으로 흙을 눌러 잘 들어가지 않으면 토양이 메말랐다는 증거이다.
>
> 물을 주는 방법도 중요하다. 보통 화초에 물을 줄 때 잎이나 꽃에 주는 경우가 많다. 그리고 꽃에 물을 주면 꽃봉오리가 떨어지거나 빨리 시들게 되고, 잎과 잎 사이에 주름진 곳에 물을 주면 잎이 썩을 수도 있다. 따라서 물은 흙에만 주고 잎 사이 먼지는 부드러운 수건으로 닦아 주어야 한다. ㉣싱싱하고 아름다운 꽃을 오래 보기 위해서는 그만큼 정성을 쏟는 것이다.

① ㉠은 '주어도'가 타동사이기 때문에 목적어인 '물을'로 고치는 것이 좋다.

② ㉡은 글의 자연스러운 연결을 위해서 삭제하는 것이 좋다.

③ ㉢은 내용상 잘못 쓰였기 때문에 '이상이면'을 '미만이면'으로 바꿔야 한다.

④ ㉣은 주어와 서술어의 호응이 맞지 않으므로 '~정성을 쏟는다'로 고쳐야 한다.

**8.** 다음 글의 전개순서로 가장 자연스러운 것을 고르시오.

> ㈎ 이보다 발달된 차원의 경험적 방법은 관찰이며, 지식을 얻기 위해 외부 자연 세계를 관찰하는 것이다.
>
> ㈏ 가장 발달된 것은 실험이며 자연 세계에 변형을 가하거나 제한된 조건하에서 살펴보는 것이다.
>
> ㈐ 우선 가장 초보적인 차원이 일상 경험이다.
>
> ㈑ 자연과학의 경험적 방법은 세 가지 차원에서 생각해볼 수 있다.

① ㈎ – ㈑ – ㈏ – ㈐

② ㈎ – ㈏ – ㈑ – ㈐

③ ㈑ – ㈐ – ㈏ – ㈎

④ ㈑ – ㈐ – ㈎ – ㈏

**┃9~10┃ 다음 글을 읽고, 각 물음에 답하시오.**

> ㈎ 고려시대의 상업에 대한 연구가 그리 많지는 않으나 그것이 활발했음은 분명하다. 국내에 조성된 상권 내부에서 매매·유통이 활발했을 뿐 아니라 국외 외부 시장과의 거래도 꾸준했기 때문이다. 정형화된 시장(수도)과 다양한 상인, 그리고 제품의 꾸준한 매매가 고려시대 내내 확인된다. 중앙 장시는 매 시기 주기적으로 확장될 만큼 거대했고 이동상인들과 공인들은 상황에 따라 분화돼있었으며, 고위층과 하위민들을 위한 별도의 통화(은병과 포필)가 전국적으로 통용됐다.
>
> ㈏ 물론 고려의 그러한 '유통 질서'가 언제나 정상적인 모습만 보였다고는 할 수 없다. 상인들의 활동에 일종의 투자자로 동참하던 정상적 공권력이 존재했지만 한편으로, 상인들이 거둔 이윤을 갈취하는 데 골몰했던 폭압적 권위자들도 적지 않았기 때문이다. 어떤 경우에는 한 주체가 두 모습을 모두 보인 경우도 있었는데 국왕, 정부, 종실, 관료들은 사실 모두 그랬다. 이들은 자신들의 수중에 있던 가치가 하락

한 은병을 처분하고자 백성들의 물품을 빼앗았으며, 심지어 외국에 내다 팔 물건들을 확보하기 위해 터무니없는 싼 가격에 그것을 백성들로부터 빼앗아오기도 하였다.

(다) 아울러 불교사찰들 역시 그와 매우 달랐다고 하기 어렵다. 물론 사원들은 어디까지나 종교 공간에 해당했던 만큼 앞서 언급한 행위를 보였더라도 그 수위가 권세가들과는 달랐으며, 생산 활동을 겸한 존재였다는 점에서 사회경제에의 기여도 남달랐음이 확인된다. 민간과의 관계 또한 '거래'보다는 '신앙'을 매개로 한 것이어서 일반 경제주체와 달리보아야 할 필요가 없지 않다. 그러나 그럼에도 불구하고, 상황과 경우에 따라 국내 상인들을 대하는 불교사원들의 입장과 관점이 그리 순수하지만은 않은 경우도 분명 존재하였다.

(라) 이런 상황에서 고려의 국내 상인들은 과연 어떤 삶을 살았을까? 안타깝게도 고려시대의 기록에 상인들이 그리 자주 등장하지 않는 바, 그 생애의 모습을 찾아내 재구성하기란 대단히 어렵다. 상인들의 동태가 시장 질서를 해치거나 국왕의 정책에 반하는 것일 경우 징벌 대상으로는 등장해도, 그 사람의 영업행위나 개인적 일생이 관찬사료에 담길 이유는 당시인들의 관점에서는 거의 없었을 것이기 때문이다. 경우에 따라 정부나 관료들과 결탁한 상인들이 있어 특권을 토대로 영리를 도모했을 가능성도 적지 않지만, 그것이 당대 상인들이 보였던 모습의 전부는 아니었으며, 애당초 선량한 상인들의 경우 그 행적이 사료에 남아 전해지기란 불가능한 일이었을 수도 있다.

**9.** 윗글의 단락 (가)~(라)에 대한 설명으로 가장 적절한 것은?

① 고려시대 시장의 상황을 묘사한 단락은 (가)뿐이다.
② (나)에서는 당시 권세가들의 이중적인 모습을 엿볼 수 있다.
③ (다)에서는 권세가들이 시장에 끼친 영향과 상반되는 모습을 언급하고 있다.
④ (다), (라)에서는 (가), (나)와 다른 내용의 언급이 이어지고 있다.

**10.** 윗글의 내용과 일치하지 않는 것은?

① 고려시대의 은병과 포필은 화폐로서의 역할을 하였다.
② 모든 고려 상인들의 모습이 사료에 수록되지 못한 것은 아니다.
③ 고려시대 불교 사찰은 고위층보다 더한 비리와 부패의 모습을 보였다.
④ 고려시대에는 해외 무역도 진행되고 있었다.

**11.** 다음 빈칸에 논리적으로 어울리는 접속사를 고르시오.

> 사람들은 흔히 개인이 소유한 것에 대한 독점적인 권리를 인정하는 것이 당연하다고 생각한다. 각 개인은 타고난 지적 능력, 육체적인 힘, 성격이나 외모, 상속받은 유산 등을 가지고 있다. ( ㉠ ) 이와 같은 자연적인 자산을 개인이 소유하게 된 것은 우연적이다. 이 자산을 개인이 소유하게 된 것에 대한 정당한 근거나 필연적인 이유가 존재하지 않는다. 자신의 노력을 통해서 획득한 것이 아니라는 말이다. 더구나 물려받은 부나 재산은 애당초 공동체의 사회적인 협력이나 협동으로 획득된 것이다. 다시 말해, 대대로 상속된 재산이라 하더라도 그것은 사회적 환경과 시스템 속에서 형성되고 그 가치를 인정받게 된 것이다. ( ㉡ ) 그와 같은 재산에 대한 권리는 극히 제한적이거나 아예 없다고도 말할 수 있다. 개인은 자신이 속한 사회의 물적 제도적 토대를 바탕으로, 자신의 자연적 자산을 활용하여 각종 부를 창출할 수 있다.

| | ㉠ | ㉡ |
|---|---|---|
| ① | 그런데 | 요컨대 |
| ② | 게다가 | 그러므로 |
| ③ | 그러나 | 따라서 |
| ④ | 그리고 | 요컨대 |

**12.** 다음은 주간회의를 끝마친 영업팀이 작성한 회의록이다. 다음 회의록을 통해 유추해 볼 수 있는 내용으로 적절하지 않은 것은 어느 것인가?

| 영업팀 4월 회의록 | |
|---|---|
| 회의일시 | 2022년 4월 11일 10:00~11:30 |
| 회의 장소 | 5층 대회의실 |
| 참석자 | 팀장 이하 전 팀원 |
| 회의안건 | • 3사분기 실적 분석 및 4사분기 실적 예상<br>• 본부장/팀장 해외 출장 관련 일정 수정<br>• 10월 바이어 내방 관련 계약 준비상황 점검 및 체류 일정 점검<br>• 월 말 부서 등반대회 관련 행사 담당자 지정 및 준비사항 확인 |
| 안건별 F/up 사항 | • 3사분기 매출 및 이익 부진 원인 분석 보고서 작성(오 과장)<br>• 항공 일정 예약 변경 확인(최 대리)<br>• 법무팀 계약서 검토 상황 재확인(박 대리)<br>• 바이어 일행 체류 일정(최 대리, 윤 사원)<br>  − 호텔 예약 및 차량 이동 스케줄 수립<br>  − 업무 후 식사, 관광 등 일정 수립<br>• 등반대회 진행 담당자 지정(민 과장, 서 사원)<br>  − 참가 인원 파악<br>  − 배정 예산 및 회사 지원 물품 수령 등 유관부서 협조 의뢰<br>  − 이동 계획 수립 및 회식 장소 예약 |
| 협조부서 | 총무팀, 법무팀, 회계팀 |

① 오 과장은 회계팀에 의뢰하여 3사분기 팀 집행 비용에 대한 자료를 확인해 볼 것이다.

② 최 대리와 윤 사원은 바이어 일행의 체류 기간 동안 업무 후 식사 등 모든 일정을 함께 보내게 될 것이다.

③ 윤 사원은 바이어 이동을 위하여 차량 배차 지원을 총무팀에 의뢰할 것이다.

④ 민 과장과 서 사원은 담당한 업무를 수행하기 위하여 회계팀과 총무팀의 협조를 의뢰하게 될 것이다.

**13.** 다음 글의 빈칸 ㉠에 이어질 내용으로 가장 적절한 것은 어느 것인가?

> 능동문이란 문장에서 주어로 나타난 대상이 어떤 행동을 일으키는 의미론적 관계를 표현하는 문장이다. 피동문은 문장에서 주어로 나타난 대상이 어떤 행동을 일으키는 것이 아니라 문장의 다른 성분(주로 부사어)으로 나타난 대상에 의하여 어떤 행동이나 작용을 받는 의미론적 관계를 표현하는 문장이다. 국어의 여러 예문들에서 남용되거나 오용된 피동문의 사례들이 많이 발견되는 것은 사실이다. ( ㉠ )

① 그러므로 피동문과 능동문을 구분하여 사용하는 것은 옳지 않은 방법이다.

② 그러므로 능동문보다는 피동문을 사용하는 것이 이러한 오용을 줄일 수 있는 방법이다.

③ 그러나 국어에는 피동문이 무조건 자연스럽지 않다거나 잘못된 것이라는 생각은 편견이다.

④ 그러나 능동문의 경우 문장에서 주어로 나타난 대상이 어떤 행동을 일으키는 의미론적 관계를 표현하기 때문에 쉽게 사용될 수 있다.

14. 양 과장은 휴가를 맞아 가족과 함께 제주도로 여행을 떠나려고 한다. 가족 여행이라 짐이 많을 것을 예상한 양 과장은 제주도로 운항하는 5개의 항공사별 수하물 규정을 다음과 같이 검토하였다. 다음 규정을 참고할 때, 양 과장이 판단한 것으로 올바르지 않은 것은 어느 것인가?

|  | 화물용 | 기내 반입용 |
|---|---|---|
| 갑<br>항공사 | A+B+C=158cm 이하,<br>각 23kg, 2개 | A+B+C=115cm 이하,<br>10kg~12kg, 2개 |
| 을<br>항공사 |  | A+B+C=115cm 이하,<br>10kg~12kg, 1개 |
| 병<br>항공사 | A+B+C=158cm 이하,<br>20kg, 1개 | A+B+C=115cm 이하,<br>7kg~12kg, 2개 |
| 정<br>항공사 | A+B+C=158cm 이하,<br>각 20kg, 2개 | A+B+C=115cm 이하,<br>14kg 이하, 1개 |
| 무<br>항공사 |  | A+B+C=120cm 이하,<br>14kg~16kg, 1개 |

\* A, B, C는 가방의 가로, 세로, 높이의 길이를 의미함.

① 기내 반입용 가방이 최소한 2개는 되어야 하니 일단 갑, 병항공사밖엔 안 되겠군.

② 가방 세 개 중 A+B+C의 합이 2개는 155cm, 1개는 118cm이니 무항공사 예약상황을 알아봐지.

③ 무게로만 따지면 병항공사보다 을항공사를 이용하면 더 많은 짐을 가져갈 수 있겠군.

④ 가방의 총 무게가 55kg을 넘어갈 테니 반드시 갑항공사를 이용해야겠네.

15. H공단에서는 신도시 건설 예상 지역에 수도 연결과 관련한 사업 타당성 조사를 벌여 다음과 같은 SWOT 환경 분석 보고서를 작성하고 그에 맞는 전략을 제시하였다. 다음 자료를 참고하여 세운 전략이 적절하지 않은 것은?

SWOT 분석은 내부 환경요인과 외부 환경요인의 2개의 축으로 구성되어 있다. 내부 환경요인은 자사 내부의 환경을 분석하는 것으로 분석은 다시 자사의 강점과 약점으로 분석된다. 외부 환경요인은 자사 외부의 환경을 분석하는 것으로 분석은 다시 기회와 위협으로 구분된다. 내부 환경요인과 외부 환경요인에 대한 분석이 끝난 후에 매트릭스가 겹치는 SO, WO, ST, WT에 해당되는 최종 분석을 실시하게 된다. 내부의 강점과 약점을, 외부의 기회와 위협을 대응시켜 기업의 목표를 달성하려는 SWOT 분석에 의한 발전전략의 특성은 다음과 같다.

– SO전략 : 외부 환경의 기회를 활용하기 위해 강점을 사용하는 전략 선택

– ST전략 : 외부 환경의 위협을 회피하기 위해 강점을 사용하는 전략 선택

– WO전략 : 자신의 약점을 극복함으로써 외부 환경의 기회를 활용하는 전략 선택

– WT전략 : 외부 환경의 위협을 회피하고 자신의 약점을 최소화하는 전략 선택

| 강점<br>(Strength) | • 수도관 건설에 따른 수익률 개선 및 주변 지역 파급효과 기대<br>• H공단의 축적된 기술력과 노하우 |
|---|---|
| 약점<br>(Weakness) | • 해당 지역 연락사무소 부재로 원활한 업무 기대난망<br>• 과거 건설사고 경험으로 인해 계약 낙찰 불투명 |
| 기회<br>(Opportunity) | • 현지 가용한 근로인력 다수 확보 가능<br>• 신도시 건설 예상지이므로 정부의 규제 및 제도적 지원 가능 |
| 위협<br>(Threat) | • 지반 문제로 인한 수도관로 건설 비용 증가 예상<br>• 경쟁업체와의 극심한 경쟁 예상 |

① 자사의 우수한 기술력을 통해 경쟁을 극복하려는 것은 ST전략이다.

② 입찰 전이라도 현지에 연락사무소를 미리 설치하여 경쟁업체의 동향을 파악해 보는 것은 WT전략이다.

③ 현지에 근로인력에게 자사의 기술을 교육 및 전수하여 공사를 진행하려는 것은 SO전략이다.

④ 건설비용 추가 발생 우려가 있으나 인근 지역 개발 기회가 부여될 수 있다는 기대감에 중점을 두는 것은 WO전략이다.

**16.** 다음과 같은 구조를 가진 어느 호텔에 A~H 8명이 투숙하고 있고, 알 수 있는 정보가 다음과 같다. B의 방이 204호일 때, D의 방은? (단, 한 방에는 한 명씩 투숙한다)

| a라인 | 201 | 202 | 203 | 204 | 205 |
|---|---|---|---|---|---|
| 복도 | | | | | |
| b라인 | 210 | 209 | 208 | 207 | 206 |

- 비어있는 방은 한 라인에 한 개씩 있고, A, B, F, H는 a라인에, C, D, E, G는 b라인에 투숙하고 있다.
- A와 C의 방은 복도를 사이에 두고 마주보고 있다.
- F의 방은 203호이고, 맞은 편 방은 비어있다.
- C의 오른쪽 옆방은 비어있고 그 옆방에는 E가 투숙하고 있다.
- B의 옆방은 비어있다.
- H와 D는 누구보다 멀리 떨어진 방에 투숙하고 있다.

① 202호
② 205호
③ 206호
④ 207호

**17.** 〈보기〉에 제시된 네 개의 명제가 모두 참일 때, 다음 중 거짓인 것은?

〈보기〉
㉠ 甲 지역이 1급 상수원이면 乙 지역은 1급 상수원이 아니다.
㉡ 丙 지역이 1급 상수원이면 乙 지역도 1급 상수원이다.
㉢ 丁 지역이 1급 상수원이면 甲 지역도 1급 상수원이다.
㉣ 丙 지역이 1급 상수원이 아니면 戊 지역도 1급 상수원이 아니다.

① 甲 지역이 1급 상수원이면 丙 지역도 1급 상수원이다.
② 丁 지역이 1급 상수원이면 丙 지역은 1급 상수원이 아니다.
③ 丙 지역이 1급 상수원이면 甲 지역은 1급 상수원이 아니다.
④ 戊 지역이 1급 상수원이면 丁 지역은 1급 상수원이 아니다.

**18.** 홍보팀 백 대리는 회사 행사를 위해 연회장을 예약하려한다. 연회장의 현황과 예약 상황이 다음과 같을 때, 연회장에 예약 문의를 한 백 대리의 아래 질문에 대한 연회장 측의 회신 내용에 포함되기에 적절하지 않은 것은 어느 것인가?

〈연회장 시설 현황〉

| 구분 | 최대 수용 인원(명) | 대여 비용(원) | 대여 가능 시간 |
|---|---|---|---|
| A | 250 | 500,000 | 3시간 |
| B | 250 | 450,000 | 2시간 |
| C | 200 | 400,000 | 3시간 |
| D | 150 | 350,000 | 2시간 |

* 연회장 정리 직원은 오후 10시에 퇴근함
* 시작 전과 후 준비 및 청소 시간 각각 1시간 소요, 연이은 사용의 경우 중간 1시간 소요.

〈연회장 예약 현황〉

| 일 | 월 | 화 | 수 | 목 | 금 | 토 |
|---|---|---|---|---|---|---|
|  |  |  | 1<br>A 10시<br>B 16시 | 2<br>B 19시<br>D 18시 | 3<br>C 15시<br>D 16시 | 4<br>A 11시<br>B 12시 |
| 5 | 6<br>B 17시<br>C 18시 | 7 | 8<br>A 18시<br>D 16시 | 9<br>C 15시 | 10<br>C 16시<br>D 11시 | 11 |
| 12 | 13<br>C 15시<br>D 16시 | 14<br>A 16시 | 15<br>D 18시<br>A 15시 | 16 | 17<br>B 18시<br>D 17시 | 18 |

〈백 대리 요청 사항〉

안녕하세요?
연회장 예약을 하려 합니다. 주말과 화, 목요일을 제외하고 가능한 날이면 언제든 좋습니다. 참석 인원은 180~220명 정도 될 것 같고요, 오후 6시에 저녁 식사를 겸해서 2시간 정도 사용하게 될 것 같습니다. 물론 가급적 저렴한 연회장이면 더 좋겠습니다. 회신 부탁드립니다.

① 가능한 연회장 중 가장 저렴한 가격을 원하신다면 월요일은 좀 어렵겠습니다.
② 6일은 가장 비싼 연회장만 가능한 상황입니다.
③ 인원이 200명을 넘지 않으신다면 가장 저렴한 연회장을 사용하실 수 있는 기회가 네 번 있습니다.
④ A, B 연회장은 원하시는 날짜에 언제든 가능합니다.

**19.** 다음 두 사건은 별개의 사건으로 다음이 조건을 따를 때 옳은 것은?

〈사건 1〉
가인 : 저는 물을 훔치지 않았어요.
나은 : 다영이는 절대 물을 훔치지 않았어요.
다영 : 제가 물을 훔쳤습니다.
그런데 나중에 세 명 중 두 명은 거짓말을 했다고 자백하였고, 물을 훔친 사람은 한 명이라는 것이 밝혀졌다.

〈사건 2〉
라희 : 저는 결코 화병을 깨지 않았습니다.
마준 : 라희의 말이 맞습니다.
바은 : 제가 화병을 깼습니다.
그런데 나중에 창문을 깬 사람은 한 명이고 그 범인은 거짓말을 했다는 것이 밝혀졌다.

① 가인이의 진술은 참이었다.
② 나은이는 거짓을 말하지 않았다.
③ 마준이의 진술은 거짓이다.
④ 다영이는 창문을 깬 범인일 수 있다.

**20.** 다음은 국제협력의 개념정의와 목표를 설명한 것이다. 각 국의 국제협력 정책과 목표를 가장 적절히 연결한 것을 고르면?

> 국제협력은 국가 간 및 국가와 국제기관 간의 모든 유·무상 자본협력, 교역협력, 기술·인력협력, 사회문화협력 등 국제사회에서 발생하는 다양한 형태의 교류를 총제적으로 지칭하는 개념이다.
> UN은 다음과 같은 8가지 목표들로 구성된 새천년개발목표를 선언하였다. 새천년개발목표의 선언은 개발도상국의 빈곤문제가 개발도상국 자체만의 문제가 아니라 지구촌 전체의 문제라고 규정하면서 지구촌 모든 국가들의 적극적인 참여를 요청하는 계기가 되었다.
> • 목표1 : 극심한 빈곤과 기아의 근절
> • 목표2 : 초등교육 의무화 달성
> • 목표3 : 성 평등 촉진과 여성권의 향상
> • 목표4 : 아동사망률 감소
> • 목표5 : 모자보건 향상
> • 목표6 : 후천성 면역 결핍증(AIDS), 말라리아 등 질병 퇴치
> • 목표7 : 환경의 지속가능성 보장
> • 목표8 : 개발을 위한 글로벌 파트너십 조성

> 〈국가별 국제협력 정책〉
> • A국 : 개발도상국에 도로건설 지원사업을 실시하면서 야생동물들의 서식지 파괴를 최소화 하고자 하였다.
> • B국 : 빈곤국가인 Z국에 메르스 바이러스로 인한 감염 환자가 급증하자 의료진을 파견하고 재정을 지원하였다.
> • C국 : 빈곤국가인 Y국에 대한 발전소 건립 지원사업의 중복문제를 해소하기 위해 국가 간 협력 네트워크에 참여하였다.

① A국 – 목표3    ② A국 – 목표5
③ B국 – 목표1    ④ C국 – 목표8

**┃21~22┃** 다음은 K지역의 지역방송 채널 편성정보이다. 다음을 보고 이어지는 물음에 답하시오.

> [지역방송 채널 편성규칙]
> • K시의 지역방송 채널은 채널1, 채널2, 채널3, 채널4 네 개이다.
> • 오후 7시부터 12시까지는 다음을 제외한 모든 프로그램이 1시간 단위로만 방송된다.
>
> | 시사정치 | 기획물 | 예능 | 영화이야기 | 지역홍보물 |
> |---|---|---|---|---|
> | 최소 2시간 이상 | 1시간 30분 | 40분 | 30분 | 20분 |
>
> • 모든 채널은 오후 7시부터 12시까지 뉴스 프로그램이 반드시 포함되어 있다.
>
> [오후 7시~12시 프로그램 편성내용]
> • 채널1은 3개 프로그램이 방송되었으며, 9시 30분부터 시사정치를 방송하였다.
> • 채널2는 시사정치와 지역 홍보물 방송이 없었으며, 기획물, 예능, 영화 이야기가 방송되었다.
> • 채널3은 6시부터 시작한 시사정치 방송이 9시에 끝났으며, 바로 이어서 뉴스가 방송되었고 기획물도 방송되었다.
> • 채널4에서는 예능 프로그램이 연속 2회 편성되었고, 예능을 포함한 4종류의 프로그램이 방송되었다.

**21.** 다음 중 위의 자료를 참고할 때, 오후 7시~12시까지의 방송 프로그램에 대하여 바르게 설명하지 못한 것은? (단, 프로그램의 중간에 광고방송 시간은 고려하지 않는다.)

① 채널1에서 기획물이 방송되었다면 예능은 방송되지 않았다.
② 채널2는 정확히 12시에 프로그램이 끝나며 새로 시작되는 프로그램이 있을 수 없다.
③ 채널3에서 영화 이야기가 방송되었다면, 정확히 12시에 어떤 프로그램이 끝나게 된다.
④ 채널4에서 예능 프로그램이 연속 2회 방송되기 위해서는 반드시 뉴스보다 먼저 방송되어야 한다.

**22.** 다음 중 각 채널별로 정각 12시에 방송하던 프로그램을 마치기 위한 방법을 설명한 것으로 옳지 않은 것은? (단, 프로그램의 중간에 광고방송 시간은 고려하지 않는다.)

① 채널1에서 기획물을 방송한다면 시사정치를 2시간 반만 방송한다.

② 채널2에서 지역 홍보물 프로그램을 추가한다.

③ 채널3에서 영화 이야기 프로그램을 추가한다.

④ 채널2에서 영화 이야기 프로그램 편성을 취소한다.

**23.** 다음 글을 근거로 유추할 경우 옳은 내용만을 바르게 짝지은 것은?

- 9명의 참가자는 1번부터 9번까지의 번호 중 하나를 부여 받고, 동시에 제비를 뽑아 3명은 범인, 6명은 시민이 된다.
- '1번의 오른쪽은 2번, 2번의 오른쪽은 3번, …, 8번의 오른쪽은 9번, 9번의 오른쪽은 1번'과 같이 번호 순서대로 동그랗게 앉는다.
- 참가자는 본인과 바로 양 옆에 앉은 사람이 범인인지 시민인지 알 수 있다.
- "옆에 범인이 있다."라는 말은 바로 양 옆에 앉은 2명 중 1명 혹은 2명이 범인이라는 뜻이다.
- "옆에 범인이 없다."라는 말은 바로 양 옆에 앉은 2명 모두 범인이 아니라는 뜻이다.
- 범인은 거짓말만 하고, 시민은 참말만 한다.

---

ⓐ 1, 4, 6, 7, 8번의 진술이 "옆에 범인이 있다."이고, 2, 3, 5, 9번의 진술이 "옆에 범인이 없다."일 때, 8번이 시민임을 알면 범인들을 모두 찾아낼 수 있다.

ⓑ 만약 모두가 "옆에 범인이 있다."라고 진술한 경우, 범인이 부여받은 번호의 조합은 (1, 4, 7) / (2, 5, 8) / (3, 6, 9) 3가지이다.

ⓒ 한 명만이 "옆에 범인이 없다."라고 진술한 경우는 없다.

① ⓑ

② ⓒ

③ ⓐ, ⓑ

④ ⓐ, ⓑ, ⓒ

**24.** 서로 성이 다른 3명의 야구선수(김씨, 박씨, 서씨)의 이름은 정덕, 선호, 대은이고, 이들이 맡은 야구팀의 포지션은 1루수, 2루수, 3루수이다. 그리고 이들의 나이는 18세, 21세, 24세이고, 다음과 같은 사실이 알려져 있다. 다음 중 성씨, 이름, 포지션, 나이가 제대로 짝지어진 것은?

- 2루수는 대은보다 타율이 높고 대은은 김씨 성의 선수보다 타율이 높다.
- 1루수는 박씨 성의 선수보다 어리나 대은보다는 나이가 많다.
- 선호와 김씨 성의 선수는 어제 경기가 끝나고 같이 영화를 보러 갔다.

① 김 – 정덕 – 1루수 – 18세

② 박 – 선호 – 3루수 – 24세

③ 서 – 대은 – 3루수 – 18세

④ 박 – 정덕 – 2루수 – 24세

**25.** 다음 주어진 조건을 모두 고려했을 때 옳은 것은?

〈조건〉

- A, B, C, D, E의 월급은 각각 10만 원, 20만 원, 30만 원, 40만 원, 50만 원 중 하나이다.
- A의 월급은 C의 월급보다 많고, E의 월급보다는 적다.
- D의 월급은 B의 월급보다 많고, A의 월급도 B의 월급보다 많다.
- C의 월급은 B의 월급보다 많고, D의 월급보다는 적다.
- D는 가장 많은 월급을 받지는 않는다.

① 월급이 세 번째로 많은 사람은 A이다.
② E와 C의 월급은 20만 원 차이가 난다.
③ B와 E의 월급의 합은 A와 C의 월급의 합보다 많다.
④ 월급이 제일 많은 사람은 E이다.

**26.** 5명의 친구 A~E가 모여 '수호천사' 놀이를 하기로 했다. 갑이 을에게 선물을 주었을 때 '갑은 을의 수호천사이다'라고 하기로 약속했고, 다음처럼 수호천사 관계가 성립되었다. 이후 이들은 〈규칙〉에 따라 추가로 '수호천사' 관계를 맺었다. 이들 외에 다른 사람은 이 놀이에 참여하지 않는다고 할 때, 옳지 않은 것은?

- A는 B의 수호천사이다.
- B는 C의 수호천사이다.
- C는 D의 수호천사이다.
- D는 B와 E의 수호천사이다.

〈규칙〉

- 갑이 을의 수호천사이고 을이 병의 수호천사이면, 갑은 병의 수호천사이다.
- 갑이 을의 수호천사일 때, 을이 자기 자신의 수호천사인 경우에는 을이 갑의 수호천사가 될 수 있고, 그렇지 않은 경우에는 을이 갑의 수호천사가 될 수 없다.

① A는 B, C, D, E의 수호천사이다.
② B는 A의 수호천사가 될 수 있다.
③ C는 자기 자신의 수호천사이다.
④ E는 A의 수호천사가 될 수 있다.

**27.** 다음은 우리나라 연도별 성별 월급여액과 나라별 남녀 임금격차 비교표이다. 〈보기〉에서 다음 표에 관해 옳게 해석한 것을 모두 고르면?

〈표 1〉 성별 월급여액

(단위 : 천 원)

| 구분 | 2015 | 2016 | 2017 | 2018 | 2019 | 2020 | 2021 |
|---|---|---|---|---|---|---|---|
| 여성 월급여액 | 1,015 | 1,112 | 1,207 | 1,286 | 1,396 | 1,497 | 1,582 |
| 남성 월급여액 | 1,559 | 1,716 | 1,850 | 1,958 | 2,109 | 2,249 | 2,381 |

※ 남성 대비 여성 임금 비율 $= \dfrac{\text{여성 월급여액}}{\text{남성 월급여액}} \times 100$

〈표 2〉 나라별 남성 대비 여성 임금 비율 비교

(단위 : %)

| 연도 | 프랑스 | 독일 | 일본 | 한국 | 영국 | 미국 | OECD 평균 |
|---|---|---|---|---|---|---|---|
| 2010 | 90 | 76 | 63 | 58 | 74 | 76 | 78 |
| 2020 | 88 | 77 | 67 | 62 | 79 | 81 | 82 |

〈보기〉

㉠ 2020년 우리나라의 남녀 임금격차는 최고 수준이며, OECD 국가 평균의 2배 이상이다.
㉡ 남성 근로자의 임금 대비 여성 근로자의 임금 수준은 2015년에 비해 2021년 1.3% 정도로 소폭 상승하였다.
㉢ 국제간 남녀 임금격차가 가장 적은 나라는 프랑스이다.
㉣ OECD 국가들은 남녀 임금격차가 줄어드는 추세이다.

① ㉠
② ㉠, ㉡
③ ㉠, ㉡, ㉢
④ ㉡, ㉢, ㉣

**28.** 다음 표는 A, B, C, D 도시의 인구 및 총 인구에 대한 여성의 비율과 그 여성 중 독신자의 비율을 나타낸 것이다. 올해 A 도시의 여성 독신자의 7%가 결혼을 하였다면, 올해 결혼한 독신여성은 모두 몇 명인가?

| 구분 | A 도시 | B 도시 | C 도시 | D 도시 |
|---|---|---|---|---|
| 인구(만 명) | 25 | 39 | 43 | 52 |
| 여성 비율(%) | 42 | 53 | 47 | 57 |
| 여성 독신자 비율(%) | 42 | 31 | 28 | 32 |

① 3,087명      ② 4,210명

③ 5,658명      ④ 6,407명

**29.** 다음 자료에 대한 올바른 설명을 〈보기〉에서 모두 고른 것은?

〈갑시의 도시철도 노선별 연간 범죄 발생건수〉

(단위 : 건)

| 연도 ＼ 노선 | 1호선 | 2호선 | 3호선 | 4호선 | 합 |
|---|---|---|---|---|---|
| 2020년 | 224 | 271 | 82 | 39 | 616 |
| 2021년 | 252 | 318 | 38 | 61 | 669 |

〈갑시의 도시철도 노선별 연간 아동 상대 범죄 발생건수〉

(단위 : 건)

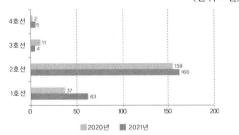

* 노선별 범죄율 = 노선별 해당 범죄 발생건수 ÷ 전체 노선 해당 범죄 발생건수 × 100
* 언급되지 않은 '갑'시의 다른 노선은 고려하지 않으며, 범죄 발생건수는 아동 상대 범죄 발생건수와 비아동 상대 범죄 발생건수로만 구성됨.

〈보기〉
- ㉮ 2021년 비아동 상대 범죄 발생건수는 4개 노선 모두 전년보다 증가하였다.
- ㉯ 2021년의 전년 대비 아동 상대 범죄 발생건수의 증가폭은 비아동 상대 범죄 발생건수의 증가폭보다 더 크다.
- ㉰ 2021년의 노선별 전체 범죄율이 10% 이하인 노선은 1개이다.
- ㉱ 두 해 모두 전체 범죄율이 가장 높은 노선은 2호선이다.

① ㉮, ㉯      ② ㉯, ㉱

③ ㉮, ㉰      ④ ㉯, ㉰

**30.** 다음 〈표〉와 〈보고서〉는 2020~2021년 '갑'국의 철도사고 및 운행장애 발생 현황과 원인분석에 관한 자료이다. 이를 근거로 아래의 ㈎~㈐에 알맞은 수를 바르게 나열한 것은?

〈표 1〉 철도사고 및 운행장애 발생 현황

(단위 : 건)

| 구분 | | 연도 | 2020 | 2021 | 전년대비증감 |
|---|---|---|---|---|---|
| 철도사고 | 철도교통사고 | 열차사고 | 0 | 0 | 0 |
| | | 철도교통사상사고 | ㈎ | ( ) | +4 |
| | 철도안전사고 | 철도화재사고 | 0 | 0 | 0 |
| | | 철도안전사상사고 | ㈏ | ( ) | -1 |
| | | 철도시설파손사고 | 0 | 0 | 0 |
| 운행장애 | 위험사건 | | 0 | 0 | 0 |
| | 지연운행 | | 5 | 3 | -2 |
| | 기타 | | 0 | 0 | 0 |

〈표 2〉 철도안전사상사고 피해자 유형별 사고 건수 및 피해 정도별 피해자 수

(단위 : 건, 명)

| 연도 \ 구분 | 피해자 유형별 사고 건수 | | | 피해정도별 피해자 수 | | |
| --- | --- | --- | --- | --- | --- | --- |
| | 승객 | 비승객 일반인 | 직원 | 사망 | 중상 | 경상 |
| 2020 | ( ) | ( ) | ( ) | 1 | 4 | 4 |
| 2021 | ( ) | ( ) | 8 | 1 | (다) | 4 |

〈표 3〉 사고원인별 운행장애 발생 현황

(단위 : 건)

| 연도 \ 사고원인 | 차량 탈선 | 규정 위반 | 급전 장애 | 신호 장애 | 차량 고장 | 기타 |
| --- | --- | --- | --- | --- | --- | --- |
| 2020 | ( ) | ( ) | ( ) | (라) | 2 | ( ) |
| 2021 | 1 | ( ) | ( ) | ( ) | ( ) | (마) |
| 전년대비 증감 | +1 | −1 | −1 | −1 | −2 | +2 |

〈보고서〉
- 2021년 철도교통사상사고는 전년대비 4건이 증가하였으며, 이 중 '투신자살'이 27건으로 전체 철도교통사상사고 건수의 90%를 차지함
- 2021년 철도안전사상사고 1건당 피해자 수는 1명으로 전년과 동일하였고, 피해자 유형은 모두 '직원'임
- 2021년에는 '규정위반', '급전장애', '신호장애', '차량고장'을 제외한 원인으로 모두 3건의 운행장애가 발생함

| | (가) | (나) | (다) | (라) | (마) |
| --- | --- | --- | --- | --- | --- |
| ① | 26 | 9 | 2 | 1 | 1 |
| ② | 26 | 9 | 3 | 1 | 2 |
| ③ | 27 | 9 | 2 | 2 | 1 |
| ④ | 27 | 10 | 3 | 2 | 2 |

31. 다음 표는 A, B 두 회사 전체 신입사원의 성별 교육연수 분포에 관한 자료이다. 이에 대해 신입사원 초임결정공식을 적용하였을 때, 교육연수가 14년인 남자 신입사원과 여자 신입사원의 초임 차이는 각각 얼마인가?

회사별 성별 전체 신입사원의 교육연수 분포

| 구분 | | 12년 (고졸) | 14년 (초대졸) | 16년 (대졸) | 18년 (대학원졸) |
| --- | --- | --- | --- | --- | --- |
| A사 | 남 | 30% | 20% | 40% | 10% |
| | 여 | 40% | 20% | 30% | 10% |
| B사 | 남 | 40% | 10% | 30% | 20% |
| | 여 | 50% | 30% | 10% | 10% |

신입사원 초임결정공식

- A사
- −남성 : 초임(만 원)＝1,000만 원＋(180만 원×교육연수)
- −여성 : 초임(만 원)＝1,840만 원＋(120만 원×교육연수)
- B사
- −남성 : 초임(만 원)＝750만 원＋(220만 원×교육연수)
- −여성 : 초임(만 원)＝2,200만 원＋(120만 원×교육연수)

| | A사 | B사 |
| --- | --- | --- |
| ① | 0원 | 40만 원 |
| ② | 0원 | 50만 원 |
| ③ | 40만 원 | 50만 원 |
| ④ | 50만 원 | 40만 원 |

**32.** 다음은 각국 국민의 대미 인식에 대한 여론조사자료이다. 이 여론조사들이 각국 국민의 의견을 충분히 대표한다고 가정할 때 올바른 해석이 아닌 것은?

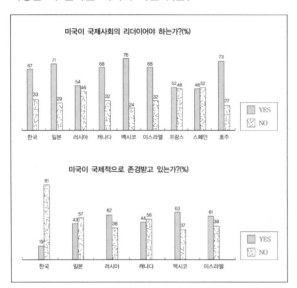

- ㉠ 미국의 국제 사회의 리더역할의 필요성에 대하여 러시아, 프랑스, 스페인 국민들은 상대적으로 인색하고, 미국과 지리적으로 가까운 멕시코와 캐나다, 전통적인 우방국인 한국, 호주, 이스라엘, 일본 국민들은 상대적으로 높게 평가하고 있다.
- ㉡ 미국의 국제사회의 리더역할에 대한 당위성은 국민 과반수가 긍정하지만, 실제로 존경받고 있는가에 대한 평가에서는 과반수가 부정하는 국가는 한국, 일본, 캐나다이다.
- ㉢ 모든 조사 대상 국가에서 미국이 국제사회의 리더이어야 한다는 질문에 긍정 응답이 부정 응답보다 많았다.
- ㉣ 모든 조사 대상 국가에서 국제사회의 리더로서 미국의 필요성에 대한 긍정보다 실제 미국이 국제사회에서 존경받고 있는가에 대한 긍정 정도가 낮게 나타나고 있다.

① ㉠, ㉡

② ㉠, ㉡, ㉢

③ ㉡, ㉢, ㉣

④ ㉢, ㉣

**|33~34|** 다음 〈표〉는 콩 교역에 관한 자료이다. 이 자료를 보고 물음에 답하시오.

(단위 : 만 톤)

| 순위 | 수출국 | 수출량 | 수입국 | 수입량 |
|---|---|---|---|---|
| 1 | 미국 | 3,102 | 중국 | 1,819 |
| 2 | 브라질 | 1,989 | 네덜란드 | 544 |
| 3 | 아르헨티나 | 871 | 일본 | 517 |
| 4 | 파라과이 | 173 | 독일 | 452 |
| 5 | 네덜란드 | 156 | 멕시코 | 418 |
| 6 | 캐나다 | 87 | 스페인 | 310 |
| 7 | 중국 | 27 | 대만 | 169 |
| 8 | 인도 | 24 | 벨기에 | 152 |
| 9 | 우루과이 | 18 | 한국 | 151 |
| 10 | 볼리비아 | 12 | 이탈리아 | 144 |

**33.** 이 자료에 대한 설명으로 옳지 않은 것은?

① 이탈리아 수입량은 볼리비아 수출량의 12배이다.

② 수출량과 수입량 모두 상위 10위에 들어있는 국가는 네덜란드 뿐이다.

③ 캐나다의 콩 수출량은 중국, 인도, 우루과이, 볼리비아 수출량을 합친 것보다 많다.

④ 수출국 1위와 10위의 수출량은 약 250배 이상 차이난다.

**34.** 네덜란드와 중국의 '수입량 - 수출량'은 각각 얼마인가?

|   | 네덜란드 | 중국 |
|---|---|---|
| ① | 378 | 1,692 |
| ② | 378 | 1,792 |
| ③ | 388 | 1,692 |
| ④ | 388 | 1,792 |

**35.** 다음 〈표〉는 2016~2020년 A국의 가구당 월평균 교육비 지출액에 대한 자료이다. 이에 대한 설명으로 옳은 것은?

〈표〉 연도별 가구당 월평균 교육비 지출액

(단위 : 원)

| 유형 \ 연도 | | 2016 | 2017 | 2018 | 2019 | 2020 |
|---|---|---|---|---|---|---|
| 정규교육비 | 초등 | 14,730 | 13,255 | 16,256 | 17,483 | 17,592 |
| | 중등 | 16,399 | 20,187 | 22,809 | 22,880 | 22,627 |
| | 고등 | 47,841 | 52,060 | 52,003 | 61,430 | 66,519 |
| | 소계 | 78,970 | 85,502 | 91,068 | 101,793 | 106,738 |
| 학원교육비 | 학생 | 128,371 | 137,043 | 160,344 | 167,517 | 166,959 |
| | 성인 | 7,798 | 9,086 | 9,750 | 9,669 | 9,531 |
| | 소계 | 136,169 | 146,129 | 170,094 | 177,186 | 176,490 |
| 기타 교육비 | | 7,203 | 9,031 | 9,960 | 10,839 | 13,574 |
| 전체 교육비 | | 222,342 | 240,662 | 271,122 | 289,818 | 296,802 |

① 2017~2020년 '전체 교육비'의 전년대비 증가율은 매년 상승하였다.
② '전체 교육비'에서 '기타 교육비'가 차지하는 비중이 가장 큰 해는 2019년이다.
③ 2018~2020년 '초등교육비', '중등교육비', '고등교육비'는 각각 매년 증가하였다.
④ '학원교육비'의 전년대비 증가율은 2019년이 2018년보다 작다.

**36.** 다음 자료에 대한 설명으로 올바른 것은?

〈연도별 한우 등급 비율〉

(단위 : %, 두)

| 연도 | 육질 등급 | | | | | 합계 | 한우등급 판정두수 |
|---|---|---|---|---|---|---|---|
| | 1++ | 1+ | 1 | 2 | 3 | | |
| 2015 | 7.5 | 19.5 | 27.0 | 25.2 | 19.9 | 99.1 | 588,003 |
| 2016 | 8.6 | 20.5 | 27.6 | 24.7 | 17.9 | 99.3 | 643,930 |
| 2017 | 9.7 | 22.7 | 30.7 | 25.2 | 11.0 | 99.3 | 602,016 |
| 2018 | 9.2 | 22.6 | 30.6 | 25.5 | 11.6 | 99.5 | 718,256 |
| 2019 | 9.3 | 20.2 | 28.6 | 27.3 | 14.1 | 99.5 | 842,771 |
| 2020 | 9.2 | 21.0 | 31.0 | 27.1 | 11.2 | 99.5 | 959,751 |
| 2021 | 9.3 | 22.6 | 32.8 | 25.4 | 8.8 | 98.9 | 839,161 |

① 1++ 등급으로 판정된 한우의 두수는 2017년이 2018년보다 더 많다.
② 1등급 이상이 60%를 넘은 해는 모두 3개년이다.
③ 3등급 판정을 받은 한우의 두수는 2017년이 가장 적다.
④ 1++ 등급의 비율이 가장 낮은 해는 3등급의 비율이 가장 높은 해이며, 반대로 1++ 등급의 비율이 가장 높은 해는 3등급의 비율이 가장 낮다.

**37.** 다음은 최근 5년간 혼인형태별 평균연령에 관한 자료이다. A~D에 들어갈 값으로 옳지 않은 것은? (단, 남성의 나이는 여성의 나이보다 항상 많다)

(단위 : 세)

| 연도 | 평균 초혼연령 | | | 평균 이혼연령 | | | 평균 재혼연령 | | |
|---|---|---|---|---|---|---|---|---|---|
| | 여성 | 남성 | 남녀차 | 여성 | 남성 | 남녀차 | 여성 | 남성 | 남녀차 |
| 2017 | 24.8 | 27.8 | 3.0 | C | 36.8 | 4.1 | 34.0 | 38.9 | 4.9 |
| 2018 | 25.4 | 28.4 | A | 34.6 | 38.4 | 3.8 | 35.6 | 40.4 | 4.8 |
| 2019 | 26.5 | 29.3 | 2.8 | 36.6 | 40.1 | 3.5 | 37.5 | 42.1 | 4.6 |
| 2020 | 27.0 | B | 2.8 | 37.1 | 40.6 | 3.5 | 37.9 | D | 4.3 |
| 2021 | 27.3 | 30.1 | 2.8 | 37.9 | 41.3 | 3.4 | 38.3 | 42.8 | 4.5 |

① A - 3.0
② B - 29.8
③ C - 32.7
④ D - 42.3

**38.** 다음 자료를 참고하여 내린 판단으로 적절한 것은?

〈가구주 연령대별 가구당 순자산 보유액〉

(단위 : 만 원)

| 구분 | | 전체 | 30세 미만 | 30대 | 40대 | 50대 | 60세 이상 |
|---|---|---|---|---|---|---|---|
| 평균 | 2020년 | 31,572 | 7,489 | 21,904 | 31,246 | 37,026 | 33,772 |
| | 2021년 | 34,042 | 7,509 | 23,186 | 34,426 | 39,419 | 35,817 |

〈가구주 종사상 지위별 가구당 순자산 보유액〉

(단위 : 만 원)

| 구분 | | 전체 | 상용 근로자 | 임시·일용근로자 | 자영 업자 | 기타 (무직 등) |
|---|---|---|---|---|---|---|
| 평균 | 2020년 | 31,572 | 34,389 | 13,390 | 39,998 | 26,475 |
| | 2021년 | 34,042 | 37,436 | 14,567 | 42,112 | 29,323 |

* 단, 계산 값은 소수점 둘째 자리에서 반올림한다.

① 2020년과 2021년 임시·일용근로자는 모두 30대이다.
② 평균 가구당 순자산 보유액이 가장 크게 증가한 연령 대는 50대이다.
③ 평균 가구당 순자산 보유액의 증가율이 가장 큰 종사 상 지위는 기타(무직 등)이다.
④ 전체 평균의 가구당 순자산 보유액 증가율은 10%를 조금 넘는다.

**39.** 다음 〈표〉는 창호, 영숙, 기오, 준희가 홍콩 여행을 하며 지출한 경비에 관한 자료이다. 지출한 총 경비를 네 명 이 동일하게 분담하는 정산을 수행할 때 〈그림〉의 A, B, C에 해당하는 금액을 바르게 나열한 것은?

| 구분 | 지출자 | 내역 | 금액 | 단위 |
|---|---|---|---|---|
| 숙박 | 창호 | 호텔비 | 400,000 | 원 |
| 교통 | 영숙 | 왕복 비행기 | 1,200,000 | |
| 기타 | 기오 | 간식1 | 600 | 홍콩 달러 |
| | | 중식1 | 700 | |
| | | 관광지1 입장권 | 600 | |
| | | 석식 | 600 | |
| | | 관광지2 입장권 | 1,000 | |
| | | 간식2 | 320 | |
| | | 중식2 | 180 | |

※ 환율은 1홍콩 달러당 140원으로 일정하다고 가정함

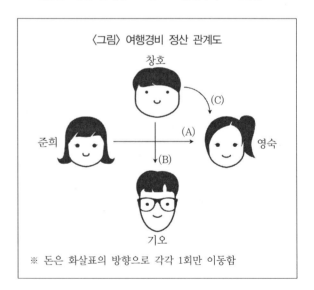

〈그림〉 여행경비 정산 관계도

※ 돈은 화살표의 방향으로 각각 1회만 이동함

| | A | B | C |
|---|---|---|---|
| ❶ | 540,000원 | 20,000원 | 120,000원 |
| ② | 540,000원 | 20,000원 | 160,000원 |
| ③ | 300,000원 | 40,000원 | 100,000원 |
| ④ | 300,000원 | 20,000원 | 120,000원 |

**40.** 다음은 '갑' 지역의 연도별 65세 기준 인구의 분포를 나타낸 자료이다. 이에 대한 올바른 해석은 어느 것인가?

| 구분 | 인구 수(명) | | |
|---|---|---|---|
| | 계 | 65세 미만 | 65세 이상 |
| 2014년 | 66,557 | 51,919 | 14,638 |
| 2015년 | 68,270 | 53,281 | 14,989 |
| 2016년 | 150,437 | 135,130 | 15,307 |
| 2017년 | 243,023 | 227,639 | 15,384 |
| 2018년 | 325,244 | 310,175 | 15,069 |
| 2019년 | 465,354 | 450,293 | 15,061 |
| 2020년 | 573,176 | 557,906 | 15,270 |
| 2021년 | 659,619 | 644,247 | 15,372 |

① 65세 미만 인구수는 조금씩 감소하였다.
② 전체 인구수는 매년 지속적으로 증가하였다.
③ 65세 이상 인구수는 매년 지속적으로 증가하였다.
④ 65세 이상 인구수는 매년 전체의 5% 이상이다.

02 **직무심화지식**

**41.** 갑과 을이 가입한 금융 상품에 대한 설명으로 옳은 것은? (단, ㈎, ㈏는 각각 단리와 복리 중 하나에 해당한다)

> • 갑은 3년 전 100만 원으로 3년 만기의 연 4% 약정된 ㈎이자가 적용되는 △△은행의 정기 예금 상품에 가입하여 1,124,864원을 받을 예정이다.
> • 을은 3년 전 100만 원으로 3년 만기의 연 4%의 약정된 ㈏이자가 적용되는 ㅁㅁ은행의 정기 예금 상품에 가입하여 1,120,000원을 받을 예정이다.
> ※ 세금 및 거래 비용은 고려하지 않음

① ㈎는 원금에 대해서만 이자를 계산하는 방식이다.
② ㈏는 원금뿐만 아니라 발생한 이자에 대해서도 이자를 계산하는 방식이다.
③ 을이 가입한 상품은 정부, 주식회사, 지방자치단체가 발행하는 상품이다.
④ 갑과 을이 가입한 금융 상품의 만기가 5년으로 늘어난다면 만기에 받을 수 있는 원리금의 격차는 커진다.

**42.** 다음은 K은행 정기예금의 만기지급이자율에 대한 내용이다. 원금 2,000만 원의 6개월 이자와 24개월 이자의 차액은 얼마인가? (단, 단리이며, 세전금액이다)

(연이율, 세전)

| 이자지급방식 | 가입기간 | 이율 |
|---|---|---|
| 만기일시지급방식 | 6개월 이상 12개월 미만 | 1.6% |
| | 12개월 이상 24개월 미만 | 1.7% |
| | 24개월 이상 36개월 미만 | 1.8% |

① 260,000원
② 360,000원
③ 460,000원
④ 560,000원

▮43~44▮ 개인종합자산관리(ISA) 계좌는 개인이 운용하는 적금, 예탁금, 파생결합증권, 펀드를 한 계좌에서 운용하면서 각각의 상품의 수익 증감을 합산하여 발생한 수익에 대해 과세하는 금융상품으로 그 내용은 다음과 같다. 이어지는 물음에 답하시오.

| 가입대상 | • 거주자 중 직전 과세기간 또는 해당 과세기간에 근로소득 또는 사업소득이 있는 자 및 대통령령으로 정하는 농어민(모든 금융기관 1인 1계좌)<br>• 신규 취업자 등은 당해 연도 소득이 있는 경우 가입 가능<br>※ 직전년도 금융소득과세 대상자는 제외 |
|---|---|
| 납입한도 | 연간 2천만 원(5년간 누적 최대 1억 원)<br>※ 기가입한 재형저축 및 소장펀드 한도는 납입한도에서 차감 |
| 투자가능 상품 | • 예/적금, 예탁금<br>• 파생결합증권, 펀드 |
| 가입기간 | 2022년 12월 31일까지 가능 |
| 상품간 교체 | 가능 |
| 의무가입 기간 | • 일반 5년<br>• 청년층, 서민층 3년 |
| 세제 혜택 | 계좌 내 상품 간 손익통산 후 순이익 중 200만 원까지는 비과세 혜택, 200만 원 초과분 9.9% 분리과세(지방소득세 포함) |
| 기타 | • ISA계좌를 5년 이내 해지하면 각 상품에서 실현한 이익금의 15.4%를 세금으로 부과<br>• 해지수수료 면제 |

**43.** 위 상품에 대해 바르게 이해한 것은?

① 작년 12월에 일을 그만두고 올해 구직 중인 자는 위 상품에 가입할 수 있다.
② 프리랜서로 일하고 있는 자는 위 상품에 가입할 수 없다.
③ 청년층 가입자가 의무가입기간이 지난 후 바로 해지할 경우, 이익금의 15.4%를 세금으로 내야한다.
④ 상품 간 손익 합산 결과가 230만원이 나왔다면, 해당 금액은 분리과세 대상이 된다.

**44.** 대훈이는 ISA에 가입하고 5년 후에 여유 자금으로 ○○증권과 ○○펀드에 가입하여 1년 후 수익을 따져보니 증권에서는 750만 원의 이익을 보고, 펀드에서는 350만 원의 손해를 보았다. 대훈이가 ISA 계좌를 해지하지 않는다면 얼마의 세금을 내야 하는가? (단, 은행수수료는 없다)

① 198,000원
② 398,000원
③ 598,000원
④ 798,000원

**45.** 사회초년생인 동근씨는 결혼자금을 마련하기 위하여 급여의 일부는 저축하기로 하였다. 동근씨는 재작년 1월 초에 K은행을 방문하여 2년 만기 저축계좌를 개설하였고 매월 100만 원씩 납입하였다. 금리는 연 5%이고, 이자소득세는 15.4%라고 할 때 만기시점에 동근씨의 통장에 입금될 금액은? (단, 금리는 연말에 단리로 일괄 지급함)

① 24,507,600원
② 25,015,200원
③ 25,522,800원
④ 26,030,400원

**46.** 다음 자료를 참고할 때, 기업의 건전성을 파악하는 지표인 금융비용부담률이 가장 낮은 기업과 이자보상비율이 가장 높은 기업을 순서대로 알맞게 짝지은 것은 어느 것인가?

(단위 : 천만 원)

| 구분 | 매출액 | 매출원가 | 판관비 | 이자비용 |
|---|---|---|---|---|
| A기업 | 98 | 90 | 2 | 1.5 |
| B기업 | 105 | 93 | 3 | 1 |
| C기업 | 95 | 82 | 3 | 2 |
| D기업 | 112 | 100 | 5 | 2 |

※ 영업이익 = 매출액 – 매출원가 – 판관비
※ 금융비용부담률 = 이자비용 ÷ 매출액 × 100
※ 이자보상비율 = 영업이익 ÷ 이자비용 × 100

① A기업, B기업
② B기업, A기업
③ B기업, B기업
④ C기업, B기업

**┃47~48┃** 다음은 K20 청춘 카드에 대한 설명이다. 이어지는 물음에 답하시오.

---

20대의 다양한 꿈과 도전, 'K20 청춘'과 함께!
■ 가입대상 : 개인
■ 후불교통카드 : 신청 가능
■ 카드브랜드 : W(JCB), MasterCard
■ 연회비 : W(JCB) 8,000원 / MasterCard 10,000원

〈청춘 선택 서비스〉

※ 청춘여행 / 청춘놀이 Type 중 택1(카드발급 신청 시 택1 및 발급 후 변경 불가)

□ 청춘여행
• 인천 공항라운지 무료이용 서비스
– 통합 월 1회, 연 2회 제공
– 서비스 조건 : 전월 이용실적 50만 원 이상 시 제공

| 구분 | 대상라운지 |
|---|---|
| 제1여객터미널 | 마티나, 스카이허브 |
| 제2여객터미널 | 마티나(일반), SPC, 라운지L |

※ 본 서비스는 카드사용 등록하신 달에는 제공되지 않으며 그 다음 달부터 서비스 조건 충족 시 제공합니다.

□ 청춘놀이
• 전국 놀이공원 할인
– 통합 월 1회, 연 6회 제공
– 서비스 조건 : 전월 이용실적 30만 원 이상 시 제공

| 놀이공원명 | 제공서비스 |
|---|---|
| 에버랜드, 롯데월드, 서울랜드, 통도환타지아, 어뮤즈먼트(경주월드), 이월드(대구), 광주패밀리랜드, 한국민속촌(용인) | 본인 자유이용권 50% 현장할인 |
| 캐리비안베이, 캘리포니아비치(경주월드) | 본인 입장료 30% 현장할인 |
| 전주시 동물원 | 본인 무료 입장 |

※ 본 서비스는 카드사용 등록하신 달에는 제공되지 않으며 그 다음 달부터 서비스 조건 충족 시 제공됩니다.

〈주요 서비스〉

□ 쇼핑
• 온라인 쇼핑몰 10% 청구할인(건당 이용금액 2만 원 이상 시)
– G마켓, 옥션, 인터파크, 11번가, K몰
□ 자기계발
• 온라인 서점, 어학시험 10% 청구할인(건당 이용금액 2만 이상 시)
– 어학시험은 월 1회, 연 6회 제공
□ 여가
• CGV 온라인 예매(홈페이지, 모바일앱) 2,000원 청구할인(1만 원 이상 결제 시, 월 1회)
• 배달앱 10% 청구할인(건당 이용금액 1만 원 이상 시)

---

**47.** 위 상품에 대한 설명으로 옳지 않은 것은?

① K20 청춘 카드는 브랜드에 따라 연회비가 다르다.
② 청춘 선택 서비스는 카드발급 신청 시 선택한다.
③ 청춘 선택 서비스의 서비스 조건은 동일하다.
④ K20 청춘 카드로 온라인 K몰에서 3만 원짜리 쌀을 구매할 경우 3,000원을 할인받을 수 있다.

**48.** 석중이는 청춘놀이 타입으로 선택하여 발급받아, 이번 달 혜택을 받을 수 있을 만큼의 전월 실적을 충족했다. 석중이의 이번 달 소비금액이 다음과 같을 때, 이번 달 할인받을 수 있는 금액은 총 얼마인가? (단, 에버랜드 자유이용권의 가격은 1장당 6만원으로 한다)

- 에버랜드 자유이용권을 본인과 동생 것 2장을 현장에서 구매함
- 11번가에서 20만원 어치 옷을 한번에 구입함
- 롯데시네마 티켓 2장을 모바일 앱으로 구매함
- 인터넷 서점에서 자기계발 도서 18,000원짜리를 구입함
- 배달앱을 이용해 2만 5천원짜리 보쌈, 15000원짜리 짜장면 세트를 주문함

① 54,000원
② 55,800원
③ 56,000원
④ 57,800원

**49.** 다음은 어느 보험회사의 보험계약 현황에 관한 표이다. 이에 대한 설명으로 옳지 않은 것은?

(단위 : 건, 억 원)

| 구분 | 2021년 | | 2020년 | |
|---|---|---|---|---|
| | 건수 | 금액 | 건수 | 금액 |
| 개인보험 | 5,852,844 | 1,288,847 | 5,868,027 | 1,225,968 |
| 생존보험 | 1,485,908 | 392,222 | 1,428,422 | 368,731 |
| 사망보험 | 3,204,140 | 604,558 | 3,241,308 | 561,046 |
| 생사혼합 | 1,162,792 | 292,068 | 1,198,297 | 296,191 |
| 단체보험 | 0 | 0 | 0 | 0 |
| 단체보장 | 0 | 0 | 0 | 0 |
| 단체저축 | 0 | 0 | 0 | 0 |
| 소계 | 5,852,844 | 1,288,847 | 5,868,027 | 1,225,968 |

※ 건수는 보유계약의 건수임
※ 금액은 주계약 및 특약의 보험가입금액임

① 2020년과 2021년에 단체보험 보유계약의 건수는 0건이다.
② 2021년은 2020년에 비해 개인보험 보유계약 건수가 감소하였다.
③ 2021년은 2020년에 비해 개인보험 보험가입금액은 증가하였다.
④ 2021년 개인보험 보험가입금액에서 생존보험 금액이 차지하는 비중은 30% 미만이다.

**│50~51│** 다음은 K은행의 '신나는 직장인 대출' 상품의 안내문이다. 이를 보고 이어지는 물음에 답하시오.

〈신나는 직장인 대출〉
1. 상품특징 : 공무원, 사립학교 교직원, 당행 선정 우량기업 임직원 대상 신용대출상품
2. 대출대상
  - 공무원, 사립학교 교직원, 당행 선정 우량기업에 3개월 이상 정규직으로 재직 중인 급여소득자
  - 단, 인터넷 또는 모바일을 통한 영업점 무방문대출은 재직기간 1년 이상이고, 소득금액증명원 상 최근 귀속년도 소득금액으로 소득확인이 가능한 고객(대출신청일 현재 동일사업장 국민건강보험 가입이력이 1년 이상이어야 하며, 자격유지 기준 변동사항인 휴직, 이직, 합병 등이 있는 경우에는 신청이 불가)
3. 대출기간 : 일시상환대출 1년 이내(1년 단위로 연장 가능), 할부상환대출 5년 이내
4. 대출한도 : 최대 2억 5천만 원 이내(단, 인터넷 또는 모바일을 통한 영업점 무방문대출은 최대 1억 원 이내
5. 대출금리

| 기준금리 | 우대금리 | 최종금리 |
|---|---|---|
| 연리 2.00% | 연리 0.40%(최대) | 연리 1.60 ~ 2.00% |

* 당행 기준금리 1년 고정
* KB고객(골드 이상) 0.20%p, 급여이체 0.10%p, 신용카드 이용(3개월)100만 원 이상 0.10%p 등

\* 연체이자율은 연체기간에 관계없이 연체일수×(채무자 대출금리＋3%)÷365

6. 고객부담수수료

| 5천만 원 이하 | 5천만 원 초과 ~1억 원 이하 | 1억 원 초과 ~2억 원 이하 | 2억 원 초과 |
|---|---|---|---|
| 없음 | 7만 원 | 15만 원 | 20만 원 |

7. 필요서류
  – 실명확인증표
  – 재직증명서 또는 전자공무원증
  – 고용보험 가입확인서(필요 시)
  – 소득확인서류
  – 기타 필요 시 요청 서류

**50.** 다음 중 위 대출 상품의 대출금리에 대하여 올바르게 판단한 설명이 아닌 것은 어느 것인가?

① 1억 원 대출 시 최소 적용 가능한 연 이자액은 160만 원이다.

② 3개월 신용카드 월 평균 사용금액이 30만 원인 경우, 적어도 1.90%까지의 금리 적용이 가능하다.

③ 연체이자율은 골드레벨 KB고객 혜택만 있는 고객과 급여이체 혜택만 있는 고객이 서로 동일하지 않다.

④ 골드레벨 KB고객이 급여이체도 K은행을 통하여 하고 있을 경우, 적어도 1.70%까지의 금리 적용이 가능하다.

**51.** 다음은 K은행의 '신나는 직장인 대출' 상품을 알아보기 위한 고객과 은행 직원과의 질의응답 내용이다. 응답 내용이 상품 안내문의 내용과 부합되지 않는 것은 어느 것인가?

Q. 석달 전에 우리 아들이 공무원이 되었는데요, 인터넷으로 신청을 하면 영업점 무방문대출이 될 테니 8천만 원 정도 대출은 가능하겠네요?

A. ① 네 고객님, 영업점 무방문대출의 경우는 최대 1억 원 한도입니다. 8천만 원 대출은 가능하시겠어요.

Q. 저는 사립학교 행정실에 5년 째 근무하는 직원입니다. 2억 원 정도 대출을 받고 싶은데 급여이체 계좌를 K은행으로 옮기면 금리가 2% 이하로 적용될 수 있지요?

A. ② 네 가능합니다. 그런 경우 1.90%의 금리를 적용받으시겠네요.

Q. 안내문을 보니 저는 우대금리 혜택 사항에 모두 해당이 되는데요, 연체이자율은 3.60%가 되는 게 맞겠네요?

A. ③ 아닙니다. 우대금리가 최대 적용되신다면 최종 1.60%의 금리이신데요, 여기에 3%가 추가되어 연체이자율은 4.60%가 적용됩니다.

Q. 3년차 공무원입니다. 스마트 폰으로 대출 신청을 하려고 하는데요, 이 경우에는 대출 수수료가 10만 원을 넘진 않는 거죠?

A. ④ 맞습니다. 고객님과 같은 경우에는 대출 금액에 따라 수수료가 다른데요, 없을 수도 있고, 있더라도 최대 7만 원입니다.

**52.** 과장 P는 퇴직금 중 3,000만 원을 예금에 가입하였다. 연 6%의 복리 이자를 준다고 했을 때 원금 3,000만 원이 두 배로 늘어나는 데 걸리는 기간은? (단 과세는 고려하지 않는다)

① 11년
② 12년
③ 18년
④ 20년

**53.** 다음은 KB OO여행적금 상품에 대한 설명이다. 옳은 것은?

KB OO여행적금

가. 상품특징
고객의 풍요로운 삶과 행복을 지향하기 위하여 K은행 자회사인 KB여행사와 연계한 적금상품으로 (가족)여행과 관련된 고객니즈를 반영한 특화상품

나. 가입대상
실명의 개인

다. 가입기간
· 정기적금 : 6개월 이상 5년 이내 월 단위
· 자유적립적금 : 3개월 이상 5년 이내 월 단위

라. 가입금액

| 구분 | 초입금 및 월 적립금 | 가입 한도 |
|---|---|---|
| 정기적금 | · 초입금 : 500원 이상<br>· 월 적립금 : 500원 이상 | 제한 없음 |
| 자유적립적금 | · 초입금 : 1천 원 이상<br>· 월 적립금 : 1천 원 이상 | 제한 없음<br>※ 단, 계좌별 계약기간의 3/4경과 후 적립할 수 있는 금액은 이전 적립금액의 1/2이내, 만기 1개월 이내에는 전월의 입금액을 초과한 입금 불가 |

마. 기본 이율(연%, 세전)

| 가입기간 | 기본이율 |
|---|---|
| 3개월 이상 | 1% |
| 6개월 이상 | 1% |
| 12개월 이상 | 1.4% |
| 24개월 이상 | 1.45% |
| 36개월 이상 | 1.5% |
| 48개월 이상 | 1.5% |
| 60개월 이상 | 1.5% |

바. 이자계산법
· 정기적금 : 월 저축금액을 매월 이 계약에서 정한 날짜에 입금하였을 때에는 입금건별로 입금일부터 해지일 전일까지 예치일수에 대하여 이자율로 계산하여 지급하고, 정한 날짜보다 빨리 혹은 늦게 입금하였을 때에는 적립식 예탁금 약관에서 정한대로 이자 지급
· 자유적립적금 : 저축금마다 입금일부터 해지일 전일까지 기간에 대하여 약정이율로 셈한 후 이자를 더하여 지급
   ※ 저축금별 이자 계산 예시 : 입금액 × 약정금리 × 예치일수 / 365

사. 이자지급방식
만기일시지급식 : 가입기간 동안 약정이율로 계산하여 만기일에 일시지급

아. KB여행사 연계 우대 서비스
· 서비스 이용대상은 신규 가입고객(예금금액 제한 없음)이며 서비스의 이용기간은 신규일로부터 적금만기 후 3개월 이내로 한다.
· 서비스 이용방법
－신규가입 시 안내문구 통장인자 및 인증번호 부여
－고객이 KB여행사 홈페이지(www.kbtour.co.kr) 회원가입 시 KB여행적금 인증번호 입력(최초 접속 시만 해당, 회원가입 후 에는 개인아이디로 접속)
－회원정보 입력 및 메일수령 동의여부 등을 입력
－회원가입 절차를 마친 후 상품안내 화면으로 이동하여 해당 서비스 이용 가능
－서비스 신청은 예금주 본인 명의로 신청해야 하되, 실제 서비스 이용자는 본인이 아니어도 가능

① 급여통장 가입 고객이면 적금 인터넷 신규 시 1%p의 우대이율을 받을 수 있다.

② 서비스의 이용기간은 적금만기 후 3개월부터이다.

③ 전 직원 단체 여행 시 법인도 여행적금 상품에 가입할 수 있다.

④ 가입기간이 36개월인 사람과 60개월인 사람의 이율은 동일하다.

**54.** 다음은 인플레이션을 감안하지 않은 명목이자율과 물가변동을 감안한 실질이자율에 대한 설명이다. 다음 설명을 참고할 때, 〈보기〉의 경우 A씨의 1년 후의 실질이자율은?

---

누군가가 '이자율이 상승하는 경우 저축을 늘리겠는가?' 라는 질문을 했다고 해 보자. 얼핏 생각할 때, 그 대답은 '예'일 것 같지만 보다 정확한 답은 '알 수 없다'이다. 질문 자체가 정확하지 않기 때문이다. 즉, 질문에서 얘기하는 이자율이 명목이자율인지 아니면 실질이자율인지가 불분명하기 때문이다.

만약 질문한 사람이 명목이자율을 염두에 두고 있었다면, 다시 그 사람에게 '물가상승률은 어떻습니까?' 라고 되물어야 할 것이다. 명목이자율에서 물가상승률을 뺀 실질이자율이 어느 수준인지가 예금에 대한 의사 결정에 영향을 미치기 때문이다.

현실에서는 예금을 통해 번 이자 소득에 세금이 부과된다. 우리나라의 경우 이자 소득세율은 15.4%이다. 따라서 명목이자율이 물가상승률보다 커 실질이자율이 양(+)의 값을 갖는다 하더라도, 이자 소득세를 납부한 후의 실질이자율은 음(−)의 값을 가질 수도 있다. 물론 이러한 경우 예금을 하면 구매력 차원에서 따졌을 때 오히려 손해를 보게 된다.

---

〈보기〉

2019년 5월 11일 현재 우리나라 금융기관에서 취급하고 있는 1년 만기 정기예금의 연평균 명목이자율은 2.1%이다. A씨는 1억 원을 1년 동안 예금할 예정이며, 만기 시점인 1년 후의 물가는 1% 상승했다고 가정한다.

---

① 약 0.56%  ② 약 0.77%
③ 약 0.95%  ④ 약 2.10%

**55.** 서원이는 이번 해 1월 전액 현금으로만 다음 표와 같이 지출하였다. 만약 서원이가 이번 해 1월에 A~C 신용카드 중 하나만을 발급받아 할인 전 금액이 표와 동일하도록 그 카드로만 지출하였다면 신용카드별 할인혜택에 근거한 할인 후 예상청구액이 가장 적은 카드부터 순서대로 바르게 나열한 것은?

〈표〉 1월 지출내역

(단위 : 만 원)

| 분류 | 세부항목 | | 금액 | 합계 |
|---|---|---|---|---|
| 교통비 | 버스 · 지하철 요금 | | 8 | 20 |
| | 택시 요금 | | 2 | |
| | KTX 요금 | | 10 | |
| 식비 | 외식비 | 평일 | 10 | 30 |
| | | 주말 | 5 | |
| | 카페 지출액 | | 5 | |
| | 식료품 구입비 | 대형마트 | 5 | |
| | | 재래시장 | 5 | |
| 의류구입비 | 온라인 | | 15 | 30 |
| | 오프라인 | | 15 | |
| 여가 및 자기계발비 | 영화관람료 (1만원/회×2회) | | 2 | 30 |
| | 도서구입비 (2만원/권×1권, 1만5천원/권×2권, 1만원/권×3권) | | 8 | |
| | 학원 수강료 | | 20 | |

〈신용카드별 할인혜택〉

○ A 신용카드
- 버스, 지하철, KTX 요금 20% 할인(단, 할인액의 한도는 월 2만원)
- 외식비 주말 결제액 5% 할인
- 학원 수강료 15% 할인
- 최대 총 할인한도액은 없음
- 연회비 1만 5천 원이 발급 시 부과되어 합산됨

○ B 신용카드
- 버스, 지하철, KTX 요금 10% 할인(단, 할인액의 한도는 월 1만원)
- 온라인 의류구입비 10% 할인
- 도서구입비 권당 3천 원 할인(단, 권당 가격이 1만 2천 원 이상인 경우에만 적용)
- 최대 총 할인한도액은 월 3만 원
- 연회비 없음

○ C 신용카드
- 버스, 지하철, 택시 요금 10% 할인(단, 할인액의 한도는 월 1만 원)
- 카페 지출액 10% 할인
- 재래시장 식료품 구입비 10% 할인
- 영화관람료 회당 2천원 할인(월 최대 2회)
- 최대 총 할인한도액은 월 4만 원
- 연회비 없음

※ 할부나 부분청구는 없으며, A ~ C 신용카드는 매달 1일부터 말일까지의 사용분에 대하여 익월 청구됨

① A – B – C
② A – C – B
③ B – A – C
④ B – C – A

**∥56~57∥** 다음은 '(무)교보First변액적립보험'에 관한 설명이다. 물음에 답하시오.

1. 개요
   저금리시대 펀드에 투자하여 안정적인 수익률 추구

2. 상품 특징
   ㉠ 낮은 비용으로 수익률 극대화 추구
   - 해지 공제 비용이 없어 초기에 해지하더라도 환급률이 높은 상품(기존 자사 변액보험 대비)
   ㉡ 고객의 자산을 지키기 위한 운용사 경쟁형 펀드 운영
   - 1개 펀드에 복수 운용사를 운영하여 수익률이 높은 운용사에 자산을 추가 배분함으로써 수익률 경쟁을 도모함
   ㉢ 고객 투자 성향에 따른 다양한 투자 및 옵션 선택 가능
   - K-커버드형, 글로벌멀티에셋형, 글로벌배당주식형, 이머징주식형, K-Selection주식형, 가치주식형, 성장주식형, 일반주식형, 인덱스주식형, 글로벌주식형, 글로벌채권형, 채권형, 단기채권형, 글로벌금리연동채권형 등 다양한 펀드 선택이 가능
   ㉣ 펀드 운용보수 환급을 통한 수익률 확대
   - 4년 이상 유지할 경우 펀드 운용보수의 10%~25%를 계약자적립금에 가산
   ㉤ 상황에 따라 유연한 자금 운용
   ㉥ 연금전환을 활용한 노후준비 가능

3. 보험사
   교보생명

4. 가입 나이
   만 15세~75세

5. 납입 방법
   월납

6. 납입 기간
   2년, 3년, 5년, 7년, 10년, 12년, 15년, 20년납

7. 보험 기간
   종신

8. 가입 한도
   20만 원 이상 (단, 2년납, 3년납은 50만 원 이상, 5년납은 30만 원 이상)

9. 세제 혜택
   관련 세법에서 정하는 요건에 부합하는 경우 보험차익 비과세 혜택

10. 예금자 보호
    이 보험계약은 예금자보호법에 따라 예금보험공사가 보호하지 않습니다. 다만, 약관에서 정한 최저사망보험금에 한하여 예금자보호법에 따라 예금보험공사가 보호하되, 보호 한도는 본 보험회사에 있는 귀하의 모든 예금보호 대상 금융상품의 해지환급금(또는 만기시 보험금이나 사고보험금)에 기타 지급금을 합하여 1인당 최고 "5천만 원"이며, 5천만 원을 초과하는 나머지 금액은 보호하지 않습니다.(다만, 보험계약자 및 보험료 납부자가 법인이면 보호되지 않습니다.)

11. 유의사항
    ㉠ 이 상품은 보험 상품으로 은행의 예·적금 상품과 다릅니다.
    ㉡ 이 상품의 자세한 내용은 상품설명서와 약관을 읽어보시기 바랍니다.
    ㉢ 운용실적에 따라 납입원금의 손실이 발생할 수 있으며, 그 손실은 가입자에게 귀속됩니다.
    ㉣ 중도해지 할 경우 해지환급금은 최저보증이 되지 않습니다.
    ㉤ 기존 계약을 해지하고 신계약을 체결할 때에는 보험 인수가 거절되거나 보험료가 인상될 수 있으며, 보장 내용이 달라질 수 있습니다.

**56.** 다음 중 상품의 특징이 아닌 것은?

① 연금전환을 활용한 노후준비 가능하다.
② 해지 공제 비용으로 인해 초기에 해지하더라도 환급률이 낮다.
③ 4년 이상 유지할 경우 펀드 운용보수의 10~25%를 계약자적립금에 가산한다.
④ 1개 펀드에 복수 운용사를 운영하여 수익률이 높은 운용사에 자산을 추가 배분한다.

**57.** 다음 중 가입 가능한 납입 기간은?

① 1년 　　　　② 4년
③ 6년 　　　　④ 10년

**58.** 다음은 우리은행의 인터넷해외송금에 대한 설명이다. 미국에서 공부하고 있는 진영이에게 경수가 저녁 9시에 송금을 하는 경우, 가능한 금액은?

1. 송금시 환율우대 및 수수료 우대

| 구분 | 기본통화( USD, JPY, EUR) | 기타통화 |
|---|---|---|
| 우대율 | 50% | 30% |

※ 금액에 관계 없이 최대 50% 우대환율 제공
※ 송금 수수료 50% 우대 (단, 전신료는 별도)
※ 중계수수료 부담 송금인(송금하시는 분) 선택시 중계수수료 발생

2. 송금사유별 건당 송금한도

| 구분 | 지급증빙서류 미제출송금 외국인/비거주자의 국내 소득 송금 | 유학생, 해외체재자 | 해외이주비 |
|---|---|---|---|
| 09:00~16:00 (월~금요일) | USD 1만 불 상당액 이하 | USD 5만 불 상당액 이하 | USD 5만 불 상당액 이하 |
| 16:00~익일 09:00 (월~금요일) | USD 5천 불 상당액 이하 | USD 5천 불 상당액 이하 | 불가 |
| 토요일 09:00 ~월요일 09:00 | USD 5천 불 상당액 이하 | USD 5천 불 상당액 이하 | 불가 |

※ 해외이주비 송금은 월~금요일(공휴일 제외) 17:30시까지 가능

① USD 4,800 불
② USD 5,200 불
③ USD 6,400 불
④ USD 7,100 불

**┃59~60┃ 다음의 상품설명서를 읽고 물음에 답하시오.**

〈거래 조건〉

| 구분 | | 금리 |
|---|---|---|
| 적용금리 | 모집기간 중 | 큰 만족 실세예금 1년 고시금리 |
| | 계약기간 중 중도해지 | 없음 |
| | 만기 후 | 원금의 연 0.10% |
| 중도해지 수수료율 (원금기준) | 예치기간 3개월 미만 | 개인 원금의 0.38% 법인 원금의 0.38% |
| | 예치기간 3개월 이상~6개월 미만 | 개인 원금의 0.29% 법인 원금의 0.30% |
| | 예치기간 6개월 이상~9개월 미만 | 개인 원금의 0.12% 법인 원금의 0.16% |
| | 예치기간 9개월 이상~12개월 미만 | 원금의 0.10% |
| 이자지급방식 | | 만기일시지급식 |
| 계약의 해지 | | 영업점에서 해지 가능 |

〈유의사항〉
• 예금의 원금보장은 만기 해지 시에만 적용된다.
• 이 예금은 분할해지 할 수 없으며 중도해지 시 중도해지 수수료 적용으로 원금손실이 발생할 수 있다. (중도해지 수수료는 '가입금액×중도해지수수료율'에 의해 결정)
• 이 예금은 예금기간 중 지수가 목표지수변동률을 넘어서 지급금리가 확정되더라도 이자는 만기에만 지급한다.
• 지수상승에 따른 수익률(세전)은 실제 지수상승률에도 불구하고 연 4.67%를 최대로 한다.

**59.** 석준이는 개인이름으로 최초 500만 원의 원금을 가지고 이 상품에 가입했다가 불가피한 사정으로 5개월 만에 중도해지를 했다. 이때 석준이의 중도해지 수수료는 얼마인가?

① 6,000원
② 8,000원
③ 14,500원
④ 15,000원

**60.** 상원이가 이 예금에 가입한 후 증시 호재로 인해 지수가 약 29% 상승하였다. 이 경우 상원이의 최대 수익률은 연 몇 %인가? (단, 수익률은 세전으로 한다)

① 연 1.35%
② 연 4.67%
③ 연 14.5%
④ 연 21%

**61.** 인터넷 경제 3원칙을 보기에서 올바르게 고른 것은?

> ㉠ 마이크로칩의 처리능력은 18개월마다 2배 증가한다.
> ㉡ 80%의 효과는 20%의 노력으로 얻어진다.
> ㉢ 거래 비용이 적게 드는 쪽으로 변화한다.
> ㉣ 가치는 노동시간에 따라 결정된다.
> ㉤ 네트워크 가치는 참여자의 수의 제곱이다.

① ㉠㉡㉣
② ㉢㉣㉤
③ ㉠㉢㉤
④ ㉡㉢㉤

**62.** 네트워크상에 존재하는 패킷 정보를 도청하는 해킹수법의 일종이다. 전화기 도청 장치 설치 과종과 유사한 이 해킹수법을 뜻하는 용어는?

① 스파이 앱
② 스니핑
③ 스머핑
④ 스푸핑

**63.** 암호화폐를 탈취한다는 것으로 사용자 PC를 해킹하여 가상화폐를 채굴하는 것은?

① 랜섬웨어
② 크립토재킹
③ 스피어 피싱
④ 부트키트

**64.** 미국교육학자 마크 프렌스키가 처음 사용하였으며, 태어나서부터 디지털 기기에 둘러싸여서 성장한 세대를 의미하는 용어는?

① 디지털 쿼터족
② 디지털 사이니지
③ 디지털 디바이드
④ 디지털 네이티브

**65.** 디지털 위안화로 중국의 중앙은행에서 발행한 디지털 화폐를 의미하는 용어는?

① CBDC(Central Bank Digital Currency)
② 비트코인
③ E-크로나
④ DECP(Digital Currency Eletronic Payment)

**66.** 데이터 수집과 활용을 강화하여 데이터 경제를 가속화, 공공데이터 14만여 개 개방, 디지털 집현전 설치를 목표로 하는 디지털 뉴딜 정책으로 옳은 것은?

① 데이터 댐
② 지능형 정부
③ 그린 스마트 스쿨
④ 국민안전 사회간접자본 디지털화

**67.** LED의 가시광선으로 1초에 10기가 바이트 속도로 데이터를 전달하는 방식을 일컫는 용어는?

① 핫 스팟      ② Wi-Fi
③ 테더링      ④ Li-Fi

**68.** 스마트폰, 개인 정보 단말기, 기타 이동 전화 등을 이용한 은행 업무, 지불 업무, 티켓 업무와 같은 서비스를 하는 비즈니스 모델을 무엇이라 하는가?

① M 커머스      ② C 커머스
③ U 커머스      ④ E 커머스

**69.** 언론이 통제된 미얀마에서 현재 사용량이 폭증한 이것은 특정 프로그램을 통해 웹페이지에 접속이 가능하다. 접속자나 IP추적이 불가한 웹을 의미하는 용어는?

① 서피스 웹
② 다크 웹
③ 딥 웹
④ 웹 TV

**70.** 휴대폰용 운영체제·미들웨어·응용프로그램을 묶은 소프트웨어 플랫폼은?

① 윈도우(Window)
② 태블릿(Tablet)
③ 안드로이드(Android)
④ 매킨토시(Macintosh)

**71.** 스마트폰 시장에서 출시 주기가 짧아지면서 제품수명이 2 ～ 3개월로 단축된다는 것을 일컫는 용어는?

① 아이폰 법칙
② 한계효용 체감의 법칙
③ 황의 법칙
④ 안드로이드 법칙

**72.** 오지까지 무료로 인터넷을 보급하기 위한 것으로, 2013년부터 진행되어 2021년 1월에 종료된 구글의 프로젝트를 무엇이라 하는가?

① 프로젝트 파이
② 아트 프로젝트
③ 프로젝트 포그혼
④ 프로젝트 룬

**73.** 빅데이터의 특징에서 4V에 해당하지 않는 것은?

① Volume          ② Velocity
③ Variety          ④ Verify

**74.** 甲은 오랜만에 들어간 웹사이트의 비밀번호가 생각나지 않는다. 회원가입은 되어있는 상태라고 하는 데 기억이 나지 않는다. 결국 비밀번호 찾기를 눌러 새로운 비밀번호를 입력한다. 시간이 지나 또 웹사이트에 로그인을 하지 못한 甲은 다시 비밀번호 찾기를 누른다. 이러한 현상을 방지하기 위하여 신속한 온라인 인증이라는 뜻의 생체인증을 주로 시행하는 이 인증을 의미하는 용어는?

① CPO            ② GDPR
③ RPA            ④ FIDO

**75.** P2P의 특성에 대한 설명으로 옳지 않은 것은?

① 웹상의 개인과 개인이 파일을 공유하는 것을 의미한다.
② 보안이 강한 특성을 지니고 있다.
③ 저작권 보호의 맹점이 있다.
④ 냅스터(Napster)나 그누텔라(Gnutella)가 대표적인 기업이다.

**76.** 디지털 이동통신기술로 기존의 아날로그 방식보다 10배 이상 가입자를 수용할 수 있는 방식은?

① TDMA          ② RPA
③ GSM            ④ CDMA

**77.** 다음 설명 중에서 마이데이터로 추진 중인 서비스가 아닌 것은?

① 고객의 금융정보를 관리하여 맞춤 상품을 추천한다.
② 내 집 마련이나 미래를 대비하기 위한 목표를 제공하고 금융전략을 제시한다.
③ 사회초년생의 신용점수를 높이기 위해 올바른 금융습관을 조언한다.
④ 금융사기를 방지하기 위해서 지연인출제도를 알려준다.

**78.** 미국 인구의 절반이 이용하는 OTT 서비스 중 하나로 광고 기반 무료 실시간 OTT 서비스이다. 아시아 최초 플랫폼 사업자 뉴 아이디에서 북미, 유럽, 한국에서 약 20개의 채널을 운영하고 있는 것을 의미하는 용어는?

① FAST
② 넷플릭스
③ 아마존프라임비디오
④ 웨이브(Wavve)

**79.** 코로나로 화상회의와 온라인수업의 사용빈도가 높아졌다. 기업의 줌 화상회의나 학교의 온라인수업에 몰래 들어가 음란물을 보내거나 방해하는 행위를 나타내는 말은?

① 멀티캐스트(Multicast)
② 핀치 투 줌(Pinch To Zoom)
③ 줌폭탄(Zoom Bombing)
④ 웨비나(Webinar)

**80.** 사업자가 투자금을 확보하기 위해 블록체인 기반의 암호화 화폐를 발행하고 투자자에게 판매하여 가상화폐로 자금을 확보하는 것을 의미하는 것은?

① IPO(Initial Public Offering)
② FDS(Fraud Detection System)
③ 레그테크(Regtech)
④ ICO(Initial Coin Offering)

**03** 상식

**81.** 다음 중 GDP에서 G의 뜻으로 옳은 것은?

① Genetically
② Global
③ General
④ Gross

**82.** BIS 자기자본비율에 대한 설명으로 옳은 것은 무엇인가?

① 각국 중앙은행에서 결정한다.
② 은행이 유지해야 할 수준은 6%이다.
③ 은행 주주들을 보호하기 위한 기준이다.
④ 2 ~ 6%일 경우 경영개선을 요구한다.

**83.** 자금세탁 방지제도 구성으로 옳지 않은 것은 무엇인가?

① 의심거래보고제도
② 고액현금거래보고제도
③ 소액현금거래보고제도
④ 고객확인제도

**84.** 다음 중 요구불예금끼리 바르게 묶인 것은 무엇인가?

| ㉠ CMA | ㉡ 보통예금 |
| ㉢ 어린이예금 | ㉣ 저축성예금 |
| ㉤ 당좌예금 | |

① ㉠㉡
② ㉢㉣
③ ㉠㉡㉢
④ ㉡㉢㉤

**85.** 다음이 설명하는 것은 무엇인가?

> 회사가 근로자의 퇴직연금 재원을 외부 금융회사에 적립하여 운용하고, 근로자 퇴직 시 정해진 금액을 지급하도록 하는 제도로, 금액은 기존의 퇴직금 금액과 동일하다.

① 확정급여형  ② 확정기여형
③ 개인형 퇴직연금  ④ IRP

**86.** 다음 금리에 대한 설명으로 옳은 것은 무엇인가?

① 기준금리 : 신용도가 높은 기업에게 가장 낮은 금리로 장기 대출을 해줄 때 적용한다.
② 명목금리 : 금융기관이 기업에게 대출해줄 때 적용하는 금리이다.
③ 고정금리 : 물가 상승을 고려하지 않은 금리이다.
④ 표면금리 : 채권 표면에 표시한 금리이다.

**87.** A와 B는 20만 원을 2년 만기 정기적금에 가입하려고 한다. A는 단리, B는 복리를 적용할 경우 둘의 이자 차이는 얼마인가? (단, 금리는 5%이다.)

① 400원  ② 450원
③ 500원  ④ 550원

**88.** 그림자 금융의 특징으로 옳지 않은 것은 무엇인가?

① 엄격한 건전성 규제의 대상이 아니다.
② 중앙은행의 유동성 지원이나 예금보험 등 공공부문의 지원 대상이 아니다.
③ 신용 중개기능이 없는 단순 주식거래와 외환거래를 포함한다.
④ 금융 소비자의 수요 등 금융환경 변화에 맞추어 빠르게 성장하였다.

**89.** 최고가격제 실시로 나타날 수 있는 문제점이 아닌 것은?

① 초과수요가 발생한다.
② 암시장이 발생한다.
③ 사회적 후생손실이 발생한다.
④ 시장의 균형가격보다 높은 수준으로 결정된다.

**90.** ㉠과 ㉡에 들어갈 말로 옳은 것은 무엇인가?

> 주식 시장에서 주가가 갑자기 급등락 하는 경우 시장에 미치는 충격을 완화하기 위해 주식 매매를 일시 정시하는 제도로 주식거래 일시 중단 제도라고도 한다. 지수가 전날 종가보다 10% 이상 하락한 상태로 1분간 지속되면 20분간 모든 종목의 거래가 중단된다. ( ㉠ )이/가 발동되면 30분 후에 매매가 재개되는데 처음 20분 동안은 모든 종목의 호가접수 및 매매 거래가 중단되고, 나머지 10분 동안은 새로 호가를 접수하여 단일가격으로 처리한다. 한 번 발동한 후에는 요건이 충족되어도 다시 발동할 수 없다. 미국 주가 대폭락사태인 블랙먼데이 이후 주식 시장의 붕괴를 막기 위해 처음으로 도입되었다. 한편, ( ㉡ )은/는 선물시장의 급등락에 따라 현물시장의 가격이 급변하는 것을 막기 위한 가격안정화 장치로, 프로그램 매매만을 잠시 중지시키는 제도이다. 주가지수 선물시장의 개설과 함께 국내에 도입되었는데, 선물가격이 전날 종가보다 5%(코스피) ~ 6%(코스닥) 이상 급등락하는 상태가 1분간 지속되는 경우에 발동되며, 일단 발동되는 경우에는 그 시점부터 프로그램 매매 효과의 효력이 5분간 정지된다.

| | ㉠ | ㉡ |
|---|---|---|
| ① | 콘탱고 | 서킷 브레이커 |
| ② | 서킷 브레이커 | 프리보드 |
| ③ | 사이드 카 | 서킷 브레이커 |
| ④ | 서킷 브레이커 | 사이드 카 |

**91.** 다음 중 주식 시장을 비유하는 동물은 무엇인가?

① 매        ② 개구리
③ 사슴       ④ 곰

**92.** 파생금융상품시장의 기능으로 옳지 않은 것은 무엇인가?

① 가격예시 기능
② 위험전가 기능
③ 부실채권 기능
④ 자원배분의 효율성

**93.** 다음 매파에 대한 특징으로 옳은 것을 모두 고르면?

> ㉠ 인플레이션 억제 및 물가 안정 추구
> ㉡ 시중 통화량 증가
> ㉢ 화폐 가치 상승으로 인한 물가 안정
> ㉣ 긴축정책 및 금리인상
> ㉤ 인플레이션 장려 및 경제 성장 추구

① ㉠㉡㉢      ② ㉡㉢㉣
③ ㉢㉣㉤      ④ ㉠㉢㉣

**94.** 다음이 설명하고 있는 것은 무엇인가?

> 기관들도 고객 재산을 선량하게 관리해야 할 의무가 있다는 필요성에 의해 생겨난 용어다. 주요 기관투자자가 주식을 보유하는 데에 그치는 것이 아니라 투자 기업의 의사결정에 적극 참여해 주주와 기업의 이익을 추구하고, 지속 가능한 성장과 투명한 경영을 이끌어 내는 것이 목적이다.

① 포트폴리오      ② 스튜어드십 코드
③ 불완전판매      ④ 폰지사기

**95.** 영국의 경제학자 애덤 스미스가 주장한 이론으로 특정 재화를 생산하는 데 얼마만큼의 노동량이 들어가는지를 기준으로 하는 것은 무엇인가?

① 비교 우위론
② 헥셔–오린의 정리
③ 절대 우위론
④ 코즈의 정리

**96.** 최고가격제와 최저가격제의 비교로 옳지 않은 것은 무엇인가?

① 최고가격제는 균형가격을 아래로 설정한다.
② 최고가격제는 초과수요로 인해 암시장이 형성된다.
③ 최고가격제는 물가 안정 및 소비자를 보호하기 위한 목적이다.
④ 최저가격제는 균형가격 아래로 설정한다.

**97.** A는 소고기와 돼지고기를 판매하는 정육식당을 개업했다. 경기가 어려워지자 소고기의 판매량은 전보다 줄고 돼지고기의 판매량은 크게 늘었는데, 이때 소고기와 돼지고기 관계에 대한 설명으로 옳지 않은 것은 어떤 것인가?

① 소고기는 정상재이다.
② 돼지고기 가격을 올리면 소고기의 수요는 늘어난다.
③ 소고기와 돼지고기는 대체관계에 있다.
④ 소고기는 열등재이다.

**98.** 독점시장의 특징으로 옳은 것은 무엇인가?

① 차별화된 상품을 공급하기 때문에 시장지배력을 가진다.
② 공급자들의 재화는 동질의 상품이다.
③ 진입과 퇴출이 자유롭지만 가격수용자는 될 수 없다.
④ 공급자끼리 상호의존성이 강하다.

**99.** GDP에 해당하는 것을 모두 고르면?

> ㉠ 이민형 씨의 가사활동
> ㉡ 김가을 씨의 불우이웃돕기 성금
> ㉢ 국내 식품회사의 국내소득
> ㉣ 국내 자동차회사의 국외소득
> ㉤ 국외 제약사의 국내소득

① ㉠㉡　　　　　　② ㉡㉣
③ ㉢㉤　　　　　　④ ㉠㉡㉢

**100.** 하나의 재화만 생산하는 국가의 실질GDP와 명목GDP를 타나낸 것이다. 이에 대한 분석으로 옳지 않은 것을 모두 고르면? (단, 기준 연도는 2018년도이다.)

| 구분 | 2018 | 2019 | 2020 |
|---|---|---|---|
| 실질 GDP | 100 | 100 | 110 |
| 명목 GDP | 100 | 110 | 110 |

> ㉠ 2019년도의 물가는 2018년도에 비해 상승하였다.
> ㉡ 2019년도의 생산량은 2018년도에 비해 증가하였다.
> ㉢ 2020년도의 생산량은 2018년도에 비해 증가하였다.
> ㉣ 2020년도의 물가는 2019년도에 비해 상승하였다.
> ㉤ 2020년도의 물가는 2018년도와 동일하다.

① ㉠㉢　　　　　　② ㉡㉣
③ ㉠㉡㉢　　　　　④ ㉠㉢㉣

# 국민은행 신입행원 채용대비 기출동형 모의고사

| 문항 | 1 | 2 | 3 | 4 | 문항 | 1 | 2 | 3 | 4 | 문항 | 1 | 2 | 3 | 4 | 문항 | 1 | 2 | 3 | 4 |
|---|---|---|---|---|---|---|---|---|---|---|---|---|---|---|---|---|---|---|---|
| 1 | ① | ② | ③ | ④ | 26 | ① | ② | ③ | ④ | 51 | ① | ② | ③ | ④ | 76 | ① | ② | ③ | ④ |
| 2 | ① | ② | ③ | ④ | 27 | ① | ② | ③ | ④ | 52 | ① | ② | ③ | ④ | 77 | ① | ② | ③ | ④ |
| 3 | ① | ② | ③ | ④ | 28 | ① | ② | ③ | ④ | 53 | ① | ② | ③ | ④ | 78 | ① | ② | ③ | ④ |
| 4 | ① | ② | ③ | ④ | 29 | ① | ② | ③ | ④ | 54 | ① | ② | ③ | ④ | 79 | ① | ② | ③ | ④ |
| 5 | ① | ② | ③ | ④ | 30 | ① | ② | ③ | ④ | 55 | ① | ② | ③ | ④ | 80 | ① | ② | ③ | ④ |
| 6 | ① | ② | ③ | ④ | 31 | ① | ② | ③ | ④ | 56 | ① | ② | ③ | ④ | 81 | ① | ② | ③ | ④ |
| 7 | ① | ② | ③ | ④ | 32 | ① | ② | ③ | ④ | 57 | ① | ② | ③ | ④ | 82 | ① | ② | ③ | ④ |
| 8 | ① | ② | ③ | ④ | 33 | ① | ② | ③ | ④ | 58 | ① | ② | ③ | ④ | 83 | ① | ② | ③ | ④ |
| 9 | ① | ② | ③ | ④ | 34 | ① | ② | ③ | ④ | 59 | ① | ② | ③ | ④ | 84 | ① | ② | ③ | ④ |
| 10 | ① | ② | ③ | ④ | 35 | ① | ② | ③ | ④ | 60 | ① | ② | ③ | ④ | 85 | ① | ② | ③ | ④ |
| 11 | ① | ② | ③ | ④ | 36 | ① | ② | ③ | ④ | 61 | ① | ② | ③ | ④ | 86 | ① | ② | ③ | ④ |
| 12 | ① | ② | ③ | ④ | 37 | ① | ② | ③ | ④ | 62 | ① | ② | ③ | ④ | 87 | ① | ② | ③ | ④ |
| 13 | ① | ② | ③ | ④ | 38 | ① | ② | ③ | ④ | 63 | ① | ② | ③ | ④ | 88 | ① | ② | ③ | ④ |
| 14 | ① | ② | ③ | ④ | 39 | ① | ② | ③ | ④ | 64 | ① | ② | ③ | ④ | 89 | ① | ② | ③ | ④ |
| 15 | ① | ② | ③ | ④ | 40 | ① | ② | ③ | ④ | 65 | ① | ② | ③ | ④ | 90 | ① | ② | ③ | ④ |
| 16 | ① | ② | ③ | ④ | 41 | ① | ② | ③ | ④ | 66 | ① | ② | ③ | ④ | 91 | ① | ② | ③ | ④ |
| 17 | ① | ② | ③ | ④ | 42 | ① | ② | ③ | ④ | 67 | ① | ② | ③ | ④ | 92 | ① | ② | ③ | ④ |
| 18 | ① | ② | ③ | ④ | 43 | ① | ② | ③ | ④ | 68 | ① | ② | ③ | ④ | 93 | ① | ② | ③ | ④ |
| 19 | ① | ② | ③ | ④ | 44 | ① | ② | ③ | ④ | 69 | ① | ② | ③ | ④ | 94 | ① | ② | ③ | ④ |
| 20 | ① | ② | ③ | ④ | 45 | ① | ② | ③ | ④ | 70 | ① | ② | ③ | ④ | 95 | ① | ② | ③ | ④ |
| 21 | ① | ② | ③ | ④ | 46 | ① | ② | ③ | ④ | 71 | ① | ② | ③ | ④ | 96 | ① | ② | ③ | ④ |
| 22 | ① | ② | ③ | ④ | 47 | ① | ② | ③ | ④ | 72 | ① | ② | ③ | ④ | 97 | ① | ② | ③ | ④ |
| 23 | ① | ② | ③ | ④ | 48 | ① | ② | ③ | ④ | 73 | ① | ② | ③ | ④ | 98 | ① | ② | ③ | ④ |
| 24 | ① | ② | ③ | ④ | 49 | ① | ② | ③ | ④ | 74 | ① | ② | ③ | ④ | 99 | ① | ② | ③ | ④ |
| 25 | ① | ② | ③ | ④ | 50 | ① | ② | ③ | ④ | 75 | ① | ② | ③ | ④ | 100 | ① | ② | ③ | ④ |

성명

| 수 험 번 호 | | | | | | | | |
|---|---|---|---|---|---|---|---|---|
| ⓪ | ⓪ | ⓪ | ⓪ | ⓪ | ⓪ | ⓪ | ⓪ | ⓪ |
| ① | ① | ① | ① | ① | ① | ① | ① | ① |
| ② | ② | ② | ② | ② | ② | ② | ② | ② |
| ③ | ③ | ③ | ③ | ③ | ③ | ③ | ③ | ③ |
| ④ | ④ | ④ | ④ | ④ | ④ | ④ | ④ | ④ |
| ⑤ | ⑤ | ⑤ | ⑤ | ⑤ | ⑤ | ⑤ | ⑤ | ⑤ |
| ⑥ | ⑥ | ⑥ | ⑥ | ⑥ | ⑥ | ⑥ | ⑥ | ⑥ |
| ⑦ | ⑦ | ⑦ | ⑦ | ⑦ | ⑦ | ⑦ | ⑦ | ⑦ |
| ⑧ | ⑧ | ⑧ | ⑧ | ⑧ | ⑧ | ⑧ | ⑧ | ⑧ |
| ⑨ | ⑨ | ⑨ | ⑨ | ⑨ | ⑨ | ⑨ | ⑨ | ⑨ |

# 국민은행
# 신입행원 채용대비
## 제2회 모의고사

| 성명 | | 생년월일 | |
|---|---|---|---|
| 문제 수(배점) | 100문항 | 풀이시간 | / 100분 |
| 영역 | 직업기초능력＋직무심화지식＋상식 | | |
| 비고 | 객관식 4지선다형 | | |

각 문제에서 가장 적절한 답을 하나만 고르시오.

## 01 직업기초능력

**1.** 다음 글의 논지 전개 방식으로 적절한 것을 고르시오.

> 오늘날 단일어로 여겨지는 '두더지'는 본래 두 단어가 결합한 말이다. '두더'는 무엇인가를 찾으려고 샅샅이 들추거나 헤친다는 뜻을 지닌 동사 '두디다'에서 왔으며, '지'는 '쥐'가 변화된 것이다. 따라서 두더지는 '뒤지는 쥐'라는 뜻을 갖는 합성어였다.
>
> '뒤지는 쥐'라고 하면 이해하기 쉽지만 '뒤지쥐'라고 하면 어색하게 느껴진다. 그것은 '뒤지쥐'가 마치 '달리차'라고 하는 것과 같기 때문이다. '뒤지는 쥐'나 '달리는 차'는 국어에서 단어가 둘 이상 결합된 단위인 구를 만드는 방법을 따르고 있으므로 우리에게 자연스럽게 받아들여진다.
>
> 구를 만드는 이러한 방법은 합성어를 만드는 데에도 적용된다. 체언과 체언이 결합한 '호두과자', 관형사와 체언이 결합한 '한번', 부사와 용언이 결합한 '잘생기다', 용언의 관형사형과 체언이 결합한 '된장', 체언과 용언이 결합한 '낯설다', 용언의 연결형와 용언이 결합한 '접어들다' 등은 구를 만드는 것과 같은 방법을 따라 만들어진 합성어들로 이를 통사적 합성어라고 한다.
>
> 반면에 이런 방법을 따르지 않고 만들어진 합성어들도 있다. 두 개의 용언 어간끼리 결합한 '오르내리다'와 용언 어간에 체언이 직접 결합한 '밉상'이 그 예이다. 또한 '깨끗하다'의 '깨끗'과 같이 독립적인 쓰임을 보이지 않는 어근인 '어둑'에 체언이 결합한 '어둑새벽', 그리고 '귀엣말'과 같이 부사적 조사 '에'와 관형격 조사였던 'ㅅ'의 결합형이 포함된 단어 등도 구를 만드는 방법을 따르지 않는 경우이다. 이러한 합성어를 비통사적 합성어라고 한다.

① 두 대상에 대해 전통적인 관점과 현대적인 관점으로 나누어 설명하고 있다.
② 대상이 가지는 문제점을 비판하고 있다.
③ 두 대상의 공통점과 차이점에 초점을 맞추어 설명하고 있다.
④ 대상의 원리에 대해 자세하게 설명하고 있다.

**2.** 다음에 제시된 사례 (개)~(래) 중, 고객을 응대하는 상담 직원으로서 고객에 대한 적절한 의사표현을 하고 있는 경우는 어느 것인가?

> (개) 고객의 잘못을 지적할 때
> → "고객님, 그 쪽에 서 계시면 업무에 방해가 됩니다. 대기하시는 곳은 반대편이라고 쓰인 안내문 못 보셨나요?"
>
> (내) 고객에게 부탁해야 할 때
> → "고객님, 팀장님이 절 좀 부르시는데요, 잠시만 기다려주세요. 금방 와서 마무리해 드리도록 하겠습니다."
>
> (대) 고객의 요구를 거절해야 할 때
> → "그건 좀 곤란합니다, 고객님. 아무리 특이한 경우라도 저희 회사 규정상 그렇게 처리해 드릴 수는 없거든요."
>
> (래) 설득해야 할 때
> → "어머, 인터넷 통신에 문제가 있었던 모양이네요. 불편을 드려서 너무 죄송합니다. 대신 고객님은 저쪽에서 잠시 쉬고 계세요. 이건 제가 직접 진행해서 확인시켜 드릴게요."

① (개)           ② (내)
③ (대)           ④ (래)

**┃3~4┃ 다음 글을 읽고 물음에 답하시오.**

중국의 전국시대는 주 왕실의 봉건제가 무너지고 열국들이 중국 천하를 할거하면서 끝없는 전쟁으로 패권을 다투던 혼란과 분열의 시기였다. 이때 등장한 제자백가 철학은 전국시대라는 난세를 극복하고 더 나은 세상을 세우기 위한 사회적 필요와 인간에 대한 치열한 사유로부터 비롯되었다. 그렇다면 당대 사상가들은 국가 또는 공동체의 질서 회복과 개인의 삶의 관계를 어떻게 모색하였을까?

전국시대의 주류 사상가로서 담론을 주도했던 양주는 인간은 기본적으로 자신만을 위한다는 위아주의(爲我主義)를 주장했다. 이는 ㉠사회의 모든 제도와 문화를 인위적인 허식으로 보고 자신의 생명을 완전하게 지키며 사는 것이 인생에서 가장 중요하다는 생각이다. 얼핏 보면 양주의 이러한 사상이 극단적인 이기주의로 보일 수도 있으나, 이는 군주를 정점으로 하는 국가 체제를 부정하고 개인의 중요성을 강조하였다는 점에서 의미 있는 관점이다. 일반적으로 무질서한 사회의 원인을 국가나 국가 지향적 이념의 부재로 여기는 데 반해, 양주는 '바람직한 사회를 위해서 삶을 희생하라'는 국가 지향적 이념을 문제 삼은 것이다. 그는 강력한 공권력을 독점한 국가에 의해 개인의 삶이 일종의 수단으로 전락할 수 있다는 점을 통찰하고, 개인은 사회 규범이나 국가 지향적 이념에 사로잡혀 개인을 희생하지 말고 자신들의 삶의 절대적 가치를 자각해야만 한다고 역설했다.

반면, 한비자는 강력한 법치주의(法治主義)로 무장한 국가의 중요성과 절대군주론을 주장했다. 한비자는 군주가 법의 화신이 되어 엄한 법으로 다스려야 국가의 혼란을 치유할 수 있다고 믿었던 것이다. 또한 법의 실질적인 효과를 위해 법은 반드시 성문법 형식으로 만들어져 백성들 사이에 두루 알려져야 하며, 그렇게 만들어진 법은 상하귀천을 막론하고 공정하게 집행되어야 한다고 보았다. 한비자는 인간을 자신의 이익을 추구하는 이기적 존재로 간주하였기 때문에 강력한 공권력으로 상벌 체계를 확립하면 상을 얻기 위해 법을 지키게 될 것이라고 확신했다. 그렇게 된다면, 법치를 통해서 국가는 강력해지고, 동시에 백성들도 국가로부터 보호를 얻어 자신의 이득을 확보할 수 있다는 것이다. 결국 한비자가 생각하는 법치의 진정한 의의는 백성을 보호하고 이롭게 하는 것이었다.

이렇듯 양주는 국가와 같은 외적 존재가 개인의 삶에 개입하는 것을 부정한 반면, 한비자는 공평무사한 정신으로 질서를 확립하여 백성의 고통을 해결하는 군주 정치를 최선으로 여겼다.

**3.** 윗글의 '양주'와 '한비자' 모두가 동의할 수 있는 생각으로 가장 적절한 것은?

① 인간은 자신의 이익을 중시하는 존재이다.
② 개인의 삶이 국가의 제약을 받는 것은 정당하다.
③ 개인의 권리를 보장하기 위해 사회 규범이 필요하다.
④ 개인과 국가의 이익이 조화를 이루는 사회가 이상적이다.

**4.** 밑줄 친 ㉠의 이유로 가장 적절한 것은?

① 국가 지향적 이념 추구가 개인의 삶을 위협한다고 보았기 때문이다.
② 당대 정치가들이 난세를 극복하기에는 능력이 부족하다고 보았기 때문이다.
③ 법과 제도만으로는 인간의 다양한 욕구를 충족할 수 없다고 보았기 때문이다.
④ 전쟁으로 인한 제도의 혼란이 국가의 권위를 유지하기 어렵다고 보았기 때문이다.

**5.** 다음 글을 읽고 논리적 흐름에 따라 바르게 배열한 것을 고르시오.

(가) 연구자들은 개화식물의 잎을 제거하면 광주기의 변화에 반응하지 못한다는 것을 알아냈다. 그렇다면 개화식물은 낮의 길이를 감지하여 꽃을 피울까, 밤의 길이를 감지하여 꽃을 피울까? 1938년에 연구자들은 낮시간과 밤시간의 길이를 조절하는 실험을 통해 다음과 같은 사실을 알게 되었다.

(나) 대부분의 개화식물은 1년 중 특정한 기간에만 꽃을 피운다. 계절의 변화가 개화에 미치는 영향을 알아보기 위한 연구는 1900년대 초부터 시작되었다. 1918년경의 여러 실험을 통해 개화식물이 낮혹은 밤의 길이 변화 즉 광주기의 변화에 의하여 유도되는 생체 반응성인 광주기성(光周期性)을 가지고 있음을 알게 되었다. 개화식물 중에는 낮의 길이 즉 일장이 최대 일장보다 짧을 때 개화하는 '단일식물'이 있다. 예를 들어 어떤 단일식물의 최대 일장이 15시간이라면, 낮시간이 이보다 짧아졌을 때 개화한다는 것을 의미한다.

(다) 단일식물인 도꼬마리는 최대 일장이 15.5시간인데 24시간의 낮시간과 9시간의 밤시간이라는 광주기 조건에서는 개화했으나, 16시간의 낮시간과 8시간의 밤시간이라는 조건에서는 개화하지 않았다. 또 최대 일장보다 짧은 4시간의 낮시간과 8시간의 밤시간에서도 개화하지 않았다. 한편 16시간의 낮시간과 32시간의 밤시간에서는 개화하였다. 이 결과를 바탕으로 단일식물의 개화에는 밤의 길이가 중요한 요인이라는 결론을 내릴 수 있다. 이로 인해 광주기성에 대한 새로운 이해가 필요해졌다.

(라) 또한 연구에 따르면 단일식물의 경우 개화에 충분한 밤시간을 준 광주기 조건이라 하더라도, 밤시간 중간에 잠깐씩 적색 섬광을 비춰 밤시간이 중단된 경우 개화기가 되어도 꽃이 피지 않는다는 것을 발견했다. 추가 연구를 통해 연구자들은 개화식물로부터 빛을 감지하는 물질인 피토크롬을 찾아냈다.

① (나) - (가) - (다) - (라)　　② (나) - (라) - (가) - (다)
③ (다) - (가) - (나) - (라)　　④ (다) - (나) - (가) - (라)

**6.** 다음 표준 임대차 계약서의 일부를 보고 추론할 수 없는 내용은?

[임대차계약서 계약조항]
제1조[보증금] 을(乙)은 상기 표시 부동산의 임대차보증금 및 차임(월세)을 다음과 같이 지불하기로 한다.
• 보증금 : 금○○원으로 한다.
• 계약금 : 금○○원은 계약 시에 지불한다.
• 중도금 : 금○○원은 2017년 ○월 ○일에 지불한다.
• 잔　금 : 금○○원은 건물명도와 동시에 지불한다.
• 차임(월세) : 금○○원은 매월 말일에 지불한다.

제4조[구조변경, 전대 등의 제한] 을(乙)은 갑(甲)의 동의 없이 상기 표시 부동산의 용도나 구조 등의 변경, 전대, 양도, 담보제공 등 임대차 목적 외에 사용할 수 없다.

제5조[계약의 해제] 을(乙)이 갑(甲)에게 중도금(중도금 약정이 없는 경우에는 잔금)을 지불하기 전까지는 본 계약을 해제할 수 있는 바, 갑(甲)이 해약할 경우에는 계약금의 2배액을 상환하며 을(乙)이 해약할 경우에는 계약금을 포기하는 것으로 한다.

제6조[원상회복의무] 을(乙)은 존속기간의 만료, 합의 해지 및 기타 해지사유가 발생하면 즉시 원상회복하여야 한다.

① 중도금 약정 없이 계약이 진행될 수도 있다.
② 부동산의 용도를 변경하려면 갑(甲)의 동의가 필요하다.
③ 을(乙)은 계약금, 중도금, 보증금의 순서대로 임대보증금을 지불해야 한다.
④ 중도금 혹은 잔금을 지불하기 전까지만 계약을 해제할 수 있다.

**7.** 다음의 개요를 고려하여 글을 쓸 때, '본론'에 들어갈 내용으로 적절하지 않은 것은?

문제제기 : 도로를 증설하지 않고 교통 체증을 완화할
수는 없을까?
서론 : 도로망의 확충을 통한 교통 체증 해소의 한계
본론 : 1. 교통 체증으로 인한 문제
(1) 에너지의 낭비
(2) 환경오염
(3) 교통 법규 위반 및 교통사고의 유발
2. 교통 체증의 원인
(1) 교통량의 증가
(2) 교통 신호 체계의 미흡
(3) 운전자의 잘못된 의식
3. 교통 체증의 완화 방안
(1) 제도 보완을 통한 교통량의 감소 유도
(2) 교통 신호 체계의 개선
(3) 운전자의 의식 계도
결론 : 다각적 측면에서 교통 체증 완화를 위한 노력
의 필요성 강조

① 낡은 도로를 정비하고 이면 도로의 활용도를 높이면
교통 흐름이 원활해진다.

② 운행 일수가 적거나 카풀을 시행하는 차량에 대해서
세금과 보험료를 감면해 주어야 한다.

③ 교통 체증이 발생하면 자동차의 주행 속도가 떨어지
고 그 결과 연비가 낮아져 자동차 연료의 소모량이
증가한다.

④ 정체된 교차로에서 자신만 빨리 가겠다는 운전자의
심리로 '꼬리물기' 현상이 나타나는데 이 때문에 교통
체증이 더욱 심해진다.

**8.** 다음을 고쳐 쓰기 위한 방안으로 적절하지 않은 것은?

'기상 측정이 시작된 이후 최대 강수량, 최대 폭설',
'사람체온을 훌쩍 넘기는 이상 기온'. 우리는 요즘 이
런 말을 자주 듣는다. ㉠예측할 수 없는 이상 기후
와 자연재해의 원인을 살펴보면 아이러니한 측면에
있다. 이제까지 인류는 화석 연료를 지혜롭게 이용한
㉡탓에 편리함과 풍족함을 누릴 수 있었다. 수억의
인구가 먹고살 수 있도록 농업 생산량을 증가시킨 농
약이나 비료를 비롯하여 건강을 지켜 준 의약품, ㉢프
라스틱 제품 등 이루 헤아릴수 없을 만큼의 많은 혜
택을 인류에게 제공한 것도 화석 연료이다. 게다가
화석 연료로 인한 지구 온난화는 심각한 부작용의 대
표적 사례이다.
㉣그래서 다음 몇 세기는 장기간의 화석 연료 사
용이 초래한 부정적인 결과를 감당해 내야만 할 것
같다. 우리는과거의 영화를 그리워하기보다는 앞으로
닥칠 미래가 어떤 식으로 진행될지 예측해야 한다.
그와 관련하여 우선 현실을 점검하고 그에 따른 대
비책을 마련해야 한다.

① ㉠은 호응을 고려하여 '~ 측면이 있다.'로 고친다.

② ㉡은 긍정적 의미를 표현하는 점을 고려하여 '덕에'로
고친다.

③ ㉢은 외래어 표기법에 맞게 '플라스틱'으로 고친다.

④ ㉣은 글의 흐름을 고려하여 '그리고'로 고친다.

**9. 다음 글의 전개순서로 가장 자연스러운 것을 고르시오.**

> ㈎ 꿀벌은 자기가 벌집 앞에서 날개를 파닥거리며 맴을 돎으로써 다른 벌한테 먹이가 있는 방향과 거리를 알려준다고 한다.
>
> ㈏ 언어는 사람만이 가지고 있다. 이는 사람됨의 기본조건의 하나가 언어임을 의미하는 것이다.
>
> ㈐ 사람 이외의 다른 동물들이 언어를 가졌다는 증거는 아직 나타나지 않는다.
>
> ㈑ 의사전달에 사용되는 수단이 극히 제한되어 있고, 그것이 표현하는 의미도 매우 단순하다.
>
> ㈒ 그러나 동물의 이러한 의사교환의 방법은 사람의 말에 비교한다면 불완전하기 짝이 없다.

① ㈎ - ㈑ - ㈒ - ㈏ - ㈐
② ㈐ - ㈎ - ㈒ - ㈑ - ㈏
③ ㈑ - ㈐ - ㈒ - ㈏ - ㈎
④ ㈒ - ㈐ - ㈏ - ㈎ - ㈑

**┃10~12┃ 다음 글을 읽고, 각 물음에 답하시오.**

교환 당사자 가운데 어느 한쪽은 정보를 잘 아는데 다른 한쪽은 정보에 어두운 상태를 '정보의 비대칭성(asymmetric information)'이라고 한다. '정보 비대칭' 이론은 모든 경제 주체가 동등한 수준의 정보를 지닌 상태에서 움직인다고 본 전통적 경제 이론의 입장이 실제의 경제 현실에는 들어맞지 않는다는 점에 착안한 것으로, 오늘날 개발도상국의 전통적 농업 시장에서부터 선진국의 금융 시장에 이르기까지 헤아릴 수 없을 만큼 폭넓게 응용되고 있다.

겉은 멀쩡한데 속이 엉망인 중고차를 미국에서 '레몬'이라고 한다. 이런 중고차, 즉 레몬을 파는 시장에서는 소비자들이 속임수를 당할 가능성이 높다. 중고차를 파는 사람은 어떤 차가 엔진 상태가 좋은지, 어떤 차가 큰 사고를 내고 엔진에 무리가 있는지 잘 알지만 중고차 시장에 차를 사러 온 소비자는 이를 잘 알기 어렵다. 사고가 크게 난 중고차라도 겉은 모두 잘 고쳐져 그럴듯해 보이기 때문이다. 중고차 거래인과 소비자 사이에 적지 않은 정보의 비대칭성이 존재하는 것이다.

중고차 구입자는 빛 좋은 개살구처럼 겉만 멀쩡한 '레몬'을 비싼 값에 사는 낭패를 겪기 일쑤다. 속아 산 적이 있는 사람들은 중고차 시장을 찾지 않고 아는 사람을 통해 품질이 담보되는 중고차를 사려 들고, 좋은 차량의 소유자는 제값을 받지 못하기 때문에 아는 사람을 통해 중고차를 팔려고 든다. 결국 중고차 시장에 양질의 매물은 사라지고 질이 낮은 매물들만 남아 있게 된다. 따라서 정보 비대칭을 그대로 방치하면 시장은 붕괴하게 되는 것이다.

이 같은 결론은 간단한 산수로도 확인할 수 있다. 어느 중고차 시장에 품질이 좋은 중고차와 품질이 나쁜 중고차 두 가지 종류가 거래되고 있다고 하자. 편의상 좋은 중고차가 50%, 나쁜 중고차가 50%를 차지하고 있다고 가정하자. 소비자는 자신이 1/2의 확률로, 나쁜 중고차인 레몬을 구매할 가능성이 있다는 사실만 알 뿐 어느 차가 좋은지 어느 차가 레몬인지 알 방법이 없다. 좋은 중고차 가격이 200만 원이고 나쁜 중고차 가격이 100만 원이라면 이 레몬 시장에서 소비자가 평가하는 중고차 가격은 150만 원이 된다. 왜냐하면 소비자가 평가하는 '중고차 가격=좋은 차를 살 확률(1/2)×200만 원+나쁜 차를 살 확률(1/2)×100=150만 원'이기 때문이다.

그런데 차를 파는 입장에서는 좋은 차를 150만 원에 팔면 50만 원 손해를 보기 때문에 좋은 차는 시장에 내놓으려 하지 않을 것이다. 반대로 겉만 그럴듯한 레몬을 팔면 50만 원 이익을 보기 때문에 레몬만 시장에 내놓게 된다. 악화가 양화를 구축하는 그레셤의 법칙 때문에 일정 시간이 지나면 이 시장은 레몬이 판치는 시장이 되며, 이 사실을 알게 된 소비자들은 중고차 시장을 외면하게 된다. 정보 부재 때문에 시장이 붕괴하는 것이다. 이처럼 정보의 격차가 존재하는 시장에서는 오히려 품질이 낮은 상품이 선택되는 '역선택(adverse selection)'이 이루어지거나 전체 시장 자체가 붕괴될 수 있다는 것이 바로 '레몬 원리'이다.

**10.** 위 글을 통해 알 수 있는 내용이 아닌 것은?

① 정보가 많으면 많을수록 역선택을 할 가능성도 커진다.

② 정보가 부족한 사람은 경제적으로 불이익을 당하기 쉽다.

③ 모든 물품이 그 가치에 합당한 가격으로 판매되는 것은 아니다.

④ 물품 거래가 활성화되기 위해서는 거래자 간의 신뢰가 전제돼야 한다.

**11.** '레몬 이론'에도 불구하고 현실에서 중고차 시장이 존재하는 이유로 적절하지 않은 것은?

① 중고차 시장에 '레몬'만 있다고 믿지 않는 사람들도 존재한다.

② 중고차 시장에는 좋은 중고차를 제값을 받고 팔려는 판매자도 있다.

③ 중고차 수요자들이 모두 아는 사람들을 통해 중고차를 구입할 수는 없다.

④ 중고차 시장에 존재하는 정보의 비대칭성을 크게 문제시하지 않는 판매자도 있다.

**12.** 위 글의 내용을 바탕으로 강연을 하려고 한다. 강연의 대상과 주제로 적절하지 않은 것은?

① 청소년을 대상으로 정보의 중요성을 강조한다.

② 중고차 소비자를 대상으로 중고차 구입 방법을 알려 준다.

③ 중고차 판매인을 대상으로 윤리 경영의 필요성을 강조한다.

④ 경제학을 공부하는 학생을 대상으로 경제 이론을 알려 준다.

**13.** 다음 문서의 내용을 참고할 때, 문서의 제목으로 가장 적절한 것은 어느 것인가?

---

□ 워크숍 개요
- (일시/장소) 2014.12.8.(월), 17:00~19:00 / CS룸(1217호)
- (참석자) 인사기획실, 대변인실, 의정관실, 관리부서 과장 및 직원 약 25명
- (주요내용) 혁신 방안 및 자긍심 제고 방안 발표 및 토론

□ 주요 내용
〈발표 내용〉
- 인사혁신 방안(역량과 성과중심, 예측 가능한 열린 인사)
- 조직혁신 방안(일하는 방식 개선 및 조직구조 재설계)
- 내부 소통 활성화 방안(학습동아리, 설문조사, 사장님께 바란다 등)
- 활력 및 자긍심 제고 방안(상징물품 개선, 휴게실 확충 등)

〈토론 내용〉
- (의미) 신설된 부처라는 관점에서 새로운 업무방식에 대한 고민 필요
- (일하는 방식) 가족 사랑의 날 준수, 휴가비 공제제도 재검토, 불필요한 회의체 감축 등
- (내부소통) 임원들의 더 많은 관심 필요, 학습동아리 지원
- (조직문화) 혁신을 성공케 하는 밑거름으로서 조직문화 개선, 출근하고 싶은 조직 만들기, 직원사기 진작 방안 모색
- (기타) 정책연구 용역 활성화, 태블릿 pc제공 등

---

① 조직 혁신 워크숍 개최 계획서

② 임직원 간담회 일정 보고서

③ 정책 구상회의 개최 계획서

④ 조직 혁신 워크숍 개최 결과보고서

14. 다음 글을 근거로 판단할 때, 서원 씨가 출연할 요일과 프로그램을 옳게 짝지은 것은?

서원 씨는 ○○방송국으로부터 아래와 같이 프로그램 특별 출연을 요청받았다.

| 매체 | 프로그램 | 시간대 | 출연 가능 요일 |
|---|---|---|---|
| TV | 모여라 남극유치원 | 오전 | 월, 수, 금 |
| | 펭귄극장 | 오후 | 화, 목, 금 |
| | 남극의 법칙 | 오후 | 월, 수, 목 |
| 라디오 | 지금은 남극시대 | 오전 | 화, 수, 목 |
| | 펭귄파워 | 오전 | 월, 화, 금 |
| | 열시의 펭귄 | 오후 | 월, 수, 금 |
| | 굿모닝 남극대행진 | 오전 | 화, 수, 금 |

서원 씨는 다음주 5일(월요일~금요일) 동안 매일 하나의 프로그램에 출연하며, 한 번 출연한 프로그램에는 다시 출연하지 않는다. 또한 동일 매체에 2일 연속 출연하지 않으며, 동일 시간대에도 2일 연속 출연하지 않는다.

| 요일 | 프로그램 |
|---|---|
| ① 월요일 | 펭귄파워 |
| ② 화요일 | 굿모닝 남극대행진 |
| ③ 수요일 | 열시의 펭귄 |
| ④ 목요일 | 펭귄극장 |

15. 다음 글을 근거로 판단할 때, 서연이가 구매할 가전제품과 구매할 상점을 옳게 연결한 것은?

서원이는 가전제품 A~E를 1대씩 구매하기 위하여 상점 '갑, 을, 병'의 가전제품 판매가격을 알아보았다.

〈상점별 가전제품 판매가격〉

(단위 : 만 원)

| 구분 | A | B | C | D | E |
|---|---|---|---|---|---|
| 갑 | 150 | 50 | 50 | 20 | 20 |
| 을 | 130 | 45 | 60 | 20 | 10 |
| 병 | 140 | 40 | 50 | 25 | 15 |

서원이는 각각의 가전제품을 세 상점 중 어느 곳에서나 구매할 수 있으며, 아래의 〈혜택〉을 이용하여 총 구매 금액을 최소화하고자 한다.

〈혜 택〉
1. '갑' 상점 : 200만 원 이상 구매 시 전 품목 10% 할인
2. '을' 상점 : A를 구매한 고객에게는 C, D를 20% 할인
3. '병' 상점 : C, D를 모두 구매한 고객에게는 E를 5만 원에 판매

① A – 갑          ② B – 을
③ C – 병          ④ E – 을

**16.** 다음은 이○○씨가 A지점에서 B지점을 거쳐 C지점으로 출근을 할 때 각 경로의 거리와 주행속도를 나타낸 것이다. 이○○씨가 오전 8시 정각에 A지점을 출발해서 B지점을 거쳐 C지점으로 갈 때, 이에 대한 설명 중 옳은 것을 고르면?

| 구간 | 경로 | 주행속도(km/h) | | 거리(km) |
|---|---|---|---|---|
| | | 출근 시간대 | 기타 시간대 | |
| A→B | 경로 1 | 30 | 45 | 30 |
| | 경로 2 | 60 | 90 | |
| B→C | 경로 3 | 40 | 60 | 40 |
| | 경로 4 | 80 | 120 | |

※ 출근 시간대는 오전 8시부터 오전 9시까지이며, 그 이외의 시간은 기타 시간대임.

① C지점에 가장 빨리 도착하는 시각은 오전 9시 10분이다.

② C지점에 가장 늦게 도착하는 시각은 오전 9시 20분이다.

③ B지점에 가장 빨리 도착하는 시각은 오전 8시 40분이다.

④ 경로 2와 경로 3을 이용하는 경우와, 경로 1과 경로 4를 이용하는 경우 C지점에 도착하는 시각은 동일하다.

**17.** A, B, C, D, E 다섯 명 중 출장을 가는 사람이 있다. 출장을 가는 사람은 반드시 참을 말하고, 출장에 가지 않는 사람은 반드시 거짓을 말한다. 다음과 같이 각자 말했을 때 항상 참인 것은?

> • A : E가 출장을 가지 않는다면, D는 출장을 간다.
> • B : D가 출장을 가지 않는다면, A는 출장을 간다.
> • C : A는 출장을 가지 않는다.
> • D : 2명 이상이 출장을 간다.
> • E : C가 출장을 간다면 A도 출장을 간다.

① 최소 1명, 최대 3명이 출장을 간다.

② C는 출장을 간다.

③ E는 출장을 가지 않는다.

④ A와 C는 같이 출장을 가거나, 둘 다 출장을 가지 않는다.

**18.** R사는 공작기계를 생산하는 업체이다. 이번 주 R사에서 월요일~토요일까지 생산한 공작기계가 다음과 같을 때, 월요일에 생산한 공작기계의 수량이 될 수 있는 수를 모두 더하면 얼마인가? (단, 1대도 생산하지 않은 날은 없었다.)

> • 화요일에 생산된 공작기계는 금요일에 생산된 수량의 절반이다.
> • 이 공장의 최대 하루 생산 대수는 9대이고, 이번 주에는 요일별로 생산한 공작기계의 대수가 모두 달랐다.
> • 목요일부터 토요일까지 생산한 공작기계는 모두 15대이다.
> • 수요일에는 9대의 공작기계가 생산되었고, 목요일에는 이보다 1대가 적은 공작기계가 생산되었다.
> • 월요일과 토요일에 생산된 공작기계를 합하면 10대가 넘는다.

① 10

② 11

③ 12

④ 13

┃19~20┃ 다음은 블루투스 이어폰을 구매하기 위하여 전자제품 매장을 찾은 K씨가 제품 설명서를 보고 점원과 나눈 대화와 설명서 내용의 일부이다. 다음을 보고 이어지는 물음에 답하시오.

K씨 : "블루투스 이어폰을 좀 사려고 합니다."

점원 : "네 고객님, 어떤 조건을 원하시나요?"

K씨 : "제 것과 친구에게 선물할 것 두 개를 사려고 하는데요, 두 개 모두 가볍고 배터리 사용시간이 좀 길었으면 합니다. 무게는 42g까지가 적당할 거 같고요, 저는 충전시간이 짧으면서도 통화시간이 긴 제품을 원해요. 선물하려는 제품은요, 일주일에 한 번만 충전해도 통화시간이 16시간은 되어야 하고, 음악은 운동하면서 매일 하루 1시간씩만 들을 수 있으면 돼요. 스피커는 고감도인 게 더 낫겠죠."

점원 : "그럼 고객님께는 (  )모델을, 친구 분께 드릴 선물로는 (  )모델을 추천해 드립니다."

〈제품 사양서〉

| 구분 | 무게 | 충전시간 | 통화시간 | 음악재생 시간 | 스피커 감도 |
|---|---|---|---|---|---|
| A모델 | 40.0g | 2.2H | 15H | 17H | 92db |
| B모델 | 43.5g | 2.5H | 12H | 14H | 96db |
| C모델 | 38.4g | 3.0H | 12H | 15H | 94db |
| D모델 | 42.0g | 2.2H | 13H | 18H | 85db |

※ A, B모델 : 통화시간 1시간 감소 시 음악재생시간 30분 증가
※ C, D모델 : 음악재생시간 1시간 감소 시 통화시간 30분 증가

**19.** 다음 중 위 네 가지 모델에 대한 설명으로 옳은 것을 〈보기〉에서 모두 고르면?

〈보기〉
㈎ 충전시간 당 통화시간이 긴 제품일수록 음악재생 시간이 길다.
㈏ 충전시간 당 통화시간이 5시간 이상인 것은 A, D모델이다.
㈐ A모델은 통화에, C모델은 음악재생에 더 많은 배터리가 사용된다.
㈑ B모델의 통화시간을 10시간으로 제한하면 음악재생시간을 C모델과 동일하게 유지할 수 있다.

① ㈎, ㈏   ② ㈏, ㈑
③ ㈐, ㈑   ④ ㈎, ㈐

**20.** 다음 중 점원이 K씨에게 추천한 빈칸의 제품이 순서대로 올바르게 짝지어진 것은 어느 것인가?

|  | K씨 | 선물 |
|---|---|---|
| ① | C모델 | A모델 |
| ② | C모델 | D모델 |
| ③ | A모델 | C모델 |
| ④ | A모델 | B모델 |

**21.** 다음 조건을 읽고 옳은 설명으로 고르시오.

> - 민희의 어머니는 요리를 한다.
> - 요리하는 모든 사람이 난폭하지는 않다.
> - 난폭한 사람은 배려심이 없다.
> - 누리의 어머니는 난폭하다.

> A : 민희의 어머니는 난폭하지 않다.
> B : 누리의 어머니는 배려심이 없다.

① A만 옳다.
② B만 옳다.
③ A와 B 모두 옳다.
④ A와 B 모두 그르다.

**22.** 재적의원이 210명인 '갑'국 의회에서 다음과 같은 규칙에 따라 안건 통과 여부를 결정한다고 할 때, 옳은 설명만으로 바르게 짝지어진 것은?

> 〈규칙〉
> - 안건이 상정된 회의에서 기권표가 전체의 3분의 1 이상이면 안건은 부결된다.
> - 기권표를 제외하고, 찬성 또는 반대의견을 던진 표 중에서 찬성표가 50%를 초과해야 안건이 가결된다.

※ 재적의원 전원이 참석하여 1인 1표를 행사하였고, 무효표는 없다.

> ㉠ 70명이 기권하여도 71명이 찬성하면 안건은 가결된다.
> ㉡ 104명이 반대하면 기권표에 관계없이 안건이 부결된다.
> ㉢ 141명이 찬성하면 기권표에 관계없이 안건이 가결된다.
> ㉣ 안건이 가결될 수 있는 최소 찬성표는 71표이다.

① ㉠, ㉡
② ㉡, ㉢
③ ㉡, ㉣
④ ㉢, ㉣

**23.** M회사 구내식당에서 근무하고 있는 N씨는 식단을 편성하는 업무를 맡고 있다. 식단편성을 위한 조건이 다음과 같을 때 월요일에 편성되는 식단은?

> - 다음 5개의 메뉴를 월요일~금요일 5일에 각각 하나씩 편성해야 한다.
>   - 돈가스 정식, 나물 비빔밥, 크림 파스타, 오므라이스, 제육덮밥
> - 월요일에는 돈가스 정식을 편성할 수 없다.
> - 목요일에는 오므라이스를 편성할 수 없다.
> - 제육덮밥은 금요일에 편성해야 한다.
> - 나물 비빔밥은 제육덮밥과 연달아 편성할 수 있다.
> - 돈가스 정식은 오므라이스보다 먼저 편성해야 한다.

① 나물 비빔밥
② 크림 파스타
③ 오므라이
④ 제육덮밥

**24.** 다음 조건을 읽고 옳은 설명으로 고르시오.

> - A, B, C, D, E, F, G는 출·퇴근시 교통수단으로 각각 대중교통 또는 자가용을 이용한다.
> - 이들은 매일 같은 교통수단을 이용하여 출·퇴근하며, 출근시와 퇴근시 이용하는 교통수단도 같다고 한다.
> - 자가용과 대중교통을 같이 이용하는 사람은 없고, 대중교통 환승을 두 번 이상 하는 사람도 없다.
> - 7명이 이용하는 대중교통으로는 8번 버스, 20번 버스, 지하철 2, 3, 5호선이 있다.
> - 대중교통 환승을 하는 사람이 3명 있으며, 버스에서 버스로 환승 하는 사람은 없다.
> - 버스를 이용하는 사람은 A, D, F이고, 지하철을 이용하는 사람은 A, B, D, E이다.
> - 어제 출근 도중 A와 D는 8번 버스에서 만났고, B와 D는 지하철 2호선에서 만났다.

> A : B는 출·퇴근시 환승을 하지 않는다.
> B : 자가용을 이용하는 사람은 1명이다.

① A만 옳다.
② B만 옳다.
③ A와 B 모두 옳다.
④ A와 B 모두 그르다.

**25.** 어느 과학자는 자신이 세운 가설을 입증하기 위해서 다음과 같은 논리적 관계가 성립하는 여섯 개의 진술 A, B, C, D, E, F의 진위를 확인해야 한다는 것을 발견하였다. 그러나 그는 이들 중 F가 거짓이라는 것과 다른 한 진술이 참이라는 것을 이미 알고 있었기 때문에, 나머지 진술들의 진위를 확인할 필요가 없었다. 이 과학자가 이미 알고 있었던 참인 진술은?

> - B가 거짓이거나 C가 참이면, A는 거짓이다.
> - C가 참이거나 D가 참이면, B가 거짓이고 F는 참이다.
> - C가 참이거나 E가 거짓이면, B가 거짓이거나 F가 참이다.

① A
② B
③ C
④ D

**26.** 다음의 내용을 근거로 할 때 유추할 수 있는 옳은 내용만을 바르게 짝지은 것은?

---

갑과 을은 ○×퀴즈를 풀었다. 문제는 총 8문제(100점 만점)이고, 분야별 문제 수와 문제당 배점은 다음과 같다.

| 분야 | 문제 수 | 문제당 배점 |
|------|---------|-------------|
| 한국사 | 6 | 10점 |
| 경제 | 1 | 20점 |
| 예술 | 1 | 20점 |

문제 순서는 무작위로 정해지고, 갑과 을이 각 문제에 대해 ○ 또는 ×를 다음과 같이 선택하였다.

| 문제 | 갑 | 을 |
|------|-----|-----|
| 1 | ○ | ○ |
| 2 | × | ○ |
| 3 | ○ | ○ |
| 4 | ○ | × |
| 5 | × | × |
| 6 | ○ | × |
| 7 | × | ○ |
| 8 | ○ | ○ |
| 총점 | 80점 | 70점 |

---

⊙ 갑과 을은 모두 경제 문제를 틀린 경우가 있을 수 있다.
ⓒ 갑만 경제 문제를 틀렸다면, 예술 문제는 갑과 을 모두 맞혔다.
ⓒ 갑이 역사 문제 두 문제를 틀렸다면, 을은 예술 문제와 경제 문제를 모두 맞혔다.

① ⓒ
② ⓒ
③ ⊙, ⓒ
④ ⓒ, ⓒ

**27.** 다음의 내용이 모두 참일 때, 결론이 타당하기 위해서 추가로 필요한 진술은?

---

⊙ 자동차는 1번 도로를 지나왔다면 이 자동차는 A마을에서 왔거나 B마을에서 왔다.
ⓒ 자동차가 A마을에서 왔다면 자동차 밑바닥에 흙탕물이 튀었을 것이다.
ⓒ 자동차가 A마을에서 왔다면 자동차의 모습을 담은 폐쇄회로 카메라가 적어도 하나가 있을 것이다.
ⓔ 자동차가 B마을에서 왔다면 도로 정체를 만났을 것이고 적어도 한 곳의 검문소를 통과했을 것이다.
ⓜ 자동차가 도로정체를 만났다면 자동차의 모습을 닮은 폐쇄회로 카메라가 적어도 하나가 있을 것이다.
ⓗ 자동차가 적어도 검문소 한 곳을 통과했다면 자동차 밑바닥에 흙탕물이 튀었을 것이다.
∴ 따라서 자동차는 1번 도로를 지나오지 않았다.

---

① 자동차 밑바닥에 흙탕물이 튀었을 것이다.
② 자동차는 도로 정체를 만나지 않았을 것이다.
③ 자동차는 적어도 검문소 한 곳을 통과했을 것이다.
④ 자동차 모습을 담은 폐쇄회로 카메라는 하나도 없을 것이다.

**28.** 다음은 A대학 B학과 1학년 학생들의 2015년 한 달 평균 이동통신요금당 인원의 도수를 나타낸 표이다. (나)에 해당하는 값은?

| 한 달 평균 이동통신요금 | 누적도수 | 상대도수 |
|---|---|---|
| 45,000원 미만 | 1 | (가) |
| 45,000원 이상 50,000원 미만 | 4 | 0.060 |
| 50,000원 이상 55,000원 미만 | 8 | 0.080 |
| 55,000원 이상 60,000원 미만 | 14 | 0.120 |
| 60,000원 이상 65,000원 미만 | 23 | 0.180 |
| 65,000원 이상 70,000원 미만 | 35 | 0.240 |
| 70,000원 이상 75,000원 미만 | 45 | 0.200 |
| 75,000원 이상 80,000원 미만 | (나) | 0.100 |
| 80,000원 이상 | (다) | 0.000 |

① 35      ② 38

③ 40      ④ 50

**29.** 다음은 흡연 여부에 따른 폐암 발생 현황을 나타낸 것이다. 옳지 않은 것을 모두 고른 것은?

〈흡연 여부에 따른 폐암 발생 현황〉

(단위 : 명)

| 흡연 여부 \ 폐암 발생 여부 | 발생 | 비발생 | 계 |
|---|---|---|---|
| 흡연 | 300 | 700 | 1,000 |
| 비흡연 | 300 | 9,700 | 10,000 |
| 계 | 600 | 10,400 | 11,000 |

> ㉠ 흡연 시 폐암 발생률은 30%이다.
> ㉡ 비흡연 시 폐암 발생량은 0.3%이다.
> ㉢ 흡연 여부와 상관없이 폐암 발생률은 10%이다.

① ㉠      ② ㉡

③ ㉠, ㉡      ④ ㉡, ㉢

**30.** 다음은 갑국에서 실시한 취약 계층의 스마트폰 이용 현황과 주된 비(非)이용 이유에 대한 설문 조사 결과이다. 이에 대한 옳은 분석을 〈보기〉에서 고른 것은?

(단위 : %)

| 구분 | 전체 국민 대비 수준* | 스마트폰을 이용하지 않는 주된 이유 | | | | |
|---|---|---|---|---|---|---|
| | | 스마트폰으로 무엇을 할 수 있는지 모름 | 구입비 및 이용비 부담 | 이용 필요성 부재 | 사용 방법의 어려움 | 기타 |
| 장애인 | 10.3 | 33.1 | 31.5 | 14.4 | 13.4 | 7.6 |
| 장노년층 | 6.4 | 40.1 | 26.3 | 16.5 | 12.4 | 4.7 |
| 저소득층 | 12.2 | 28.7 | 47.6 | 11.0 | 9.3 | 3.4 |
| 농어민 | 6.4 | 39.6 | 26.3 | 14.7 | 13.9 | 5.5 |

\* 전체국민대비수준 = $\dfrac{\text{취약 계층의 스마트폰 이용률}}{\text{전체 국민의 스마트폰 이용률}} \times 100$

> 〈보기〉
> ㉠ 응답자 중 장노년층과 농어민의 스마트폰 이용자 수는 동일하다.
> ㉡ 응답자 중 각 취약 계층별 스마트폰 이용률이 상대적으로 가장 높은 취약 계층은 저소득층이다.
> ㉢ 전체 취약 계층의 스마트폰 이용 활성화를 위한 대책으로는 경제적 지원이 가장 효과적일 것이다.
> ㉣ 스마트폰을 이용하지 않는다고 응답한 장노년층 중 스마트폰으로 무엇을 할 수 있는지 모르거나 사용 방법이 어려워서 이용하지 않는다고 응답한 사람의 합은 과반수이다.

① ㉠, ㉡      ② ㉠, ㉢

③ ㉡, ㉢      ④ ㉡, ㉣

**31.** 다음 표와 그림은 2021년 한국 골프 팀 A~E의 선수 인원수 및 총 연봉과 각각의 전년대비 증가율을 나타낸 것이다. 이에 대한 설명으로 옳지 않은 것은?

〈2021년 골프 팀 A~E의 선수 인원수 및 총 연봉〉

(단위 : 명, 억 원)

| 골프 팀 | 선수 인원수 | 총 연봉 |
|---|---|---|
| A | 5 | 15 |
| B | 10 | 25 |
| C | 8 | 24 |
| D | 6 | 30 |
| E | 6 | 24 |

$$※ 팀 선수 평균 연봉 = \frac{총 연봉}{선수 인원수}$$

2021년 골프 팀 A~E의 선수 인원수 및 총 연봉의 전년대비 증가율

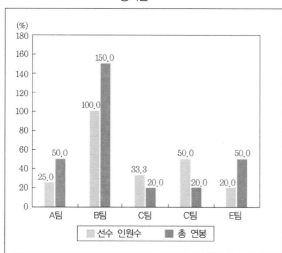

※ 전년대비 증가율은 소수점 둘째자리에서 반올림한 값이다.

① 2021년 팀 선수 평균 연봉은 D팀이 가장 많다.
② 2021년 전년대비 증가한 선수 인원수는 C팀과 D팀이 동일하다.
③ 2021년 A팀이 팀 선수 평균 연봉은 전년대비 증가하였다.
④ 2020년 총 연봉은 A팀이 E팀보다 많다.

**32.** 다음은 물품 A~E의 가격에 대한 자료이다. 아래 조건에 부합하는 물품의 가격으로 가장 가능한 것은?

(단위 : 원/개)

| 물품 | 가격 |
|---|---|
| A | 24,000 |
| B | ㉠ |
| C | ㉡ |
| D | ㉢ |
| E | 16,000 |

[조건]

• 갑, 을, 병이 가방에 담긴 물품은 각각 다음과 같다.
 −갑 : B, C, D
 −을 : A, C
 −병 : B, D, E
• 가방에는 해당 물품이 한 개씩만 담겨 있다.
• 가방에 담긴 물품 가격의 합이 높은 사람부터 순서대로 나열하면 갑 > 을 > 병 순이다.
• 병의 가방에 담긴 물품 가격의 합은 44,000원이다.

| | ㉠ | ㉡ | ㉢ |
|---|---|---|---|
| ① | 12,000 | 14,000 | 16,000 |
| ② | 12,000 | 19,000 | 16,000 |
| ③ | 13,000 | 19,000 | 15,000 |
| ④ | 13,000 | 23,000 | 15,000 |

# 제 2 회 국민은행 신입행원 채용대비 모의고사

**┃33~34┃** 설 연휴였던 지난 2월 셋째 주간(16 ~ 22일) 전국 시도별 미세먼지 농도에 대해 민간 기상업체 케이웨더와 Air korea가 발표한 분석표이다. 다음 물음에 답하시오.

| 일자<br>지역 | 2/16 | 2/17 | 2/18 | 2/19 | 2/20 | 2/21 | 2/22 | 평균 |
|---|---|---|---|---|---|---|---|---|
| 서울 | 41 | 65 | 62 | 62 | 51 | 24 | 242 | 78 |
| 부산 | 54 | 64 | 59 | 41 | 26 | 26 | 37 | 44 |
| 대구 | 42 | 56 | 57 | 48 | 35 | 31 | 60 | 47 |
| 인천 | 46 | 68 | 58 | 48 | 56 | 34 | 274 | 83 |
| 광주 | 22 | 81 | 53 | 41 | 36 | 15 | 113 | 52 |
| 대전 | 18 | 71 | 63 | 54 | 48 | 20 | 108 | 55 |
| 울산 | 51 | 53 | 58 | 42 | 26 | 31 | 33 | 42 |
| 경기 | 42 | 70 | 64 | 64 | 58 | 31 | 226 | 79 |
| 강원 | 48 | 50 | 56 | 55 | 50 | 43 | 77 | 54 |
| 제주 | 26 | 116 | 61 | 33 | 32 | 18 | 57 | 49 |

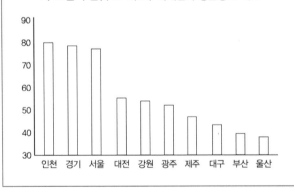

시·도별 주간(2/16~2/22) 미세먼지 평균농도 비교

**33.** 마지막 날이 첫날에 비해 미세먼지 농도가 가장 많이 증가한 지역은 어디인가?

① 제주　　　　　　② 강원
③ 경기　　　　　　④ 인천

**34.** 경기지역의 마지막 날의 미세먼지 농도는 첫날에 비해 몇 % 높아졌다고 할 수 있는가?

① 420%
② 426%
③ 431%
④ 438%

**35.** 다음은 면접관 A ~ E가 NH농협은행 응시자 갑 ~ 정에게 부여한 면접 점수이다. 이에 대한 설명으로 옳은 내용만 모두 고른 것은?

(단위 : 점)

| 응시자<br>면접관 | 갑 | 을 | 병 | 정 | 범위 |
|---|---|---|---|---|---|
| A | 7 | 8 | 8 | 6 | 2 |
| B | 4 | 6 | 8 | 10 | ( ) |
| C | 5 | 9 | 8 | 8 | ( ) |
| D | 6 | 10 | 9 | 7 | 4 |
| E | 9 | 7 | 6 | 5 | 4 |
| 중앙값 | ( ) | ( ) | 8 | ( ) | – |
| 교정점수 | ( ) | 8 | ( ) | 7 | – |

※ 범위는 해당 면접관이 각 응시자에게 부여한 면접 점수 중 최댓값에서 최솟값을 뺀 값이다.

※ 중앙값은 해당 응시자가 면접관에게서 받은 모든 면접 점수를 크기순으로 나열할 때 한가운데 값이다.

※ 교정점수는 해당 응시자가 면접관에게 받은 모든 면접 점수 중 최댓값과 최솟값을 제외한 면접 점수의 산술 평균값이다.

> ㉠ 면접관 중 범위가 가장 큰 면접관은 B이다.
> ㉡ 응시자 중 중앙값이 가장 작은 응시자는 정이다.
> ㉢ 교정점수는 병이 갑보다 크다.

① ㉠　　　　　　② ㉡
③ ㉠, ㉢　　　　④ ㉡, ㉢

**36.** 다음 표는 2012년~2021년 5개 자연재해 유형별 피해 금액에 관한 자료이다. 이에 대한 설명 중 옳지 않은 것은?

(단위 : 억 원)

| 유형＼연도 | 2012 | 2013 | 2014 | 2015 | 2016 | 2017 | 2018 | 2019 | 2020 | 2021 |
|---|---|---|---|---|---|---|---|---|---|---|
| 태풍 | 3,416 | 1,385 | 118 | 1,609 | 9 | 0 | 1,725 | 2,183 | 8,765 | 17 |
| 호우 | 2,150 | 3,520 | 19,063 | 435 | 581 | 2,549 | 1,808 | 5,276 | 384 | 1,581 |
| 대설 | 6,739 | 5,500 | 52 | 74 | 36 | 128 | 663 | 480 | 204 | 113 |
| 강풍 | 0 | 93 | 140 | 69 | 11 | 70 | 2 | 0 | 267 | 9 |
| 풍랑 | 0 | 0 | 57 | 331 | 0 | 241 | 70 | 3 | 0 | 0 |
| 전체 | 12,305 | 10,498 | 19,430 | 2,518 | 637 | 2,988 | 4,268 | 7,942 | 9,620 | 1,720 |

① 풍랑의 피해금액이 0원인 해는 2012년, 2013년, 2016년, 2020년, 2021년이다.

② 피해금액이 매년 10억 원보다 큰 자연재해 유형은 호우와 대설이다.

③ 전체 피해금액이 가장 큰 해는 2014년이다.

④ 2018년 대설의 피해금액은 2012~2021년 강풍 피해 금액 합계보다 작다.

**37.** 다음 그림에 대한 옳은 분석을 〈보기〉에서 모두 고른 것은?

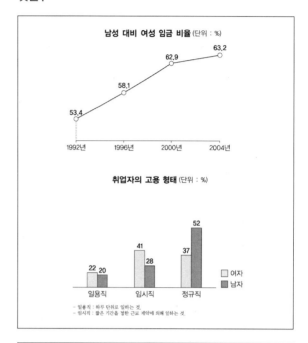

**남성 대비 여성 임금 비율** (단위 : %)

| | 1992년 | 1996년 | 2000년 | 2004년 |
|---|---|---|---|---|
| | 53.4 | 58.1 | 62.9 | 63.2 |

**취업자의 고용 형태** (단위 : %)

| | 일용직 | 임시직 | 정규직 |
|---|---|---|---|
| 여자 | 22 | 41 | 37 |
| 남자 | 20 | 28 | 52 |

- 일용직 : 하루 단위로 일하는 것.
- 임시직 : 짧은 기간을 정한 근로 계약에 의해 일하는 것.

〈보기〉
㉠ 남성 취업자는 정규직의 비율이 가장 높다.
㉡ 남녀 간 임금 수준의 불평등이 완화되고 있다.
㉢ 고용 형태에서 남성의 지위가 여성보다 불안하다.
㉣ 경제 활동에 참여하는 여성들이 점차 줄어들고 있다.

① ㉠, ㉡          ② ㉠, ㉢
③ ㉡, ㉢          ④ ㉡, ㉣

**38.** 다음은 어느 해의 직업별 월별 국내여행 일수를 나타낸 표이다. 다음 설명 중 옳지 않은 것을 고르면?

(단위 : 천일)

| 직업 | 1월 | 2월 | 3월 | 4월 | 5월 | 6월 | 7월 | 8월 |
|---|---|---|---|---|---|---|---|---|
| 사무전문 | 12,604 | 14,885 | 11,754 | 11,225 | 10,127 | 11,455 | 14,629 | 14,826 |
| 기술생산노무 | 3,998 | 6,311 | 3,179 | 3,529 | 4,475 | 3,684 | 4,564 | 3,655 |
| 판매서비스 | 5,801 | 8,034 | 6,041 | 4,998 | 5,497 | 5,443 | 7,412 | 8,082 |
| 자영업 | 7,300 | 8,461 | 6,929 | 6,180 | 7,879 | 6,517 | 8,558 | 9,659 |
| 학생 | 3,983 | 6,209 | 3,649 | 4,126 | 4,154 | 3,763 | 4,417 | 5,442 |
| 주부 | 7,517 | 10,354 | 7,346 | 6,053 | 6,528 | 6,851 | 6,484 | 7,877 |
| 무직은퇴 | 2,543 | 2,633 | 3,005 | 2,335 | 2,703 | 2,351 | 2,012 | 2,637 |

① 사무전문직에 종사하는 사람들의 월별 국내여행 일수는 지속적으로 증가하고 있다.

② 판매서비스직에 종사하는 사람들의 국내여행 일수는 4월보다 5월이 많다.

③ 사무전문직의 4월 국내여행 일수는 무직은퇴인 사람들의 비해 4배 이상 많다.

④ 자영업의 경우 6월부터 지속적으로 국내여행 일수가 증가하고 있다.

**39.** 다음 글의 [표1]과 [표2]를 분석한 내용으로 가장 적절한 것은?

다음은 미국 콜럼비아 대학의 Stepan과 Robertson이 이슬람 문화와 민주주의의 관계를 분석하기 위해 정리한 자료 중 일부이다. [표1]은 47개 이슬람권 나라(이 중 아랍권은 사우디아라비아 등 16개국, 비아랍권은 말레이시아 등 31개국)를 대상으로 삼아 민주화가 양호한 나라의 비율을 계산한 것이고, [표2]는 이슬람권뿐만 아니라 비이슬람권까지 포함시키되, 전체적으로는 소득수준이 1인당 GDP 1,500달러 미만인 나라(이슬람권 16개국, 비이슬람권 22개국)로 분석 대상을 한정시켜 각 그룹 별로 민주화가 양호한 나라의 비율을 구한 것이다.

(자료 : Journal of Democracy, 2003)

[표1] 이슬람권 나라 중 민주화가 양호한 나라

| 아랍권 | 비아랍권 |
|---|---|
| 16개국 중 1개국 (6%) | 31개국 중 12개국 (39%) |

[표2] 1인당 GDP 1,500달러 미만(1996년 기준)의 나라 중 민주화가 양호한 나라

| 이슬람권 | 비이슬람권 |
|---|---|
| 16개국 중 5개국 (31%) | 22개국 중 7개국 (32%) |

| 아랍권 | 비아랍권 | 기독교 국가 | 기타 |
|---|---|---|---|
| 1개국 중 0개국 (0%) | 15개국 중 5개국 (33%) | 10개국 중 3개국 (30%) | 12개국 중 4개국 (33%) |

\* 두 표에서 민주화가 양호한지 여부는 Polity IV 및 Freedom House 지수를 근거로 1973~2001년의 기간에 대해 평가한 것임.

① 소득에 상관없이 아랍권은 민주화 정도가 높은 편이다.
② 이슬람 문화는 국가의 민주적 발전에 큰 장애가 되고 있다.
③ 저소득 국가들 가운데 기독교권의 민주화 정도가 이슬람권보다 높다.
④ 이슬람권 내에서 저소득 국가라 해서 민주화 정도가 더 낮은 것은 아니다.

**40.** 다음 표는 6개 기업의 사원 모집정원에 관한 자료이다. 신입사원으로 선발하는 인원이 경력사원으로 선발하는 인원보다 많은 기업은 어디인가?

[표1] 계열별 신입사원 정원

(단위 : 명)

| 구분 | 전체 | 인문계열 | 공학계열 |
|------|------|----------|----------|
| A기업 | 5,600 | 2,400 | 3,200 |
| B기업 | 4,100 | 2,200 | 1,900 |
| C기업 | 5,100 | 2,700 | 2,400 |
| D기업 | 7,800 | 3,500 | 4,300 |
| E기업 | 1,300 | 800 | 500 |
| F기업 | 3,200 | 1,500 | 1,700 |

[표2] 모집 방법별 신입사원 정원

(단위 : 명)

| 구분 | 신입사원 | | 경력사원 | |
|------|----------|----------|----------|----------|
| | 인문계열 | 공학계열 | 인문계열 | 공학계열 |
| A기업 | 1,200 | 1,600 | 1,200 | 1,600 |
| B기업 | 560 | 420 | 1,640 | 1,480 |
| C기업 | 700 | 660 | 2,000 | 1,740 |
| D기업 | 2,300 | 2,800 | 1,200 | 1,500 |
| E기업 | 340 | 240 | 460 | 260 |
| F기업 | 750 | 770 | 750 | 930 |

① A기업    ② B기업
③ D기업    ④ E기업

**41.** 서원각 경영진은 최근 경기 침체로 인한 이익감소를 극복하기 위하여 신규사업을 검토 중이다. 현재 회사는 기존 사업에서 평균 투자액 기준으로 12%의 회계적 이익률을 보이고 있으며, 신규사업에서 예상되는 당기순이익은 다음과 같을 때, 회사는 신규사업을 위해 2,240,000을 투자해야 하며 3년 후의 잔존가치는 260,000원으로 예상된다. 최초투자액을 기준으로 하여 신규사업의 회계적 이익률을 구하면? (회사는 정액법에 의해 감가상각한다. 또한 회계적 이익률은 소수점 둘째 자리에서 반올림한다)

| 구분 | 신규사업으로 인한 당기순이익 |
|------|------------------------------|
| 1 | 200,000 |
| 2 | 300,000 |
| 3 | 400,000 |

① 약 11.4%
② 약 12.4%
③ 약 13.4%
④ 약 14.4%

42. 甲, 乙, 丙은 서울특별시(수도권 중 과밀억제권역에 해당) ○○동 소재 3층 주택 소유자와 각 층별로 임대차 계약을 체결하고 현재 거주하고 있는 임차인들이다. 이들의 보증금은 각각 5,800만 원, 2,000만 원, 1,000만 원이다. 위 주택 전체가 경매절차에서 주택가액 8,000만 원에 매각되었고, 甲, 乙, 丙 모두 주택에 대한 경매신청 등기 전에 주택의 인도와 주민등록을 마쳤다. 乙과 丙이 담보물권자보다 우선하여 변제받을 수 있는 금액의 합은? (단, 확정일자나 경매비용은 무시한다)

제00조
가. 임차인은 보증금 중 일정액을 다른 담보물권자(擔保物權者)보다 우선하여 변제받을 권리가 있다. 이 경우 임차인은 주택에 대한 경매신청의 등기 전에 주택의 인도와 주민등록을 마쳐야 한다.
나. 제1항에 따라 우선변제를 받을 보증금 중 일정액의 범위는 다음 각 호의 구분에 의한 금액 이하로 한다.
  ㉠ 수도권정비계획법에 따른 수도권 중 과밀억제권역 : 2,000만 원
  ㉡ 광역시(군지역과 인천광역시지역은 제외) : 1,700만 원
  ㉢ 그 밖의 지역 : 1,400만 원
다. 임차인의 보증금 중 일정액이 주택가액의 2분의 1을 초과하는 경우에는 주택가액의 2분의 1에 해당하는 금액까지만 우선변제권이 있다.
라. 하나의 주택에 임차인이 2명 이상이고 그 각 보증금 중 일정액을 모두 합한 금액이 주택가액의 2분의 1을 초과하는 경우, 그 각 보증금 중 일정액을 모두 합한 금액에 대한 각 임차인의 보증금 중 일정액의 비율로 그 주택가액의 2분의 1에 해당하는 금액을 분할한 금액을 각 임차인의 보증금 중 일정액으로 본다.

제00조
전조(前條)에 따라 우선변제를 받을 임차인은 보증금이 다음 각 호의 구분에 의한 금액 이하인 임차인으로 한다.

㉠ 수도권정비계획법에 따른 수도권 중 과밀억제권역 : 6,000만 원
㉡ 광역시(군지역과 인천광역시지역은 제외) : 5,000만 원
㉢ 그 밖의 지역 : 4,000만 원

① 2,200만 원　　　　② 2,300만 원
③ 2,400만 원　　　　④ 2,500만 원

┃43~44┃ 다음은 KB ○○직장인적금 상품에 대한 설명서이다. 이어지는 물음에 답하시오.

KB ○○직장인적금

가. 상품특징
　급여이체 및 교차거래 실적에 따라 금리가 우대되는 직장인 전용 적금상품
나. 가입대상
　만 18세 이상 개인
　※ 단, 개인사업자 제외
다. 가입기간
　12개월 이상 36개월 이내(월 단위)
라. 가입금액
　초입금 및 매회 입금 1만 원 이상 원단위(계좌당), 분기당 3백만 원 이내(1인당)
　※ 단, 계약기간 3/4 경과 후 적립할 수 있는 금액은 이전 적립누계액의 1/2 이내
마. 이자 지급 방식
　입금액마다 입금일부터 만기일 전일까지 기간에 대하여 약정금리로 계산한 이자를 월복리로 계산하여 지급
　※ 단, 중도해지금리 및 만기 후 금리는 단리로 계산
바. 우대 금리 : 최고 0.8%p
　• 가입기간 동안 1회 이상 당행으로 건별 50만 원 이상 급여를 이체한 고객이 다음에 해당할 경우

| 조건내용 | 우대금리 |
|---|---|
| 당행 입출식통장으로 3개월 이상 급여이체 실적 | 0.3%p |
| 당행 신용/체크카드의 결제실적이 100만 원 이상인 경우 | 0.2%p |
| 당행 주택청약종합저축(청약저축, 청년우대형 포함) 또는 적립식 펀드 중 한 개 이상 신규가입 시 | 0.2%p |

- 인터넷(스마트)뱅킹 또는 올원뱅크로 이 적금에 가입할 경우 0.1%p

사. 유의사항
- 우대금리는 만기해지 계좌에 대해 계약기간 동안 적용함
- 급여이체 실적 인정기준
-당행에서 입금된 급여이체 : 월 누계금액 50만 원 이상
-창구 입금 : 급여코드를 부여받은 급여 입금분
-인터넷뱅킹 입금 : 개인사업자 또는 법인이 기업인터넷뱅킹을 통해 대량입금이체(또는 다계좌이체)에서 급여코드로 입금한 급여
-타행에서 입금된 급여이체 : 입금 건당 50만 원 이상
-'급여, 월급, 봉급, 상여금, 보너스, 성과급, 급료, 임금, 수당, 연금' 문구를 포함한 급여이체 입금분
-전자금융공동망을 통한 입금분 중 급여코드를 부여받아 입금된 경우
-급여이체일을 전산등록한 후 해당 일에 급여이체 실적이 있는 경우, 급여이체일 ± 1영업일에 이체된 급여를 실적으로 인정
   ※ 공휴일 및 토요일 이체 시 실적 불인정
-급여이체일 등록 시 재직증명서, 근로소득원천징수영수증, 급여명세표 中 하나를 지참 후 당행 영업점 방문
- 자동이체일이 말일이면서 휴일인 경우 다음 달 첫 영업일에 자동이체 처리

**43.** 다음 보기 중 KB ○○직장인적금에 대한 설명으로 옳은 것은?

① 직장인만 해당되는 적금상품이다.
② 매회 300만 원 이내로 적립할 수 있다.
③ 전산등록한 급여이체일이 16일(금)일 때 17일(토)에 이체되었을 경우에 실적으로 인정한다.
④ 말일에 자동이체되는 경우 휴일과 겹쳤을 때 내달 첫 영업일에 처리된다.

**44.** 다음 중 우대금리율이 동일하게 적용되는 사람끼리 바르게 짝지어진 것은?

- 갑 : 당행 신용카드의 결제실적이 200만 원인 자
- 을 : 당행 체크카드의 결제실적이 150만 원이며 적립식 펀드를 신규 가입한 자
- 병 : 당행 청년 우대형 주택청약종합저축을 신규 가입한 자
- 정 : 당행 입출식통장으로 4개월간의 급여이체실적이 있는 자

① 갑, 을  　　　② 갑, 병
③ 을, 병  　　　④ 을, 정

**45.** K은행 고객인 S씨는 작년에 300만 원을 투자하여 3년 만기, 연리 2.3% 적금 상품(비과세, 단리 이율)에 가입하였다. 올 해 추가로 여유 자금이 생긴 S씨는 200만 원을 투자하여 신규 적금 상품에 가입하려 한다. 신규 적금 상품은 복리가 적용되는 이율 방식이며, 2년 만기라 기존 적금 상품과 동시에 만기가 도래하게 된다. 만기 시 두 적금 상품의 원리금의 총합계가 530만 원 이상이 되기 위해서는 올 해 추가로 가입하는 적금 상품의 연리가 적어도 몇 %여야 하는가? (모든 금액은 절삭하여 원 단위로 표시하며, 이자율은 소수 첫째 자리까지만 계산함)

① 2.2%  ② 2.3%

③ 2.4%  ④ 2.5%

**▌46~47▐ 다음은 K은행의 직장인월복리적금 상품설명서이다. 이를 보고 이어지는 물음에 답하시오.**

### 직장인월복리적금

■ 상품특징 : 급여이체 및 교차거래 실적에 따라 우대금리를 제공하는 직장인재테크 월복리 적금상품
■ 가입대상 : 만 18세 이상 개인(단, 개인사업자 제외)
■ 가입기간 : 1년 이상 3년 이내(월 단위)
■ 가입금액 : 초입금 및 매회 입금 1만 원 이상 원 단위, 1인당 분기별 3백만 원 이내
• 계약기간 3/4 경과 후 적립할 수 있는 금액은 이전 적립누계액의 1/2 이내
■ 적립방법 : 자유적립식
■ 금리안내 : 기본금리 + 최대0.8%p
• 기본금리 : 신규가입일 당시의 적금 고시금리
■ 우대금리 : 우대금리 0.8%p(가입 월부터 만기일 전월 말까지 조건 충족 시)
• 가입기간 동안 1회 이상 당행에 건별 50만 원 이상 급여를 이체한 고객 中
–가입기간 중 3개월 이상 급여이체 0.3%p
–당행의 주택청약종합저축(청약저축 포함) 또는 적립식펀드 중 1개 이상 가입 0.2%p

–당행 신용·체크카드의 결제실적이 100만 원 이상 0.2%p
• 인터넷 또는 스마트뱅킹으로 본 적금에 가입 시 0.1%p
■ 이자지급방법 : 월복리식(단, 중도해지이율 및 만기후 이율은 단리계산)
■ 가입/해지안내 : 비과세종합저축으로 가입가능
■ 유의사항
• 우대금리는 만기해지 계좌에 대해 계약기간 동안 적용합니다.
• 본 상품은 인터넷을 통한 담보대출이 불가하오니 가까운 K은행 영업점을 방문해 주시기 바랍니다.
• 급여이체 실적 인정기준은 아래와 같습니다.
– 당행에서 입금된 급여이체(인정금액 : 월 누계금액 50만 원 이상)
– 창구 입금 : 급여코드를 부여받은 급여 입금분
– 인터넷뱅킹 입금 : 개인사업자/법인이 기업인터넷뱅킹을 통해 대량입금이체(또는 다계좌이체)에서 급여코드로 입금한 급여
– 타행에서 입금된 급여이체(인정금액 : 입금 건당 50만 원 이상)
– '급여, 월급, 봉급, 상여금, 보너스, 성과급, 급료, 임금, 수당, 연금' 문구를 포함한 급여이체 입금분
– 전자금융공동망을 통한 입금분 중 급여코드를 부여받아 입금된 경우
– 급여이체일을 전산등록한 후 해당일에 급여이체 실적이 있는 경우 '급여이체일 ± 1영업일'에 이체된 급여를 실적으로 인정(단, 공휴일 및 토요일 이체 시 실적 불인정)
– 급여이체일 등록 시 재직증명서, 근로소득원천징수영수증, 급여명세표 중 하나를 지참하시어 K은행 영업점을 방문해주시기 바랍니다.
• 자동이체일이 말일이면서 휴일인 경우 다음 달 첫 영업일에 자동이체 처리되오니, 자동이체 등록 시 참고하시기 바랍니다.

**46.** 다음 중 직장인월복리적금의 특징을 바르게 설명한 것은?

① 직장인만 가입할 수 있다.

② 만기까지 한도 제한 없이 직립할 수 있다.

③ 만기일 전월말 기준으로 K은행의 적립식펀드 가입실적이 있다면 0.2%p 우대금리가 적용된다.

④ 전산등록한 급여이체일이 18일(금)일 때 19일(토)에 이체된 급여는 실적으로 인정되지 않는다.

**47.** ㈜서원에 다니고 있는 김 대리는 근처 K은행에 방문했다가 직장인월복리적금에 가입하였다. 다음 사항을 참고하여 김 대리에게 발급된 적금 통장에 표기된 내용으로 적절하지 않은 것은?

---

- 김 대리의 급여일은 매달 10일로, 기존 K은행 계좌로 200만 원의 급여가 이체되고 있다.
- 상품 가입일은 2021년 2월 1일로 가입기간은 3년으로 한다.
- 초입금은 30만 원으로 하고 매달 15일에 30만 원씩 자동이체를 신청하였다.
- 2021년 2월 1일 기준 적금 고시금리

(연 %, 세전)

| 가입기간 | 1년~2년 미만 | 2년~3년 미만 | 3년 |
|---|---|---|---|
| 금리 | 1.0 | 1.2 | 1.5 |

| 예금주 | 상품명 | 계좌번호 | 이율 |
|---|---|---|---|
| 김○○ | 직장인월복리적금 | 123-456-7890-0 | ① 1.6% |

신규일 : 2021년 02월 01일

② 가입기간 : 36개월

③ 만기일 : 2024년 02월 01일

| 행 | 년 월 일 | 출금 | 입금 | 잔액 | 거래지점 |
|---|---|---|---|---|---|
| 1 | 20210201 | | ④ 300,000 | 300,000 | |
| 2 | 20210301 | | 300,000 | 600,000 | |

**48.** 다음은 'iTouch국민예금'에 관한 설명이다. 다음 중 옳은 것을 고르면?

---

1. 개요
   가입금액 관계없이 공동구매로 고금리 혜택을 Touch!

2. 특징
   ㉠ 공동구매를 통해 가입금액에 관계없이 높은 금리를 Touch! 할 수 있는 정기예금 상품
   ㉡ 인터넷뱅킹 및 국민스마트뱅킹으로만 가입 가능

3. 예금자보호
   이 예금은 예금자보호법에 따라 예금보험공사가 보호하되, 보호 한도는 본 은행에 있는 귀하의 모든 예금보호 대상 금융상품의 원금과 소정의 이자를 합하여 1인당 "최고 5천만 원"이며, 5천만 원을 초과하는 나머지 금액은 보호하지 않습니다.

4. 가입대상
   제한 없음

5. 가입금액
   제한 없음(단, 회차별 1인 1계좌 가입)

6. 가입기간
   ㉠ 제 155차의 모집기간은 다음과 같습니다.
   • 20210716∼20210731 23시까지
   • 모집마감일에는 23시까지 가입 가능합니다.
   • 모집기간 중 판매한도 소진 시에는 가입이 어려울 수 있습니다.
   ㉡ 제 155차의 계약기간(가입기간)은 다음과 같습니다.
   • 3개월 : 20210801∼20211101
   • 6개월 : 20210801∼20220201
   • 1년 : 20210801∼20220801

---

① 국민스마트뱅킹으로만 가입 가능하다.
② 모집마감일에는 23시까지 가입 가능하다.
③ 회차별 1인 2계좌까지 가입 가능하다.
④ 제155차의 계약기간은 1년의 경우 2022년 2월 1일까지이다.

**49.** 500만 원을 2년 동안 적금을 넣을 때 1년당 8%의 이자율이 적용하여 복리계산을 하였을 때 2년 후 받는 금액은 얼마인가? (단, 만 원 이하는 절삭한다)

① 540만 원  ② 580만 원
③ 583만 원  ④ 600만 원

**┃50∼51┃** 다음은 국민은행에서 판매하는 예금상품의 정보이다. 이어지는 물음에 답하시오.

| 상품명 | 가입 대상 | 가입 기간 | 가입 금액 |
|---|---|---|---|
| 위비 꿀마켓 예금 | 개인 | 12개월 | 1백만 원 ∼5천만 원 |
| 위비꿀적금 | 개인 및 개인사업자 | 6개월, 12개월 | 월 최대 30만 원 이내 |
| 위비 꿀마켓 적금 | 개인 | 12개월 | 월 50만 원 이내 |
| iTouch 국민예금 | 제한 없음 | 3개월, 6개월, 12개월 | 제한 없음 |

**50.** 보기의 고객에게 맞는 상품은 무엇인가?

> 〈보기〉
>
> 성진이는 아르바이트로 1년간 돈을 모으는 동안 매달 예금을 하기 위해 예금상품을 찾아보고 있다. 가입 금액은 30만 원을 넘지 않아야 하고, 개인사업자는 아니다.

① 위비 꿀마켓 예금
② 위비꾹적금
③ 위비 꿀마켓 적금
④ iTouch국민예금

**51.** 다음 중 같은 상품을 추천받은 사람끼리 짝지어진 것은? (단, 'iTouch국민예금'과 다른 상품을 동시에 추천받는다면, 'iTouch국민예금'을 제외한다.)

| 구분 | 대상 분류 | 원하는 가입 기간 | 원하는 가입금액 |
|------|----------|----------------|---------------|
| 은성 | 개인 | 6개월 | 월 25만 원 |
| 유진 | 개인 | 12개월 | 3천만 원 |
| 성주 | 개인사업자 | 6개월 | 월 15만 원 |
| 지환 | 개인사업자 | 12개월 | 4천만원 |

① 은성, 유진
② 은성, 성주
③ 유진, 성주
④ 지환, 은성

**52.** 다음은 미국의 신용협동조합과 상업은행을 비교한 표이다. 표에 대한 설명으로 옳지 않은 것은?

| | 신용협동조합 | | 상업은행 | |
|---|---|---|---|---|
| | 2020년 | 2019년 | 2020년 | 2019년 |
| 기관 수 | 6,395 | 6,679 | 6,508 | 6,809 |
| 기관 당 지점 수 | 3 | 3 | 15 | 14 |
| 기관 당 자산(백만$) | 178 | 161 | 2,390 | 2,162 |
| 총 대출(백만$) | 723,431 | 655,006 | 8,309,427 | 7,891,471 |
| 총 저축(백만$) | 963,115 | 922,033 | 11,763,780 | 11,190,522 |
| 예대율(%) | 75.1 | 71.0 | 70.6 | 70.5 |
| 자산 대비 대출 비중(%) | 60.9 | 63.7 | 51.7 | 52.6 |
| 핵심 예금 비중(%) | 45.8 | 47.6 | 32.2 | 33.4 |
| 순 자본 비율(%) | 10.8 | 11.0 | 11.2 | 11.2 |

① 2019년 대비 2020년 상업은행의 감소폭은 같은 기간 신용협동조합의 감소폭보다 크다.
② 2020년 상업은행의 기관 당 지점 수는 신용협동조합의 5배에 달한다.
③ 2019년 대비 2020년 예대율 증가폭은 신용협동조합이 상업은행보다 크다.
④ 2020년 자산 대비 대출 비중은 상업은행이 신용협동조합보다 8.2%p 높다.

**| 53~54 |** 다음은 '리브 짠테크 적금'에 관한 내용이다. 물음에 답하시오.

1. 개요
   매주 마다, 매일 마다, 아낀 만큼 적립
   짠돌이 재테커들에게 딱 맞는 리브뱅크전용 적금상품
   리브뱅크(앱설치)에서 신규가능

2. 특징
   ㉠ 52주 짠플랜, 매일매일 캘린더플랜, 1DAY절약플랜 성공 시 최대 연 1%p 금리우대
   ㉡ 국민은행 거래고객에게 연 0.2% 금리우대쿠폰 제공

3. 예금자 보호
   이 예금은 예금자보호법에 따라 예금보험공사가 보호하되, 보호 한도는 본 은행에 있는 귀하의 모든 예금보호 대상 금융상품의 원금과 소정의 이자를 합하여 1인당 "최고 5천만 원"이며, 5천만 원을 초과하는 나머지 금액은 보호하지 않습니다.

4. 가입대상/
   실명의 개인(1인 1계좌)

5. 적립금액
   월 최대 50만 원 이내 자유롭게 적립가능
   ※ 비대면 실명확인을 통해 이 적금을 0원으로 신규 가입한 경우, 신규 당일에 적립한도 범위 내에서 추가입금이 필요하며 당일 추가입금 실적이 없는 경우 이 적금은 다음날 자동 해지됩니다.
   ※ 52주 짠플랜, 매일매일 캘린더플랜 자동이체서비스는 당행 출금통장에서 신청 시에만 가능합니다.
   ※ 비대면 실명 확인을 통해 이 적금을 신규하실 경우, 비대면계좌개설서비스를 통해 입출금통장도 추가 신규 하셔야 본 서비스 이용이 가능합니다.

6. 가입기간
   1년, 2년, 3년

7. 기본금리
   1년제 연1.25%, 2년제 연1.35%, 3년제 연1.45%
   ※ 2018.04.02. 현재, 세금납부전 기준 / 기본 금리는 매일 변경 고시됩니다.

8. 우대금리
   최대 연 1.3%p 우대금리 제공
   ㉠ 국민은행 첫 거래 고객 연 0.2%p
   ㉡ 금리우대쿠폰을 등록 시 연 0.2%p
   ㉢ 만기 시 리브톡 및 리브톡알림 이용 고객인 경우 연 0.3%p
      ※ 만기해지 전전월까지 리브톡 앱을 1회 이상 이용 & 리브톡알림 동의시 이용고객으로 인정됨
   ㉣ 이 적금 가입 후 아래와 같이 재테크(짠테크) 적립플랜 횟수를 충족한 경우 연 1.0%p
   • 52주 짠플랜 자동이체 횟수 총 50회 이상
   • 매일매일 캘린더플랜 자동이체 횟수 총 200회 이상
   • 1DAY 절약플랜 이체 횟수 총 200회 이상

9. 만기 후 이율
   만기일 당시 고시하는 일반 정기적금 만기 후 이자율 적용

10. 중도해지 이율
    신규일 당시 고시한 일반 정기적금 중도해지 이자율 적용

**53.** 다음 중 연 1.0%p의 우대금리를 제공받을 수 있는 사람으로 짝지어진 것은?

> • 은성 : 나는 금리우대쿠폰을 등록했지.
> • 유진 : 나는 짠플랜 자동이체 횟수가 70회를 넘었어.
> • 성주 : 나는 1DAY 절약플랜 이체 횟수가 250회가 되었어.
> • 지환 : 나는 매일매일 캘린더플랜 자동이체 횟수가 120회를 넘었어.

① 은성, 유진   ② 유진, 성주
③ 성주, 지환   ④ 지환, 은성

**54.** 다음은 '리브 짠테크 적금' 적용 이율에 관한 자료이다. 인성이는 해당 적금에 2021년 7월에 가입하여 2022년 4월에 해지할 예정이다. 다음 중 적용될 수 있는 이자율은?

| 구분 | 기간 및 금액 | 금리 (연) | 비고 |
|---|---|---|---|
| 약정 이율 | 1년제 | 1.25 | 우대조건 충족 시 최대 연 1.3%p 금리우대 |
| | 2년제 | 1.35 | |
| | 3년제 | 1.45 | |
| 만기 후 이율 | 만기 후 이율 | ▶ | 만기일 당시 고시한 일반 정기적금 만기 후 이자율 |
| 중도 해지 이율 | 중도 해지 이율 | ▶ | 신규일 당시 고시한 일반 정기적금 중도해지 이자율 |

① 신규일 당시 고시한 일반정기적금 중도해지 이자율
② 만기일 당시 고시한 일반정기적금 만기 후 이자율
③ 우대조건을 충족한 1년제 약정 이율
④ 우대조건을 충족하지 못한 2년제 약정 이율

**55.** 다음 글을 읽고 '차등금리방식'을 〈보기〉에 적용한 내용으로 옳은 것은?

국채는 정부가 부족한 조세 수입을 보전하고 재정 수요를 충당하기 위해 발행하는 일종의 차용 증서이다. 이 중 국고채는 정부가 자금을 조달하는 주요한 수단이며, 채권 시장을 대표하는 상품이다. 만기일에 원금과 약속한 이자를 지급하는 국고채는 관련 법률에 따라 발행된다. 발행 주체인 정부는 이자 비용을 줄이기 위해 낮은 금리를 선호하며, 매입 주체인 투자자들은 높은 이자 수익을 기대하여 높은 금리를 선호한다. 국고채의 금리는 경쟁 입찰을 통해 결정되는데, 경쟁 입찰은 금리 결정 방법에 따라 크게 '복수금리결정방식'과 '단일금리결정방식'으로 나뉜다.

※ 발행 예정액 : 800억 원

| 투자자 | 제시한 금리와 금액 | 결정 방식 복수금리 | 결정 방식 단일금리 |
|---|---|---|---|
| A | 4.99% 200억 원 | 4.99% | |
| B | 5.00% 200억 원 | 5.00% | |
| C | 5.01% 200억 원 | 5.01% | 모두 5.05% |
| D | 5.03% 100억 원 | 5.03% | |
| E | 5.05% 100억 원 | 5.05% | |
| F | 5.07% 100억 원 | 미낙찰 | 미낙찰 |

복수금리결정방식은 각각의 투자자가 금리와 금액을 제시하면 최저 금리를 제시한 투자자부터 순차적으로 낙찰자를 결정하는 방식이다. 낙찰된 금액의 합계가 발행 예정액에 도달할 때까지 낙찰자를 결정하기 때문에 상대적으로 낮은 금리를 제시한 투자자부터 낙찰자로 결정된다. 이때 국고채의 금리는 각각의 투자자가 제시한 금리로 결정된다. 표와 같이 발행 예정액이 800억 원인 경쟁 입찰이 있다면, 가장 낮은 금리를 제시한 A부터 E까지 제시한 금액 합계가 800억 원이므로 이들이 순차적으로 낙찰자로 결정된다. 이때 국고채의 금리는 A에게는 4.99%, B에게는 5.00%, …, E에게는 5.05%로 각기 다르게 적용이 된다.

한편, 단일금리결정방식은 각 투자자들이 제시한 금리를 최저부터 순차적으로 나열하여 이들이 제시한 금액이 발행 예정액에 도달할 때까지 낙찰자를 결정한다는 점에서는 복수금리결정방식과 같다. 하지만 발행되는 국고채의 금리는 낙찰자들이 제시한 금리 중 가장 높은 금리로 단일하게 결정된다는 점이 다르다. 표와 같이 낙찰자는 A ~ E로 결정되지만 국고채의 금리는 A ~ E 모두에게 5.05%로 동일하게 적용되는 것이다. 따라서 단일금리결정방식은 복수금리결정방식에 비해 투자자에게 유리한 방식일 수 있다. 하지만 단일금리결정방식은 정부의 이자 부담을 가중시킬 수 있어, 복수금리결정방식과 단일금리결정방식을 혼합한 '차등금리결정방식'을 도입하기도 한다. 차등금리결정방식이란 단일금리결정방식과 같은 방법으로 낙찰자들을 결정하지만, 낙찰자들이 제시한 금리들 중 가장 높은 금리를 기준으로 삼아 금리들을 일정한 간격으로 그룹화한다는 점이 다르다. 각 그룹의 간격은 0.02%p ~ 0.03%p 정도로 정부가 결정하며, 이때 국고채의 금리는 투자자가 제시한 금리와 관계없이 정부가 각각의 그룹에 설정한 최고 금리로 결정된다. 이는 투자자가 제시한 금리를 그룹별로 차등화함으로써 적정 금리로 입찰하도록 유도하는 효과를 낸다.

〈보기〉
㉠ 발행 예정액 : 700억 원
㉡ 그룹화 간격 : 0.03%p
㉢ 입찰 결과

| 투자자 | 제시한 금리와 금액 |
|---|---|
| ⓐ | 1.98%  100억 원 |
| ⓑ | 2.00%  100억 원 |
| ⓒ | 2.02%  200억 원 |
| ⓓ | 2.05%  100억 원 |
| ⓔ | 2.06%  200억 원 |
| ⓕ | 2.07%  200억 원 |

㉣ 그룹화 결과 : 2.06 ~ 2.04%, 2.03 ~ 2.01%, 2.00 ~ 1.98%
(단, 입찰 단위는 0.01%p 단위로 제시한다.)

① ⓐ가 속한 그룹은 ⓐ가 제시한 금리로 낙찰 받는다.
② ⓑ와 ⓒ는 같은 금리로 낙찰 받는다.
③ ⓒ는 2.03%의 금리로 낙찰 받는다.
④ ⓓ와 ⓔ 모두 2.05%의 금리로 낙찰 받는다.

❚56~58❚ 아래 〈표〉는 주간 환율이다. 다음 물음에 답하시오.

| 구분 | 미국 달러화 | 유럽 유로화 | 일본 엔화 | 영국 파운드화 | 중국 위안화 |
|---|---|---|---|---|---|
| 첫째 주 | 945.54 | 1211.14 | 8.54 | 1770.54 | 118.16 |
| 둘째 주 | 963.14 | 1210.64 | 8.42 | 1763.55 | 118.64 |
| 셋째 주 | 934.45 | 1207.33 | 8.30 | 1763.62 | 119.51 |
| 넷째 주 | 964.54 | 1113.54 | 9.12 | 1663.47 | 120.64 |

**56.** 둘째 주에 개당 5,000원 하는 핸드폰 덮개 90개를 미국에 수출하여 원화로 $x$의 이익을 얻었다. 넷째 주에 같은 핸드폰 덮개를 유럽에 수출할 경우, 최소 $y$개를 수출해야 둘째 주 90개를 미국에 수출했을 때보다 많은 이익을 남길 수 있다. $x$와 $y$의 합은 얼마인가?

① 423,455,110  ② 428,645,157
③ 433,413,078  ④ 443,454,410

**57.** A회사는 첫째 주에 중국에서 7,800켤레의 신발을 단가 200위안에 수입하였고, 일본에 6,400개의 목걸이를 단가 2,000엔에 수출하였다. 지출 금액과 소득 금액의 차이는?

① 101,451,120원  ② 75,017,600원
③ 74,146,500원  ④ 42,654,000원

**58.** 일본의 넷째 주 환율은 셋째 주 환율에 비해 몇 % 증가하였는가? (단, 소수점 둘째 자리에서 반올림한다)

① 15.5%  　　　　② 12.4%

③ 10.0%  　　　　④ 9.9%

**59.** 다음 중 다음 자료에 대한 올바른 판단만을 〈보기〉에서 모두 고른 것은?

〈투자의 주된 목적에 대한 비율〉

(단위 : %)

| 목적\연도 | 주택 관련 | 노후 대책 | 결혼 자금 마련 | 사고와 질병 대비 | 자녀 교육비 마련 | 부채 상환 | 기타 |
|---|---|---|---|---|---|---|---|
| 2020년 | 16.7 | 57.4 | 2.9 | 3.5 | 6.4 | 8.6 | 4.5 |
| 2021년 | 15.5 | 57.2 | 2.8 | 3.4 | 5.7 | 9.6 | 5.8 |

〈투자 시 선호하는 운용 방법에 대한 비율〉

(단위 : %)

| 선호 방법\연도 | 예금 | | | 개인 연금 | 주식 | | 계 (契) | 기타 |
|---|---|---|---|---|---|---|---|---|
| | 은행 예금 | 저축 은행 예금 | 비은행 금융 기관 예금 | | 주식 | 수익 증권 (간접 투자) | | |
| 2020년 | 91.8 | 75.0 | 5.7 | 11.2 | 1.8 | 4.1 | 2.4 | 1.7 | 0.1 | 2.2 |
| 2021년 | 91.9 | 75.7 | 5.5 | 10.8 | 1.8 | 4.7 | 3.0 | 1.6 | 0.1 | 1.6 |

〈투자 전 우선 고려 사항에 대한 비율〉

(단위 : %)

| 고려 사항\연도 | 합계 | 수익성 | 안전성 | 현금화 가능성 | 접근성 | 기타 |
|---|---|---|---|---|---|---|
| 2020년 | 100.0 | 12.8 | 75.0 | 5.8 | 6.2 | 0.2 |
| 2021년 | 100.0 | 13.8 | 74.5 | 5.4 | 6.1 | 0.1 |

〈보기〉

㉮ 투자 운용 방법으로 예금 중 은행예금을 선호하는 사람의 비중은 2021년에 더 감소하였다.

㉯ 금융자산 투자 시의 운용 방법 비중에 전년보다 가장 큰 변동이 있는 것은 은행예금이다.

㉰ 노후 대책을 투자 목적으로 하는 사람들은 안전성이 있는 은행예금의 방법을 선택할 가능성이 가장 높다.

㉱ 금융 투자 전에는 현금화 가능성보다 접근성을 더 많이 고려한다.

① ㉮, ㉯  　　　　② ㉯, ㉰

③ ㉯, ㉱  　　　　④ ㉰, ㉱

**60.** 다음은 금융기관별, 개인신용등급별 햇살론 보증잔액 현황에 관한 자료이다. 〈그림〉은 〈표〉를 이용하여 6개 금융기관 중 2개 금융기관의 개인신용등급별 햇살론 보증잔액 구성비를 나타낸 것이다. 〈그림〉의 금융기관 A와 B를 바르게 나열한 것은?

〈금융기관별, 개인신용등급별 햇살론 보증잔액 현황〉

(단위 : 백만 원)

| 개인<br>신용<br>등급 \ 금융<br>기관 | 농협 | 수협 | 축협 | 신협 | 새마을<br>금고 | 저축<br>은행 | 합 |
|---|---|---|---|---|---|---|---|
| 1 | 2,425 | 119 | 51 | 4,932 | 7,783 | 3,785 | 19,095 |
| 2 | 6,609 | 372 | 77 | 14,816 | 22,511 | 16,477 | 60,862 |
| 3 | 8,226 | 492 | 176 | 18,249 | 24,333 | 27,133 | 78,609 |
| 4 | 20,199 | 971 | 319 | 44,905 | 53,858 | 72,692 | 192,944 |
| 5 | 41,137 | 2,506 | 859 | 85,086 | 100,591 | 220,535 | 450,714 |
| 6 | 77,749 | 5,441 | 1,909 | 147,907 | 177,734 | 629,846 | 1,040,586 |
| 7 | 58,340 | 5,528 | 2,578 | 130,777 | 127,705 | 610,921 | 935,849 |
| 8 | 11,587 | 1,995 | 738 | 37,906 | 42,630 | 149,409 | 244,265 |
| 9 | 1,216 | 212 | 75 | 1,854 | 3,066 | 1,637 | 8,060 |
| 10 | 291 | 97 | 2 | 279 | 539 | 161 | 1,369 |
| 계 | 227,779 | 17,733 | 6,784 | 486,711 | 560,750 | 1,732,596 | 3,032,353 |

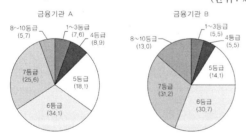

〈금융기관 A와 B의 개인신용등급별 햇살론 보증잔액
구성비〉

(단위 : %)

※ '1~3등급'은 개인신용등급 1, 2, 3등급을 합한 것이고,
'8~10등급'은 개인신용등급 8, 9, 10등급을 합한 것
※ 보증잔액 구성비는 소수점 둘째 자리에서 반올림한 값

<table>
<tr><td></td><td><u>A</u></td><td><u>B</u></td><td></td><td><u>A</u></td><td><u>B</u></td></tr>
<tr><td>①</td><td>농협</td><td>수협</td><td>②</td><td>농협</td><td>축협</td></tr>
<tr><td>③</td><td>수협</td><td>신협</td><td>④</td><td>저축은행</td><td>수협</td></tr>
</table>

**61.** 누구나 쉽게 참여가 가능하고 중앙 통제 기관이 없는 네트워크에서 쉽게 발생할 수 있다. 다중인격장애를 다룬 책에서 유래된 이 단어는 한 사람이 자신을 여러 명인 것처럼 속이고 하는 공격이다. 이것을 의미하는 용어는?

① HEIF
② 스팀잇
③ V2X
④ 시빌 공격

**62.** 디지털 저작권을 보호하기 위한 기술이다. 디지털 콘텐츠를 무단으로 사용하지 못하게 막아 권리를 보장하는 이 기술은 음원사이트에서 비용을 지불해야 사용권한을 줄 수 있고, 문서 보안을 위해 암호를 설정하여 기밀유지를 할 수 있다. 이 기술을 의미하는 용어는?

① DRM
② CCL
③ 카피레프트
④ FDS

**63.** 데이터 3법을 설명한 것으로 옳지 않은 것은?

① 개인정보는 가명·익명으로 구분한 후 공익목적으로 사용할 수 있다.
② 정보통신망에서 개인정보와 관련된 사항은 개인정보보호법으로 이관한다.
③ 개인정보보호 관련 규제는 방송통신위원회에서 하고 감독은 개인정복보호위원회에서 한다.
④ 가명정보를 이용할 때에는 신용정보 주체에게 동의를 받지 않아도 된다.

**64.** 범죄감시시스템 중에 하나이다. 뉴욕 경찰청과 마이크로 소프트사가 공동으로 개발한 것으로 빅데이터 기술을 활용하여 범죄를 예방하기 위해 개발되었다. 이 기술은 사생활 침해 논란을 낳고 있지만 범죄예방에 탁월한 효과가 사례를 통해 증명되었다. 이 기술은 무엇인가?

① CDN(Content Delivery Network)
② FNS(Family Network Service)
③ DAS(Domain Awareness System)
④ M2M(Machine to Machine)

**65.** 최근에는 SNS를 통해 정치·사회적 운동에 참여하고 행동하는 경우가 늘어났다. 국민청원에 서명하거나 캠페인에 참여하는 등 상대적으로 적은 시간과 노력이 필요한 활동에 소극적으로 참여하는 행동을 의미하는 용어는?

① 클릭티비즘
② 슬랙티비즘
③ 할리우디즘
④ 핵티비즘

**66.** 국내회사에서 만든 클레이(KLAY), 루나(LUNA)의 시가총액이 순위권에 들어 K-코인이 성장세를 이루고 있다. 클레이, 루나와 같은 코인, NFT, 디파이는 이 기술을 사용하여 만들어졌다. 이 기술은 무엇인가?

① 5G
② 데이터마이닝
③ OLAP
④ 블록체인

**67.** 유튜브 플랫폼에서 '싫어요' 숫자를 보이지 않도록 디자인하는 실험을 하고 있다고 밝혔다. 크리에이터의 스트레스 지수를 높이는 것과 인기 검색어를 위해 의도적으로 조회수를 조작하는 이 현상 때문이었다. 이 현상으로 해당하는 것은?

① 파밍
② 어뷰징
③ 바이럴마케팅
④ 그레셤의 법칙

**68.** 전 국가별로 트래블 버블이 시작되면서 도입하고 있는 증명서로 적절하지 않은 것은?

① 그린패스(Green Pass)
② 엑셀시어 패스(Excelsior Pass)
③ 디지털헬스 패스
④ 국제여행 건강증명서

**69.** 코드 구조를 명확히 알지 못할 때 진행한다. 여러 버전의 프로그램에 동일한 검사 자료를 제공하여 동일한 결과가 출력되는지 검사하는 기법을 의미하는 용어는?

① 튜링 테스트
② 알파 테스트
③ 베타 테스트
④ 블랙박스 테스트

**70.** 다음 중 MAANG에 해당하지 않는 기업은?

① Microsoft
② Amazon
③ Facebook
④ Google

**71.** 뉴욕증권거래소(NYSE)에서 쿠팡, 스포티파이 등의 신규 상장 기업의 첫 거래를 기념하여 발행한 가상자산은?

① 비트코인
② NFT
③ 스테이블 코인
④ 라이트 코인

**72.** 〈보기〉의 설명에 해당하는 기술로 가장 적절한 것은?

〈보기〉
• 서비스 모델은 IaaS, PaaS, SaaS로 구분한다.
• 필요한 만큼 자원을 임대하여 사용할 수 있다.
• 가상화 기술, 서비스 프로비저닝(Provisioning) 기술, 과금 체계 등을 필요로 한다.

① 빅데이터(Bigdata)
② 딥러닝(Deep Learning)
③ 사물인터넷(Internet Of Things)
④ 클라우드 컴퓨팅(Cloud Computing)

**73.** 다음 제시문에서 ㉠에 해당하는 설명으로 옳지 않은 것은?

전통적인 생산요소 세 가지가 노동, 토지, 자본이었다면 디지털 경제에서는 경영활동을 위해 '자본 투자'가 아닌 '디지털 투자'가 이루어지고, '실물 자산'보다는 '디지털 자산'이 생산되고 유통·저장된다. 즉, 디지털 플랫폼이라는 가상의 자산이 만들어지는 것이다. 이러한 상황에서 기존의 법인세가 물리적 고정사업장이 있는 기업에만 부과가 가능하여, 물리적 고장 사업장이 큰 돈을 벌어들이는 디지털 기업에 대한 과세 형평성 문제가 제기되면서 ( ㉠ )도입이 논의되기 시작하였다.

① OECD가 「BEPS 프로젝트」를 추진하면서 주도적으로 ㉠에 대해 논의하기 시작하였다.
② 2019년 프랑스가 최초로 도입하였다.
③ 구글, 페이스북, 아마존 등 IT기업이 주 대상이다.
④ 법인세와는 별도로 부과되며, 영업이익을 기준으로 부과되는 것이 특징이다.

**74.** 4차 산업시대의 원유로 불리며 5V(Volume, Variety, Velocity, Value, Veracity)의 특징을 가지고있는 것은 무엇인가

① 인공지능
② 사물인터넷
③ 빅데이터
④ 빅 브라더

**75.** 프로그래밍에 집중한 유연한 개발 방식으로 상호작용, 소프트웨어, 협력, 변화 대응에 가치를 두는 것은?

① 스크럼
② 애자일
③ 백로그
④ 린스타트업

**76.** 데이터에 의미를 부여하여 문제를 분석하고 해결해 나가는 신종 직업은?

① 빅데이터 큐레이터
② 인포그래픽 전문가
③ 데이터 마이닝 전문가
④ 데이터 사이언티스트

**77.** 다음에서 ㉠에 해당하는 설명으로 옳지 않은 것은?

> 클라우드 컴퓨팅이란 중앙의 데이터 센터에서 모든 컴퓨팅을 수행하고, 그 결과 값을 네트워크를 통해 사용자에게 전달하는 방식의 기술이다. 디바이스들에 대한 모든 통제가 데이터센터에서 중앙집중형으로 진행된다. 그러나 5G시대에(특히 IoT 장치가 확산되고 실용화되면서) 데이터 트래픽이 폭발적으로 증가할 경우 클라우드 컴퓨팅 기술로 대응하기 어려울 것에 대비하여 그 대체기술로서 ( ㉠ )이 주목받기 시작하였다.

① 프로세서와 데이터를 중앙 데이터센터 컴퓨팅 플랫폼에 보내지 않고 네트워크 말단의 장치 및 기기 근처에 배치하는 것을 의미한다.
② IoT 사물 등 로컬 영역에서 직접 AI, 빅데이터 등의 컴퓨팅을 수행하므로 네트워크에 대한 의존도가 높을 수밖에 없다.
③ 클라우드 컴퓨팅이 주로 이메일, 동영상, 검색, 저장 등의 기능을 소화했다면, ㉠은 그를 넘어 자율주행, 증강현실, IoT, 스마트 팩토리 등 차세대 기술을 지원할 수 있다.

④ 클라우드 컴퓨팅에 비해 연산능력이 떨어지더라도 응답속도가 빠르고, 현장에서 데이터를 분석·적용하기 때문에 즉시성이 높다는 장점이 있다.

**78.** CBDC에 대한 설명으로 옳지 않은 것은?

① CBDC는 중앙은행이 발행한 전자적 명목화폐로, 자체 블록체인 기술을 통해 개발하고 직접 통제하고 관리한다.
② 암호화폐가 민간업체에서 발행하여 국가 차원에서 관리가 어려운 반면, 중앙은행 디지털 화폐는 중앙은행에서 발행하여 '자금 세탁 및 탈세방지' 등 정부차원의 통제가 가능하다.
③ CBDC는 시장의 수요와 공급에 따라 교환가치가 달라지므로 중앙은행의 역할이 중요하다.
④ 화폐의 유통과 관리에 들어가는 비용이 절감되며, 중앙은행이 현금 유통을 추적할 수 있어 지하경제의 양성화 효과를 기대할 수 있다.

**79.** 세계경제포럼(WEF)은 '전 세계 은행의 80%가 블록체인 기술을 도입할 것이며, 2025년 전 세계 GDP의 10%는 블록체인을 통해 이뤄질 것'이라는 전망을 내놓았다. 블록체인에 대한 설명 및 금융 분야에서의 활용에 대한 설명으로 가장 적절하지 않은 것은?

① 중앙에서 관리되던 장부 거래 내역 등의 정보를 탈중앙화하여 분산·저장하는 기술이기 때문에 참여자들이 모든 거래 정보에 접근할 수는 없다.

② 체인화된 블록에 저장된 정보가 모든 참여자들의 컴퓨터에 지속적으로 누적되므로, 특정 참여자에 의해 정보가 변경되거나 삭제되는 것은 사실상 불가능하다.

③ 거래 상대방에게도 거래 당사자의 신원을 공개하지 않고도 거래가 가능하다.

④ 고객이 보유하고 있는 금융, 의료, 신용정보 등의 디지털 자산을 안전하게 보관할 수있는 모바일 금고 개념으로 '디지털 자산 보관 서비스'를 제공할 수 있을 것이다.

**80.** 다음 중 4차 산업혁명의 핵심 기술인 '5G'가 가져올 변화 내용으로 가장 적절하지 않은 것은?

① 자동차 산업 – 주위 차량의 운행정보를 실시간으로 공유하여 안전하고 스마트한 자율주행차의 운행을 지원

② 제조업 – 실시간으로 정보를 공유하고 최적상태를 자동으로 유지하도록 하는 스마트 팩토리 구현

③ 미디어 – 인터넷에서 음성이나 영상, 애니메이션 등을 실시간으로 재생

④ 금융 – 사용자 데이터와 AR기술을 활용한 마케팅 및 경제 기회 창출

**03** 상식

**81.** 다음 상황으로 인해 나타날 수 있는 변화가 아닌 것은 무엇인가?

> ㉠ A는 해외 유학을 가기 위해 다니던 직장을 그만두었다.
> ㉡ 한 달 전 회사 사정으로 일자리를 잃게 된 B는 현재도 일자리를 구하는 중이다.

① ㉠의 경우 실업률은 이전보다 증가하고, 고용률은 이전보다 하락한다.

② ㉠는 취업자에서 비경제활동 인구가 되었고 ㉡는 취업자에서 실업자가 되었다.

③ ㉡의 경우 이전보다 실업률을 하락하고, 고용률은 상승한다.

④ 경제활동 인구수는 취업자 수와 실업자 수를 합과 같다.

**82.** 다음 비자발적 실업의 유형으로 옳지 않은 것은 무엇인가?

① 마찰적 실업      ② 계절적 실업
③ 경기적 실업      ④ 기술적 실업

**83.** 한국은행이 물가 급등을 우려하여 기준금리를 상승시킬 경우 수입과 원·달러 환율에 미칠 영향을 바르게 나타낸 것은?

|  | 금리 | 환율 |
|---|---|---|
| ① | 증가 | 상승 |
| ② | 감소 | 상승 |
| ③ | 증가 | 하락 |
| ④ | 감소 | 하락 |

**84.** 시장의 실패에 대한 설명으로 적절하지 않은 것은?

① 사교육은 사회적으로 적정한 수준의 교육을 제공하지 못한다.
② 많은 자본설비를 필요로 하는 산업에서는 독과점이 발생한다.
③ 기업은 공해방지시설의 가동에 소요되는 비용을 부담하지 않으려고 폐수를 무단방류한다.
④ 정부조직의 비대화로 인해 불필요한 예산의 낭비가 많다.

**85.** 각국의 통화 단위로 옳은 것은 무엇인가?

① 인도 – 동
② 캄보디아 – 코루나
③ 이스라엘 – 랜드
④ 덴마크 – 크로네

**86.** 다음이 설명하는 것으로 옳은 것은 무엇인가?

> 연체이자 전액감면, 이자율 인하, 상환기간 연장을 통해 과중채무자가 금융채무불이행자로 전락하지 않도록 지원하는 제도이다.

① 개인워크아웃제도
② 프리워크아웃제도
③ 개인회생
④ 개인파산

**87.** 리디노미네이션(Redenomination)의 진행절차로 옳은 것은 무엇인가?

> ㉠ 화폐 단위 변경 결정 및 법 개정
> ㉡ 화폐 발행
> ㉢ 화폐 교환
> ㉣ 화폐 단위 완전 변경
> ㉤ 화폐 도안 결정
> ㉥ 신·구화폐 병행 사용

① ㉠ – ㉣ – ㉤ – ㉢ – ㉡ – ㉥
② ㉤ – ㉠ – ㉡ – ㉢ – ㉣ – ㉥
③ ㉠ – ㉤ – ㉡ – ㉢ – ㉥ – ㉣
④ ㉣ – ㉠ – ㉤ – ㉢ – ㉡ – ㉥

**88.** 직장인 A는 여행 자금을 마련하기 위해 매월 100만 원을 단리로 2년간 예금하려고 한다. 이자율은 연 6%이며, 이자소득세는 13.5%일 때, 2년 후 A가 받는 금액은 얼마인가? (단, 이자소득세는 만기 시 한 번만 적용한다.)

① 25,297,500원
② 25,702,500원
③ 25,500,000원
④ 26,797,500원

**89.** 다음이 설명하는 것은 무엇인가?

> 기업이 하청업체로부터 물건을 납품받고 현금 대신 발행하는 어음으로, 이 어음을 받은 납품업체는 약정된 기일에 현금을 받을 수 있으나 자금 순환을 위해 할인을 받아 현금화하는 것이 보통이다.

① 기업어음
② 융통어음
③ 백지어음
④ 진성어음

**90.** 다음 중 특수은행으로 옳은 것은 무엇인가?

① NH농협은행
② MG새마을금고
③ 신용보증기금
④ KB국민은행

**91.** 예금자보호법에 의해 보호되는 상품은 무엇인가?

① 은행의 주택청약종합저축
② 저축은행의 후순위채권
③ 보험회사의 개인보험계약
④ 보험회사의 보증보험계약

**92.** 다음이 설명하는 것의 특징은 무엇인가?

> 1,000원인 주식을 2주 합쳐 2,000원 1주로 만들고 주식수를 줄이는 것을 ___(이)라고 한다.

① 증권의 가격이 높아 매매가 어려울 때 소액으로도 매매가 가능하도록 하기 위해 실시한다.
② 기업에서 자본금의 감소로 발생한 환급 또는 소멸된 주식의 대가를 주주에게 지급한다.
③ 새로 발행한 주식을 주주들에게 무상으로 지급한다.
④ 자본금에 변화가 없으며 주주들의 지분 가치에도 변함이 없다.

**93.** 다음과 같이 정의되는 M1, M2, Lf에 대한 설명 중 가장 바른 것은?

> - M1 = 민간보유 현금 + 요구불예금
> - M2 = M1 + 저축성예금 + 거주자 외화예금
> - Lf = M2 + 예금취급기관의 만기 2년 이상 금융상품

① 금융 시장이 발달할수록 Lf가 커진다.
② 포함하는 금융자산의 범위가 가장 넓은 것은 M1이다.
③ M1이 커질수록 M2는 감소한다.
④ 개인이 국내 시중은행에 저축하는 외화가 많아질수록 M1이 증가한다.

**94.** 금융기관의 부실자산이나 채권만을 사들여 전문적으로 처리하는 기관은 무엇인가?

① 배드뱅크(Bad Bank)
② 클린뱅크(Clean Bank)
③ 뱅크런(Bank Run)
④ 뱅크아웃(Bank Out)

**95.** 전환사채(CB)의 특징으로 옳은 것은 무엇인가?

① 사채권자 지위를 유지하는 동시에 주주의 지위도 얻는다.

② 자본금 변동은 없다.

③ 사채보다 이자가 높다.

④ 발행 방식에는 사모와 공모가 있다.

**96.** 투자자의 성향 정보를 토대로 알고리즘을 활용해 개인의 자산 운용을 자문하고 관리해주는 자동화된 서비스의 특징으로 옳지 않은 것은 무엇인가?

① 다양한 미래 변수를 고려하여 미래 예측이 가능하다.

② 상품의 고위험 · 고수익을 지향한다.

③ 비대면 채널로 운영된다.

④ 24시간 이용 가능하다.

**97.** 이윤 창출을 목적으로 비상장 주식이나 채권에 투자하는 크라우드 펀딩 형태는 무엇인가?

① 증권형

② 투자형

③ 대출형

④ 기부형

**98.** 다음 예시를 바르게 설명한 것은 무엇인가?

> A는 한 시간 동안 의류를 5벌 생산할 수 있으며 토마토를 50개 딸 수 있다. B는 한 시간 동안 의류를 3벌 생산할 수 있으며 토마토를 100개 딸 수 있다.

① A가 토마토에서 비교 우위를 지닌다.

② A는 두 제품에 대해 비교 우위를 지닌다.

③ B는 기회비용을 지불하지 않아도 된다.

④ B는 토마토에서 비교 우위를 지닌다.

**99.** 공급변화 요인으로 옳지 않은 것은 무엇인가?

① 생산요소의 가격 변동

② 소비자의 소득

③ 기술 수준 발달

④ 대체재 및 보완재의 가격 변동

**100.** 다음 중 암시장이 발생할 가능성이 가장 높은 경우는 무엇인가?

① 가격차별제 실시

② 가격표시제 실시

③ 최고가격제 실시

④ 가격정가제 실시

# 국민은행 신입행원 채용대비 기출동형 모의고사

성명

| 문항 | 1 | 2 | 3 | 4 | 문항 | 1 | 2 | 3 | 4 | 문항 | 1 | 2 | 3 | 4 | 문항 | 1 | 2 | 3 | 4 |
|---|---|---|---|---|---|---|---|---|---|---|---|---|---|---|---|---|---|---|---|
| 1 | ① | ② | ③ | ④ | 26 | ① | ② | ③ | ④ | 51 | ① | ② | ③ | ④ | 76 | ① | ② | ③ | ④ |
| 2 | ① | ② | ③ | ④ | 27 | ① | ② | ③ | ④ | 52 | ① | ② | ③ | ④ | 77 | ① | ② | ③ | ④ |
| 3 | ① | ② | ③ | ④ | 28 | ① | ② | ③ | ④ | 53 | ① | ② | ③ | ④ | 78 | ① | ② | ③ | ④ |
| 4 | ① | ② | ③ | ④ | 29 | ① | ② | ③ | ④ | 54 | ① | ② | ③ | ④ | 79 | ① | ② | ③ | ④ |
| 5 | ① | ② | ③ | ④ | 30 | ① | ② | ③ | ④ | 55 | ① | ② | ③ | ④ | 80 | ① | ② | ③ | ④ |
| 6 | ① | ② | ③ | ④ | 31 | ① | ② | ③ | ④ | 56 | ① | ② | ③ | ④ | 81 | ① | ② | ③ | ④ |
| 7 | ① | ② | ③ | ④ | 32 | ① | ② | ③ | ④ | 57 | ① | ② | ③ | ④ | 82 | ① | ② | ③ | ④ |
| 8 | ① | ② | ③ | ④ | 33 | ① | ② | ③ | ④ | 58 | ① | ② | ③ | ④ | 83 | ① | ② | ③ | ④ |
| 9 | ① | ② | ③ | ④ | 34 | ① | ② | ③ | ④ | 59 | ① | ② | ③ | ④ | 84 | ① | ② | ③ | ④ |
| 10 | ① | ② | ③ | ④ | 35 | ① | ② | ③ | ④ | 60 | ① | ② | ③ | ④ | 85 | ① | ② | ③ | ④ |
| 11 | ① | ② | ③ | ④ | 36 | ① | ② | ③ | ④ | 61 | ① | ② | ③ | ④ | 86 | ① | ② | ③ | ④ |
| 12 | ① | ② | ③ | ④ | 37 | ① | ② | ③ | ④ | 62 | ① | ② | ③ | ④ | 87 | ① | ② | ③ | ④ |
| 13 | ① | ② | ③ | ④ | 38 | ① | ② | ③ | ④ | 63 | ① | ② | ③ | ④ | 88 | ① | ② | ③ | ④ |
| 14 | ① | ② | ③ | ④ | 39 | ① | ② | ③ | ④ | 64 | ① | ② | ③ | ④ | 89 | ① | ② | ③ | ④ |
| 15 | ① | ② | ③ | ④ | 40 | ① | ② | ③ | ④ | 65 | ① | ② | ③ | ④ | 90 | ① | ② | ③ | ④ |
| 16 | ① | ② | ③ | ④ | 41 | ① | ② | ③ | ④ | 66 | ① | ② | ③ | ④ | 91 | ① | ② | ③ | ④ |
| 17 | ① | ② | ③ | ④ | 42 | ① | ② | ③ | ④ | 67 | ① | ② | ③ | ④ | 92 | ① | ② | ③ | ④ |
| 18 | ① | ② | ③ | ④ | 43 | ① | ② | ③ | ④ | 68 | ① | ② | ③ | ④ | 93 | ① | ② | ③ | ④ |
| 19 | ① | ② | ③ | ④ | 44 | ① | ② | ③ | ④ | 69 | ① | ② | ③ | ④ | 94 | ① | ② | ③ | ④ |
| 20 | ① | ② | ③ | ④ | 45 | ① | ② | ③ | ④ | 70 | ① | ② | ③ | ④ | 95 | ① | ② | ③ | ④ |
| 21 | ① | ② | ③ | ④ | 46 | ① | ② | ③ | ④ | 71 | ① | ② | ③ | ④ | 96 | ① | ② | ③ | ④ |
| 22 | ① | ② | ③ | ④ | 47 | ① | ② | ③ | ④ | 72 | ① | ② | ③ | ④ | 97 | ① | ② | ③ | ④ |
| 23 | ① | ② | ③ | ④ | 48 | ① | ② | ③ | ④ | 73 | ① | ② | ③ | ④ | 98 | ① | ② | ③ | ④ |
| 24 | ① | ② | ③ | ④ | 49 | ① | ② | ③ | ④ | 74 | ① | ② | ③ | ④ | 99 | ① | ② | ③ | ④ |
| 25 | ① | ② | ③ | ④ | 50 | ① | ② | ③ | ④ | 75 | ① | ② | ③ | ④ | 100 | ① | ② | ③ | ④ |

수 험 번 호

| | | | | | | | | |
|---|---|---|---|---|---|---|---|---|
| ⓪ | ⓪ | ⓪ | ⓪ | ⓪ | ⓪ | ⓪ | ⓪ | ⓪ |
| ① | ① | ① | ① | ① | ① | ① | ① | ① |
| ② | ② | ② | ② | ② | ② | ② | ② | ② |
| ③ | ③ | ③ | ③ | ③ | ③ | ③ | ③ | ③ |
| ④ | ④ | ④ | ④ | ④ | ④ | ④ | ④ | ④ |
| ⑤ | ⑤ | ⑤ | ⑤ | ⑤ | ⑤ | ⑤ | ⑤ | ⑤ |
| ⑥ | ⑥ | ⑥ | ⑥ | ⑥ | ⑥ | ⑥ | ⑥ | ⑥ |
| ⑦ | ⑦ | ⑦ | ⑦ | ⑦ | ⑦ | ⑦ | ⑦ | ⑦ |
| ⑧ | ⑧ | ⑧ | ⑧ | ⑧ | ⑧ | ⑧ | ⑧ | ⑧ |
| ⑨ | ⑨ | ⑨ | ⑨ | ⑨ | ⑨ | ⑨ | ⑨ | ⑨ |

# 국민은행
# 신입행원 채용대비
## 제3회 모의고사

| 성명 | | 생년월일 | |
|---|---|---|---|
| 문제 수(배점) | 100문항 | 풀이시간 | / 100분 |
| 영역 | 직업기초능력＋직무심화지식＋상식 | | |
| 비고 | 객관식 4지선다형 | | |

각 문제에서 가장 적절한 답을 하나만 고르시오.

## 01 직업기초능력

**1.** 다음 글의 내용과 일치하지 않는 것은?

> 1776년 애덤 스미스가 '국부론(The Wealth of Nations)'을 펴낼 때는 산업혁명이 진행되는 때여서, 그는 공장과 새로운 과학기술에 매료되었다. 공장에서 각 부품을 잘 연결해 만든 기계에 연료를 투입하면 동륜(動輪)이 저절로 돌아가는 것이 신기했던 애덤 스미스는 시장경제도 커다란 동륜처럼 생각해서 그것을 구동하는 원리를 찾은 끝에 '자기 이득(self-interest)'이라는 에너지로 작동하는 시장경제의 작동원리를 발견했다. 이는 개인이 자기 자신의 이득을 추구하기만 하면 '보이지 않는 손'에 의해 공동체 이익을 달성할 수 있다는 원리다. 이것은 모두가 잘살기 위해서는 자신의 이득을 추구하기에 앞서 공동체 이익을 먼저 생각해야 한다는 당시 교회의 가르침에 견주어볼 때 가히 혁명적 발상이었다. 경제를 기계로 파악한 애덤 스미스의 후학들인 고전학파 경제학자들은 우주의 운행원리를 '중력의 법칙'과 같은 뉴턴의 물리학 법칙으로 설명하듯, 시장경제의 작동원리를 설명해주는 '수요 공급의 법칙'을 비롯한 수많은 경제법칙을 찾아냈다.
>
> 경제를 기계로 보았던 18세기 고전학파 경제학자들의 전통은 200년이나 지난 지금까지도 내려오고 있다. 경제예측을 전문으로 하는 이코노미스트들은 한 나라 거시경제를 여러 개 부문으로 구성된 것으로 상정하고, 각 부문 사이의 인과관계를 수식으로 설정하고, 에너지인 독립변수를 입력하면 국내총생산량이 얼마일지 계산할 수 있을 것으로 본다. 그래서 매년 연말이 되면 다음 해 국내총생산이 몇 % 증가할 것인지 소수점 첫째 자리까지 계산해서 발표하고, 매스컴에서는 이를 충실하게 게재하고 있다.
>
> 경제를 기계처럼 보는 인식은 기업의 생산량을 자본과 노동의 함수로 상정하고 있는 경제원론 교과서에 나오는 생산함수에서도 볼 수 있는데 기업이 얼마의 자본(기계)과 얼마의 노동을 투입하면 얼마의 제품을 생산할 수 있다고 설명한다. 하지만 이러한 인식에서 기업의 생산 과정 중 인간인 기업가의 위험부담 의지나 위기를 기회로 만드는 창의적 역할이 작용할 여지는 없다. 기계는 인간의 의지와 관계없이 만들어진 원리에 따라서 자동으로 작동하는 것이기 때문이다.
>
> 우리나라가 60년대 말에 세계은행(IBRD)에 제철소 건립에 필요한 차관을 요청했을 때 당시 후진국 개발 차관 담당자였던 영국인 이코노미스트가 후진국에서 일관제철소 건설은 불가능하다면서 차관 제공을 거절한 것은 기계론적 기업관으로 보면 이해할 수 있는데, 우리나라 기술 수준으로 보아 아무리 포항제철에 자본(기계)과 노동을 투입해도 철강이 생산되지 않을 것은 분명해 보였을 것이기 때문이다.
>
> 박태준 포철 회장이 생존해 있을 때 박 회장은 그 영국인을 만나서 "아직도 후진국에서 일관제철소 건설은 불가능하다고 생각하느냐?"라고 질문하였고 그는 여전히 "그렇다"고 대답했다고 한다. 박 회장이 세계적 종합제철소로 부상한 포항제철을 예로 들면서 한국은 가능했지 않았느냐고 반론을 제기하자, 그 사람은 "박태준이라는 인적 요인을 참작하지 못했다"고 실토했다는 이야기는 기업가와 기업가 정신의 중요성을 웅변적으로 보여주고 있다.

① 애덤 스미스는 시장 경제를 움직이는 작동 원리를 발견하였다.
② 고전학파 경제학자들은 경제를 기계처럼 보았다.
③ 일정량의 제품 생산을 투입되는 자본과 노동의 함수로 설명하는 것이 기업가 정신의 핵심이다.
④ 기업가와 기업가 정신 측면에서의 생산량 예측은 자본 및 노동 투입량만으로 계산하기 어렵다.

**▍2~3▍ 다음 글을 읽고 물음에 답하시오.**

이탈리아의 경제학자 파레토는 한쪽의 이익이 다른 쪽의 피해로 이어지지 않는다는 전제하에, 모두의 상황이 더 이상 나빠지지 않고 적어도 한 사람의 상황이 나아져 만족도가 커진 상황을 자원의 배분이 효율적으로 이루어진 상황이라고 보았다. 이처럼 파레토는 경제적 효용을 따져 최선의 상황을 모색하는 이론을 만들었고, 그 중심에는 '파레토 개선', '파레토 최적'이라는 개념이 있다.

갑은 시간당 500원, 을은 1,000원을 받는 상황 A와, 갑은 시간당 750원, 을은 1,000원을 받는 상황 B가 있다고 가정해 보자. 파레토에 의하면 상황 B가 을에게는 손해가 되지 않으면서 갑이 250원을 더 받을 수 있기에 상황 A보다 우월하다. 즉 상황 A에서 상황 B로 바뀌었을 때 아무도 나빠지지 않고 적어도 한 사람 이상은 좋아지게 되는 것이다. 이때, 상황 A에서 상황 B로의 전환을 파레토 개선이라고 하고, 더 이상 파레토 개선의 여지가 없는 상황을 파레토 최적이라고 한다.

이와 같이 파레토 최적은 서로에게 유리한 결과를 가져오는 선택의 기회를 보장한다는 점에서 의미가 있지만 한계 또한 있다. 예를 들어 갑이 시간당 500원을 받고 을이 시간당 1,000원을 받는 상황에서 갑과 을 모두의 임금이 인상되면 이는 파레토 개선이다. 그러나 만약 갑은 100원이 인상되고 을은 10원이 인상되는 상황과 갑은 10원 인상되고 을이 100원 인상되는 상황 가운데 어느 것을 선택해야 하는지에 대해서 파레토 이론은 답을 제시하지 못한다.

그러나 이러한 한계에도 불구하고 파레토 최적은 자유시장에서 유용한 경제학 개념으로 평가받고 있는데, 그 이유는 무엇일까? 특정한 한쪽의 이득이 다른 쪽의 손해로 이어지지 않는다는 전제하에, 위와 같이 갑은 시간당 500원, 을은 1,000원을 받는 상황 A에서 갑은 시간당 750원, 을은 1,000원을 받는 상황 B로의 전환에 대해 협의한다고 가정하자. 을은 자신에게는 아무런 이익도 없고 만족도도 별로 나아지지 않는 상황 전환에 대해 별로 마음 내켜 하지 않을 것이나 갑은 250원이나 더 받을 수 있으므로 상황의 전환이 절실하다. 이에 따라 갑이 을에게 자신이 더 받는 250원 중에서 100원을 주기로 제안한다면 을은 이러한 제안을 받아들여 상황 B로 전환하는 데 동의할 것이다. 이와

같이 파레토 최적은 ( ⊙ )을/를 설명했다는 점에서 가치 있게 평가받고 있다.

**2.** 윗글에 대한 설명으로 적절하지 않은 것은?

① 파레토 최적의 개념과 특성을 밝히고 있다.
② 파레토 이론의 발전 과정을 설명하고 있다.
③ 파레토 이론의 한계와 의의를 설명하고 있다.
④ 파레토 개선과 관련한 구체적 상황을 소개하고 있다.

**3.** 윗글의 빈칸 ⊙에 들어갈 내용으로 가장 적절한 것은?

① 선택의 기회가 많을수록 이익은 줄어드는 경우
② 경제 주체 간의 타협보다는 경쟁이 중요한 이유
③ 소비자의 기호에 따라 상품 가격이 결정되는 상황
④ 모두에게 손해가 되지 않으면서 효용을 증가시키는 상황

**4.** 다음 글을 읽고 논리적 흐름에 따라 바르게 배열한 것을 고르시오.

(가) 인간이 만들어낸 수학에 비해 자연은 훨씬 복잡할 수도 있고 오히려 단순할 수도 있다. 그럼에도 수학은 자연을 묘사하고 해석하는 데 가장 뛰어난 방법적 도구로서 건재함을 과시한다. 이는 학문이 효용성을 발휘하는 모든 영역에서 오직 수학만이 거둘 수 있는 성과이다.

(나) 하지만 수학이 이룩한 성공은 응분의 대가를 치른 후에 가능했다. 그 대가란 세계를 질량, 시간과 같은 개념들로 단순하게 설명하는 것이다. 이런 설명은 풍부하고 다양한 경험을 완벽하게 반영하지 못한다. 이는 한 사람의 키를 바로 그 사람의 본질이라고 말하는 것과 마찬가지이다. 수학은 기껏해야 자연의 특수한 과정을 묘사할 따름이며, 과정 전체를 온전히 담아내지 못한다.

(다) 더욱이 수학은 인간이 아닌, 생명 없는 대상을 다룬다. 이런 대상은 반복적으로 움직이는 것처럼 보이며 수학이야 말로 그런 반복적 현상을 잘 다룰 수 있는 것처럼 보인다. 하지만 과연 그런가? 마치 접선이 곡선의 한 점만을 스치고 지나가듯 수학은 물리적 실체의 표피만을 건드린다. 지구는 태양을 완전한 타원 궤도를 그리면서 도는가? 그렇지 않다. 지구와 태양을 모두 점으로 간주하고 다른 항성이나 행성을 모두 무시할 때에만 그런 결론이 나온다. 지구의 사계절은 영원히 변함없이 되풀이될까? 전혀 그렇지 않다. 인간이 파악할 수 있는 매우 낮은 수준의 정확도에서만 반복이 예측될 따름이다.

(라) 인간이 만들어낸 수학 덕분에 자연과학의 일부 영역에서 인간은 기대를 훨씬 웃도는 큰 진보를 이루었다. 실재 세계와 동떨어진 추상화가 그런 엄청난 성과를 내놓았다는 점은 역설적이기도 하다. 수학은 세상을 꿈으로 채색한 동화일지 모른다. 하지만 교훈을 지닌 동화이다. 설명되지는 않지만 강력한 힘을 지닌 이성이 이 동화를 쓴 것이다.

(마) 그러나 수학이 이와 같은 한계를 지님에도 기대 이상의 성과를 거둔 것은 분명하다. 어떻게 이러한 성과가 가능했는지를 이해하지 못한다는 이유로 과연 수학을 버려야 하는가? 어떤 수학자는 소화 과정을 이해하지 못한다고 해서 저녁 식사를 거부해야 하느냐고 반문한 적이 있다. 수학은 분명 성공적인 지식 체계이다. 이는 수학이 엄밀한 내적 일관성을 지닌 체계라는 데 기인한다. 그러나 그뿐만이 아니다. 수학적 지식은 천문 현상의 예측에서, 그리고 실험실에서 일어나는 수많은 사건들에서 끊임없이 입증되고 있다.

① (가) - (나) - (다) - (라) - (마)
② (가) - (라) - (나) - (다) - (마)
③ (다) - (가) - (마) - (라) - (나)
④ (다) - (라) - (가) - (마) - (나)

**5.** 다음은 '자원 봉사 활동의 활성화'라는 주제로 글을 쓰기 위해 작성한 개요이다. 수정 및 보완 방안으로 적절하지 않은 것은?

Ⅰ. 자원 봉사 활동의 의의
　1. 올바른 인성 함양
　2. 결연을 통한 자원 봉사 활동의 지속성 강화 ······ ㉠
Ⅱ. 자원 봉사 활동의 다변화 요인 ·················· ㉡
　1. 타율적인 봉사 활동 참여
　2. 자원 봉사 활동에 대한 지원 미흡
　3. 일시적인 봉사 활동 참여
Ⅲ. 자원 봉사 활동의 활성화 방안
　1. 공동체 의식의 형성 촉진 ······················ ㉢
　2. 자원 봉사 활동에 대한 다양한 지원 체계 마련
Ⅳ. 봉사 활동에 대한 관심 ························· ㉣

① ㉠ : 상위 항목에 어울리지 않으므로, 'Ⅲ'의 하위 항목으로 이동시킨다.

② ㉡ : 하위 항목의 내용을 포괄하지 못하므로, '자원 봉사 활동이 활성화되지 못한 요인'으로 수정한다.

③ ㉢ : 글의 주제에서 벗어난 내용이므로, 통일성을 위해 삭제한다.

④ ㉣ : 내용이 모호하므로, '자원 봉사 활동에 대한 사회적 관심 촉구'로 구체화한다.

**6.** ㉠에 들어갈 말로 가장 적절한 것을 고르시오.

> 우리 삶에서 운이 작용해서 결과가 달라지는 일은 흔하다. 그러나 외적으로 드러나는 행위에 초점을 맞추는 '의무 윤리'든 행위의 기반이 되는 성품에 초점을 맞추는 '덕의 윤리'든, 도덕의 문제를 다루는 철학자들은 도덕적 평가가 운에 따라 달라져서는 안 된다고 생각한다. 이들의 생각처럼 도덕적 평가는 스스로가 통제할 수 있는 것에 대해서만 이루어져야 한다. 왜냐하면 ( ㉠ ).

① 운에 따라 누구는 도덕적이게 되고 누구는 아니게 되는 일은 공평하지 않기 때문이다.

② 도덕적 운의 존재를 인정하는 것은 옳지 않기 때문이다.

③ 운이 작용하면 어떠한 문제라도 긍정적인 결과로 변하기 때문이다.

④ 운은 공평하지 않아서, 상식이 통하는 사회가 되어야 하기 때문이다.

**7.** 다음 글을 통해 알 수 있는 내용이 아닌 것은?

> 오늘날 인류가 왼손보다 오른손을 선호하는 경향은 어디서 비롯되었을까? 무기를 들고 싸우는 결투에서 오른손잡이는 왼손잡이 상대를 만나 곤혹을 치르곤 한다. 왼손잡이 적수가 무기를 든 왼손은 뒤로 감춘 채 오른손을 내밀어 화해의 몸짓을 보이다가 방심한 틈에 공격을 할 수도 있다. 그러나 이런 상황이 왼손에 대한 폭넓고 뿌리 깊은 반감을 다 설명해 준다고는 생각하지 않는다. 예컨대 그런 종류의 겨루기와 거의 무관했던 여성들의 오른손 선호는 어떻게 설명할 것인가?
>
> 오른손을 귀하게 여기고 왼손을 천대하는 현상은 어쩌면 산업화 이전 사회에서 배변 후 사용할 휴지가 없었다는 사실과 관련이 있을 법하다. 인류 역사에서 대부분의 기간 동안 배변 후 뒤처리를 담당한 것은 맨손이었다. 맨손으로 배변 뒤처리를 하는 것은 불쾌할뿐더러 병균을 옮길 위험을 수반하는 일이었다. 이런 위험의 가능성을 낮추는 간단한 방법은 음식을 먹거나 인사할 때 다른 손을 사용하는 것이었다. 기술 발달 이전의 사회에서는 대개 왼손을 배변 뒤처리에, 오른손을 먹고 인사하는 일에 사용했다. 이런 전통에서 벗어난 행동을 보면 사람들은 기겁하지 않을 수 없었다. 오른손과 왼손의 역할 분담에 관한 관습을 따르지 않는 어린아이는 벌을 받았을 것이다.
>
> 나는 이런 배경이 인간 사회에서 널리 나타나는 '오른쪽'에 대한 긍정과 '왼쪽'에 대한 반감을 어느 정도 설명해 줄 수 있으리라고 생각한다. 그러나 이 설명은 왜 애초에 오른손이 먹는 일에, 그리고 왼손이 배변 처리에 사용되었는지 설명해주지 못한다. 확률로 말하자면 왼손이 배변 처리를 담당하게 될 확률은 1/2이다. 그렇다면 인간 사회 가운데 절반 정도는 왼손잡이 사회였어야 할 것이다. 그러나 동서양을 막론하고 왼손잡이 사회는 확인된 바 없다. 세상에는 왜 온통 오른손잡이 사회들뿐인지에 대한 근본적인 설명은 다른 곳에서 찾아야 할 것 같다.

한쪽 손을 주로 쓰는 경향은 뇌의 좌우반구의 기능 분화와 관련되어 있는 것으로 보인다. 보고된 증거에 따르면, 왼손잡이는 읽기와 쓰기, 개념적·논리적 사고 같은 좌반구 기능에서 오른손잡이보다 상대적으로 미약한 대신 상상력, 패턴 인식, 창의력 등 전형적인 우반구 기능에서는 상대적으로 기민한 경우가 많다.

비비원숭이의 두개골 화석을 연구함으로써 오스트랄로피테쿠스가 어느 손을 즐겨 썼는지를 추정할 수 있다. 이들이 비비원숭이를 몽둥이로 때려서 입힌 상처의 흔적이 남아 있기 때문이다. 연구에 따르면 오스트랄로피테쿠스는 약 80%가 오른손잡이였다. 이는 현대인과 거의 일치한다. 사람이 오른손을 즐겨 쓰듯 다른 동물들도 앞발 중에 더 선호하는 쪽이 있는데, 포유류에 속하는 동물들은 대개 왼발을 즐겨 쓰는 것으로 나타났다. 이들 동물에서도 뇌의 좌우반구 기능은 인간과 본질적으로 다르지 않으며, 좌우반구의 신체 제어에서 좌우 교차가 일어난다는 점도 인간과 다르지 않다.

왼쪽과 오른쪽의 대결은 인간이라는 종의 먼 과거까지 거슬러 올라간다. 나는 이성대 직관의 힘겨루기, 뇌의 두 반구 사이의 힘겨루기가 오른손과 왼손의 힘겨루기로 표면화된 것이 아닐까 생각한다. 즉 오른손이 원래 왼손보다 더 능숙했기 때문이 아니라 뇌의 좌반구가 인간의 행동을 지배하는 권력을 갖게 되었기 때문에 오른손 선호에 이르렀다는 생각이다. 그리고 이것이 사실이라면 직관적 사고에 대한 논리적 비판은 거시적 관점에서 그 타당성을 의심해볼 만하다. 어쩌면 뇌의 우반구 역시 좌반구의 권력을 못마땅하게 여기고 있는지도 모른다. 다만 논리적인 언어로 반론을 펴지 못할 뿐.

① 위생에 관한 관습은 명문화된 규범 없이도 형성될 수 있다.
② 직관적 사고보다 논리적 사고가 인간의 행위를 더 강하게 지배해 왔다고 볼 수 있다.
③ 인류를 제외한 대부분의 포유류의 경우에는 뇌의 우반구가 좌반구와의 힘겨루기에서 우세하다고 볼 수 있다.
④ 먹는 손과 배변을 처리하는 손이 다르게 된 이유는 먹는 행위와 배변 처리 행위에 요구되는 뇌 기능이 다르기 때문이다.

**8.** 다음을 고쳐 쓰기 위한 방안으로 적절하지 않은 것은?

우리나라 사람들은 과잉 경쟁으로 시달리고 있다. 그 중에서도 입시 경쟁과 부동산 투기 경쟁이 으뜸이다. 사람들은 왜 경쟁에 몰두하는 것인가? 그것은 ㉠경쟁의 승자에게 대한 과도한 보상이다. 예를 들어 대기업과 중소기업을 비교해 볼 때 대졸 신입 사원의 임금은 1.5배 정도가, 임원의 임금은 네 배 가까이가 차이가 난다고 한다. ㉡그런데 좋은 대학에 진학하여 좋은 직장에 취직하지 않으려는 사람이 어디 있겠는가?
경쟁은 개인과 사회의 발전의 원동력이다. 그러나 경쟁이 과도해지면 경제적인 낭비가 초래되고 불평등이 심화되어 ㉢사회 구성원의 행복한 삶을 위협한다. 지금 우리나라는 과잉 경쟁으로 인한 사회 문제가 웬만한 방법으로는 해결하기 어려울 정도로 심화되어 있다. 이제라도 과잉 경쟁을 막기 위해서는 사회적 합의를 통해 보상의 격차를 줄여야 할 것이다.

① 첫째 문단의 끝에 '경쟁의 패자는 승자를 축복하지 않는다.'라는 문장을 첨가하여 문단의 완결성을 확보한다.
② ㉠은 어법과 문장의 호응을 고려하여 '경쟁의 승자에게 과도한 보상이 주어지기 때문이다.'로 고친다.
③ ㉡은 문맥에 어울리는 연결어가 아니므로 '그러니'로 바꾼다.
④ 문장의 주술 관계를 고려하여 ㉢을 '사회 구성원의 행복한 삶이 위협받는다.'로 고친다.

**9.** 다음 글의 전개순서로 가장 자연스러운 것을 고르시오.

> ㈎ 과학기술의 발전을 도모하되 이에 대한 사회적인 차원에서의 감시와 지성적인 비판을 게을리 하지 말아야 한다.
>
> ㈏ 과학기술에 대한 맹목적인 비난과 외면은 자칫 문명의 발전을 포기하는 결과를 초래하게 된다.
>
> ㈐ 인류는 과학기술에 대한 올바른 대응 방안을 모색하여 새로운 과학기술 문명을 창출해야 한다.
>
> ㈑ 과학기술에 대한 과도한 신뢰는 인류의 문명을 오도하거나 인류의 생존 자체를 파괴할 우려가 있다.

① ㈎ − ㈐ − ㈏ − ㈑
② ㈏ − ㈐ − ㈑ − ㈎
③ ㈐ − ㈏ − ㈑ − ㈎
④ ㈑ − ㈎ − ㈏ − ㈐

**10.** 다음 글을 읽고 〈보기〉의 질문에 답을 할 때 가장 적절한 것은?

> 다세포 생물체는 신경계와 내분비계에 의해 구성 세포들의 기능이 조절된다. 이 중 내분비계의 작용은 내분비선에서 분비되는 호르몬에 의해 일어난다. 호르몬을 분비하는 이자는 소화선인 동시에 내분비선이다. 이자 곳곳에는 백만 개 이상의 작은 세포 집단들이 있다. 이를 랑게르한스섬이라고 한다. 랑게르한스섬에는 인슐린을 분비하는 $\beta$ 세포와 글루카곤을 분비하는 $\alpha$ 세포가 있다.
>
> 인슐린의 주된 작용은 포도당이 세포 내로 유입되도록 촉진하여 혈액에서의 포도당 농도를 낮추는 것이다. 또한 간에서 포도당을 글리코겐의 형태로 저장하게 하며 세포에서의 단백질 합성을 증가시키고 지방 생성을 촉진한다.

> 한편 글루카곤은 인슐린과 상반된 작용을 하는데, 그 주된 작용은 간에 저장된 글리코겐을 포도당으로 분해하여 혈액에서의 포도당 농도를 증가시키는 것이다. 또한 아미노산과 지방산을 저장 부위에서 혈액 속으로 분리시키는 역할을 한다.
>
> 인슐린과 글루카곤의 분비는 혈당량에 의해 조절되는데 식사 후에는 혈액 속에 포함되어 있는 포도당의 양, 즉 혈당량이 증가하기 때문에 $\beta$ 세포가 자극을 받아서 인슐린 분비량이 늘어난다. 인슐린은 혈액 중의 포도당을 흡수하여 세포로 이동시키며 이에 따라 혈당량이 감소되고 따라서 인슐린 분비량이 감소된다. 반면 사람이 한참 동안 음식을 먹지 않거나 운동 등으로 혈당량이 70mg/dl 이하로 떨어지면 랑게르한스섬의 $\alpha$ 세포가 글루카곤 분비량을 늘린다. 글루카곤은 간에 저장된 글리코겐을 분해하여 포도당을 만들어 혈액으로 보내게 된다. 이에 따라 혈당량은 다시 높아지게 되는 것이다. 일반적으로 8시간 이상 공복 후 혈당량이 99mg/dl 이하인 경우 정상으로, 126mg/dl 이상인 경우는 당뇨로 판정한다.
>
> 포도당은 뇌의 에너지원으로 사용되는데, 인슐린과 글루카곤이 서로 반대되는 작용을 통해 이 포도당의 농도를 정상 범위로 유지시키는 데 크게 기여한다.

> 〈보기〉
>
> 인슐린에 대해서는 어느 정도 이해를 했습니까? 오늘은 '인슐린 저항성'에 대해 알아보도록 하겠습니다. 인슐린의 기능이 떨어져 세포가 인슐린에 효과적으로 반응하지 못하는 것을 인슐린 저항성이라고 합니다. 그럼 인슐린 저항성이 생기면 우리 몸속에서는 어떤 일이 일어나게 될지 설명해 보시겠습니까?

① 혈액 중의 포도당 농도가 높아지게 됩니다.
② 이자가 인슐린과 글루카곤을 과다 분비하게 됩니다.
③ 간에서 포도당을 글리코겐으로 빠르게 저장하게 됩니다.
④ 아미노산과 지방산을 저장 부위에서 분리시키게 됩니다.

**11.** 다음 글을 읽고 추론할 수 없는 내용은?

우리나라의 고분, 즉 무덤은 크게 나누어 세 가지 요소로 구성되어 있다. 첫째는 목관(木棺), 옹관(甕棺)과 같이 시신을 넣어두는 용기이다. 둘째는 이들 용기를 수용하는 내부 시설로 광(壙), 곽(槨), 실(室) 등이 있다. 셋째는 매장시설을 감싸는 외부 시설로 이에는 무덤에서 지상에 성토한, 즉 흙을 쌓아 올린 부분에 해당하는 분구(墳丘)와 분구 주위를 둘러 성토된 부분을 보호하는 호석(護石) 등이 있다.

일반적으로 고고학계에서는 무덤에 대해 '묘(墓)-분(墳)-총(塚)'의 발전단계를 상정한다. 이러한 구분은 성토의 정도를 기준으로 삼은 것이다. 매장시설이 지하에 설치되고 성토하지 않은 무덤을 묘라고 한다. 묘는 또 목관묘와 같이 매장시설, 즉 용기를 가리킬 때도 사용된다. 분은 지상에 분명하게 성토한 무덤을 가리킨다. 이 중 성토를 높게 하여 뚜렷하게 구분되는 대형 분구를 가리켜 총이라고 한다.

고분 연구에서는 지금까지 설명한 매장시설 이외에도 함께 묻힌 피장자(被葬者)와 부장품이 그 대상이 된다. 부장품에는 일상품, 위세품, 신분표상품이 있다. 일상품은 일상생활에 필요한 물품들로 생산 및 생활도구 등이 이에 해당한다. 위세품은 정치, 사회적 관계를 표현하기 위해 사용된 물품이다. 당사자 사이에만 거래되어 일반인이 입수하기 어려운 물건으로 피장자가 착장(着裝)하여 위세를 드러내던 것을 착장형 위세품이라고 한다. 생산도구나 무기 및 마구 등은 일상품이기도 하지만 물자의 장악이나 군사력을 상징하는 부장품이기도 하다. 이것들은 피장자의 신분이나 지위를 상징하는 물건으로 일상품적 위세품이라고 한다. 이러한 위세품 중에 6세기 중엽 삼국의 국가체제 및 신분질서가 정비되어 관등(官等)이 체계화된 이후 사용된 물품을 신분표상품이라고 한다.

① 묘에는 분구와 호석이 발견되지 않는다.
② 피장자의 정치, 사회적 신분 관계를 표현하기 위해 장식한 칼을 사용하였다면 이는 위세품에 해당한다.
③ 생산도구가 물자의 장악이나 군사력을 상징하는 부장품에 사용되었다면, 이는 위세품이지 일상품은 아니다.
④ 성토를 높게 할수록 신분이 높다면, 같은 시대 같은 지역에 묻힌 두 피장자 중 분보다는 총에 묻힌 피장자의 신분이 높다.

**12.** 다음 A ~ F에 대한 평가로 적절하지 못한 것은?

어느 때부터 인간으로 간주할 수 있는가와 관련된 주제는 인문학뿐만 아니라 자연과학에서도 흥미로운 주제이다. 특히 태아의 인권 취득과 관련하여 이러한 주제는 다양하게 논의되고 있다. 과학적으로 볼 때, 인간은 수정 후 시간이 흐름에 따라 수정체, 접합체, 배아, 태아의 단계를 거쳐 인간의 모습을 갖추게 되는 수준으로 발전한다. 수정 후에 태아가 형성되는 데까지는 8주 정도가 소요되는데 배아는 2주 경에 형성된다. 10달의 임신 기간은 태아 형성기, 두뇌의 발달 정도 등을 고려하여 4기로 나뉘는데, 1 ~ 3기는 3개월 단위로 나뉘고 마지막 한 달은 4기에 해당한다. 이러한 발달 단계의 어느 시점에서부터 그 대상을 인간으로 간주할 것인지에 대해서는 다양한 견해들이 있다.

A에 따르면 태아가 산모의 뱃속으로부터 밖으로 나올 때 즉 태아의 신체가 전부 노출이 될 때부터 인간에 해당한다. B에 따르면 출산의 진통 때부터는 태아가 산모로부터 독립해 생존이 가능하기 때문에 그때부터 인간에 해당한다. C는 태아가 형성된 후 4개월 이후부터 인간으로 간주한다. 지각력이 있는 태아는 보호받아야 하는데 지각력이 있어서 필수 요소인 전뇌가 2기부터 발달하기 때문이다. D에 따르면 정자와 난자가 합쳐졌을 때, 즉 수정체부터 인간에 해당한다. 그 이유는 수정체는 생물학적으로 인간으로 태어날 가능성을 갖고 있기 때문이다. E에 따르면 합리적 사고를 가능하게 하는 뇌가 생기는 시점 즉 배아에 해당하는 때부터 인간에 해당한다. F는 수정될 때 영혼이 생기기 때문에 수정체부터 인간에 해당한다고 본다.

① A가 인간으로 간주하는 대상은 B도 인간으로 간주한다.
② C가 인간으로 간주하는 대산은 E도 인간으로 간주한다.
③ D가 인간으로 간주하는 대상은 E도 인간으로 간주한다.

④ D가 인간으로 간주하는 대상은 F도 인간으로 간주하지만, 그렇게 간주하는 이유는 다르다.

**13.** 다음 글에서 주장하는 바를 가장 함축적으로 요약한 것은 어느 것인가?

> 새로운 지식의 발견은 한 학문 분과 안에서만 영향을 끼치지 않는다. 가령 뇌 과학의 발전은 버츄얼 리얼리티라는 새로운 현상을 가능하게 하고 이것은 다시 영상공학의 발전으로 이어진다. 이것은 새로운 인지론의 발전을 촉발시키는 한편 다른 쪽에서는 신경경제학, 새로운 마케팅 기법의 발견 등으로 이어진다. 이것은 다시 새로운 윤리적 관심사를 촉발하며 이에 따라 법학적 논의도 이루어지게 된다. 다른 쪽에서는 이러한 새로운 현상을 관찰하며 새로운 문학, 예술 형식이 발견되고 콘텐츠가 생성된다. 이와 같이 한 분야에서의 지식의 발견과 축적은 계속적으로 마치 도미노 현상처럼 인접 분야에 영향을 끼칠 뿐 아니라 예측하기 어려운 방식으로 환류한다. 이질적 학문에서 창출된 지식들이 융합을 통해 기존 학문은 변혁되고 새로운 학문이 출현하며 또다시 이것은 기존 학문의 발전을 이끌어내고 있는 것이다.

① 학문의 복잡성
② 이질적 학문의 상관관계
③ 지식의 상호 의존성
④ 신지식 창출의 형태와 변화 과정

**14.** 다음 회의록의 내용을 보고 올바른 판단을 내리지 못한 것을 고르면?

| 인사팀 4월 회의록 | | |
|---|---|---|
| 회의일시 | 2022년 4월 30일 14:00~15:30 | 회의장소 | 대회의실 (예약) |
| 참석자 | 팀장, 남 과장, 허 대리, 김 대리, 이 사원, 명 사원 | | |
| 회의안건 | • 직원 교육훈련 시스템 점검 및 성과 평가<br>• 차기 교육 프로그램 운영 방향 논의 | | |
| 진행결과 및 협조 요청 | 〈총평〉<br>• 1사분기에는 지난해보다 학습목표시간을 상향조정(직급별 10~20시간)하였음에도 평균 학습시간을 초과하여 달성하는 등 상시학습문화가 정착됨<br>　- 1인당 평균 학습시간 : 지난해 4사분기 22시간 → 올해 1사분기 35시간<br>• 다만, 고직급자와 계약직은 학습 실적이 목표에 미달하였는바, 앞으로 학습 진도에 대하여 사전 통보하는 등 학습목표 달성을 적극 지원할 필요가 있음<br>　- 고직급자 : 목표 30시간, 실적 25시간<br>　- 계약직 : 목표 40시간, 실적 34시간<br>〈운영방향〉<br>• 전 직원 일체감 형성을 위한 비전공유와 '매출 증대, 비용 절감' 구현을 위한 핵심과제 등 주요사업 시책교육 추진<br>• 직원이 가치창출의 원천이라는 인식하에 생애주기에 맞는 직급별 직무역량교육 의무화를 통해 인적자본 육성 강화<br>• 자기주도적 상시학습문화 정착에 기여한 학습관리시스템을 현실에 맞게 개선하고, 조직 간 인사교류를 확대 | | |

① 올 1사분기에는 지난해보다 1인당 평균 학습시간이 50% 이상 증가하였다.
② 전체적으로 1사분기의 교육시간 이수 등의 성과는 우수하였다.
③ 2사분기에는 일부 직원들에 대한 교육시간이 1사분기보다 더 증가할 전망이다.
④ 2사분기에는 각 직급에 보다 적합한 교육이 시행될 것이다.

**15.** 전문가 6명(A ~ F)의 '회의 참여 가능 시간'과 '회의 장소 선호도'를 반영하여 〈조건〉을 충족하는 회의를 월요일 ~ 금요일 중에 개최하려 한다. 다음에 제시된 '표' 및 〈조건〉을 보고 판단한 것 중 옳은 것은?

〈회의 참여 가능 시간〉

| 전문가＼요일 | 월 | 화 | 수 | 목 | 금 |
|---|---|---|---|---|---|
| A | 13:00 ~16:20 | 15:00 ~17:30 | 13:00 ~16:20 | 15:00 ~17:30 | 16:00 ~18:30 |
| B | 13:00 ~16:10 | – | 13:00 ~16:10 | – | 16:00 ~18:30 |
| C | 16:00 ~19:20 | 14:00 ~16:20 | – | 14:00 ~16:20 | 16:00 ~19:20 |
| D | 17:00 ~19:30 | – | 17:00 ~19:30 | – | 17:00 ~19:30 |
| E | – | 15:00 ~17:10 | – | 15:00 ~17:10 | – |
| F | 16:00 ~19:20 | – | 16:00 ~19:20 | – | 16:00 ~19:20 |

〈회의 장소 선호도〉

(단위 : 점)

| 장소＼전문가 | A | B | C | D | E | F |
|---|---|---|---|---|---|---|
| 가 | 5 | 4 | 5 | 6 | 7 | 5 |
| 나 | 6 | 6 | 8 | 6 | 8 | 8 |
| 다 | 7 | 8 | 5 | 6 | 3 | 4 |

〈조건〉

1) 전문가 A~F 중 3명 이상이 참여할 수 있어야 회의 개최가 가능하다.
2) 회의는 1시간 동안 진행되며, 회의 참여자는 회의 시작부터 종료까지 자리를 지켜야 한다.
3) 회의 시간이 정해지면, 해당 일정에 참여 가능한 전문가들의 선호도를 합산하여 가장 높은 점수가 나온 곳을 회의 장소로 정한다.

① 월요일에는 회의를 개최할 수 없다.
② 금요일 16시에 회의를 개최할 경우 회의 장소는 '가' 이다.
③ 금요일 18시에 회의를 개최할 경우 회의 장소는 '다'이다.
④ C, D를 포함하여 4명 이상이 참여해야 할 경우 금요일 17시에 회의를 개최할 수 있다.

**16.** 다음은 영업사원인 윤석씨가 오늘 미팅해야 할 거래처 직원들과 방문해야 할 업체에 관한 정보이다. 다음의 정보를 모두 반영하여 하루의 일정을 짠다고 할 때 순서가 올바르게 배열된 것은? (단, 장소 간 이동 시간은 없는 것으로 가정한다)

〈거래처 직원들의 요구 사항〉
• A거래처 과장 : 회사 내부 일정으로 인해 미팅은 10시~12시 또는 16~18시까지 2시간 정도 가능합니다.
• B거래처 대리 : 12시부터 점심식사를 하거나, 18시부터 저녁식사를 하시죠. 시간은 2시간이면 될 것 같습니다.
• C거래처 사원 : 외근이 잡혀서 오전 9시부터 10시까지 1시간만 가능합니다.
• D거래처 부장 : 외부일정으로 18시부터 저녁식사만 가능합니다.

〈방문해야 할 장소와 가능시간〉
• E서점 : 14~18시, 소요시간은 2시간
• F은행 : 12~16시, 소요시간은 1시간
• G미술관 관람 : 하루 3회(10시, 13시, 15시), 소요시간은 1시간

① C거래처 사원 – A거래처 과장 – B거래처 대리 – E서점 – G미술관 – F은행 – D거래처 부장
② C거래처 사원 – A거래처 과장 – G미술관 – B거래처 대리 – F은행 – E서점 – D거래처 부장
③ C거래처 사원 – G미술관 – F은행 – B거래처 대리 – E서점 – A거래처 과장 – D거래처 부장
④ C거래처 사원 – A거래처 과장 – B거래처 대리 – F은행 – G미술관 – E서점 – D거래처 부장

**17.** A구와 B구로 이루어진 신도시 '가' 시에는 어린이집과 복지회관이 없다. 이에 '가' 시는 60억 원의 건축 예산을 사용하여 '건축비와 만족도'와 '조건'을 참고하여 시민 만족도가 가장 높도록 어린이집과 복지회관을 신축하려고 한다. 다음을 근거로 판단할 때 옳지 않은 것은?

〈건축비와 만족도〉

| 지역 | 시설 종류 | 건축비(억 원) | 만족도 |
|------|-----------|---------------|--------|
| A구 | 어린이집 | 20 | 35 |
| | 복지회관 | 15 | 30 |
| B구 | 어린이집 | 15 | 40 |
| | 복지회관 | 20 | 50 |

〈조건〉

1) 예산 범위 내에서 시설을 신축한다.
2) 시민 만족도는 각 시설에 대한 만족도의 합으로 계산한다.
3) 각 구에는 최소 1개의 시설을 신축해야 한다.
4) 하나의 구에 동일 종류의 시설을 3개 이상 신축할 수 없다.
5) 하나의 구에 동일 종류의 시설을 2개 신축할 경우, 그 시설 중 한 시설에 대한 만족도는 20% 하락한다.

① 예산은 모두 사용될 것이다.
② A구에는 어린이집이 신축될 것이다.
③ B구에는 2개의 시설이 신축될 것이다.
④ '조건 5'가 없더라도 신축되는 시설의 수는 달라지지 않을 것이다.

**18.** 다음 조건을 읽고 옳은 설명으로 고르시오.

- A, B, C 3명이 아래와 같이 진술하였다.
- A : 우리 중 한 사람만 진실을 말한다.
- B : 우리 모두 거짓말을 한다.
- C : 우리 모두 진실을 말한다.

A : A는 거짓말을 했다.
B : B는 거짓말을 했다.

① A만 옳다.
② B만 옳다.
③ A와 B 모두 옳다.
④ A와 B 모두 그르다.

**19.** ○○기업은 A ~ E 다섯 명을 대상으로 면접시험을 실시하였다. 면접시험의 평가기준은 '가치관, 열정, 표현력, 잠재력, 논증력' 5가지 항목이며 각 항목 점수는 3점 만점이다. 〈면접시험 결과〉와 〈등수〉가 아래와 같을 때, 보기 중 옳은 것을 고르면? (단, 종합점수는 각 항목별 점수에 항목가중치를 곱하여 합산하며, 종합점수가 높은 순으로 등수를 결정하였다.)

〈면접시험 결과〉

(단위 : 점)

| 구분 | A | B | C | D | E |
|------|---|---|---|---|---|
| 가치관 | 3 | 2 | 3 | 2 | 2 |
| 열정 | 2 | 3 | 2 | 2 | 2 |
| 표현력 | 2 | 3 | 2 | 2 | 3 |
| 잠재력 | 3 | 2 | 2 | 3 | 3 |
| 논증력 | 2 | 2 | 3 | 3 | 2 |

〈등수〉

| 순위 | 면접 응시자 |
|------|-------------|
| 1 | B |
| 2 | E |
| 3 | A |
| 4 | D |
| 5 | C |

① 잠재력은 열정보다 항목가중치가 높다.
② 논증력은 열정보다 항목가중치가 높다.
③ 잠재력은 가치관보다 항목가중치가 높다.
④ 가치관은 표현력보다 항목가중치가 높다.

**20.** 다음은 배탈의 발생과 그 원인에 대한 설명이다. 배탈의 원인이 생수, 냉면, 생선회 중 하나라고 할 때, 다음의 진술 중 반드시 참인 것은?

㉠ 갑은 생수와 냉면 그리고 생선회를 먹었는데 배탈이 났다.
㉡ 을은 생수와 생선회를 먹지 않고 냉면만 먹었는데 배탈이 나지 않았다.
㉢ 병은 생수와 생선회는 먹었고 냉면은 먹지 않았는데 배탈이 났다.
㉣ 정은 생수와 냉면을 먹었고 생선회는 먹지 않았는데 배탈이 나지 않았다.

① ㉡㉣의 경우만 고려할 경우 냉면이 배탈의 원인이다.
② ㉠㉡㉣의 경우만 고려할 경우 냉면이 배탈의 원인이다.
③ ㉠㉢㉣의 경우만 고려할 경우 생수가 배탈의 원인이다.
④ ㉡㉢㉣의 경우만 고려할 경우 생선회가 배탈의 원인이다.

**21.** 다음의 내용에 따라 두 번의 재배정을 한 결과, 병이 홍보팀에서 수습 중이다. 다른 신입사원과 최종 수습부서를 바르게 연결한 것은?

신입사원을 뽑아서 1년 동안의 수습 기간을 거치게 한 후, 정식사원으로 임명을 하는 한 회사가 있다. 그 회사는 올해 신입사원으로 2명의 여자 직원 갑과 을, 그리고 2명의 남자 직원 병과 정을 뽑았다. 처음 4개월의 수습기간 동안 갑은 기획팀에서, 을은 영업팀에서, 병은 총무팀에서, 정은 홍보팀에서 각각 근무하였다. 그 후 8개월 동안 두 번의 재배정을 통해서 신입사원들은 다른 부서에서도 수습 중이다. 재배정할 때마다 다음의 세 원칙 중 한 가지 원칙만 적용되었고, 같은 원칙은 다시 적용되지 않았다.

〈원칙〉
1. 기획팀에서 수습을 거친 사람과 총무팀에서 수습을 거친 사람은 서로 교체해야 하고, 영업팀에서 수습을 거친 사람과 홍보팀에서 수습을 거치 사람은 서로 교체한다.
2. 총무팀에서 수습을 거친 사람과 홍보팀에서 수습을 거친 사람만 서로 교체한다.
3. 여성 수습사원만 서로 교체한다.

① 갑 – 총무팀
② 을 – 영업팀
③ 을 – 총무팀
④ 정 – 총무팀

**22.** 다음 글을 근거로 판단할 때 〈상황〉에 맞는 대안을 가장 적절히 연결한 것을 고르면?

OO공사에서는 수익금의 일부를 기부하는 사랑의 바자회를 여름철에 정기적으로 실시하고 있다. 사랑의 바자회를 준비하고 있는 책임자는 바자회를 옥내에서 개최할 것인지 또는 야외에서 개최할 것인지를 검토하고 있는데, 여름철의 날씨와 장소 사용에 따라서 수익 금액이 영향을 받는다. 사랑의 바자회를 담당한 주최 측에서는 옥내 또는 야외의 개최장소를 결정하는 판단 기준으로 일기상황과 예상수입을 토대로 하여 대안별 일기상황의 확률과 예상수입을 곱한 결과 값의 합계가 큰 대안을 선택한다.

〈상황〉
A : 옥내에서 대회를 개최하는 경우 비가 오면 수익금은 150만원 정도로 예상되고, 비가 오지 않으면 190만원 정도로 될 것으로 예상된다고 한다. 한편 야외에서 개최하는 경우 비가 오면 수익금은 70만원 정도로 예상되고, 비가 오지 않으면 300만원 정도로 예상된다고 한다. 일기예보에 의하면 행사 당일에 비가 오지 않을 확률은 70%라고 한다.
B : 옥내에서 대회를 개최하는 경우 비가 오면 수익금은 80만원 정도로 예상되고, 비가 오지 않으면 250만원 정도로 될 것으로 예상된다고 한다. 한편 야외에서 개최하는 경우 비가 오면 수익금은 60만원 정도로 예상되고, 비가 오지 않으면 220만원 정도로 예상된다고 한다. 일기예보에 의하면 행사 당일에 비가 올 확률은 60%라고 한다.
C : 옥내에서 대회를 개최하는 경우 비가 오면 수익금은 150만원 정도로 예상되고, 비가 오지 않으면 200만원 정도로 될 것으로 예상된다고 한다. 한편 야외에서 개최하는 경우 비가 오면 수익금은 100만원 정도로 예상되고, 비가 오지 않으면 210만원 정도로 예상된다고 한다. 일기예보에 의하면 행사 당일에 비가 오지 않을 확률은 20%라고 한다.

① A : 옥내, B : 옥내, C : 옥내
② A : 옥내, B : 야외, C : 옥내
③ A : 야외, B : 옥내, C : 옥내
④ A : 야외, B : 옥내, C : 야외

**23.** 다음 조건을 읽고 옳은 설명으로 고르시오.

> • 민주, 소라, 정희, 아라는 모두 민혁이를 좋아한다.
> • 찬수는 영희를 좋아한다.
> • 영훈은 소라를 좋아한다.
> • 민혁이는 아라를 좋아한다.

> A : 민혁이와 아라는 서로 좋아하는 사이다.
> B : 영희는 찬수를 좋아한다.

① A만 옳다.
② B만 옳다.
③ A와 B 모두 옳다.
④ A와 B 모두 그르다.

**24.** 수덕, 원태, 광수는 임의의 순서로 빨간색, 파란색, 노란색 지붕을 가진 집에 나란히 이웃하여 살고, 개, 고양이, 원숭이라는 서로 다른 애완동물을 기르며, 광부·농부·의사라는 서로 다른 직업을 갖는다. 알려진 정보가 다음과 같을 때, 옳은 것은?

> • 광수는 광부이다.
> • 가운데 집에 사는 사람은 개를 키우지 않는다.
> • 농부와 의사의 집은 서로 이웃해 있지 않다.
> • 노란 지붕 집은 의사의 집과 이웃해 있다.
> • 파란 지붕 집에 사는 사람은 고양이를 키운다.
> • 원태는 빨간 지붕 집에 산다.

① 수덕은 빨간 지붕 집에 살지 않고, 원태는 개를 키우지 않는다.
② 노란 지붕 집에 사는 사람은 원숭이를 키우지 않는다.
③ 원태는 고양이를 키운다.
④ 수덕은 개를 키우지 않는다.

**25.** S씨는 자신의 재산을 운용하기 위해 자산에 대한 설계를 받고 싶어 한다. S씨는 자산 설계사 A ~ E를 만나 조언을 들었다. 그런데 이들 자산 설계사들은 주 투자처에 대해서 모두 조금씩 다르게 추천을 해주었다. 해외펀드, 해외부동산, 펀드, 채권, 부동산이 그것들이다. 다음을 따를 때, A와 E가 추천한 항목은?

> • S씨는 A와 D와 펀드를 추천한 사람과 같이 식사를 한 적이 있다.
> • 부동산을 추천한 사람은 A와 C를 개인적으로 알고 있다.
> • 채권을 추천한 사람은 B와 C를 싫어한다.
> • A와 E는 해외부동산을 추천한 사람과 같은 대학에 다녔었다.
> • 해외펀드를 추천한 사람과 부동산을 추천한 사람은 B와 같이 한 회사에서 근무한 적이 있다.
> • C와 D는 해외부동산을 추천한 사람과 펀드를 추천한 사람을 비난한 적이 있다.

① 펀드, 해외펀드
② 채권, 펀드
③ 부동산, 펀드
④ 채권, 부동산

**26.** A는 일주일 중 월요일에만 거짓말을 하고 나머지 요일에는 참말을 한다. 어느 날 A의 친구들이 A가 결혼을 한다는 소문을 들었다. A한테 전화를 걸었더니 다음과 같이 말했다. 친구들이 유추한 것 중 적절한 것은?

① A가 "오늘은 월요일이고 나는 결혼을 한다"라고 대답했다면 오늘은 월요일이 아니다.

② A가 "오늘은 월요일이고 나는 결혼을 한다"라고 대답했다면 A는 결혼을 한다.

③ A가 "오늘은 월요일이거나 나는 결혼을 한다"라고 대답했다면 오늘은 월요일이 맞다.

④ A가 "오늘은 월요일이거나 나는 결혼을 한다"라고 대답했다면 A는 결혼을 한다.

**27.** 최 대리, 남 대리, 양 과장, 강 사원, 이 과장 5명은 사내 기숙사 A동~E동에 나누어 숙소를 배정받았다. 다음 조건을 참고할 때, 같은 동에 배정받을 수 있는 두 사람이 올바르게 짝지어진 것은 어느 것인가?

- 최 대리는 C동, D동, E동에 배정받지 않았다.
- 남 대리는 A동, C동, D동에 배정받지 않았다
- 양 과장은 B동, D동, E동에 배정받지 않았다.
- 강 사원은 B동, C동, E동에 배정받지 않았다.
- 이 과장은 A동, C동, E동에 배정받지 않았다.
- 아무도 배정받지 않은 동은 C동뿐이다.
- A동은 두 사람이 배정받은 동이 아니다.

① 최 대리, 양 과장

② 남 대리, 이 과장

③ 강 사원, 이 과장

④ 양 과장, 강 사원

**28.** 다음은 우리나라의 농경지의 면적과 전체 논의 면적에 대한 수리답의 비율(수리답률)을 나타낸 자료이다. 다음 자료를 올바르게 해석한 것은?

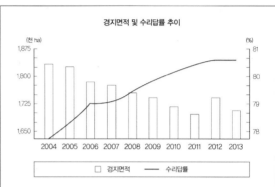

* 경지 : 농작물 재배를 목적으로 하고, 현실적으로 재배 가능한 토지
  - 논 : 물을 직접 이용하여 논벼 등의 식물을 주로 재배하는 토지
  - 밭 : 물을 대지 않고 과수, 채소 등을 재배하는 토지를 의미
* 수리답 : 수리 시설이 설치되어 관개용수가 안정적으로 확보된 논

① 2006년 우리나라의 논에는 수리답이 거의 없었다.

② 2004년 이후 2010년까지 경지면적은 매년 감소하였다.

③ 2004년에 비해 2012년은 수리답의 비율이 증가하였으나, 전체 경지의 면적은 절반 가까이 감소하였다.

④ 시간이 지날수록 대체로 논벼의 재배를 위한 관개용수의 공급이 원활해졌다.

**┃29~30┃** 다음 표는 A 자동차 회사의 고객만족도 조사 결과이다. 다음 물음에 답하시오.

(단위 : %)

| 구분 | 1~12개월 (출고 시기별) | 13~24개월 (출고 시기별) | 고객 평균 |
|---|---|---|---|
| 안전성 | 41 | 48 | 45 |
| A/S의 신속성 | 19 | 17 | 18 |
| 정숙성 | 2 | 1 | 1 |
| 연비 | 15 | 11 | 13 |
| 색상 | 11 | 10 | 10 |
| 주행 편의성 | 11 | 9 | 10 |
| 차량 옵션 | 1 | 4 | 3 |
| 계 | 100 | 100 | 100 |

**29.** 출고시기에 관계없이 전체 조사 대상 중에서 1,350명이 안전성을 장점으로 선택했다면 이번 설문에 응한 고객은 모두 몇 명인가?

① 2,000명
② 2,500명
③ 3,000명
④ 3,500명

**30.** 차를 출고 받은 지 12개월 이하 된 고객 중에서 30명이 연비를 선택했다면 정숙성을 선택한 고객은 몇 명인가?

① 2명
② 3명
③ 4명
④ 5명

**31.** 다음은 우리나라 도시가구 연평균 지출 구성비 일부를 나타낸 것이다. 이에 대한 분석 중 적절하지 않은 것은?

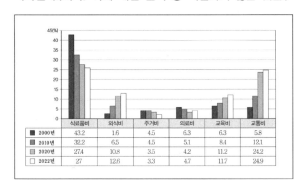

| | 식료품비 | 외식비 | 주거비 | 의료비 | 교육비 | 교통비 |
|---|---|---|---|---|---|---|
| ■ 2000년 | 43.2 | 1.6 | 4.5 | 6.3 | 6.3 | 5.8 |
| ■ 2010년 | 32.2 | 6.5 | 4.5 | 5.1 | 8.4 | 12.1 |
| ▨ 2020년 | 27.4 | 10.8 | 3.5 | 4.2 | 11.2 | 24.2 |
| □ 2022년 | 27 | 12.6 | 3.3 | 4.7 | 11.7 | 24.9 |

① 2022년에는 2020년보다 주거비의 구성비가 감소하였다.
② 2022년의 교육비의 구성비는 2010년보다 3.3%p 증가하였다.
③ 2020년에는 20년 전보다 식료품비와 의료비의 구성비가 감소하였다.
④ 2000년부터 2010년까지 외식비의 구성비가 증가하였기 때문에 주거비의 구성비는 감소하였다.

**32.** 다음 표는 B 중학교 학생 200명의 통학수단을 조사한 것이다. 이 학교 학생 중 지하철로 통학하는 남학생의 비율은?

(단위 : 명)

| 통학수단 | 버스 | 지하철 | 자전거 | 도보 | 합계 |
|---|---|---|---|---|---|
| 여학생 | 44 | 17 | 3 | 26 | 90 |
| 남학생 | 45 | 22 | 17 | 26 | 110 |
| 합계 | 89 | 39 | 20 | 52 | 200 |

① 11%
② 16%
③ 20%
④ 22%

**33.** 다음은 2020년 코리아 그랑프리대회 기록이다. 1위의 기록이 2시간 48분 20초일 때 대회기록이 2시간 48분 59초 이내인 드라이버는 모두 몇 명인가?

| 드라이버 | 1위 와의 기록차이(초) |
|---|---|
| 알론소 | 0 |
| 해밀턴 | + 14.9 |
| 마사 | + 30.8 |
| 슈마허 | + 39.6 |
| 쿠비차 | + 47.7 |
| 리우찌 | + 53.5 |
| 바리첼로 | + 69.2 |
| 가우이 | + 77.8 |
| 하펠트 | + 80.1 |
| 칼버그 | + 80.8 |

① 1명
② 2명
③ 3명
④ 4명

**34.** 다음 표는 A지역 전체 가구를 대상으로 일본원자력발전소 사고 전후의 식수조달원 변경에 대해 설문조사한 결과이다. 사고 전에 비해 사고 후에 이용 가구 수가 감소한 식수조달원의 수는 몇 개인가?

| 사고 전 조달원 \ 사고 후 조달원 | 수돗물 | 정수 | 약수 | 생수 |
|---|---|---|---|---|
| 수돗물 | 40 | 30 | 20 | 30 |
| 정수 | 10 | 50 | 10 | 30 |
| 약수 | 20 | 10 | 10 | 40 |
| 생수 | 10 | 10 | 10 | 40 |

① 0개
② 1개
③ 2개
④ 3개

**35.** 다음은 가구당 순자산 보유액 구간별 가구 분포에 관련된 표이다. 이 표를 바탕으로 이해한 내용으로 가장 적절한 것은?

〈가구당 순자산 보유액 구간별 가구 분포〉

(단위 : %, %p)

| 순자산(억 원) | 가구분포 | | |
|---|---|---|---|
| | 2020년 | 2021년 | 전년차(비) |
| −1 미만 | 0.2 | 0.2 | 0.0 |
| −1~0 미만 | 2.6 | 2.7 | 0.1 |
| 0~1 미만 | 31.9 | 31.2 | −0.7 |
| 1~2 미만 | 19.1 | 18.5 | −0.6 |
| 2~3 미만 | 13.8 | 13.5 | −0.3 |
| 3~4 미만 | 9.5 | 9.4 | −0.1 |
| 4~5 미만 | 6.3 | 6.8 | 0.5 |
| 5~6 미만 | 4.4 | 4.6 | 0.2 |
| 6~7 미만 | 3.0 | 3.2 | 0.2 |
| 7~8 미만 | 2.0 | 2.2 | 0.2 |
| 8~9 미만 | 1.5 | 1.5 | 0.0 |
| 9~10 미만 | 1.2 | 1.2 | 0.0 |
| 10 이상 | 4.5 | 5.0 | 0.5 |
| 평균(만 원) | 29,918 | 31,142 | 4.1 |
| 중앙값(만 원) | 17,740 | 18,525 | 4.4 |

① 순자산 보유액이 많은 가구보다 적은 가구의 2021년 비중이 전년보다 더 증가하였다.
② 순자산이 많은 가구의 소득은 2020년 대비 2021년에 더 감소하였다.
③ 소수의 사람들이 많은 순자산을 가지고 있다.
④ 2021년의 순자산 보유액이 3억 원 미만인 가구는 전체의 50%가 조금 안 된다.

**36.** 다음은 신재생 에너지 및 절약 분야 사업 현황이다. '신재생 에너지' 분야의 사업별 평균 지원액이 '절약' 분야의 사업별 평균 지원액의 5배 이상이 되기 위한 사업 수의 최대 격차는? (단, '신재생 에너지' 분야의 사업 수는 '절약' 분야의 사업 수보다 큼)

(단위 : 억 원, %, 개)

| 구분 | 신재생 에너지 | 절약 | 합 |
|---|---|---|---|
| 지원금(비율) | 3,500(85.4) | 600(14.6) | 4,100(100) |
| 사업 수 | ( ) | ( ) | 600 |

① 44개  ② 46개
③ 48개  ④ 54개

**37.** 다음은 A시의 연도별·혼인종류별 건수와 관련된 자료이다. 빈 칸 ㉠, ㉡에 들어갈 알맞은 수치는 얼마인가?

〈A시의 연도별·혼인종류별 건수〉

(단위 : 건)

| 구분 | | 2012 | 2013 | 2014 | 2015 | 2016 | 2017 | 2018 | 2019 | 2020 | 2021 |
|---|---|---|---|---|---|---|---|---|---|---|---|
| 남자 | 초혼 | 279 | 270 | 253 | 274 | 278 | 274 | 272 | 257 | 253 | ㉠ |
| | 재혼 | 56 | 58 | 52 | 53 | 47 | 55 | 48 | 47 | 45 | ㉡ |
| 여자 | 초혼 | 275 | 266 | 248 | 269 | 270 | 272 | 267 | 255 | 249 | 231 |
| | 재혼 | 60 | 62 | 57 | 58 | 55 | 57 | 53 | 49 | 49 | 49 |

(단위 : 건)

| 구분 | 2012 | 2013 | 2014 | 2015 | 2016 | 2017 | 2018 | 2019 | 2020 | 2021 |
|---|---|---|---|---|---|---|---|---|---|---|
| 남(초) + 여(초) | 260 | 250 | 235 | 255 | 260 | 255 | 255 | 241 | ( ) | ( ) |
| 남(재) + 여(초) | 15 | 16 | 13 | 14 | 10 | 17 | 12 | 14 | ( ) | ( ) |
| 남(초) + 여(재) | 19 | 20 | 17 | 19 | 18 | 19 | 17 | 16 | ( ) | ( ) |
| 남(재) + 여(재) | 41 | 42 | 39 | 39 | 37 | 38 | 36 | 33 | ( ) | ( ) |

※ 초 : 초혼, 재 : 재혼

| 구분 | 2020년의 2012년 대비 증감 수 | 2019~2021년의 연평균 건수 |
|---|---|---|
| 남(초) + 여(초) | -22 | 233 |
| 남(재) + 여(초) | -4 | 12 |
| 남(초) + 여(재) | -4 | 16 |
| 남(재) + 여(재) | -7 | 33 |

① 237, 53  ② 240, 55
③ 237, 43  ④ 240, 43

**38.** 다음은 A사의 2020년 추진 과제의 전공별 연구책임자 현황에 대한 자료이다. 다음 설명 중 옳지 않은 것을 고르면?

(단위 : 명, %)

| 연구책임자 전공 | 남자 | | 여자 | |
|---|---|---|---|---|
| | 연구책임자 수 | 비율 | 연구책임자 수 | 비율 |
| 이학 | 2,833 | 14.8 | 701 | 30.0 |
| 공학 | 11,680 | 61.0 | 463 | 19.8 |
| 농학 | 1,300 | 6.8 | 153 | 6.5 |
| 의학 | 1,148 | 6.0 | 400 | 17.1 |
| 인문사회 | 1,869 | 9.8 | 544 | 23.3 |
| 기타 | 304 | 1.6 | 78 | 3.3 |
| 계 | 19,134 | 100.0 | 2,339 | 100.0 |

① 전체 연구책임자 중 공학전공의 연구책임자가 차지하는 비율이 50%를 넘는다.
② 전체 연구책임자 중 의학전공의 여자 연구책임자가 차지하는 비율은 1.9%이다.
③ 전체 연구책임자 중 인문사회전공의 연구책임자가 차지하는 비율은 12%를 넘는다.
④ 전체 연구책임자 중 농학전공의 남자 연구책임자가 차지하는 비율은 6%를 넘는다.

**39.** 다음은 P사의 계열사 중 철강과 지원 분야에 관한 자료이다. 다음을 이용하여 A, B, C 중 두 번째로 큰 값은? (단, 지점은 역할에 따라 실, 연구소, 공장, 섹션, 사무소 등으로 구분되며, 하나의 지점은 1천 명의 직원으로 조직된다.)

| 구분 | 그룹사 | 편제 | 직원 수(명) |
|---|---|---|---|
| 철강 | PO강판 | 1지점 | 1,000 |
| | PONC | 2지점 | 2,000 |
| 지원 | PO메이트 | 실 10지점, 공장 A지점 | ( ) |
| | PO터미널 | 실 5지점, 공장 B지점 | ( ) |
| | PO기술투자 | 실 7지점, 공장 C지점 | ( ) |
| | PO휴먼스 | 공장 6지점, 연구소 1지점 | ( ) |
| | PO인재창조원 | 섹션 1지점, 사무소 1지점 | 2,000 |
| | PO경영연구원 | 1지점 | 1,000 |
| 계 | | 45지점 | 45,000 |

- PO터미널과 PO휴먼스의 직원 수는 같다.
- PO메이트의 공장 수는 PO휴먼스의 공장 수의 절반이다.
- PO메이트의 공장 수와 PO터미널의 공장 수를 합하면 PO기술투자의 공장 수와 같다.

① 3
② 4
③ 5
④ 6

**40.** 다음은 사무용 물품의 조달단가와 구매 효용성을 나타낸 것이다. 20억 원 이내에서 구매예산을 집행한다고 할 때, 정량적 기대효과 총합의 최댓값은? (단, 각 물품은 구매하지 않거나 1개만 구매 가능하며, 구매효용성 = 정량적 기대효과/조달단가이다.)

| 물품<br>구분 | A | B | C | D | E | F | G | H |
|---|---|---|---|---|---|---|---|---|
| 조달단가 (억 원) | 3 | 4 | 5 | 6 | 7 | 8 | 10 | 16 |
| 구매 효용성 | 1 | 0.5 | 1.8 | 2.5 | 1 | 1.75 | 1.9 | 2 |

① 35
② 36
③ 37
④ 38

**02** 직무심화지식

**41.** 새롭게 출시한 다음 적금 상품을 홍보하려고 할 때, 책자에 담을 내용으로 적절하지 않은 것은?

---

**가. 상품 특징**

인터넷으로 가입 시 영업점 창구에서 가입 시보다 높은 금리(+ 0.3%p)가 제공되는 비대면 전용 상품

**나. 거래조건**

| 구분 | 내용 |
|---|---|
| 가입 자격 | 개인(1인 1계좌) |
| 가입 금액 | • 초입금 5만 원 이상, 매회 1만 원 이상(계좌별)<br>• 매월 2천만 원 이내(1인당)<br>• 총 불입액 2억 원 이내(1인당)에서 자유적립<br>(※ 단, 계약기간 3/4경과 후 월 적립 가능 금액은 이전 월 평균 적립금액의 1/2 이내) |
| 가입 기간 | 1년 이상 3년 이내 월 단위 |

| 적용<br>금리 | 가입<br>기간 | 1년 이상 | 2년 | 3년 |
|---|---|---|---|---|
| | 기본금리<br>(연%) | 2.18 | 2.29 | 2.41 |

| 우대 금리 | • 가입일 해당 월로부터 만기일 전월 말까지 ○○카드 이용 실적이 100만 원 이상인 경우 : 0.2%p<br>• 예금가입 고객이 타인에게 이 상품을 추천하고 타인이 이 상품에 가입한 경우 : 추천 및 피추천계좌 각 0.1%p(최대 0.3%p) |
|---|---|
| 예금자 보호 | 이 예금은 예금자보호법에 따라 예금보험공사가 보호하되, 보호한도는 본 은행에 있는 귀하의 모든 예금보호대상 금융상품의 원금과 소정의 이자를 합하여 1인당 최고 5천만 원이며, 5천 만 원을 초과하는 나머지 금액은 보호하지 않습니다. |

---

① 은행에 방문하지 않고도 가입할 수 있는 상품임을 강조
② 금리는 최대 2.71%임을 강조
③ 가입 기간이 길수록 우대금리가 적용되는 상품임을 강조
④ "1년 계약자가 9개월이 지난 후 불입 총액이 180만 원이었다면, 10개월째부터는 월 10만 원이 적립 한도금액이 된다."는 예시 기재

**42.** 다음 〈그림〉은 A기업의 2020년과 2021년 자산총액의 항목별 구성비를 나타낸 자료이다. 이에 대한 〈보기〉의 설명 중 옳은 것만을 모두 고르면?

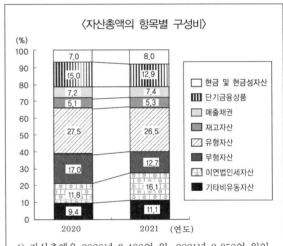

1) 자산총액은 2020년 3,400억 원, 2021년 2,850억 원임.
2) 유동자산 = 현금 및 현금성자산 + 단기금융상품 + 매출채권 + 재고자산

〈보기〉

㉠ 2020년 항목별 금액의 순위가 2021년과 동일한 항목은 4개이다.

㉡ 2020년 유동자산 중 '단기금융상품'의 구성비는 45% 미만이다.

㉢ '현금 및 현금성자산' 금액은 2021년이 2020년보다 크다.

㉣ 2020년 대비 2021년에 '무형자산' 금액은 4.3% 감소하였다.

① ㉠, ㉡

② ㉠, ㉢

③ ㉡, ㉢

④ ㉠, ㉡, ㉣

**43.** 다음은 S씨가 가입한 적금 상품의 내역을 인터넷으로 확인한 결과이다. 빈칸 '세후 수령액'에 들어갈 알맞은 금액은 얼마인가? (소수점은 반올림하여 원 단위로 표시함)

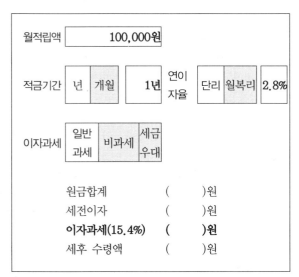

| 월적립액 | 100,000원 | | |
|---|---|---|---|
| 적금기간 | 년 **개월** 1년 | 연이자율 | 단리 **월복리** 2.8% |
| 이자과세 | 일반과세 **비과세** 세금우대 | | |

| | | |
|---|---|---|
| 원금합계 | ( | )원 |
| 세전이자 | ( | )원 |
| **이자과세(15.4%)** | **(** | **)원** |
| 세후 수령액 | ( | )원 |

① 1,214,594원 　　② 1,215,397원

③ 1,220,505원 　　④ 1,222,779원

**44.** '국외부문 통화와 국제수지'에 대한 다음 설명을 참고할 때, 〈보기〉와 같은 네 개의 대외거래가 발생하였을 경우에 대한 설명으로 바른 것은?

모든 대외거래를 복식부기의 원리에 따라 체계적으로 기록한 국제수지표상의 경상수지 및 자본수지는 거래의 형태에 따라 직·간접적으로 국외부문 통화에 영향을 미치게 된다. 수출입 등의 경상적인 무역수지 및 서비스 수지 등의 거래는 외국환은행과의 외화 교환과정에서 국외부문 통화에 영향을 미치게 된다. 경상 및 자본수지상의 민간, 정부의 수지가 흑자일 경우에는 민간 및 정부부문의 외화 총수입액이 총지급액을 초과한다는 것을 의미하므로 민간 및 정부부문은 이 초과수입분을 외국환은행에 원화를 대가로 매각한다. 이 과정에서 외국환은행은 외화자산을 늘리면서 이에 상응한 원화를 공급한다. 즉 외국환은행은 국외순자산을 늘리고 이에 상응한 원화를 비은행 부문으로 공급하게 된다. 반대로 적자일 경우 외국환은행은 외화자산을 줄이면서 원화를 환수하게 된다.

〈보기〉

• 상품 A를 100달러에 수출

• 상품 B를 50달러에 수입

• C 기업이 외화단기차입금 20달러를 상환

• D 외국환은행이 뱅크론으로 50달러를 도입

① 경상수지는 120달러 흑자, 자본수지가 100달러 흑자로 나타나 총 대외수지는 220달러 흑자가 된다.

② 경상수지는 50달러 흑자, 자본수지가 70달러 적자로 나타나 총 대외수지는 20달러 적자가 된다.

③ 경상수지는 70달러 흑자, 자본수지가 150달러 적자로 나타나 총 대외수지는 80달러 적자가 된다.

④ 경상수지는 50달러 흑자, 자본수지가 30달러 흑자로 나타나 총 대외수지는 80달러 흑자가 된다.

# 제3회 국민은행 신입행원 채용대비 모의고사

**│45~46│** 다음은 K은행이 발급하는 '올바른 Travel카드'에 대한 서비스 안내 사항이다. 다음을 읽고 이어지는 물음에 답하시오.

〈특별 할인 서비스〉
- 중국 비자 발급센터에서 비자 발급 수수료 결제 시 50% 청구 할인
- 연 1회 / 최대 3만 원까지 할인
  * 전월 이용실적 30만 원 이상 시 제공
  * 본 서비스는 카드 사용 등록하신 달에는 제공되지 않으며, 그 다음 달부터 서비스 조건 충족 시 제공됩니다.

〈여행 편의 서비스〉
인천공항 제1여객터미널(1T) 및 제2여객터미널(2T)에 지정된 K BOOKS(케이북스) 매장에서 K카드 올바른 TRAVEL카드를 제시하시면, 서비스 이용 가능 여부 확인 후 아래 이용권 중 희망하시는 이용권을 제공해 드립니다.

| 구분 | 세부내용 |
| --- | --- |
| 인천공항 고속도로 무료 이용 | 소형차(경차, 승용차, 12인승 승합차)에 한하여 인천공항 고속도로 톨게이트(신공항 톨게이트/북인천 톨게이트)에 무료 이용권 제출 시, 통행료 무료 혜택이 제공됩니다. 단, 소형차에 한하며, 중형/대형 차량의 경우는 적용이 불가합니다. |
| 인천공항 리무진버스 무료 이용 (1만 원 권) | ▶ 제1여객터미널 인천공항 1층 입국장 7번 승차장 앞 리무진버스 옥외 통합매표소에서 무료 이용권 제출 시, 리무진버스 승차권으로 교환됩니다. 단, 1만 원 이하 승차에 한하며 1만 원 초과 시 차액은 회원별도 부담입니다. 또한 1만 원 미만 승차권 교환 시 잔액은 환불되지 않습니다. |
| 코레일공항철도 직통열차 무료 이용 | 공항철도 인천국제공항역 직통열차 안내데스크에서 무료 이용권 제출 시 직통열차 승차권으로 교환됩니다. |

〈해외이용 안내〉
해외이용금액은 국제브랜드사가 부과하는 수수료(UnionPay 0.6%)를 포함하여 매출표 접수일의 K은행 고시 1회 차 전신환매도율 적용 후, K카드가 부과하는 해외서비스수수료(0.25%)가 포함된 금액이 청구되며, 올바른 Travel카드 이용 시 UnionPay 수수료 0.03%, 당사 해외서비스수수료의 0.1% 할인 혜택이 주어집니다.

> ※ 해외이용 시 기본 청구금액 $= a + b + c$
> 해외이용대금($a$) : 해외이용금액(미화) × K은행 고시 1회 차 전신환매도율
> 국제브랜드수수료($b$) : 해외이용금액(미화) × (UnionPay 0.6%) × K은행 고시 1회 차 전신환매도율
> 해외서비스수수료($c$) : 해외이용금액(미화) × 0.25% × K은행 고시 1회 차 전신환매도율

* 제3국 통화(KRW 거래포함)는 미국 달러로 환산되어 제공됩니다.
* 해외에서 원화통화로 대금 결제 시, 해외가맹점이 부과하는 DCC수수료(환전수수료)가 포함되므로 현지통화 결제 시 보다 많은 금액이 청구될 수 있음을 주의 바랍니다.

**45.** 다음 중 위 카드 상품에 대한 안내 사항을 올바르게 이해한 것은 어느 것인가?

① "올 여름 북경 방문 시 올바른 Travel카드 덕분에 비자 수수료 비용을 절반만 지불했으니 겨울 상해 출장 시에도 올바른 Travel카드를 이용해야겠군."

② "제공받은 인천공항 리무진버스 무료 이용권으로 집까지 오는 리무진을 공짜로 이용할 수 있겠군. 지난번엔 집까지 9,500원의 요금이 나오던데 500원을 돌려받을 수도 있네."

③ "공항 리무진버스 요금이 난 12,000원이고 아들 녀석은 8,000원이니까 함께 이용하게 되면 인천공항 리무진버스 무료 이용권이 1장 있어도 추가로 1만 원을 더 내야하는구나."

④ "K BOOKS에서 책을 두 권 이상 사면 서비스 이용권을 2장 받게 되는군. 어차피 볼 책인데 다양한 혜택을 보면 좋을 테니 기왕이면 3권을 사서 종류별 이용권을 다 받아봐야겠다."

**46.** M씨는 미국 여행 시 올바른 Travel카드를 이용하여 U$500짜리의 물건을 구매하였다. 구매 당일의 K은행 전신환매도 환율이 1U$=1,080원이라면, M씨가 올바른 Travel카드를 이용함으로 인해 얻는 할인 혜택 금액을 원화로 환산하면 얼마인가?

① 1,030원  
② 980원  
③ 883원  
④ 702원

**47.** 다음은 K은행의 외화송금 수수료에 대한 규정이다. 수수료 규정을 참고할 때, 외국에 있는 친척과 〈보기〉와 같이 3회에 걸쳐 거래를 한 A씨가 지불한 총 수수료 금액은 얼마인가?

| 외화자금<br>국내이체 수수료<br>(당·타발) | 국내 간<br>외화송금 | U$5,000 이하 : 5,000원<br>U$10,000 이하 : 7,000원<br>U$10,000 초과 : 10,000원 |
|---|---|---|
| | 실시간<br>국내송금 | U$10,000 이하 : 5,000원<br>U$10,000 초과 : 10,000원 |
| | 인터넷 뱅킹 : 5,000원<br>실시간 이체 : 타발 수수료는 없음 | |
| 해외<br>로<br>외화<br>송금 | 송금<br>수수료 | U$500 이하 : 5,000원<br>U$2,000 이하 : 10,000원<br>U$5,000 이하 : 15,000원<br>U$20,000 이하 : 20,000원<br>U$20,000 초과 : 25,000원<br>* 인터넷 뱅킹 이용 시 건당 3,000~5,000원 |
| | | 해외 및 중계은행 수수료를 신청인이 부담하는 경우 국외 현지 및 중계은행의 통화별 수수료를 추가로 징구 |
| | 전신료 | 8,000원<br>인터넷 뱅킹 및 자동이체 5,000원 |
| | 조건변경<br>전신료 | 8,000원 |
| 해외/타행에서<br>받은 송금 | 건당 10,000원 | |

〈보기〉
1. 외국으로 U$3,500 송금 / 인터넷 뱅킹 최저 수수료 적용
2. 외국으로 U$600 송금 / 은행 창구
3. 외국에서 U$2,500 입금

① 32,000원  
② 34,000원  
③ 36,000원  
④ 38,000원

**48.** K은행의 대출심사부에서는 가계대출 상품의 상품 설명서 내용 중 연체이자에 대한 다음과 같은 사항을 고객에게 안내하려고 한다. 다음을 참고할 때, 주택담보대출(원금 1억2천만 원, 약정이자율 연 5%)의 월납이자(50만 원)를 미납하여 연체가 발생하고, 연체 발생 후 3개월 시점에 납부할 경우의 연체이자는 얼마인가?

가. 연체이자율은 [대출이자율+연체기간별 연체가산이자율]로 적용합니다.
   ※ 연체가산이자율은 연 3%로 적용합니다.
나. 연체이자율은 최고 15%로 합니다.
다. 상품에 따라 연체이자율이 일부 달라지는 경우가 있으므로 세부적인 사항은 대출거래 약정서 등을 참고하시기 바랍니다.
라. 연체이자(지연배상금)를 내셔야 하는 경우
   ※「이자를 납입하기로 약정한 날」에 납입하지 아니한 때에는 이자를 납입하여야 할 날의 다음날부터 1개월(주택담보대출의 경우 2개월)까지는 내셔야 할 약정이자에 대해 연체이자가 적용되고, 그 후 1개월(주택담보대출의 경우 2개월)이 경과하면 기한이익상실로 인하여 대출원금에 연체이율을 곱한 연체 이자를 내셔야 합니다.

① 798,904원  
② 775,304원  
③ 750,992원  
④ 731,528원

**┃49~50┃** 다음은 '글로벌 위안화 회전식 정기예금'에 관한 설명이다. 물음에 답하시오.

1. 개요
   금리회전주기 단위로 이자가 복리 계산되는 위안화 정기예금

2. 상품특징
   해외로 송금 보내실 때 수수료 우대

3. 예금자보호
   이 예금은 예금자보호법에 따라 예금보험공사가 보호하되, 보호 한도는 본 은행에 있는 귀하의 모든 예금 보호 대상 금융상품의 원금과 소정의 이자를 합하여 1인당 "최고 5천만 원"이며, 5천만 원을 초과하는 나머지 금액은 보호하지 않습니다.

4. 예치통화
   CNY

5. 가입 대상
   개인 또는 기업 제한 없음

6. 가입 기간
   1년, 2년, 3년

7. 기본금리
   신규 및 회전 시 고시된 CNY 기간별 외화정기예금 금리
   ※ 금리회전주기 : 1개월, 2개월, 3개월, 6개월(회전주기 변경 불가)

8. 우대금리
   없음 [특별우대금리 (0.2%) 기간 종료 (~2016.06.30)]

9. 만기 후 이율
   최종 회전기일 약정이율의 3/10

10. 중도해지 이율
    ㉠ 7일미만 : 무이자
    ㉡ 1개월 미만 : 최종 회전기일 약정이율 1/10
    ㉢ 1개월 이상 : 최종 회전기일 약정이율 3/10
    ㉣ 3개월 이상 : 최종 회전기일 약정이율 4/10
    (다만, 회전기일 이후 중도해지 시 최종 회전기일 전일까지는 약정이율 적용)

11. 이자지급방법
    만기일시지급식 (회전주기마다 복리로 이자 계산)

12. 수수료 면제
    ㉠ 당발송금(해외로 송금보내실 때) 수수료 면제
    ㉡ 이 예금의 만기해지일(만기 후 해지 포함)당일에 예금주 명의로 해외로 송금하시는 경우 수수료 면제(금액 및 횟수 제한 없음)

**49.** 우성이는 1억 원을 아내와 본인 이름으로 각각 다른 통장에 반절씩 예금하였다. 경기 불황으로 인해 은행이 문을 닫게 되었다면 우성이네가 보장받을 수 있는 최대 금액으로 적절한 것은?

① 1억 원
② 1억 1천만 원
③ 1억 2천만 원
④ 1억 3천만 원

**50.** 정연이가 해당 예금을 3년이라는 기간으로 가입할 때, 만기 후 적용받을 수 있는 이율로 적절한 것은?

① 최종 회전기일 약정이율의 1/10
② 최종 회전기일 약정이율의 2/10
③ 최종 회전기일 약정이율의 3/10
④ 최종 회전기일 약정이율의 4/10

**51.** 사원 L은 연봉이 3,300만 원이다. L은 매달 실수령액의 11%를 적금통장에 입금하려고 한다. 매달 세금으로 31만 원이 지출된다고 할 때 L이 매월 납입하는 금액은?

① 215,700원
② 237,300원
③ 268,400원
④ 341,000원

**52.** 다음은 수미의 소비상황과 각종 신용카드 혜택 정보이다. 수미가 가장 유리한 하나의 신용카드만을 결제수단으로 사용할 때 적절한 소비수단은?

- 뮤지컬, ○○테마파크 및 서점은 모두 B신용카드의 문화 관련업에 해당한다.
- 신용카드 1포인트는 1원이고, 문화상품권 1매는 1만 원으로 가정한다.
- 혜택을 금전으로 환산하여 액수가 많을수록 유리하다.
- 액수가 동일한 경우 할인혜택, 포인트 적립, 문화상품권 지급 순으로 유리하다.
- 혜택의 액수 및 혜택의 종류가 동일한 경우 혜택 부여시기가 빠를수록 유리하다(현장할인은 결제 즉시 할인되는 것을 말하며, 청구할인은 카드대금 청구 시 할인 되는 것을 말한다).

〈수미의 소비상황〉

서점에서 여행서적(정가 각 3만 원) 3권과 DVD 1매(정가 1만 원)를 구입(직전 1개월간 A신용카드 사용금액은 15만 원이며, D신용카드는 가입 후 미사용 상태임)

〈각종 신용카드의 혜택〉

| | |
|---|---|
| A신용카드 | ○○테마파크 이용 시 본인과 동행 1인의 입장료의 20% 현장 할인(단, 직전 1개월 간 A신용카드 사용금액이 30만 원 이상인 경우에 한함) |
| B신용카드 | 문화 관련 가맹업 이용 시 총액의 10% 청구 할인(단, 할인되는 금액은 5만 원을 초과할 수 없음) |
| C신용카드 | 이용시마다 사용금액의 10%를 포인트로 즉시 적립. 사용금액이 10만 원을 초과하는 경우에는 사용금액의 20%를 포인트로 즉시 적립 |
| D신용카드 | 가입 후 2만 원 이상에 상당하는 도서류(DVD 포함) 구매 시 최초 1회에 한하여 1만 원 상당의 문화상품권 증정(단, 문화상품권은 다음달 1일에 일괄 증정) |

① A신용카드
② B신용카드
③ C신용카드
④ D신용카드

**| 53~54 | 다음 환율표를 보고 질문에 답하시오.**

| 통화명 | 매매 기준율 | 현찰 | | 송금 | |
|---|---|---|---|---|---|
| | | 살 때 | 팔 때 | 보낼 때 | 받을 때 |
| 미국(USD) | 1,116.50 | 1,136.03 | 1,096.97 | 1,127.40 | 1,105.60 |
| 유럽연합(EUR) | 1,354.43 | 1,381.38 | 1,327.48 | 1,367.97 | 1,340.89 |
| 일본(JPY100엔) | 1,066.63 | 1,085.29 | 1,047.97 | 1,077.08 | 1,056.18 |
| 중국(CNY) | 172.81 | 181.45 | 164.17 | 174.53 | 171.09 |
| 러시아(RUB) | 153.45 | 15.78 | 13.13 | 14.89 | 14.61 |
| 캐나다(CAD) | 874.93 | 892.16 | 857.70 | 883.67 | 866.19 |

**53.** K 대리는 600달러를 송금 받은 후 400유로를 송금하려고 한다. 이때 통장 잔액은? (단, 송금 받기 전 통장 잔액은 고려하지 않는다)

① 112,740원
② 116,172원
③ 127,004원
④ 129,252원

**54.** J 사원은 러시아로 350,000루블을 송금하려고 한다. 이때 J가 환전해야 하는 원화는?

① 5,523,000원
② 5,211,500원
③ 5,113,500원
④ 4,595,500원

**55.** 어떤 사람이 가격이 1,000만 원인 자동차를 구매하기 위해 은행에서 상품 A, B, C에 대해 상담을 받았다. 다음 상담 내용을 참고하여 보기에서 옳은 것을 고르시오.(단, 총비용으로 은행에 내야하는 금액과 수리비만을 고려하고, 등록비용 등 기타 비용은 고려하지 않는다)

가. A상품
고객님이 자동차를 구입하여 소유권을 취득하실 때, 은행이 자동차 판매자에게 즉시 구입금액 1,000만 원을 지불해드립니다. 그리고 그 날부터 매월 1,000만 원의 1%를 이자로 내시고, 1년이 되는 시점에 1,000만 원을 상환하시면 됩니다.

나. B상품
고객님이 원하시는 자동차를 구매하여 고객님께 전달해 드리고, 고객님께서는 1년 후에 자동차 가격에 이자를 추가하여 총 1,200만 원을 상환하시면 됩니다. 자동차의 소유권은 고객님께서 1,200만 원을 상환하시는 시점에 고객님께 이전되며, 그 때까지 발생하는 모든 수리비는 저희가 부담합니다.

다. C상품
고객님이 원하시는 자동차를 구매하여 고객님께 임대해 드립니다. 1년 동안 매월 90만원의 임대료를 내시면 1년 후에 그 자동차는 고객님의 소유가 되며, 임대기간 중 발생하는 모든 수리비는 저희가 부담합니다.

〈보기〉
㉠ 사고 여부와 관계없이 자동차 소유권 취득 시까지의 총비용 측면에서 B상품보다 C상품을 선택하는 것이 유리하다.
㉡ 최대한 빨리 자동차 소유권을 얻고 싶다면 A상품을 선택하는 것이 다른 두 선택지보다 유리하다.
㉢ 자동차 소유권을 얻기까지 은행에 내야 하는 총금액은 A상품이 가장 적다.
㉣ 1년 내에 사고가 발생해 50만 원의 수리비가 소요될 것으로 예상한다면 총비용 측면에서 A상품보다 B, C상품을 선택하는 것이 유리하다.

① ㉠㉡                    ② ㉡㉢
③ ㉠㉡㉢                  ④ ㉡㉢㉣

**56.** KB의 OO예금 상품에 관한 설명의 일부이다. 다음 중 내용을 잘못 이해한 것은?

〈KB OO예금〉
가. 상품특징
　인터넷뱅킹, KB스타뱅킹, 콜센터를 통해서만 가입 가능한 Digital KB 대표 정기예금으로, 자동 만기관리부터 분할인출까지 가능한 편리한 온라인 전용 정기예금
나. 가입대상
　개인 및 개인사업자
다. 계약기간
　1개월 이상 36개월 이하(월단위)
라. 가입금액
　1백만 원 이상(추가입금 불가)
마. 기본이율(세금공제 전, 2021.09.24 기준)
　• 신규(또는 재예치)일 당시 영업점 및 인터넷 홈페이지에 고시한 계약기간별 「기본이율」 적용

| 계약기간 | 1개월 이상 3개월 미만 | 3개월 이상 6개월 미만 | 6개월 이상 12개월 미만 |
|---|---|---|---|
| 기본이율 | 0.50 | 0.60 | 0.70 |

| 계약기간 | 12개월 이상 24개월 미만 | 24개월 이상 36개월 미만 | 36개월 |
|---|---|---|---|
| 기본이율 | 0.70 | 0.80 | 0.90 |

바. 이자지급시기
　• 만기일시지급식 : 만기(후) 또는 중도해지 요청 시 이자를 지급

사. 이자계산방법(산출근거)(세전)
　• 신규일부터 만기일 전일까지의 기간에 대하여 약정이율로 계산한 금액(원미만 절사)
　※ 이자계산 산식 : 신규금액×약정이율×약정개월수/12
아. 중도해지이율(산출근거)(세금공제 전, 2021.09.24 기준)
　• 긴급 자금수요 등으로 중도해지할 경우 정기예금 중도해지이자율에 비해 회전식 정기예금이 유리할 수 있음
　• 신규가입일 당시 영업점 및 인터넷 홈페이지에 고시한 예치기간별 중도해지이율 적용

| 예치기간 | 이율 |
|---|---|
| 1개월 미만 | 0.1 |
| 1개월 이상 ~3개월 미만 | 기본이율×50%×경과월수/계약월수 (단, 최저금리는 0.1) |
| 3개월 이상 ~6개월 미만 | 기본이율×50%×경과월수/계약월수 (단, 최저금리는 0.1) |
| 6개월 이상 ~8개월 미만 | 기본이율×60%×경과월수/계약월수 (단, 최저금리는 0.2) |
| 8개월 이상 ~10개월 미만 | 기본이율×70%×경과월수/계약월수 (단, 최저금리는 0.2) |
| 10개월 이상 ~11개월 미만 | 기본이율×80%×경과월수/계약월수 (단, 최저금리는 0.2) |
| 11개월 이상 | 기본이율×90%×경과월수/계약월수 (단, 최저금리는 0.2) |

　－ 기본이율 : 신규가입일 당시 영업점에 고시된 계약기간별 이율(이대이율 제외)
　－ 경과월수 : 입금일 다음날로부터 해지월 입금 해당일까지를 월수로 하고, 1개월 미만은 절상
　－ 계약월수 : 신규일 다음날로부터 만기월 신규 해당일까지를 월수로 하고, 1개월 미만은 절상
　－ 이율은 소수점 둘째 자리까지 표시(소수점 셋째 자리에서 절사)

① 가입기간이 16개월인 사람과 20개월인 사람의 이율은 동일하다.

② 가입 시 3백만 원으로 가입할 수 있으며 추가적으로 입금도 할 수 있다.

③ 개인이 2백만 원으로 24개월을 계약하였다면 세전이자는 32,000원이다.

④ 예치기간이 3개월인 상태에서 중도해지를 한 이율과 5개월인 상태에서 중도해지를 한 이율은 같다.

**57.** 다음의 (가), (나)는 100만 원을 예금했을 때 기간에 따른 이자에 대한 표이다. 이에 대한 설명으로 옳은 것은? (단, 예금할 때 약정한 이자율은 변하지 않는다)

| 구분 | 1년 | 2년 | 3년 |
|------|------|------|------|
| (가) | 50,000원 | 100,000원 | 150,000원 |
| (나) | 40,000원 | 81,600원 | 124,864원 |

ⓐ (가)는 단순히 원금에 대한 이자만을 계산하는 이자율이 적용되었다.

ⓑ (가)의 경우, 매년 물가가 5% 상승할 경우(원금+이자)의 구매력은 모든 기간에 같다.

ⓒ (나)의 경우, 매년 증가하는 이자액은 기간이 길어질수록 커진다.

ⓓ (나)와 달리 (가)와 같은 이자율 계산 방법은 현실에서는 볼 수 없다.

① ㄱ, ㄷ      ② ㄱ, ㄹ

③ ㄴ, ㄹ      ④ ㄴ, ㄷ

┃58~59┃ 다음 KB 주택담보대출 상품 설명을 보고 질문에 답하시오

〈KB 주택담보대출〉

가. 상품특징
- 24/365 언제 어디서나 영업점 방문 없이 가능한 비대면 부동산 담보대출
- 혼합금리와 변동금리, 기간 등 자유롭게 선택 가능

나. 대출대상
- 주택을 담보로 대출을 신청하는 고객
  - 주택자금대출 : 주택 취득 예정 또는 소유권이전등기 접수일로부터 3개월 이내
  - 생활안전자금대출 : 소유권이전등기 접수일로부터 3개월 초과

| 구분 | KB시세가 있는 경우 | KB시세가 없는 경우 |
|------|------|------|
| 주택구입자금 | 11영업일(대출신청일 포함) ~ 50일 이내 | 15영업일(대출신청일 포함) ~ 50일 이내 |
| 생활안전자금 | 11영업일(대출신청일 포함) ~ 50일 이내 | 15영업일(대출신청일 포함) ~ 50일 이내 |

다. 대출한도
담보조사 가격 범위 내에서 담보평가 및 소득금액, 담보물건지 지역 등에 따른 대출가능금액 이내

라. 대출서류
- 필수준비 서류
  ※ 대출대상 주택의 전입세대열람내역(동거인 포함)
  ※ 매매계약서 또는 등기권리증(공동명의인 경우, 공동명의자 등기권리증 포함)
- 필요시 제출 서류(해당되는 경우 제출)
  ※ 장애인증명서(소유권이전 전 또는 이전 후 3개월 이내 신청 시 해당고객)
  ※ 배우자의 주민등록등본(세대 분리된 경우)
  ※ 세대원의 기본증명서(미성년자등 필요시)

※ 전/월세계약서(전세금반환자금 또는 세입자가 있는 경우)
• 간편제출서류(공동인증서로 제출)

　※ 주민등록등본

　※ 주민등록초본(과거주소이력포함)

　※ 재직 및 소득증빙서류

　　– 발급서류는 최근 1개월 이내 발급분이어야 하며 간편서
　　류제출이 불가한 경우 해당 서류도 준비하셔야 합니다.

마. 주요 대출 불가사항

• 대출신청인이 미성년자, 외국인, 시민권자, 영주권
자, 재외국민인 경우
• 배우자가 아닌 제3자와 공동명의인 경우
• 신용정보집중기관 및 신용정보회사에 정보가 등록된
경우
• 대상 물건의 전입세대열람내역(동거인 포함)상에 매
도인, 본인 이외 다른 세대 또는 동거인이 전입되어
있는 경우
• 가압류, 별도등기 등 권리침해가 있는 경우

바. 대출 추가 심사가 필요한 경우

• 주민등록 또는 전입세대 열람 시 무상거주자가 있는
경우
• 배우자와 세대가 분리된 경우
• 해당 물건에 전/월세 계약이 있는 경우
• 세입자 퇴거조건, 직권말소 신청조건 등 조건부 대
출인 경우

　※ 위와 같은 제약 조건이 있는 경우 추가 서류 제출 및
　　영업점 방문 요청이 있을 수 있습니다.

**58.** 다음 중 대출이 불가능한 사항에 해당하지 않는 내용은?

① 대출신청인이 영주권자인 경우
② 가압류와 같이 권리침해 이력이 있는 경우
③ 대상 물건의 전입세대열람내역상에 본인 말고 동거인
이 전입되어 있는 경우
④ 신용정보집중기관에 정보가 등록 되어있지 않은 경우

**59.** 위의 상품설명서를 참고했을 때, 필요한 서류가 아닌 것은?

① 대출대상 주택의 동거인을 포함한 전입세대열람내역
② 해당 물건에 세입자가 있는 경우 월/전세계약서
③ 배우자와 세대가 분리되어 있는 경우 배우자의 기본증
명서
④ 공동명의인 경우 공동명의자의 등기권리증

**60.** 다음에 대한 설명으로 옳지 않은 것은?

〈표1〉 유럽 5대 협동조합은행 당기순이익 및
당기순이익 점유비 추이

(단위 : 억 유로, %)

| 구분 | | 2015년 | 2016년 | 2017년 | 2018년 | 2020년 |
|---|---|---|---|---|---|---|
| 네덜란드 라보뱅크 | 5대 협동조합은행 당기순이익 점유비 | 27.2 | 52.1 | 62.9 | 42.3 | 47.3 |
| | 당기순이익 (억 유로) | 2,012 | 2,058 | 2,627 | 2,772 | 2,008 |
| 프랑스 크레디아그리꼴 (당기순이익) | | 2,505 | -6,389 | -1,470 | 1,263 | 1,125 |
| 핀란드 OP-Pohjola (당기순이익) | | 672 | 470 | 438 | 440 | 338 |
| 오스트리아 라이파이젠 (당기순이익) | | 756 | 641 | 728 | 1,168 | 571 |
| 독일 DZ Bank (당기순이익) | | 1,467 | 969 | 609 | 1,125 | 346 |

〈표2〉 2020년 세계 주요 은행 경영지표 비교

(단위 : 억 달러, %)

| 구분 | 자산 | BIS비율 | 대출비중 (자산대비) | 부실 채권 비율 |
|---|---|---|---|---|
| 라보뱅크 (27위) | 9,298 | 19.8 | 74.3 | 2.9 |
| 크레디아그리꼴 (13위) | 23,536 | 16.3 | 48.4 | 3.4 |
| 세계 10대 은행 평균 | 23,329 | 14.6 | 47.9 | 2.5 |
| 국내 5대 은행 평균 | 284 | 13.6 | 58.9 | 2.3 |

※ BIS비율 … BIS(Bank for International Settlement ; 국제결제은행)가 정한 은행의 위험자산(부실채권) 대비 자기자본비율로 이 비율이 높을수록 은행의 위기상황 대처능력이 높다고 할 수 있다.

① 글로벌 금융위기(2013년) 이후 라보뱅크는 매년 2,000억 유로 이상의 당기순이익을 보이고 있다.

② 4라보뱅크의 5대 협동조합은행 당기순이익 점유비로 말미암아 라보뱅크는 다른 협동조합은행에 비해 수익 구조의 건전성이 우수한 것으로 나타나고 있다.

③ BIS비율 수치를 봤을 때 국내 5대 은행이 세계 10대 은행보다 위기상황 대처능력이 높다.

④ 라보뱅크보다 자산규모에서 2배 이상 큰 프랑스 크레디아그리꼴의 당기순이익은 급등락을 반복하고 있다.

**61.** '이것'은 자전거, 승용차, 버스, 택시, 철도, 비행기 등 모든 운송수단(모빌리티)의 서비스화를 의미한다. '이것'이 상용화되면 하나의 통합된 플랫폼에서 모빌리티 검색 · 예약 · 결제 서비스가 일괄 제공되고, 차량은 구매하는 대신 공유 또는 구독할 수 있게 된다. '이것'은 무엇인가?

① 마스(MaaS)

② P2P

③ 스마트 공조 시스템

④ 인포테인먼트 응용 서비스

**62.** 다음 중 증강현실(AR) 기술을 이용 혹은 활용할 수 있는 국내외 사례로 가장 적절하지 않은 것은?

① 스마트폰 카메라로 신용 · 직불 카드를 비추면 결제 금액 및 거래 내역을 제시해주는 서비스

② 절차를 간소화하고 자동화하기 위해 스마트 계약 등을 활용하여 자회사 간, 국가 간 운영되는 청산결제 시스템을 대체하는 서비스

③ 자동차 대출 앱을 사용하여 관심 있는 자동차를 스캔하면 동일 모델에 대한 가격, 대출한도, 대출금리, 월 상환 금액 등의 정보를 제공하는 서비스

④ 자회사 회원이 관계사 영업점이나 쿠폰 제휴사 매장 근처에서 앱을 실행하면, 스마트폰 화면에 다양한 쿠폰 아이콘이 자동으로 나타나고 이를 터치하면 쿠폰이 지급되는 서비스

**63.** 최근 코로나 19 확산으로 인해 극장 관객 수가 급감하면서 영화 제작사 및 배급사들이 극장 개봉 대신 VOD, 온라인 개봉 등을 선택하고 있다. '이것'을 기반으로 한 스트리밍 서비스 이용자가 증가한 이유와도 맞물린다. '이것'의 대표적인 플랫폼으로는 '넷플릭스'가 있는데, '이것'은 무엇인가?

① OTT 서비스
② 멀티플렉스
③ VR
④ 콘텐츠 식별 기술

**64.** 다음 중 전자화폐 및 가상화폐에 대한 설명으로 옳지 않은 것은?

① 전자화폐는 전자적 매체에 화폐의 가치를 저장한 후 물품 및 서비스 구매 시 활용하는 결제 수단이며, 가상화폐는 전자화폐의 일종으로 볼 수 있다.
② 전자화폐는 발행, 사용, 교환 등의 절차에 관하여 법률에서 규정하고 있으나, 가상화폐는 별도로 규정하고 있지 않다.
③ 가상화폐인 비트코인은 분산원장기술로 알려진 블록체인을 이용한다.
④ 가상화폐인 비트코인은 전자화폐와 마찬가지로 이중지불(Double Spending)문제가 발생하지 않는다.

**65.** OECD 개인정보보호 8개 원칙 중 다음에서 설명하는 것은?

> 개인정보 침해, 누설, 도용을 방지하기 위한 물리적 · 조직적 · 기술적인 안전조치를 확보해야 한다.

① 수집 제한의 원칙
② 이용 제한의 원칙
③ 정보 정확성의 원칙
④ 안전성 확보의 원칙

**66.** 디지털 서명에 대한 설명으로 옳은 것을 〈보기〉에서 모두 고른 것은?

> 〈보기〉
> ㉠ 디지털 서명은 부인방지를 위해 사용할 수 있다.
> ㉡ 디지털 서명 생성에는 개인키를 사용하고 디지털 서명 검증에는 공개키를 사용한다.
> ㉢ 해시 함수와 공개키 암호를 사용하여 생성된 디지털 서명은 기밀성, 인증, 무결성을 위해 사용할 수 있다.

① ㉠㉡
② ㉡㉢
③ ㉠㉢
④ ㉠㉡㉢

**67.** 사진이나 동영상 등의 디지털 콘텐츠에 저작권자나 판매자 정보를 삽입하여 원본의 출처 정보를 제공하는 기술은?

① 디지털 사이니지
② 디지털 워터마킹
③ 디지털 핑거프린팅
④ 콘텐츠 필터링

**68.** 사용자 생활환경 안에서 자연스럽게 요구 사항을 인지하여 필요한 서비스를 제공하며 인터페이스를 최소화하는 것은?

① 제로 UI
② NUX
③ GUI
④ SMI

**69.** 다음 〈보기〉 중 정보보호 및 개인정보보호 관리체계인증 (ISMS – P)에 대한 설명으로 적절한 것을 모두 고르면?

〈보기〉
㉠ 정보보호 관리체계 인증만 선택적으로 받을 수 있다.
㉡ 개인정보 제공뿐만 아니라 파기할 때 보호조치도 포함한다.
㉢ 위험 관리 분야의 인증기준은 보호대책 요구사항 영역에서 규정한다.
㉣ 관리체계 수립 및 운영 영역은 Plan, Do, Check, Act의 사이클에 따라 지속적이고 반복적으로 실행되는지 평가한다.

① ㉠㉡
② ㉡㉣
③ ㉢㉣
④ ㉠㉡㉣

**70.** 다중 작업이란 의미로, 여러 개의 프로그램을 열어두고 다양한 작업을 동시에 진행하는 것으로 예를 들면 MP3 음악을 들으면서 워드프로세서 작업을 하다가 인터넷에서 파일을 다운로드하는 것 등의 작업을 무엇이라고 하는가?

① 네트워크 컴퓨팅
② 멀티태스킹
③ 그리드 컴퓨팅
④ 펌웨어

**71.** 경기불황과 1인 가구가 증가하면서 공유경제가 확산되고 있다. 공유경제 디지털 플랫폼으로 적절하지 않은 것은?

① 에어비앤비
② 현대셀렉션
③ 위워크
④ 우버

**72.** 첨단 기기에 익숙해진 현대인의 뇌에서 회백질 크기가 감소하여 현실에 무감각해지는 현상을 의미하는 용어는?

① 팝콘 브레인
② 디지털 치매
③ 필터 버블
④ 소셜 큐레이션

**73.** 다음 보기에서 설명하는 효과와 관련이 높은 것은?

• 탄소배출량을 저감시키는 효과로 녹색경영이 가능하다.
• 시간과 장소에 구애받지 않는 유연한 업무환경을 제공한다.
• 클라우드 컴퓨팅 기술, 화상회의 등의 기술로 원격 업무가 가능하다.
• 다양한 기기로 근무가 가능하다.
• 결제 프로세서를 간략하게 하여 시간을 단축한다.

① 긱 워커(Gig Worker)
② 공유 오피스
③ 온디맨드(On Demand)
④ 스마트 워크(Smart Work)

**74.** 차량사물통신인 V2X의 통신으로 적절하지 않은 것은?

① V2V(Vehicle to Vehicle)
② V2I(Vehicle to Infrastructure)
③ V2R(Vehicle to Road)
④ V2P(Vehicle to Pedestrian)

**75.** 일론 머스크는 뇌에 칩을 이식한 거트루드(Ger trude)를 공개하였다. 거트루드의 뇌에서 보낸 신호를 컴퓨터로 전송하여 모니터에서 볼 수 있는 것을 가능하게 만들 때 사용된 기술은?

① ANN(Artificial Neural Network)
② 딥러닝(Deep Learning)
③ VR(Virtual Reality)
④ BCI(Brain Computer Interface)

**76.** 다음 중 웨어러블 기기에 해당하지 않는 것은?

① 스마트 의류
② 무선 이어폰
③ 로봇 청소기
④ 스마트 패치

**77.** 종이 없는 사무실 실현을 위한 수단 중에 하나로 다양한 문서의 작성부터 폐기까지의 전 과정을 통합적으로 관리하기 위한 시스템을 의미하는 것은?

① LMS                  ② EDMS
③ eQMS                 ④ EDI

**78.** 개인화된 데이터를 의미하는 것으로 다량의 데이터를 통해 '나'의 존재를 정량화하거나 입체화하여 분석하는 것으로 개인의 특성을 파악하여 디지털 자아의 탄생을 표현하는 데이터를 의미하는 것은?

① 빅데이터
② 다크 데이터
③ 패스트 데이터
④ 스몰 데이터

**79.** 코로나 시기에 카카오 브런치 어플 사용자가 증가하면서 게시글의 작성자가 증가하였다. 멜론과 같은 음악 스트리밍 어플에서도 인기 차트 중심보다 자신의 취향별 플레이 리스트를 듣는 이용자가 증가하는 추세이다. 인터넷에서 콘텐츠 생산에 영향을 미치는 이들을 일컫는 용어는?

① 유비노마드
② 리뷰슈머
③ 트라이슈머
④ 디지털 프로슈머

**80.** 블록체인 기술을 활용하여 만드는 디지털 신분인 DID(Decentralized Identifiers)에 대한 설명으로 적절하지 않은 것은?

① 모바일 신분증에 활용될 수 있다.
② 개인정보를 중앙기관에서 저장하여 관리한다.
③ 공동인증서 없이 휴대폰 인증만으로 전자상거래를 할 수 있다.
④ 발급자, 소유자, 검증자, 저장소가 필요하다.

## 03 상식

**81.** 선호는 일당 100,000원의 일일 아르바이트를 포기하고 친구들과 놀이공원에 갔다. 교통비 10,000원과 입장료 35,000원을 지불하였을 때 선호의 기회비용은 얼마인가?

① 50,000원

② 45,000원

③ 100,000원

④ 145,000원

**82.** 다음 중 지방세를 부과하는 항목에 해당되지 않는 것은?

① 주류

② 담배

③ 자동차

④ 주택

**83.** 자동차 생산량과 가격을 나타낸 표이다. 2020년 실질 GDP와 GDP 디플레이터로 옳은 것은 무엇인가? (단, 기준은 2019년이며 자동차만 생산한다.)

| 연 | 가격 | 생산량 |
|------|------|--------|
| 2019 | 25 | 120 |
| 2020 | 40 | 135 |

| | 실질 GDP | GDP 디플레이터 |
|---|----------|----------------|
| ① | 4,800 | 150 |
| ② | 5,620 | 150 |
| ③ | 5,400 | 160 |
| ④ | 3,375 | 160 |

**84.** 인플레이션이 4% 상승할 것으로 예상했으나 실제로는 6%로 상승한 경우, 예상하지 못한 인플레이션으로 이득을 얻는 경제주체는?

① 국채에 투자한 국민연금

② 2년간의 임금계약이 만료되지 않은 노동조합 소속의 근로자

③ 채권자

④ 정부

**85.** 다음 중 성격이 다른 유형 하나는 무엇인가?

① 소비자의 구매량에 따라 가격을 다르게 부과한다.

② 전기요금은 소비자 사용량에 따라 상이하다.

③ 구매량이 높아질수록 소비자들은 단일 가격을 책정하는 경우보다 이윤을 얻을 수 있다.

④ 기업이 소비자의 소비패턴을 파악하여 유보가격을 매길 수 있다.

**86.** 디플레이션의 영향을 순서대로 나열한 것은 무엇인가?

> ㉠ 소비위축
> ㉡ 상품가격 하락
> ㉢ 채무자의 채무부담
> ㉣ 경기침체 가속
> ㉤ 생산 및 고용 감소

① ㉠ - ㉡ - ㉤ - ㉣ - ㉢

② ㉠ - ㉢ - ㉡ - ㉣ - ㉤

③ ㉢ - ㉡ - ㉠ - ㉣ - ㉤

④ ㉢ - ㉤ - ㉣ - ㉠ - ㉡

**87.** 개인의 저축 증가가 국가적 저축 증가로 연결되지 않는 현상은 무엇인가?

① 승자의 저주
② 구축 효과
③ 절대 우위론
④ 저축의 역설

**88.** 물가지수에 대한 설명으로 옳지 않은 것은?

① 신축주택가격은 소비자물가지수에 포함된다.
② 수입품은 소비자물가지수에 포함된다.
③ 파셰가격지수는 GDP디플레이터와 성질이 같다.
④ 소비자물가지수는 라스파이레스 방식으로 작성한다.

**89.** 이탈리아 통계학자가 제시한 법칙에서 나온 것으로, 소득 분배의 불평등을 나타내는 수치는 무엇인가?

① 지니계수
② 엥겔지수
③ 위대한 개츠비 곡선
④ 로렌츠곡선

**90.** 채무자가 공사채나 은행 융자, 외채 등의 원리금 상환 만기일에 지불 채무를 이행할 수 없는 상태는?

① 디폴트
② 환형유치
③ 엠바고
④ 워크아웃

**91.** 호경기 때 소비재 수요증가와 더불어 상품의 가격이 노동자의 화폐임금보다 급격히 상승하게 되어, 노동자의 임금이 상대적으로 저렴해지는 것과 관련성이 높은 효과는?

① 전시 효과
② 리카도 효과
③ 톱니 효과
④ 베블런 효과

**92.** 다음 (    ) 안에 들어갈 알맞은 말은?

> (    )은/는 원래 프랑스에서 비롯된 제도이다. 독일은 제1차 세계대전 이후 엄청난 전쟁배상금 지급을 감당할 수 없어 (    )을/를 선언했고 미국도 대공황 기간 중인 1931년 후버 대통령이 전쟁채무의 배상에 대하여 1년의 지불유예를 한 적이 있는데 이를 후버 (    )라/이라 불렀다고 한다. 이외에도 페루, 브라질, 멕시코, 아르헨티나, 러시아 등도 (    )을/를 선언한 바가 있다.

① 모블로그
② 모라토리엄 신드롬
③ 서브프라임 모기지론
④ 모라토리엄

**93.** 다음 (　　) 안에 들어갈 알맞은 말은?

> 니콜라스 탈레브는 그의 책에서 (　　)을/를 '과거의 경험으로 확인할 수 없는 기대 영역 바깥쪽의 관측 값으로, 극단적으로 예외적이고 알려지지 않아 발생가능성에 대한 예측이 거의 불가능하지만 일단 발생하면 엄청난 충격과 파장을 가져오고, 발생 후에야 적절한 설명을 시도하여 설명과 예견이 가능해지는 사건'이라고 정의했다. 이것의 예로 20세기 초에 미국에서 일어난 경제대공황이나 9·11 테러, 구글(Google)의 성공 같은 사건을 들 수 있다. 최근 전 세계를 강타한 미국발 세계금융위기도 포함된다.

① 블랙 스완　　　　　② 그레이 스완

③ 어닝 쇼크　　　　　④ 더블 딥

**94.** 다음 중 환율이 상승함으로써 수입과 수출에 미치는 영향을 바르게 나타낸 것은?

① 수출촉진, 수입억제

② 수출억제, 수입억제

③ 수출촉진, 수입촉진

④ 수출억제, 수입촉진

**95.** 지니계수(Gini Coefficient)를 증가시켜 소득분배를 불균등하게 하는 요인은?

① 금리인상　　　　　② 무료급식제도

③ 상속세　　　　　　④ 의무교육제도

**96.** 다음 중 주식과 사채(社債)의 차이점으로 적절하지 않은 것은?

① 주식은 채무가 아니나 사채는 회사 채무이다.

② 사채권자는 주주총회에서의 의결권이 없으며 경영에 참가할 수 없다.

③ 회사는 사채에 대해 일정 기간 동안의 이자를 지불하고 만기일에 사채의 시가(時價)를 상환해야 한다.

④ 회사가 해산되었을 경우 사채가 완불되지 않으면 주주는 잔여재산분배를 받을 수 없다.

**97.** 다음 (　　) 안에 들어갈 알맞은 말은?

> (　　)은/는 사회 공헌에 노력하는 기업들을 거래소에서 심사·선정함으로써, 투자자들에게는 장기적으로 지속 가능한 기업을 쉽게 선별할 수 있도록 하고, 자산 운용사들에게는 펀드의 포트폴리오 구성을 위한 추가적인 기준을 제시한다. 이미 세계 많은 나라에서는 (　　)이/가 사용되고 있는데, 미국에서의 한 조사 결과에 따르면 1993년에서 2006년 까지 (　　)의 수익률이 평균 시장지수(모건 스탠리 지수)의 수익률을 크게 앞질렀다고 한다.

① 엥겔지수

② 거래량지수

③ SRI지수

④ 슈바베지수

**98.** 다음 설명이 뜻하는 용어는?

> 대규모의 자금이 필요한 석유, 탄광, 조선, 발전소, 고속도로 건설 등의 사업에 흔히 사용되는 방식으로 선진국에서는 보편화된 금융기법이다. 은행 등 금융기관이 사회간접자본 등 특정사업의 사업성과 장래의 현금흐름을 보고 자금을 지원한다.

① 프로젝트 파이낸싱
② 액면병합
③ 파생금융상품
④ 온디맨드


**99.** 다음 중 소득이 떨어져도 소비수준이 변하지 않는 현상은?

① 도플러 효과
② 잠재가격
③ 의존 효과
④ 관성 효과


**100.** 생산자 물가지수에 대한 설명으로 옳지 않은 것은?

① 한국은행에서 작성한다.
② 상품 및 서비스의 수급동향을 파악할 수 있다.
③ 상품 및 서비스의 경기동향을 판단할 수 있다.
④ 가계가 소비하는 서비스의 가격수준 및 변동을 파악할 수 있다.

# 국민은행 신입행원 채용대비 기출동형 모의고사

성명 | 

| 문항 | 1 | 2 | 3 | 4 | 문항 | 1 | 2 | 3 | 4 | 문항 | 1 | 2 | 3 | 4 | 문항 | 1 | 2 | 3 | 4 |
|---|---|---|---|---|---|---|---|---|---|---|---|---|---|---|---|---|---|---|---|
| 1 | ① | ② | ③ | ④ | 26 | ① | ② | ③ | ④ | 51 | ① | ② | ③ | ④ | 76 | ① | ② | ③ | ④ |
| 2 | ① | ② | ③ | ④ | 27 | ① | ② | ③ | ④ | 52 | ① | ② | ③ | ④ | 77 | ① | ② | ③ | ④ |
| 3 | ① | ② | ③ | ④ | 28 | ① | ② | ③ | ④ | 53 | ① | ② | ③ | ④ | 78 | ① | ② | ③ | ④ |
| 4 | ① | ② | ③ | ④ | 29 | ① | ② | ③ | ④ | 54 | ① | ② | ③ | ④ | 79 | ① | ② | ③ | ④ |
| 5 | ① | ② | ③ | ④ | 30 | ① | ② | ③ | ④ | 55 | ① | ② | ③ | ④ | 80 | ① | ② | ③ | ④ |
| 6 | ① | ② | ③ | ④ | 31 | ① | ② | ③ | ④ | 56 | ① | ② | ③ | ④ | 81 | ① | ② | ③ | ④ |
| 7 | ① | ② | ③ | ④ | 32 | ① | ② | ③ | ④ | 57 | ① | ② | ③ | ④ | 82 | ① | ② | ③ | ④ |
| 8 | ① | ② | ③ | ④ | 33 | ① | ② | ③ | ④ | 58 | ① | ② | ③ | ④ | 83 | ① | ② | ③ | ④ |
| 9 | ① | ② | ③ | ④ | 34 | ① | ② | ③ | ④ | 59 | ① | ② | ③ | ④ | 84 | ① | ② | ③ | ④ |
| 10 | ① | ② | ③ | ④ | 35 | ① | ② | ③ | ④ | 60 | ① | ② | ③ | ④ | 85 | ① | ② | ③ | ④ |
| 11 | ① | ② | ③ | ④ | 36 | ① | ② | ③ | ④ | 61 | ① | ② | ③ | ④ | 86 | ① | ② | ③ | ④ |
| 12 | ① | ② | ③ | ④ | 37 | ① | ② | ③ | ④ | 62 | ① | ② | ③ | ④ | 87 | ① | ② | ③ | ④ |
| 13 | ① | ② | ③ | ④ | 38 | ① | ② | ③ | ④ | 63 | ① | ② | ③ | ④ | 88 | ① | ② | ③ | ④ |
| 14 | ① | ② | ③ | ④ | 39 | ① | ② | ③ | ④ | 64 | ① | ② | ③ | ④ | 89 | ① | ② | ③ | ④ |
| 15 | ① | ② | ③ | ④ | 40 | ① | ② | ③ | ④ | 65 | ① | ② | ③ | ④ | 90 | ① | ② | ③ | ④ |
| 16 | ① | ② | ③ | ④ | 41 | ① | ② | ③ | ④ | 66 | ① | ② | ③ | ④ | 91 | ① | ② | ③ | ④ |
| 17 | ① | ② | ③ | ④ | 42 | ① | ② | ③ | ④ | 67 | ① | ② | ③ | ④ | 92 | ① | ② | ③ | ④ |
| 18 | ① | ② | ③ | ④ | 43 | ① | ② | ③ | ④ | 68 | ① | ② | ③ | ④ | 93 | ① | ② | ③ | ④ |
| 19 | ① | ② | ③ | ④ | 44 | ① | ② | ③ | ④ | 69 | ① | ② | ③ | ④ | 94 | ① | ② | ③ | ④ |
| 20 | ① | ② | ③ | ④ | 45 | ① | ② | ③ | ④ | 70 | ① | ② | ③ | ④ | 95 | ① | ② | ③ | ④ |
| 21 | ① | ② | ③ | ④ | 46 | ① | ② | ③ | ④ | 71 | ① | ② | ③ | ④ | 96 | ① | ② | ③ | ④ |
| 22 | ① | ② | ③ | ④ | 47 | ① | ② | ③ | ④ | 72 | ① | ② | ③ | ④ | 97 | ① | ② | ③ | ④ |
| 23 | ① | ② | ③ | ④ | 48 | ① | ② | ③ | ④ | 73 | ① | ② | ③ | ④ | 98 | ① | ② | ③ | ④ |
| 24 | ① | ② | ③ | ④ | 49 | ① | ② | ③ | ④ | 74 | ① | ② | ③ | ④ | 99 | ① | ② | ③ | ④ |
| 25 | ① | ② | ③ | ④ | 50 | ① | ② | ③ | ④ | 75 | ① | ② | ③ | ④ | 100 | ① | ② | ③ | ④ |

수험번호

| ⓪ | ⓪ | ⓪ | ⓪ | ⓪ | ⓪ | ⓪ | ⓪ |
|---|---|---|---|---|---|---|---|
| ① | ① | ① | ① | ① | ① | ① | ① |
| ② | ② | ② | ② | ② | ② | ② | ② |
| ③ | ③ | ③ | ③ | ③ | ③ | ③ | ③ |
| ④ | ④ | ④ | ④ | ④ | ④ | ④ | ④ |
| ⑤ | ⑤ | ⑤ | ⑤ | ⑤ | ⑤ | ⑤ | ⑤ |
| ⑥ | ⑥ | ⑥ | ⑥ | ⑥ | ⑥ | ⑥ | ⑥ |
| ⑦ | ⑦ | ⑦ | ⑦ | ⑦ | ⑦ | ⑦ | ⑦ |
| ⑧ | ⑧ | ⑧ | ⑧ | ⑧ | ⑧ | ⑧ | ⑧ |
| ⑨ | ⑨ | ⑨ | ⑨ | ⑨ | ⑨ | ⑨ | ⑨ |

# 국민은행
# 신입행원 채용대비

# - 정답 및 해설 -

## 01 직업기초능력

**1** ④

④ 환율이 오르면 수입업체들이 수입 대금을 지불하기 위해 사용하는 원화가 많아지기 때문에 수입 단가가 올라가게 된다.


**2** ③

정부에서는 통일벼 재배를 적극 권장하며, 비싼 가격으로 농민들에게 쌀을 사들이고 저렴한 가격으로 이를 보급하는 이중곡가제를 실시하였다.
① 본격적으로 보급된 시기는 1972년이며, 재배면적이 확대된 시기는 1976년이다.
② 주어진 글에 언급되지 않은 내용이다.
④ 비탈립성은 낟알이 떨어지지 않는 특성을 말하며, 통일벼는 낟알이 쉽게 떨어져나가는 특성이 있어 개선이 요구되었다.


**3** ②

㉠의 이전 문장을 보면 알 수 있는데, "언론의 자유와 공정한 형사절차를 조화시키면서 범죄 보도를 제한할 수 있는 방법을 모색하였다. 그리하여 셰퍼드 사건에서 제시된 수단과 함께 형사 재판의 비공개, 형사소송 관계인의 언론에 대한 정보제공금지 등이 시행되었다."에서 볼 수 있듯이 ②의 경우에는 예단 방지를 위한 것이다. 하지만, 예단 방지 수단들에 대한 실효성이 떨어진다는 것은 알 수가 없다.


**4** ②

㈏ : 화제 제시
㈑ : '이슬람'의 개념 및 무슬림의 분포 (문두에 '우선'을 통해 세 개념 중 가장 먼저 설명하는 개점이라는 것을 알 수 있다.)
㈎ : '중동'이란 단어의 유래 및 성격
㈐ : '중동지역'의 지리적 정의
㈒ : '아랍'의 개념 및 아랍연맹 회원국


**5** ④

① 교통 재해는 자연 재해의 종류에 속하지 않는다.
② 생물 재해는 자연 재해이며, 지변 재해와 중복되지도 않는다.
③ 글의 주제가 '자연 재해로 인한 재난과 나눔'이므로 '자연 재해를 예방하기 위한 실천 방안'보다는 '자연 재해 피해자에 대한 구호 방안'이 오는 것이 적절하다.


**6** ④

새터민의 심리적 부적응과 생활상의 문제를 해결하기 위해 사회복지사를 배정하는 것은 '사회 통합을 위한 언어 정책 마련'이라는 주제에 맞지 않는 내용이다.


**7** ④

㉣은 '~ 정성을 쏟아야 하는 것이다'로 고치는 것이 보다 적절하다.

## 8  ④

자연 과학의 경험적 방법에는 세 가지 차원이 있다고 전제하고, 가장 초보적인 차원(일상경험) → 이보다 발달된 차원(관찰) → 가장 발달된 차원(실험)으로 설명이 전개되고 있다.

## 9  ②

㈏에서는 정상적인 공권력으로서 투자자의 역할을 하던 권세가와 상인들로부터 물품을 갈취하는 폭압적 권위자의 모습이 모두 그려지고 있으므로 그들의 이중적인 모습을 엿볼 수 있는 단락이 된다.
① 고려시대 시장의 상황을 묘사한 단락은 ㈎, ㈏, ㈐이다.
③ 권세가들의 폭압과 정도의 차이는 있으나, 상인들에게 있어서는 불교사찰 역시 그들과 크게 다르지 않은 모습의 경우도 존재했음을 설명하는 단락이다.
④ ㈑에서는 고려 상인들이 사료에 잘 등장하지 않는 이유를 설명하고 있어 앞선 단락들과 다른 내용을 언급한 것으로 볼 수 있으나, ㈐는 ㈎, ㈏와 함께 고려시대 시장과 상인들의 모습을 설명하는 단락이다.

## 10  ③

불교 사찰의 순수하지 않은 면을 언급하였으나, 그것은 권세가들의 폭압과는 다른 모습이었음을 설명하고 있으므로 고위층보다 더한 비리와 부패의 모습을 보였다고 판단하는 것은 과도하다고 할 수 있다.
① 은병과 포필은 고위층과 하위민들을 위한 별도의 통화라고 설명되어 있다.
② 징벌 대상으로서의 상인들의 모습은 사료에 수록되었다고 설명되어 있다.
④ 외부 시장과의 거래가 꾸준했던 것으로 설명하고 있다.

## 11  ③

• ㉠의 앞 뒤 문장을 보면 각 개인이 타고난 것에 대한 권리가 당연하다고 생각한다고 언급하고 이것은 우연적이라고 상반된 입장을 취하고 있다. 따라서 ㉠에 들어갈 접속사는 '그러나'가 적절하다.
• ㉡의 앞 뒤 문장을 보면 상속된 재산이라 하더라도 사회적 시스템 속에서 가치를 인정받게 된 것이라 언급하고, 그 재산에 대한 권리는 제한적이거나 없다고 말하고 있다. 앞의 문장을 근거로 뒷 문장에서 결론을 내리는 것으로 보아 ㉡에 들어갈 접속사는 '따라서'가 적절하다.

## 12  ②

최 대리와 윤 사원은 바이어 일행 체류 일정을 수립하는 업무를 담당하게 되었으며, 이것은 적절한 계획 수립을 통하여 일정이나 상황에 맞는 인원을 배치하는 일이 될 것이므로, 모든 일정에 담당자가 동반하여야 한다고 판단할 수는 없다.
① 3사분기 매출 부진 원인 분석 보고서 작성은 오 과장이 담당한다. 따라서 오 과장은 매출과 비용 집행 관련 자료를 회계팀으로부터 입수하여 분석할 것으로 판단할 수 있다.
③ 최 대리와 윤 사원은 바이어 일행의 체류 일정에 대한 업무를 담당하여야 하므로 총무팀에 차량 배차를 의뢰하게 된다.
④ 민 과장과 서 사원은 등반대회 진행을 담당하게 되었으므로 배정된 예산을 수령하기 위하여 회계팀, 회사에서 지원하는 물품을 수령하기 위하여 총무팀의 업무 협조를 의뢰하게 될 것으로 판단할 수 있다.

**13 ③**

주어진 글에서는 능동문과 피동문의 차이점을 설명하고 있으나, 피동문이 적절하지 않은 문장이라거나 피동문을 사용하지 말아야 한다는 근거를 제시하고 있지는 않다. 단지, 피동문이 오남용되는 사례들이 많이 발견되기도 한다고 언급한 것이며, 오히려 '~은 사실이다.'에 이어지는 말로는 오남용의 구체적인 사례를 제시하는 내용 또는 그와는 상반되는 내용이 이어져 피동문도 올바르게 사용하면 좋은 국어의 활용이 될 수 있다는 의미를 전달하는 것이 더욱 적절하다고 볼 수 있다.

**14 ④**

무항공사의 경우 화물용 가방 2개의 총 무게가 $20 \times 2 = 40$kg, 기내 반입용 가방 1개의 최대 허용 무게가 16kg이므로 총 56kg까지 허용되어 무항공사도 이용이 가능하다.
① 기내 반입용 가방의 개수를 2개까지 허용하는 항공사는 갑, 병항공사 밖에 없다.
② 155cm 2개는 화물용으로, 118cm 1개는 기내 반입용으로 운송 가능한 곳은 무항공사이다.
③ 을항공사는 총 허용무게가 $23 + 23 + 12 = 58$kg이며, 병항공사는 $20 + 12 + 12 = 44$kg이다.

**15 ④**

건설비용 추가 발생 우려는 H공단의 위협 요인(T)이며, 인근 지역의 개발 기회를 통해 이러한 비용 부분이 만회(S)될 수 있다는 것이므로 ST전략이다.
① 자사의 우수한 기술력(S)+경쟁 극복(T) → ST전략
② 연락사무소 설치(W)+경쟁업체 동향 파악(T)으로 약점 최소화 → WT전략
③ 현지 근로인력 이용(O)+우수 기술 교육 및 전수(S) → SO전략

**16 ③**

가장 확실한 조건(B는 204호, F는 203호)을 바탕으로 조건들을 채워나가면 다음과 같다.

| a라인 | 201 H | 202 A | 203 F | 204 B | 205 빈 방 |
|---|---|---|---|---|---|
| 복도 | | | | | |
| b라인 | 210 G | 209 C | 208 빈 방 | 207 E | 206 D |

∴ D의 방은 206호이다.

**17 ①**

제시된 네 개의 명제의 대우명제를 정리하면 다음과 같다.
㉠→乙 지역이 1급 상수원이면 甲 지역은 1급 상수원이 아니다.
㉡→乙 지역이 1급 상수원이 아니면 丙 지역도 1급 상수원이 아니다.
㉢→甲 지역이 1급 상수원이 아니면 丁 지역도 1급 상수원이 아니다.
㉣→戊 지역이 1급 상수원이면 丙 지역은 1급 상수원이다.
戊 지역이 1급 상수원임을 기준으로 원래의 명제와 대우명제를 함께 정리하면 '戊 지역→丙 지역→乙 지역→～甲 지역→～丁 지역'의 관계가 성립하게 되고, 이것의 대우인 '丁 지역→甲 지역→～乙 지역→～丙 지역→～戊 지역'도 성립한다. 따라서 甲 지역이 1급 상수원이면 丙 지역은 1급 상수원이 아니므로 ①은 거짓이다.

**18 ④**

주어진 조건에 의해 가능한 날짜와 연회장을 알아보면 다음과 같다.
우선, 백 대리가 원하는 날은 월, 수, 금요일이며 오후 6시~8시까지 사용을 원한다. 또한 인원수로 보아 A, B, C 연회장만 가능하다. 기 예약된 현황과 연회장 측의 직원들 퇴근 시간과 시작 전후 필요한 1시간씩을 감안하여 예약이 가능한 연회장과 날짜를 표시하면 다음과 같다.

| 일 | 월 | 화 | 수 | 목 | 금 | 토 |
|---|---|---|---|---|---|---|
|  |  |  | 1<br>A, C | 2<br>B 19시<br>D 18시 | 3<br>A, B | 4<br>A 11시<br>B 12시 |
| 5 | 6<br>A | 7 | 8<br>B, C | 9<br>C 15시 | 10<br>A, | 11 |
| 12 | 13<br>A, B | 14<br>A 16시 | 15<br>B, C | 16 | 17<br>A, C | 18 |

따라서 A, B 연회장은 원하는 날짜에 언제든 가능하다는 말은 적절하지 않다.
① 가능한 연회장 중 가장 저렴한 C 연회장은 월요일에 사용이 불가능하다.
② 6일은 가장 비싼 A 연회장만 사용이 가능하다.
③ 인원이 200명을 넘지 않으면 가장 저렴한 C 연회장을 1, 8, 15, 17일에 사용할 수 있다.

## 19 ②

주어진 조건에 따라 범인을 가정하여 진술을 판단하면 다음과 같다.

〈사건 1〉

| 진술 \ 범인 | 가인 | 나은 | 다영 |
|---|---|---|---|
| 가인 | 거짓 | 참 | 참 |
| 나은 | 참 | 참 | 거짓 |
| 다영 | 거짓 | 거짓 | 참 |

〈사건 2〉

| 진술 \ 범인 | 라희 | 마준 | 바은 |
|---|---|---|---|
| 라희 | 거짓 | 참 | 참 |
| 마준 | 거짓 | 참 | 참 |
| 바은 | 거짓 | 거짓 | 참 |

따라서 〈사건 1〉의 범인은 가인, 〈사건 2〉의 범인은 라희이다.

## 20 ④

㉠ A국 : 야생동물의 서식지 파괴를 최소화하였으므로 '환경의 지속가능성 보장'(목표7)에 해당한다.
㉡ B국 : 메르스 바이러스 감염에 대해 의료진 파견과 재정지원을 하였으므로 '후천성 면역 결핍증(AIDS), 말라리아 등 질병 퇴치'(목표6)에 해당한다.
㉢ C국 : 국가 간 협력 네트워크에 참여한 것은 '개발을 위한 글로벌 파트너십 조성'(목표8)에 해당한다.

## 21 ④

④ 예능 프로그램 2회 방송의 총 소요 시간은 1시간 20분으로 1시간짜리 뉴스와의 방송 순서는 총 방송 편성시간에 아무런 영향을 주지 않는다.
① 채널1은 3개의 프로그램이 방송되었는데 뉴스 프로그램을 반드시 포함해야 하므로, 기획물이 방송되었다면 뉴스, 기획물, 시사정치의 3개 프로그램이 방송되었다.
② 기획물, 예능, 영화 이야기에 뉴스를 더한 방송시간은 총 3시간 40분이 된다. 채널2는 시사정치와 지역홍보물 방송이 없고 나머지 모든 프로그램은 1시간 단위로만 방송하므로 정확히 12시에 프로그램이 끝나고 새로 시작하는 편성 방법은 없다.
③ 9시에 끝난 시사정치 프로그램에 바로 이어진 뉴스가 끝나면 10시가 된다. 기획물의 방송시간은 1시간 30분이므로, 채널3에서 영화 이야기가 방송되었다면 정확히 12시에 기획물이나 영화 이야기 중 하나가 끝나게 된다.

## 22 ④

④ 채널2에서 영화 이야기 프로그램 편성을 취소하면 3시간 10분의 방송 소요시간만 남게 되므로 정각 12시에 프로그램을 마칠 수 없다.
① 기획물 1시간 30분 + 뉴스 1시간 + 시사정치 2시간 30분 = 5시간으로 정각 12시에 마칠 수 있다.

② 뉴스 1시간 + 기획물 1시간 30분 + 예능 40분 + 영화 이야기 30분 + 지역 홍보물 20분 = 4시간이므로 1시간짜리 다른 프로그램을 추가하면 정각 12시에 마칠 수 있다.

③ 시사정치 2시간 + 뉴스 1시간 + 기획물 1시간 30분 + 영화 이야기 30분 = 5시간으로 정각 12시에 마칠 수 있다.

## 23  ③

㉠ "옆에 범인이 있다."고 진술한 경우를 ○, "옆에 범인이 없다."고 진술한 경우를 ×라고 하면

| 1 | 2 | 3 | 4 | 5 | 6 | 7 | 8 | 9 |
|---|---|---|---|---|---|---|---|---|
| ○ | × | × | ○ | × | ○ | ○ | ○ | × |
|   |   |   |   |   |   |   | 시민 |   |

- 9번이 범인이라고 가정하면

9번은 "옆에 범인이 없다.'고 진술하였으므로 8번과 1번 중에 범인이 있어야 한다. 그러나 8번이 시민이므로 1번이 범인이 된다. 1번은 "옆에 범인이 있다."라고 진술하였으므로 2번과 9번에 범인이 없어야 한다. 그러나 9번이 범인이므로 모순이 되어 9번은 범인일 수 없다.

- 9번이 시민이라고 가정하면

9번은 "옆에 범인이 없다."라고 진술하였으므로 1번도 시민이 된다. 1번은 "옆에 범인이 있다."라고 진술하였으므로 2번은 범인이 된다. 2번은 "옆에 범인이 없다."라고 진술하였으므로 3번도 범인이 된다. 8번은 시민인데 "옆에 범인이 있다."라고 진술하였으므로 9번은 시민이므로 7번은 범인이 된다. 그러므로 범인은 2, 3, 7번이고 나머지는 모두 시민이 된다.

㉡ 모두가 "옆에 범인이 있다."라고 진술하면 시민 2명, 범인 1명의 순으로 반복해서 배치되므로 옳은 설명이다.

㉢ 다음과 같은 경우가 있음으로 틀린 설명이다.

| 1 | 2 | 3 | 4 | 5 | 6 | 7 | 8 | 9 |
|---|---|---|---|---|---|---|---|---|
| ○ | ○ | ○ | ○ | ○ | ○ | ○ | × | ○ |
| 범인 | 시민 | 시민 | 범인 | 시민 | 범인 | 시민 | 시민 | 시민 |

## 24  ③

대은은 김씨도 아니고, 박씨도 아니므로 서씨이다. 대은은 2루수도 아니고, 1루수도 아니므로 3루수이다. 대은은 1루수보다 나이가 어리고, 박씨 성의 선수보다 나이가 어리므로 18세이다. 선호는 김씨가 아니므로 박씨이고, 나이가 가장 많으므로 24세이다.

|   | 1루수 | 2루수 | 3루수 |
|---|---|---|---|
| 성 | 김 | 박 | 서 |
| 이름 | 정덕 | 선호 | 대은 |
| 나이 | 21세 | 24세 | 18세 |

## 25  ④

두 번째 조건을 부등호로 나타내면, C < A < E
세 번째 조건을 부등호로 나타내면, B < D, B < A
네 번째 조건을 부등호로 나타내면, B < C < D
다섯 번째 조건에 의해 다음과 같이 정리할 수 있다.
∴ B < C < D, A < E

① 주어진 조건만으로는 세 번째로 월급이 많은 사람이 A인지, D인지 알 수 없다.

② B < C < D, A < E이므로 월급이 가장 많은 E는 월급을 50만 원을 받고, A와 D는 각각 40만 원 또는 30만 원을 받으며, C는 20만 원을, B는 10만 원을 받는다. E와 C의 월급은 30만 원 차이가 난다.

③ B의 월급은 10만 원, E의 월급은 50만 원이므로 합하면 60만 원이다.

C의 월급은 20만 원을 받지만, A는 40만 원을 받는지 30만 원을 받는지 알 수 없으므로 B와 E의 월급의 합은 A와 C의 월급의 합보다 많을 수도 있고, 같을 수도 있다.

## 26 ④

④ E가 A의 수호천사가 될 수 있기 위해서는 A가 E의 수호천사이고 E는 자기 자신의 수호천사가 되어야 한다. 그러나 A는 E의 수호천사이나, E는 자기 자신의 수호천사가 아니므로 E는 A의 수호천사가 될 수 없다.
① A → B → C → D → B, E이므로 A는 B, C, D, E의 수호천사가 된다.
② A가 B의 수호천사이고 B는 자기 자신의 수호천사이므로 B는 A의 수호천사가 될 수 있다.
③ C는 B의 수호천사이고 B는 C의 수호천사이기 때문에 C는 자기 자신의 수호천사이다.

## 27 ④

㉠ 2020년의 남녀 임금격차가 66.6%로 최고 수준이었으나, OECD 국가 평균의 2배 이상은 아니다.
㉡ 우리나라의 남성 근로자의 임금 대비 여성 근로자의 임금 수준은 다음과 같다.

| 구분 | 2015 | 2016 | 2017 | 2018 | 2019 | 2020 | 2021 |
|---|---|---|---|---|---|---|---|
| 남성대비 여성임금 비율 | 65.1% | 64.8% | 65.2% | 65.7% | 66.2% | 66.6% | 66.4% |

2015년에 비해 2021년에는 1.3% 정도로 소폭 상승하였다.
㉢ 남녀 임금격차가 적다는 것은 남녀의 임금격차가 거의 없어 100%가 되어야 한다는 뜻이다. 프랑스는 OECD 국가 중에서 남녀 임금격차가 가장 적다.
㉣ OECD 평균이 78%에서 82%로 100%에 가까워졌으므로 남녀 임금격차가 줄어들고 있다고 볼 수 있다.

## 28 ①

A 도시의 여성 수는 $250,000 \times \dfrac{42}{100} = 105,000$(명)

A 도시의 여성 독신자 수는 $105,000 \times \dfrac{42}{100} = 44,100$(명)

A 도시의 여성 독신자 중 7%에 해당하는 수는

$44,100 \times \dfrac{7}{100} = 3,087$(명)

## 29 ②

주어진 2개의 자료를 통하여 다음과 같은 상세 자료를 도출할 수 있다.

(단위 : 건, %)

| 연도 \ 노선 | | 1호선 | 2호선 | 3호선 | 4호선 | 합 |
|---|---|---|---|---|---|---|
| 2020 | 아동 | 37 | 159 | 11 | 2 | 209 |
| | 범죄율 | 17.7 | 76.1 | 5.3 | 1.0 | |
| | 비아동 | 187 | 112 | 71 | 37 | 407 |
| | 범죄율 | 45.9 | 27.5 | 17.4 | 9.1 | |
| | 전체 | 224 | 271 | 82 | 39 | 616 |
| | 전체 범죄율 | 36.4 | 44.0 | 13.3 | 6.3 | |
| 2021 | 아동 | 63 | 166 | 4 | 5 | 238 |
| | 범죄율 | 26.5 | 69.7 | 1.7 | 2.1 | |
| | 비아동 | 189 | 152 | 34 | 56 | 431 |
| | 범죄율 | 43.9 | 35.3 | 7.9 | 13.0 | |
| | 전체 | 252 | 318 | 38 | 61 | 669 |
| | 전체 범죄율 | 37.7 | 47.5 | 5.7 | 9.1 | |

따라서 이를 근거로 〈보기〉의 내용을 살펴보면 다음과 같다.
㈎ 2021년 비아동 상대 범죄 발생건수는 3호선이 71건에서 34건으로 전년보다 감소하였다. (X)
㈏ 2021년의 전년 대비 아동 상대 범죄 발생건수의 증가폭은 238-209=29건이며, 비아동 상대 범죄 발생건수의 증가폭은 431-407=24건이 된다. (O)

㈐ 2021년의 노선별 전체 범죄율이 10% 이하인 노선은 5.7%인 3호선과 9.1%인 4호선으로 2개이다. (X)

㈑ 2호선은 2020년과 2021년에 각각 44.0%와 47.5%의 범죄율로, 두 해 모두 전체 범죄율이 가장 높은 노선이다. (O)

## 30 ②

- 보고서 첫 번째 문장에서 2021년 투신자살이 27건으로 철도교통사고 건수의 90%라고 했으므로 총 철도교통사고 건수는 30건이다. 그리고 전년대비 증감이 +4이므로 ㈎는 26이다.
- 보고서 두 번째 문장에서 2021년 철도안전사상사고 1건당 피해자 수는 1명이고, 모두 직원이라고 하였으므로 ㈐는 3이다. 그리고 사고 건수가 8건이므로 전년대비 증감으로 보아 ㈏는 9이다.
- 보고서 세 번째 문장에서 2021년에 규정위반, 급전장애, 신호장애, 차량고장을 제외한 운행장애가 3건이라고 하였으므로 ㈒는 2이다. 그리고 〈표 1〉에서 2021년도 운행장애는 3건이므로 운행장애 원인은 차량탈선과 기타 뿐이다. 따라서 〈표 3〉의 신호장애는 0이 되고 전년대비 증감에 따라서 ㈑는 1이다.

## 31 ②

교육연수가 14년인 경우를 계산해 보면

- A사
- 남성 = $1,000 + (180 \times 14) = 3,520$만 원
- 여성 = $1,840 + (120 \times 14) = 3,520$만 원
- B사
- 남성 = $750 + (220 \times 14) = 3,830$만 원
- 여성 = $2,200 + (120 \times 14) = 3,880$만 원

## 32 ④

㈐ 스페인은 부정 응답이 더 많았다.

㈑ 러시아는 미국이 국제사회에서 존경받고 있는가에 대한 긍정 정도가 높게 나타나고 있다.

## 33 ②

수출량과 수입량 모두 상위 10위에 들어있는 국가는 네덜란드와 중국이다.

## 34 ④

네덜란드 $544 - 156 = 388$(만 톤)
중국 $1,819 - 27 = 1,792$(만 톤)

## 35 ②

$$교육비\ 증가율 = \frac{해당연도\ 교육비 - 전년도\ 교육비}{전년도\ 교육비} \times 100$$

① 2017년 대비 2018년도의 전체 교육비 증가율은 0.13, 2018년 대비 2019년도의 전체 교육비 증가율은 0.09이다. 따라서 전체교육비의 전년대비 증가율이 하락했다.

② 기타 교육비/전체 교육비를 계산해보면 가장 높은 연도는 2020년도이다.

③ 2020년도 중등교육비는 전년도보다 줄었다.

④ 2019년 학원 교육비 전년대비 증가율은 0.04이고, 2018년 증가율은 0.16이다.

## 36 ③

③ 3등급 판정을 받은 한우의 비율은 2021년이 가장 낮지만, 비율을 통해 한우등급 판정두수를 계산해 보면 2017년의 두수가 602,016×0.11=약 66,222두로, 2021년의 839,161×0.088=약 73,846두보다 더 적음을 알 수 있다.

① 1++ 등급으로 판정된 한우의 수는
2017년 : 602,016 ×0.097=약 58,396두
2018년 : 718,256×0.092=약 66,080두

② 1등급 이상이 60%를 넘은 해는 2017, 2018, 2020, 2021년으로 4개년이다.

④ 1++ 등급의 비율이 가장 낮은 2015년에는 3등급의 비율이 가장 높았지만, 반대로 1++ 등급의 비율이 가장 높은 2017년에는 3등급의 비율도 11%로 2021년보다 더 높아 가장 낮지 않았다.

## 37 ④

D에 들어갈 값은 37.9+4.3=42.2이다.

## 38 ②

기타(무직 등)의 경우,
(29,323−26,475)÷26,475×100=10.8%로 가장 높은 증가율을 보이는 종사상 지위임을 알 수 있다.

① 임시 · 일용근로자의 평균 가구당 순자산 보유액을 통하여 이들의 연령대를 파악할 수는 없다.

② 50대는 39,419−37,026=2,393만 원 증가한 반면, 40대는 이보다 큰 34,426−31,246= 3,180만 원이 증가하였다.

④ (34,042−31,572)÷31,572×100=7.8%가 되어 10%를 넘지 않는다.

## 39 ①

• 지출 내역은 창호 40만 원, 영숙 120만 원, 기오 56만 원이고, 총 216만 원이다.

• 각자가 동일하게 분담해야 하므로 216/4=54, 각자 54만 원씩 부담해야 한다.

• 준희는 무조건 54만 원을 부담해야 하므로 (A)는 54만 원이다.

• 기오는 이미 56만 원을 부담했으므로 창호에게 2만 원을 받으면 54만 원을 부담한 것이 된다. 즉, (B)는 2만 원이다.

• 창호는 이미 40만 원을 부담했고, 기오에게 2만 원을 더 줬기 때문에 42만 원을 부담했다. 그러므로 54만 원이 되려면 12만 원을 영숙이에게 전달해야 한다. 그러면 영숙이도 총 54만 원을 부담하게 되어 모두가 동일한 금액을 부담하게 된다. 즉, (C)는 12만 원이다.

## 40 ②

② 전체 인구수는 전년보다 동일하거나 감소하지 않고 매년 꾸준히 증가한 것을 알 수 있다.

① 65세 미만 인구수 역시 매년 꾸준히 증가하였다.

③ 2018년과 2019년에는 전년보다 감소하였다.

④ 2018년 이후부터는 5% 미만 수준을 계속 유지하고 있다.

**41** ④

단리는 원금에 대해서만 이자를 계산하는 방법이고, 복리는 발생한 이자와 원금 모두에 대해서 이자를 계산하는 방법이다. 갑이 가입한 상품은 연 4%의 복리 이자가 적용되는 것으로 3년 만기 시 받을 수 있는 금액은 100만원×$(1+0/04)^3$으로 1,124,864원이다. 을이 가입한 상품은 연 4%의 단리 이자가 적용되는 것으로 3년 만기 시 받을 수 있는 금액은 1,120,000원이다. 만약 금융상품의 만기가 5년으로 늘어난다면 갑은 100만원×$(1+0/04)^5$로 약 1,216,653원을 받을 수 있고, 을은 1,200,000원을 받을 수 있다. 이 경우가 만기가 3년인 경우보다 갑과 을이 받을 수 있는 원리금의 격차는 더 커진다.

① 갑이 가입한 상품은 복리로 이자가 적용되는 금융상품이다.

② 을이 가입한 상품은 단리로 이자가 적용되는 금융상품이다.

③ 정부, 주식회사, 지방자치단체가 발행하는 상품은 채권이다.

**42** ④

예금의 단리 지급식은 원금×이율×기간으로 구하므로 6개월 이상의 연이율은 1.6%, 24개월의 연이율은 1.8%

㉠ 원금 2,000만 원의 6개월 이자는

$$2,000 \times 0.016 \times \frac{6}{12} = 16(만 원)$$

㉡ 원금 2,000만 원의 24개월 이자는

$$2,000 \times 0.018 \times \frac{24}{12} = 72(만 원)$$

∴ 72−16 = 56(만 원)

**43** ③

청년층 가입자의 의무가입 기간은 3년으로, 5년 이내 해지 시 실현 이익금의 15.4%를 세금으로 부과한다고 제시되어 있다.

**44** ①

750만 원의 수익과 350만 원의 손해

7,500,000 − 3,500,000 = 4,000,000(원)

200만 원 초과분 9.9% 분리과세(지방소득세 포함)라고 했으므로 기초 공제금 200만 원을 제하면

2,000,000원의 순수 이익이 남는다.

2,000,000 × 0.099 = 198,000(원)

**45** ③

단리이므로 세후이자는 원금×금리×(1−이자소득세)로 계산한다.

㉠ 원금은 2년 만기 100만 원이므로

$24 \times 1,000,000 = 24,000,000$(원)

㉡ 1년 세후 이자는

$1,000,000 \times 12 \times 0.05 \times (1-0.154) = 507,600$(원)

㉢ 2년 세후 이자는

$1,000,000 \times 24 \times 0.05 \times (1-0.154) = 1,015,200$(원)

㉣ 원금과 1년 이자, 2년 이자를 모두 더하면

$24,000,000 + 507,600 + 1,015,200 = 25,522,800$(원)

## 46 ③

주어진 산식을 이용해 각 기업의 금융비용부담률과 이자보상비율을 계산해 보면 다음과 같다.

| 구분 | | 내용 |
|------|------|------|
| A기업 | 영업이익 | 98 − 90 − 2 = 6천만 원 |
| | 금융비용부담률 | $1.5 \div 98 \times 100 =$ 약 1.53% |
| | 이자보상비율 | $6 \div 1.5 \times 100 = 400\%$ |
| B기업 | 영업이익 | 105 − 93 − 3 = 9천만 원 |
| | 금융비용부담률 | $1 \div 105 \times 100 =$ 약 0.95% |
| | 이자보상비율 | $9 \div 1 \times 100 = 900\%$ |
| C기업 | 영업이익 | 95 − 82 − 3 = 10천만 원 |
| | 금융비용부담률 | $2 \div 95 \times 100 =$ 약 2.11% |
| | 이자보상비율 | $10 \div 2 \times 100 = 500\%$ |
| D기업 | 영업이익 | 112 − 100 − 5 = 7천만 원 |
| | 금융비용부담률 | $2 \div 112 \times 100 =$ 약 1.79% |
| | 이자보상비율 | $7 \div 2 \times 100 = 350\%$ |

따라서 금융비용부담률이 가장 낮은 기업과 이자보상비율이 가장 높은 기업은 모두 B기업임을 알 수 있으며, B기업이 가장 우수한 건전성을 나타낸다고 할 수 있다.

## 47 ③

청춘여행 Type의 서비스 조건은 '전월 이용실적 50만 원 이상 시 제공'이고, 청춘놀이 Type의 서비스 조건은 '전월 이용실적 30만 원 이상 시 제공'으로 서로 다르다.
① W(JCB) 브랜드의 연회비는 8,000원이고, MasterCard 브랜드의 연회비는 10,000원이다.
② 청춘 선택 서비스는 카드발급 신청 시 선택하며 발급 후에는 변경이 불가하다.
④ 온라인 쇼핑몰에서 건당 이용금액 2만 원 이상 사용 시 10%의 청구할인이 가능하므로 3만 원짜리 쌀을 구매할 경우 3,000원 할인받을 수 있다.

## 48 ①

㉠ 에버랜드 자유이용권 : 본인 50%할인, 30,000원
㉡ 온라인 쇼핑몰 10% 청구할인 : 20만원×10%=20,000원
㉢ 배달앱 10% 청구할인 : 2만5천원×10%+1만5천원×10%=4,000원
따라서 총 할인금액은 54,000원이다.

## 49 ④

$$\frac{392{,}222}{1{,}288{,}847} \times 100 ≒ 30.43\%$$

따라서 30%를 초과한다.

## 50 ②

3개월 신용카드 월 평균 사용금액이 30만 원인 경우 총 사용금액이 100만 원 이하이므로 우대금리가 적용되지 않아 다른 혜택 사항이 없을 경우 적어도 1.90%의 금리가 적용되지 않게 된다.
① 모든 우대금리 혜택 사항에 적용될 경우, 1.60%의 금리가 적용되므로 이자액은 160만 원이 된다.
③ 연체이자율은 원래의 '채무자 대출금리'를 기준으로 하므로 다른 조건에 변동이 없을 경우, 골드레벨 KB고객 혜택만 있는 고객과 급여이체 혜택만 있는 고객이 서로 동일하지 않다.
④ 골드레벨 KB고객이 급여이체도 K은행을 통하여 하고 있을 경우, 0.20%p와 0.10%p가 우대되므로 1.70%까지 금리 적용이 가능하다.

## 51 ①

인터넷, 모바일 등 영업점 무방문대출의 경우 대출금액은 최대 1억 원 한도로 규정되어 있으나, '재직기간 1년 이상'이라는 대출대상 조건이 명시되어 있으므로 적절한 응답 내용이 아니다.

② 사립학교 교직원에 해당되며, 한도 금액 2억 5천만 원 이내이며, 급여이체 시 0.1%p의 우대금리 적용으로 최종 1.90%의 금리를 적용받게 된다.

③ 연체이자율은 '채무자 대출금리＋3%'이므로 1.60%＋3%＝4.60%가 된다.

④ 영업점 무방문대출이므로 최대 1억 원까지 대출이 가능한 경우이다. 따라서 대출 수수료는 없거나(5천만 원 이하), 7만 원(1억 원 이하)이 된다.

## 52 ②

복리를 전제로 자산을 두 배로 늘리는 데 걸리는 시간을 계산하는 방법은 72의 법칙이라고 한다. 72를 수익률로 나눌 경우 원금의 두 배가 되는 기간이 계산된다. 따라서 72의 법칙을 사용하면, 72 ÷ 6 = 12(년)이다.

## 53 ④

36개월 이상, 48개월 이상, 60개월 이상인 사람의 기본 이율은 1.5%로 동일하다.

① 알 수 없는 내용이다.

② 서비스의 이용기간은 적금만기 후 3개월 이내이다.

③ 해당 적금의 가입대상은 실명인 개인이다.

## 54 ②

1억 원을 1년 동안 예금하면 이자 소득은 210만 원이 된다. 이자 소득의 15.4%에 해당하는 세금 32만 3,400원을 제하면 실제로 예금주가 받게 되는 이자는 177만 6,600원이다. 즉, 세후 명목이자율은 1.77%를 조금 넘는 수준에 지나지 않는다. 만기가 돌아오는 1년 후에 물가가 1.0% 상승했다고 가정했으므로 세후 실질이자율은 1.77%－1.0%＝0.77%가 된다.

## 55 ①

할인내역을 정리하면
○ A 신용카드
• 교통비 20,000원
• 외식비 2,500원
• 학원수강료 30,000원
• 연회비 15,000원
• 할인합계 37,500원
○ B 신용카드
• 교통비 10,000원
• 온라인 의류구입비 15,000원
• 도서구입비 9,000원
• 할인합계 30,000원
○ C 신용카드
• 교통비 10,000원
• 카페 지출액 5,000원
• 재래시장 식료품 구입비 5,000원
• 영화관람료 4,000원
• 할인합계 24,000원

## 56 ②

해지 공제 비용이 없어 초기에 해지하더라도 환급률이 높은 상품이다.

**57** ④

납입 기간은 2년, 3년, 5년, 7년, 10년, 12년, 15년, 20년납이 가능하다.

**58** ①

송금사유별 건당 송금한도

| 구분 | 지급증빙서류 미제출송금 외국인/비거주자의 국내 소득 송금 | 유학생, 해외체재자 | 해외 이주비 |
|---|---|---|---|
| 09:00~16:00 (월~금요일) | USD 1만 불 상당액 이하 | USD 5만 불 상당액 이하 | USD 5만 불 상당액 이하 |
| 16:00~익일 09:00 (월~금요일) | USD 5천 불 상당액 이하 | USD 5천 불 상당액 이하 | 불가 |
| 토요일 09:00 ~월요일 09:00 | USD 5천 불 상당액 이하 | USD 5천 불 상당액 이하 | 불가 |

**59** ③

$5,000,000 \times 0.0029 = 14,500$(원)

**60** ②

〈유의사항〉에 "지수상승에 따른 수익률(세전)은 실제 지수상승률에도 불구하고 연 4.67%를 최대로 한다."고 명시되어있다.

**61** ③

인터넷 경제 3원칙은 무어의 법칙, 멧칼프의 법칙, 가치사슬 지배법칙이다.

㉠ **무어의 법칙(Moore's Law)** : 마이크로칩의 처리능력은 18개월마다 2배 증가한다.

㉡ **롱테일법칙(Long Tail Theory)** : 80%의 효과는 20%의 노력으로 얻어진다.

㉢ **가치사슬 지배법칙** : 거래 비용이 적게 드는 쪽으로 변화한다.

㉣ **가치의 법칙(Law of Value)** : 가치는 노동시간에 따라 결정된다.

㉤ **멧칼프의 법칙(Metcalfe's Law)** : 네트워크 가치는 참여자의 수의 제곱이다.

**62** ②

① **스파이 앱(SPY)** : 사용자들의 통화 내용, 문자메시지, 음성 녹음을 통한 도·감청 기능까지 갖춘 앱을 일컫는 말로, 스파이 애플리케이션의 준말이다.

③ **스머핑(Smurfing)** : IP와 인터넷 제어 메시지 프로토콜(ICMP)의 특성을 이용하여 인터넷망을 공격하는 행위이다. 정보교환을 위해 프로토콜로 운용중인 노드를 핑 명령으로 에코 메시지를 보내어 가짜 네트워크 주소인 스머핑 주소를 만든다. 이 주소로 보내진 다량의 메시지로 트랙픽이 가득 차서네트워크 사용이 어려워진다.

④ **스푸핑(Spoofing)** : 위장된 정보로 시스템에 접근하여 정보를 빼가는 해킹수법이다.

**63** ②

① 랜섬웨어(Ransomware) : 사용자 PC를 해킹하여 컴퓨터 내부 문서를 암호화하여 금품을 요구하는 악성코드이다.

③ 스피어 피싱(Spear Phishing) : 특정 기업 직무자를 대상으로 이메일을 보내 정보를 취득하는 사기수법이다.

④ 부트키트(BootKit) : OS에서 활동하는 악성코드이다.

**64** ④

① 디지털 쿼터족(Digital Quarter) : 디지털을 기성세대보다 $\frac{1}{4}$ 시간 이내에 빠르게 처리하는 세대를 말한다.

② 디지털 사이니지(Digital Signage) : 디지털 미디어 광고를 말한다.

③ 디지털 디바이드(Digital Divide) : 디지털 사회 계층 간의 정보 불균형을 말한다.

**65** ④

④ DCEP(Digital Currency Eletronic Payment) : 중국에서 시행하는 디지털 위안화를 의미한다.

① CBDC(Central Bank Digital Currency) : 중앙은행 디지털 화폐(CBDC)이다.

② 비트코인(Bit Coin) : 2009년 나카모토 사토시에 의해 개발된 가상 디지털 화폐이다.

③ E - 크로나(E - Krona) : 스웨덴 중앙은행에서 발행한 세계 최초의 디지털 화폐이다.

**66** ①

② 지능형(AI) 정부 : 국민에게 맞는 맞춤형 공공서비스를 구현하는 것으로 모바일 신분증 등을 기반으로 한 올 디지털(All Digital) 민원처리, 국민체감도가 높은 분야 블록체인 기술 적용, 전(全)정부청사(39개 중앙부처) 5세대 이동통신(5G) 국가망 구축 등이 있다.

③ 그린 스마트 스쿨(Green Smart School) : 안전 · 쾌적한 녹색환경과 온 · 오프 융합 학습공간 구현을 위해 전국 초등 · 중등 · 고등학교 에너지 절감시설 설치 및 디지털 교육환경 조성하는 것이다.

④ 국민안전 사회간접자본 디지털화 : 핵심기반 시설을 디지털화하고 효율적 재난 예방 및 대응시스템 마련하는 것으로 차세대지능형교통시스템(C ITS) 및 전(全)철로 사물인터넷(IoT) 센서 설치, 전국 15개 공항 비대면 생체인식시스템 구축, 지능형CCTV · 사물인터넷(IoT) 활용, 수자원 스마트화 등이 있다.

**67** ④

① 핫스팟(Hotspot) : 무선공유기 주변의 통신 가능한 구역을 의미한다.

② Wi - Fi : 근거리 컴퓨터 네트워크 방식인 고성능 무선통신인 무선랜을 의미한다.

③ 테더링(Tethering) : 휴대전화를 모뎀처럼 사용하는 것으로 노트북과 같은 기기에 휴대폰을 연결하여 인터넷을 연결하여 사용하는 기능을 의미한다.

**68** ①

① M 커머스(M Commerce) : 전자상거래의 일종이다. 가정이나 사무실에서 유선으로 인터넷에 연결하고 상품이나 서비스를 사고파는 것과 달리 이동 중에 거래할 수 있는 것을 말한다.

② C 커머스(C Commerce) : 온라인 공간에서 다른 기업과 기술이나 정보를 공유하여 수익을 창출하는 전자상거래 방식을 말한다.

③ U 커머스(U Commerce) : 모든 기기로 빠르게 비즈니스를 수행할 수 있는 전자상거래를 말한다.

④ E 커머스(E Commerce) : 온라인 네트워크를 통해 상품이나 서비스를 사고파는 것을 말한다.

**69 ②**

② 다크 웹(Dark Web) : 인터넷을 사용하지만, 접속을 위해서는 특정 프로그램을 사용해야 하는 웹을 가리키며 인터넷 지하세계라고 부른다. 일반적인 방법으로 접속자나 서버를 확인할 수 없기 때문에 사이버상에서 범죄에 활용된다.

① 서피스 웹(Surface Web) : 네이버, 구글 같은 일반적인 검색엔진을 말한다.

③ 딥 웹(Deep Web) : 검색이나 접근이 어렵거나 넷플릭스처럼 유료화에 막힌 곳을 말한다.

④ 웹 TV(Web TV) : TV와 전화를 연결하여 인터넷 사용이 가능한 텔레비전을 말한다.


**70 ③**

③ 안드로이드(Android) : 휴대폰용 운영체제·미들웨어·응용프로그램을 묶은 소프트웨어 플랫폼으로 구글 사가 안드로이드사를 인수하여 개발하였다.

① 윈도우(Window) : 컴퓨터에서 소프트웨어와 하드웨어를 제어하는 운영체제이다.

② 태블릿(Tablet) : 평면판 위에 펜으로 그림을 그리면 컴퓨터 화면에 커서가 그에 상응하는 이미지를 그려내게 할 수 있도록 한 장치이다.

④ 매킨토시(Macintosh) : 애플에서 개발한 개인용 컴퓨터이다.


**71 ④**

① 아이폰 법칙(iPhone's Law) : 아이폰 신제품의 첫 주 판매량이 이전에 출시한 제품보다 2배 이상 많은 현상을 말한다.

② 한계효용체감의 법칙(Law of Diminishing Marginal Utility) : 소비량은 증가해도 만족감은 점차 줄어드는 것을 의미한다.

③ 황의 법칙(Hwang's Law) : 삼성전자 황창규 사장이 발표한 것으로 반도체 메모리 용량이 1년에 2배 증가한다는 이론을 말한다.


**72 ④**

④ 프로젝트 룬(Project Loon) : 인터넷을 이용하지 못하는 오지까지 무료로 인터넷을 보급하기 위한 구글의 프로젝트이다. 지름 15m짜리 풍선에 통신장비를 설치하여 높은 고도에 띄우는 것인데, 이 풍선을 고도 20km 상공에 띄워 바람을 타고 천천히 이동시킨다. 대형 무선인터넷 공유기 역할을 하기 때문에 머리 위로 풍선이 지나가면 무료 와이파이 구역이 되는 것이다. 대류 이동으로 풍선이 자리를 벗어나면 또 다른 풍선이 대체하여 서비스를 지속한다. 2021년 1월 21일, 케냐에 태풍이 불어 닥쳤던 지역에 인터넷을 공급했으나 지속 가능한 사업을 위한 비용 줄이기에 실패하여 프로젝트는 종료되었으며, 이로 인해 영향을 받을 수 있는 케냐 사용자들을 위해 1천만 달러를 지원하겠다고 밝혔다. 한편, 프로젝트 룬은 구글이 실험하다 포기한 프로젝트가 기록되는 '구글 무덤'에도 올랐다.

① 프로젝트 파이(Project Fi) : 구글이 출시한 알뜰폰을 말한다.

② 아트 프로젝트(Art Project) : 주요 미술관 미술작품을 실제로 보는 것과 같은 느낌을 받을 수 있도록 감상하는 서비스이다.

③ 프로젝트 포그혼(Project Fog Horn) : 바닷물에서 에너지를 만드는 구글의 프로젝트이다.


**73 ④**

빅데이터(Big Data) … 디지털 환경에서 생성되는 데이터로 그 규모가 방대하고, 생성 주기도 짧고, 형태도 수치 데이터뿐 아니라 문자와 영상 데이터를 포함하는 대규모 데이터를 말한다. 빅데이터를 설명하는 4V는 데이터의 양(Volume), 데이터 생성 속도(Velocity), 형태의 다양성(Variety), 가치(Value)이다.

※ 5V
- ⊙ Volume(데이터의 양)
- ⓛ Variety(다양성)
- ⓒ Velocity(속도)
- ⓔ Veracity(정확성)
- ⓜ Value(가치)

**74** ④

④ FIDO(Fast Identity Online) : 온라인 환경에서 ID, 비밀번호 없이 생체인식 기술을 활용하여 보다 편리하고 안전하게 개인 인증을 수행하는 기술이다.

① CPO(Chief Privacy Officer) : 개인정보보호책임자로 정부의 사생활 보호규정과 법률에 위반되는 정책을 찾아내 수정하며, 해킹 등 사이버범죄로부터 회원정보를 지켜내기 위한 안전장치를 마련하는 등의 업무를 한다.

② GDPR(General Data Protection Regulation) : 유럽연합의 개인정보보호 법을 의미한다.

③ RPA(Robotic Process Automation) : 기업의 재무, 회계, 제조, 구매, 고객 관리 분야 데이터를 수집해 입력하고 비교하는 단순반복 업무를 자동화해서 빠르고 정밀하게 수행하는 자동화 소프트웨어 프로그램을 말한다.


**75** ②

P2P(Peer to Peer) … 인터넷에서 개인과 개인이 직접 파일을 공유하는 것을 말한다. 모든 참여자가 공급자인 동시에 수요자가 되는 형태이며, 이용자의 저장장치를 공유시켜 주기만 하면 되기 때문에 중앙에서 별도의 저장, 관리가 필요하지 않다.


**76** ④

④ CDMA(Code Division Multiple Access) : 코드분할 다중접속. 하나의 채널로 한 번에 한 통화밖에 하지 못해 가입자 수용에 한계가 있는 아날로그방식(AMPS)의 문제를 해결하기 위해 개발된 디지털방식 휴대폰의 한 방식으로, 아날로그방식보다 채널수가 10 ~ 20배 더 많아 가입자 수용능력이 크다.

① TDMA(Time Division Multiple Access) : 시분할다중 접속. 분할된 채널을 통해 디지털신호를 보내되 이를 다시 시간적으로 분할하는 기술로, 아날로그방식보다 약 3배쯤 채널수를 늘린 것과 같은 효과를 낸다.

② RPA(Robotic Process Automation) : 기업의 데이터를 수집해 단순반복 업무를 자동화해서 빠르고 정밀하게 수행하는 자동화 소프트웨어 프로그램이다.

③ GSM(Global System for Mobile) : 유럽이 범유럽공동규격으로 개발하여 1992년부터 실용화해 오고 있는 Tdma방식의 시스템이다.


**77** ④

④ 과거 거래내역과 패턴을 분석하여 의심거래가 발생하면 사전에 알려주는 금융사기를 방지하는 서비스가 있다. 지연인출제도는 2012년 6월 26일부터 시행되고 있던 제도로 1회에 100만원 이상 금액이 송금 · 이체되어 입금되면 30분간 인출 · 이체가 지연되는 것이다.

※ 마이데이터 서비스(Mydata Service) … 개인신용정보를 사용하여 통합적인 서비스를 제공받는 것이다. 정보를 활용하여 개별적인 상품 추천이나 조언을 받는 것이다.


**78** ①

②③④ 유료 OTT 서비스이다.

※ FAST(Free Ad Supported Streaming TV) … 무료로 제공되는 광고 기반의 실시간 OTT 서비스로 광고를 시청하면 무료로 시청이 가능한 동영상 서비스이다.

## 79 ③

① **멀티캐스트**(Multicast) : 네트워크상에서 동일한 데이터를 여러명에게 동시에 전송하는 방식이다. 멀티캐스팅을 지원하는 가상 네트워크로는 엠본(MBone)이 있다.

② **핀치 투 줌**(Pinch to Zoom) : 스티브잡스가 적용한 기술 특허로 터치스크린의 화면을 자유롭게 움직이면서 확대 및 축소가 가능한 기술이다.

④ **웨비나**(Webinar) : 웹과 세미나의 합성어로 온라인상에서 쌍방향 소통이 가능하도록 도와주는 웹을 기반으로 하는 툴이다.

## 80 ④

① **IPO**(Initial Public Offering) : 기업이 주식을 최초로 외부 투자자에게 공개 매도하는 것을 의미한다.

② **FDS**(Fraud Detection System) : 이상금융거래를 탐지하는 시스템으로 수집된 패턴을 통해 이상 결제를 잡아내는 시스템이다.

③ **레그테크**(Regtech) : 규제를 의미하는 Regulation와 Tech nology의 합성으로 기술을 활용하여 금융회사에 통제와 규제를 이해하고 유지하도록 만드는 기술이다.

## 03 상식

## 81 ④

GDP(국내총생산)의 뜻은 Gross Domestic Product 이다.

## 82 ④

6 ~ 8% 시 경영개선 권고하고 2 ~ 6% 시 경영개선 요구한다. 2% 미만 시에는 경영개선 명령한다.

① 헤이그 협정을 모체로 설립된 가장 오래된 국제금융기구 국제결제은행(BIS)에서 결정한다.

② 1992년 말부터 은행들에 BIS 비율을 8% 이상 유지하도록 권고하고 있다.

③ BIS 자기자본비율은 은행 예금자를 보호하기 위한 기준이다.

## 83 ③

자금세탁 방지제도는 자금의 위험한 출처를 숨겨 적법한 것처럼 위장하는 과정을 말하며, 불법재산의 취득 · 처분 사실을 가장하거나 재산을 은닉하는 행위 및 탈세 목적으로 재산의 취득 · 처분 사실을 가장하거나 그 재산을 은닉하는 행위를 말한다.

자금세탁 방지제도는 의심거래보고제도, 고액현금거래보고제도, 고객확인제도, 강화된 고객확인제도 절차를 걸쳐 자금세탁의심거래를 가려낸다.

## 84 ④

요구불예금은 예금주의 요구가 있을 때 언제든지 지급할 수 있는 예금으로 보통예금, 어린이예금, 당좌예금이 있다.

㉠ **CMA** : 고객이 맡긴 예금을 어음이나 채권에 투자하여 그 수익을 고객에게 돌려주는 실적배당 금융상품이다.

㉢ **저축성예금** : 돈을 맡긴 후 일정 기간이 지나야 찾을 수 있는 예금이다.

**85** ①

설명하고 있는 퇴직연금은 확정급여형으로, 근무 마지막 연도의 임금을 기준으로 지급되므로 임금상승률이 높고 장기근속이 가능한 기업의 근로자에게 유리하다.

② **확정기여형** : 회사가 매년 연간 임금총액의 일정 비율을 적립하고, 근로자가 적립금을 운용하는 방식이다.

③ **개인형 퇴직연금** : 퇴직한 근로자가 퇴직 시 수령한 퇴직급여를 운용하거나 재직 중인 근로자가 DB형이나 DC형 이외에 자신의 비용 부담으로 추가로 적립하여 운용하다가 연금 또는 일시금으로 수령할 수 있는 계좌이다.

④ **IRP** : 개인형 퇴직연금

**86** ④

채권 표면에 표시한 금리로, 단순히 연간 이자수입만을 나타낸다.

① **기준금리** : 한국은행이 다른 금융기관에 대출할 때 적용하는 금리로, 여러 금리 수준을 결정하는 기준이 된다.

② **명목금리** : 물가 상승을 고려하지 않은 금리이다.

③ **고정금리** : 만기까지 변동이 없는 금리이다.

**87** ③

단리법은 원금에 대해 일정한 기간 동안 미리 정해 놓은 이자율만큼 이자를 주는 것이고 복리법은 이자를 원금에 포함시킨 금액에 대해 이자를 주는 것이다.

㉠ **A : 단리법 적용**

1년 뒤 : 200,000 + 200,000 × 0.05 = 210,000

2년 뒤 : 200,000 + 200,000 × 0.05 = 210,000

2년 치 이자 = 20,000원

㉡ **B : 복리법 적용**

1년 뒤 : 200,000 + 200,000 × 0.05 = 210,000

2년 뒤 : 210,000 + 210,000 × 0.05 = 220,500

2년 치 이자 = 20,500원

따라서 A와 B의 이자 차이는

20,500 − 20,000 = 500(원)

**88** ③

그림자 금융은 은행과 유사한 신용 중개기능을 수행하는 비은행 금융기관이 은행과 같은 엄격한 건전성 규제를 받지 않으며 중앙은행의 유동성 지원이나 예금자보호도 받을 수 없어 시스템적 리스크를 초래할 가능성이 높은 기관 및 금융상품이다.

③ 신용을 직접 공급하거나 신용 중개를 지원하는 기관 및 활동만을 포함하며, 신용 중개기능이 없는 단순 주식거래, 외환거래는 제외된다.

**89** ④

최고가격제는 시장의 균형가격보다 낮은 수준에서 결정된다.

**90** ④

㉠는 서킷 브레이커, ㉡는 사이드 카에 대한 설명이다. 서킷 브레이커는 주식 시장 개장 5분 후부터 장이 끝나기 40분 전인 PM 2시 20분까지 발동할 수 있고, 하루에 한 번만 발동할 수 있다. 한 번 발동한 후에는 요건이 충족되어도 다시 발동할 수 없다. 사이드 카는 발동된 뒤 5분이 지나면 자동으로 해제되며, 장 종료 40분 전인 PM 2시 20분 이후에는 발동될 수 없고 발동 횟수도 1일 1회로 제한된다.

- **콘탱고** : 주식 시장에서 선물가격이 현물가격보다 높거나 결제 월에서 멀수록 높아지는 현상이다.

- **프리보드** : 비상장주권의 매매거래를 하기 위해 금융투자협회가 운영하던 장외시장이다.

**91 ④**

주식 시장의 하락을 곰에 비유한다.
곰이 앞발을 아래로 내려치는 모습처럼 주식 시장이 하락하거나 하락이 예상되는 경우를 베어마켓(Bear Market)이라고 한다. 거래가 부진한 약세시장을 의미하는데, 장기간 베어마켓이 진행되는 가운데 일시적으로 단기간에 급상승이 일어나는 경우를 베어마켓랠리(Bear Market Rally)라고 한다.

**92 ③**

파생금융상품은 가격의 불확실성을 감소시켜 경제활동을 촉진시키고 위험 회피자와 투기자는 서로 다른 미래 예측능력과 위험회피수준을 가지고 위험구조를 재조정하여 금융시장의 원활한 운용과 효율성 제고에 기여한다. 선물가격은 장기적으로 미래 현물시장의 수요과 공급에 관한 정보를 반영하고 있기에 현물가격에 대한 정보를 제공하여 미래의 현물가격에 대한 예시기능을 수행한다. 예측능력의 발달로 거래 시장에서 신속한 정보와 가격조정이 일어남으로써 기초 상품시장을 망라한 전 금융시장의 효율성을 제고시키고 이에 따라 경제 전체의 자원배분의 효율성을 증대시킨다.
③ 부실채권은 금융기관의 대출 및 지급보증 중 원리금이나 이자를 제때 받지 못하는 돈을 말한다.

**93 ④**

매파는 물가 안정을 위해 긴축정책과 금리인상을 주장하는 세력을 의미한다. 경기 과열을 막고, 인플레이션을 억제하자는 입장이다. 인플레이션은 통화량 확대와 꾸준한 물가 상승, 그리고 화폐 가치의 하락을 의미하기 때문에 긴축정책을 통해 금리를 올려 시중의 통화량을 줄이고 지출보다 저축의 비중이 높여 화폐의 가치를 올리자는 것이다.
ⓛⓜ은 비둘기파의 특징으로 경제 성장을 위해 양적완화와 금리인하를 주장하는 세력을 의미한다.

**94 ②**

스튜어드십 코드에 대한 설명으로 연기금과 자산 운용사 등 주요 기관투자자들의 의결권 행사를 적극적으로 유도하기 위한 자율지침을 말한다.
① **포트폴리오** : 주식투자에서 다수 종목에 분산투자 함으로써 위험을 회피하고 투자수익을 극대화하는 방법이다.
③ **불완전판매** : 금융기관이 고객에게 상품의 운용방법 및 위험도, 손실 가능성 등 필수사항을 충분히 고지하지 않고 판매하는 것을 말한다.
④ **폰지사기** : 아무런 사업도 하지 않으면서 신규 투자자의 돈으로 기존 투자자에게 원금과 이자를 갚아나가는 금융 다단계 사기수법이다.

**95 ③**

절대 우위론에 대한 설명으로 다른 생산자에 비해 적은 비용으로 생산할 수 있을 때 절대 우위에 있다고 한다.
① **비교 우위론** : 한 나라에서 어떤 재화를 생산하기 위해 포기하는 재화의 양이 다른 나라보다 적다면 비교 우위를 지닌다는 이론이다.
② **헥셔-오린의 정리** : 양국이 갖는 재화의 생산 함수가 동일하지만 요소집약도가 상이하여 양국의 요소부존 비율도 상이한 경우, 각국은 타국에 비하여 상대적으로 풍부히 갖고 있는 생산요소를 집약적으로 사용하는 재화의 생산에 비교 우위성을 갖게 된다는 이론이다.
④ **코즈의 정리** : 미국 경제학자 로널드 코즈의 주장으로, 재산권이 확립되어 있는 경우에 거래비용 없이도 협상이 가능하다면 외부 효과로 인해 발생할 수 있는 비효율성은 시장에서 스스로 해결할 수 있다는 이론이다.

**96** ④

최고가격제는 정부가 물가를 안정시키고 소비자를 보호하기 위하여 가격 상한을 설정하고 최고가격 이하에서만 거래하도록 통제하는 제도이다. 최저가격제는 공급과잉과 생산자 간의 과도한 경쟁을 대비, 방지하며 보호하기 위하여 가격 하한을 설정하고 최저가격 이하로는 거래를 못하도록 통제하는 제도이다.
④ 최저가격제는 균형가격 위로 설정한다.

**97** ④

소고기와 돼지고기는 소득 증가에 따라 소비량이 변화하였으므로 대체관계에 있다.
열등재란 소득이 늘어날 때 수요가 감소하는 상품을 말한다.

**98** ①

독점시장은 불완전경쟁시장의 한 형태로 독점적 경쟁이 이루어지는 시장이다. 다수의 기업이 존재하고 시장진입과 퇴출이 자유롭다는 점에서 경쟁은 필연적이지만, 생산하는 재화가 질적으로 차별화되어 있으므로 저마다 제한된 범위의 시장을 독점한다.
②③은 완전경쟁시장의 특징이고 ④는 과점시장의 특징이다.

**99** ③

모든 경제주체가 일정 기간 동안 국경 내에서의 생산이라면 GDP에 포함된다.
가사업무나 봉사활동, 지하경제는 GDP에 해당하지 않는다.

**100** ②

물가수준을 나타내는 GDP 디플레이터는 $\dfrac{명목\,GDP}{실질\,GDP}$ ×100로 구할 수 있으며, 실질GDP 차이가 없으면 생산량도 차이가 없다.
2018년도 GDP 디플레이터 = 100
2019년도 GDP 디플레이터 = 110
2020년도 GDP 디플레이터 = 100
ⓒ 2018년도와 2019년도의 생산량은 차이가 없다.
ⓔ 2020년도 물가는 2019년도에 비해 하락하였다.

## 01 직업기초능력

**1** ④

단어의 결합 원리에 대해 자세하게 설명하고 있다.

**2** ④

상대방을 설득해야 할 때는 일방적으로 강요하거나 상대방에게만 손해를 보라는 식으로 하는 '밀어붙이기 식' 대화는 금물이다. ㈜는 불편을 당한 고객을 위해 본인이 직접 처리해 주겠다고 제안함으로써 일종의 혜택을 주겠다고 약속했으므로 바람직한 설득의 방법이라고 볼 수 있다.
① 마지막에 덧붙인 말은 고객을 무시하는 것으로 들릴 수 있는 불필요한 말이다.
② 고객보다 팀장의 호출이 더 급하다는 것을 의미하므로 무례한 행동이다.
③ 다양한 사정을 가진 고객의 입장을 생각하지 않고 일방적으로 획일적인 회사의 규정만 내세우는 것은 거절할 때의 적절한 테크닉이라고 할 수 없다.

**3** ①

윗글에서 양주는 인간이 자신만을 위한다는 위아주의를 강조하였고, 한비자는 인간을 자신의 이익을 추구하는 이기적 존재로 간주하였다. 이를 바탕으로 ① 인간이 자신의 이익을 중시하는 존재라는 것에 양주와 한비자 모두 동의한다고 추론할 수 있다.

**4** ①

양주는 강력한 공권력을 독점한 국가에 의해 개인의 삶이 일종의 수단으로 전락할 수 있다고 보았기 때문이다.

**5** ①

㈏ : 개화식물의 광주기성과 단일식물
㈎ : 낮의 길이와 밤의 길이 중 어떤 것의 개화에 영향을 미치는지에 대한 의문
㈐ : 도꼬마리 개화 실험을 통해 단일식물의 개화에 밤의 길이가 중요한 요인이라는 결론을 내림
㈑ : 연구로 발견한 추가적인 내용과 빛을 감지하는 물질인 피토크롬

**6** ③

주어진 자료를 빠르게 이해하여 문제가 요구하는 답을 정확히 찾아내야 하는 문제로, NCS 의사소통능력의 빈출문서이다.
제1조에 을(乙)은 갑(甲)에게 계약금 → 중도금 → 잔금 순으로 지불하도록 규정되어 있다.
① 제1조에 중도금은 지불일이 정해져 있으나, 제5조에 '중도금 약정이 없는 경우'가 있을 수 있음이 명시되어 있다.
② 제4조에 명시되어 있다.
④ 제5조의 규정으로, 을(乙)이 갑(甲)에게 중도금을 지불하기 전까지는 을(乙), 갑(甲) 중 어느 일방이 본 계약을 해제할 수 있다. 단, 중도금 약정이 없는 경우에는 잔금 지불하기 전까지 계약을 해제할 수 있다.

**7** ①

개요에 따르면 본론에서는 '교통 체증으로 인한 문제, 교통 체증의 원인, 교통 체증의 완화 방안'에 대한 내용을 다루게 된다. ①은 교통 체증의 완화 방안 중 하나이다. 그러나 개요에서 교통 체증 완화 방안의 구체적인 내용으로 '제도 보완, 교통 신호 체계 개선, 운전자의 의식 계도' 등이 구성되어 있지만, '도로 활용'에 대한 내용은 없으므로 ①은 본론에 들어가기에 적절하지 않다.
②는 '본론 3. (2)'에, ③은 '본론 1. (1)'에, ④는 '본론 2. (3)'에, ⑤는 '본론 3. (2)'에 해당하는 내용이다.

**8** ④

④ 둘째 문단에서 이제까지의 인류가 화석 연료를 사용하여 지구 온난화 등의 부작용이 발생했다는 내용이 언급되고 셋째 문단에서 때문에 다음 몇 세기는 이러한 부정적 결과를 감당해야 한다는 내용이 이어지므로, 인과관계의 접속부사인 '그래서'가 쓰인 것은 적절하다.

**9** ②

㈐는 글의 전제가 되고 ㈎㈒에서 ㈎는 ㈒의 '이러한 의사교환의 방법'에 해당하는 예시가 되고, ㈒는 ㈎의 반론이 된다. ㈑는 ㈒에 자연스럽게 이어지는 부연설명이고 ㈏는 글 전체의 결론이 되므로 ㈐㈎㈒㈑㈏의 순서가 되어야 한다.

**10** ①

① 정보가 많으면 많을수록 역선택을 할 가능성은 줄어들게 된다.

**11** ④

④ 정보의 비대칭성을 문제시하지 않는 판매자의 태도는 중고차 시장의 붕괴를 초래하는 원인으로 작용할 뿐이지 중고차 시장을 존속시키는 이유가 되지는 않는다.

**12** ②

중고차를 어떻게 구입해야 하는지 그 방법을 알려 주는 글이 아니라, 중고차 시장에 존재하는 정보의 비대칭성 때문에 중고차 소비자가 손해를 볼 수 있다는 것을 '레몬 원리'를 통해 설명해주는 글이다.

**13** ④

문서의 내용에는 워크숍 개최 및 발표, 토론 내용이 요약되어 포함되어 있다. 따라서 담긴 내용이 이미 진행된 후에 작성된 문서이므로 '~계획(보고)서'가 아닌 '결과보고서'가 되어야 할 것이다.
② 특정 행사의 일정만을 보고하는 문서가 아니며, 행사 전체의 내용을 모두 포함하고 있다.

**14** ①

표의 프로그램을 순서대로 각각 A~G라고 했을 때, 다음과 같이 정리할 수 있다.

| 요일<br>시간대 | 월 | 화 | 수 | 목 | 금 |
|---|---|---|---|---|---|
| 오전 | A<br>E | D<br>E<br>G | A<br>D<br>G | D | A<br>E<br>G |
| 오후 | C<br>F | B | C<br>F | B<br>C | B<br>F |

동일 시간대에 2일 연속 출연하지 않는다고 했으므로, 다음 두 가지 경우가 가능하다.

⊙ 월요일 오전 – 화요일 오후 – 수요일 오전 – 목요일 오후 – 금요일 오전

ⓛ 월요일 오후 – 화요일 오전 – 수요일 오후 – 목요일 오전 – 금요일 오후

⊙의 경우 화요일 오후 일정(B)을 기준으로 시작하여, 월요일 오전에는 E(동일 매체에 2일 연속 출연하지 않는다고 했으므로), 수요일 오전에는 D 또는 G, 목요일 오후 C, 금요일 오전에는 G에 출연하게 된다.

ⓛ의 경우 목요일 오전 D 출연을 기준으로 시작하여 금요일 오후 B, 수요일 오후 C, 화요일 오전 E 또는 G에 출연이 가능하다. 그런데 월요일 오후에 출연할 수 있는 프로그램은 F뿐인데 화요일 오전의 E 또는 G와 동일 매체에 2일 연속 출연하게 되므로 2)의 경우는 불가능하다.

## 15 ④

• A, B, C, D 구매금액 비교

| '갑' 상점 | 총 243만 원 | $=(150 + 50 + 50 + 20) \times 0.9$ |
|---|---|---|
| '을' 상점 | 총 239만 원 | $=130 + 45 + 60 \times 0.8 + 20 \times 0.8$ |

'갑' 상점에서 A와 B를 구매하여 C, D의 상품 금액까지 10% 할인을 받는다고 해도 '을' 상점에서 혜택을 받아 A, B, C, D를 구매하는 것이 유리하다.

• C, D, E 구매금액 비교

| '을' 상점 (A 구매 가정) | 총 74만 원 | $=60 \times 0.8 + 20 \times 0.8 + 10$ |
|---|---|---|
| '병' 상점 | 총 75만 원 | $=50 + 25 + 5$ |

A 금액이 가장 저렴한 '을' 상점에서 C, D제품까지 구매하는 것이 유리하며, E 역시 '을' 상점에서 구매하는 것이 가장 적은 금액이 든다.

B의 경우 '병' 상점에서 40만 원으로 구매하여 A, B, C, D, E를 최소 금액 244만 원으로 구매할 수 있다.

## 16 ④

$시간 = \dfrac{거리}{속도}$ 공식을 이용하여, 먼저 각 경로에서 걸리는 시간을 구한다.

| 구간 | 경로 | 시간 | | | |
|---|---|---|---|---|---|
| | | 출근 시간대 | | 기타 시간대 | |
| A → B | 경로 1 | $\dfrac{30}{30} = 1.0$ | 1시간 | $\dfrac{30}{45} ≒ 0.67$ | 약 40분 |
| | 경로 2 | $\dfrac{30}{60} = 0.5$ | 30분 | $\dfrac{30}{90} ≒ 0.33$ | 약 20분 |
| B → C | 경로 3 | $\dfrac{40}{40} = 1.0$ | 1시간 | $\dfrac{40}{60} ≒ 0.67$ | 약 40분 |
| | 경로 4 | $\dfrac{40}{80} = 0.5$ | 30분 | $\dfrac{40}{120} ≒ 0.33$ | 약 20분 |

④ 경로 2와 3을 이용하는 경우와 경로 1과 경로 4를 이용하는 경우 C지점에 도착하는 시각은 1시간 20분으로 동일하다.

① C지점에 가장 빨리 도착하는 방법은 경로 2와 경로 4를 이용하는 경우이므로, 가장 빨리 도착하는 시각은 1시간이 걸려서 오전 9시가 된다.

② C지점에 가장 늦게 도착하는 방법은 경로 1과 경로 3을 이용하는 경우이므로, 가장 늦게 도착하는 시각은 1시간 40분이 걸려서 오전 9시 40분이 된다.

③ B지점에 가장 빨리 도착하는 방법은 경로 2이므로, 가장 빨리 도착하는 시각은 30분이 걸려서 오전 8시 30분이 된다.

## 17 ③

C의 진술이 참이면 C는 출장을 간다. 그러나 C의 진술이 참이면 A는 출장을 가지 않고 A의 진술은 거짓이 된다. A의 진술이 거짓이 되면 그 부정은 참이 된다. 그러므로 D, E 두 사람은 모두 출장을 가지 않는다. 또한 D, E의 진술은 거짓이 된다.

D의 진술이 거짓이 되면 실제 출장을 가는 사람은 2명 미만이 된다. 그럼 출장을 가는 사람은 한 사람 또는 한 사람도 없는 것이 된다.

E의 진술이 거짓이 되면 C가 출장을 가고 A는 안 간다. 그러므로 E의 진술도 거짓이 된다.

그러면 B의 진술도 거짓이 된다. D, A는 모두 출장을 가지 않는다. 그러면 C만 출장을 가게 되고 출장을 가는 사람은 한 사람이다.

만약 C의 진술이 거짓이라면 출장을 가는 사람은 2명 미만이어야 한다. 그런데 이미 A가 출장을 간다고 했으므로 B, E의 진술은 모두 거짓이 된다. B 진술의 부정은 D가 출장을 가지 않고 A도 출장을 가지 않는 것이므로 거짓이 된다. 그러면 B의 진술도 참이 되어 B가 출장을 가야 한다. 그러면 D의 진술이 거짓인 경가 존재하자 않게 되므로 모순이 된다. 그럼 D의 진술이 참인 경우를 생각하면 출장을 가는 사람은 A, D 이므로 이미 출장 가는 사람은 2명 이상이 된다. 그러면 B, D의 진술의 진위여부를 가리기 어려워진다.

## 18 ④

네 번째 조건에서 수요일에 9대가 생산되었으므로 목요일에 생산된 공작기계는 8대가 된다.

| 월요일 | 화요일 | 수요일 | 목요일 | 금요일 | 토요일 |
|--------|--------|--------|--------|--------|--------|
|        |        | 9대    | 8대    |        |        |

첫 번째 조건에 따라 금요일에 생산된 공작기계 수는 화요일에 생산된 공작기계 수의 2배가 되는데, 두 번째 조건에서 요일별로 생산한 공작기계의 대수가 모두 달랐다고 하였으므로 금요일에 생산된 공작기계의 수는 6대, 4대, 2대의 세 가지 중 하나가 될 수 있다.

그런데 금요일의 생산 대수가 6대일 경우, 세 번째 조건에 따라 목~토요일의 합계 수량이 15대가 되어야 하므로 토요일은 1대를 생산한 것이 된다. 그러나 토요일에 1대를 생산하였다면 다섯 번째 조건인 월요일과 토요일에 생산된 공작기계의 합이 10대를 넘지 않는다. (∵ 하루 최대 생산 대수는 9대이고 요일별로 생산한 공작기계의 대수가 모두 다른 상황에서 수요일에 이미 9대를 생산하였으므로)

금요일에 4대를 생산하였을 경우에도 토요일의 생산 대수가 3대가 되므로 다섯 번째 조건에 따라 월요일은 7

대보다 많은 수량을 생산한 것이 되어야 하므로 이 역시 성립할 수 없다. 즉, 세 가지 경우 중 금요일에 2대를 생산한 경우만 성립하며 화요일에는 1대, 토요일에는 5대를 생산한 것이 된다.

| 월요일 | 화요일 | 수요일 | 목요일 | 금요일 | 토요일 |
|--------|--------|--------|--------|--------|--------|
|        | 1대    | 9대    | 8대    | 2대    | 5대    |

따라서 월요일에 생산 가능한 대수는 6 또는 7이다.

## 19 ②

㈎ 충전시간 당 통화시간은 A모델 6.8H > D모델 5.9H > B모델 4.8H > C모델 4.0H 순이다. 음악재생시간은 D모델 > A모델 > C모델 > B모델 순으로 그 순위가 다르다. (X)

㈏ 충전시간 당 통화시간이 5시간 이상인 것은 A모델 6.8H과 D모델 5.9H이다. (O)

㈐ 통화 1시간을 감소하여 음악재생 30분의 증가 효과가 있다는 것은 음악재생에 더 많은 배터리가 사용된다는 것을 의미하므로 A모델은 음악재생에, C모델은 통화에 더 많은 배터리가 사용된다. (X)

㈑ B모델은 통화시간 1시간 감소 시 음악재생시간 30분이 증가한다. 현행 12시간에서 10시간으로 통화시간을 2시간 감소시키면 음악재생시간이 1시간 증가하여 15시간이 되므로 C모델과 동일하게 된다. (O)

## 20 ③

두 개의 제품 모두 무게가 42g 이하여야 하므로 B모델은 제외된다. K씨는 충전시간이 짧고 통화시간이 길어야 한다는 조건만 제시되어 있으므로 나머지 세 모델 중 A모델이 가장 적절하다.

친구에게 선물할 제품은 통화시간이 16시간이어야 하므로 통화시간을 더 늘릴 수 없는 A모델은 제외되어야 한다. 나머지 C모델, D모델은 모두 음악재생시간을 조절하여 통화시간을 16시간으로 늘릴 수 있으며 이때 음악재생시간 감소는 C, D모델이 각각 8시간(통화시간 4시간 증가)과 6시간(통화시간 3시간 증가)이 된다. 따라서 두 모델의 음악재생 가능시간은 15 − 8 = 7시간, 18 −

6 = 12시간이 된다. 그런데 일주일 1회 충전하여 매일 1시간씩의 음악을 들을 수 있으면 된다고 하였으므로 7시간 이상의 음악재생시간이 필요하지는 않으며, 7시간만 충족될 경우 고감도 스피커 제품이 더 낫다고 요청하고 있다. 따라서 D모델보다 C모델이 더 적절하다는 것을 알 수 있다.

## 21 ②

요리하는 사람은 난폭할 수도 있고 그렇지 않을 수도 있다. 따라서 민희의 어머니가 난폭한지 아닌지는 알 수 없다. 누리의 어머니는 난폭하므로 배려심이 없다. 따라서 B만 옳다.

## 22 ④

㉠ 70명이 기권하면 기권표가 전체의 3분의 1 이상이 되므로 안건은 부결된다.
㉡ 104명이 반대하면 기권표가 없다고 가정할 경우 106명이 찬성을 한 것이고, 기권표를 제외해도 찬성표가 50%를 넘기 때문에 안건이 반드시 부결된다고 볼 수는 없다.
㉢ 141명이 찬성하면 나머지 69명이 기권 또는 반대를 하더라도 반드시 안건은 가결된다.
㉣ 안건이 가결될 수 있는 최소 찬성표를 구하면 69명이 기권하고 그 나머지에서 찬성이 50%를 넘는 것을 의미하므로 210−69=141명, 여기서 50%를 넘어야 하므로 71명. 그러므로 최소 찬성표는 71표가 된다.

## 23 ①

금요일에는 제육덮밥이 편성된다. 목요일에는 오므라이스를 편성할 수 없고, 다섯 번째 조건에 의해 나물 비빔밥도 편성할 수 없다. 따라서 목요일에는 돈가스 정식 또는 크림 파스타가 편성되어야 한다. 마지막 조건과 두 번째 조건에 의해 돈가스 정식은 월요일, 목요일에도 편성할 수 없으므로 돈가스 정식은 화요일에 편성된다. 따라서 목요일에는 크림 파스타, 월요일에는 나물 비빔밥이 편성된다.

## 24 ④

㉠ 주어진 조건을 정리하면 다음과 같다.

| 회사원 | 대중교통 |
| --- | --- |
| A | 버스(8), 지하철 |
| B | 지하철(2) |
| C | 자가용 |
| D | 버스(8), 지하철(2) |
| E | 지하철 |
| F | 버스 |
| G | 자가용 |

㉡ 이때, F는 20번 버스를 이용해야 하며, B와 E 중 한 명은 다른 지하철로 환승해야 한다. 따라서 A와 B 모두 그르다.

| 회사원 | 대중교통 |
| --- | --- |
| A | 버스(8), 지하철 |
| B | 지하철(2), 지하철 |
| C | 자가용 |
| D | 버스(8), 지하철(2) |
| E | 지하철 |
| F | 버스(20) |
| G | 자가용 |

| 회사원 | 대중교통 |
| --- | --- |
| A | 버스(8), 지하철 |
| B | 지하철(2) |
| C | 자가용 |
| D | 버스(8), 지하철(2) |
| E | 지하철, 지하철 |
| F | 버스(20) |
| G | 자가용 |

## 25 ①

- 두 번째 조건의 대우 : B가 참이거나 F가 거짓이면, C는 거짓이고 D도 거짓이다.
  → C도 거짓, D도 거짓
- 세 번째 조건의 대우 : B가 거짓이고 F가 거짓이면, C는 거짓이고 E는 참이다.
  → B를 모르기 때문에 E에 대해 확신할 수 없다.
- 첫 번째 조건의 대우 : A가 참이면, B가 참이고 C가 거짓이다.

따라서 A가 참이라는 것을 알면, B가 참이라는 것을 알고, 세 번째 조건의 대우에서 E가 참이라는 것을 알 수 있다.

## 26 ①

㉠ 갑과 을 모두 경제 문제를 틀린 경우

갑과 을의 답이 갈리는 경우만 생각하면 되므로 2, 4, 6, 7번만 생각하면 된다.

갑은 나머지 문제를 틀리게 되면 80점을 받을 수 없다. 을은 2, 4, 6, 7을 모두 맞췄다면 모두 10점짜리라고 하더라도 최대 점수는 60점이 되므로 갑과 을 모두 경제 문제를 틀린 경우는 있을 수 없다.

㉡ 갑만 경제 문제를 틀렸다면 나머지는 다 맞춰야 한다.

- 2, 4, 6, 7번 중 하나가 경제일 경우 갑은 정답이 되고 을은 3개가 틀리게 된다. 3개를 틀려서 70점을 받으려면 각 배점은 10점짜리이어야 하므로 예술 문제를 맞춘 게 된다.
- 2, 4, 6, 7번 중 하나가 경제가 아닌 경우 을은 4문제를 틀린 게 되므로 70점을 받을 수 없다. 그러므로 갑이 경제 문제를 틀렸다면 갑과 을은 모두 예술 문제를 맞춘 것이 된다.

㉢ 갑이 역사 문제 두 문제를 틀렸다면

- 2, 4, 6, 7번 문항에서 모두 틀린 경우 을은 2, 4, 6, 7번에서 2문제만 틀리고 나머지는 정답이 되므로 을은 두 문제를 틀리고 30점을 잃었으므로 경제 또는 예술에서 1문제, 역사에서 1문제를 틀린 게 된다.

- 2, 4, 6, 7번 문항에서 1문제만 틀린 경우 을은 역사 1문제를 틀리고, 2, 4, 6, 7번에서 3문제를 틀리게 된다. 그러면 70점이 안되므로 불가능하다.
- 2, 4, 6, 7번 문항에서 틀린 게 없는 경우 을은 역사 2문제를 틀리고, 2, 4, 6, 7번에서도 틀리게 되므로 40점이 된다.

## 27 ④

결론이 '자동차는 1번 도로를 지나오지 않았다.'이므로 결론을 중심으로 연결고리를 이어가면 된다.

자동차가 1번 도로를 지나오지 않았다면 ㉠에 의해 이 자동차는 A, B마을에서 오지 않았다. 흙탕물이 자동차 밑바닥에 튀지 않고 자동차를 담은 폐쇄회로 카메라가 없다면 A마을에서 오지 않았을 것이다. 도로정체가 없고 검문소를 통과하지 않았다면 B마을에서 오지 않았을 것이다. 폐쇄회로 카메라가 없다면 도로정체를 만나지 않았을 것이다. 자동차 밑바닥에 흙탕물이 튀지 않았다면 검문소를 통과하지 않았을 것이다.

따라서 자동차가 1번 도로를 지나오지 않았다는 결론을 얻기 위해서는 폐쇄회로 카메라가 없거나 흙탕물이 튀지 않았다는 전제가 필요하다.

## 28 ④

상대도수 = 해당 계급의 도수/전체 도수

상대도수의 총합은 1이다.

누적도수는 이전 계급의 누적도수 + 해당 계급의 도수

도수의 총합 = 마지막 계급의 누적도수

(개)$+0.980 = 1$이므로 (개)는 $0.020$이다.

(나)는 $45 + \dfrac{0.100}{0.020} = 50$이다.

## 29 ④

㉡ 비흡연 시 폐암 발생량은 $\dfrac{300}{10,000} \times 100 = 3(\%)$이다.

㉢ 흡연 여부와 상관없이 폐암 발생률은

$\dfrac{600}{11,000} \times 100 ≒ 5.45(\%)$이다.

## 30 ④

㉠ 설문 조사에 참여한 장노년층과 농어민의 수가 제시되어 있지 않으므로 이용자 수는 알 수 없다.

㉢ 스마트폰 이용 활성화를 위한 대책으로 경제적 지원이 가장 효과적인 취약 계층은 저소득층이다.

## 31 ④

① 팀 선수 평균 연봉 $= \dfrac{\text{총 연봉}}{\text{선수 인원수}}$

A : $\dfrac{15}{5} = 3$

B : $\dfrac{25}{10} = 2.5$

C : $\dfrac{24}{8} = 3$

D : $\dfrac{30}{6} = 5$

E : $\dfrac{24}{6} = 4$

② C팀 2020년 선수 인원수 $\dfrac{8}{1.333} = 6$명, 2021년 선수 인원수 8명

D팀 2020년 선수 인원수 $\dfrac{6}{1.5} = 4$명, 2021년 선수 인원수 6명

C, D팀은 모두 전년대비 2명씩 증가하였다.

③ A팀의 2020년 총 연봉은 $\dfrac{15}{1.5} = 10$억 원, 2020년 선수 인원수는 $\dfrac{5}{1.25} = 4$명

2020년 팀 선수 평균 연봉은 $\dfrac{10}{4} = 2.5$억 원

2021년 팀 선수 평균 연봉은 3억 원

④ 2020년 총 연봉은 A팀이 10억 원, E팀이 16억 원으로 E팀이 더 많다.

## 32 ④

조건을 잘 보면 병의 가방에 담긴 물품 가격의 합이 44,000원

병의 가방에는 B, D, E가 들어 있고 E의 가격은 16,000원

그럼 B와 D의 가격의 합이(㉠+㉡)

$44,000 - 16,000 = 28,000$원이 되어야 한다.

가방에 담긴 물품 가격의 합이 높은 사람부터 순서대로 나열하면 갑 > 을 > 병 순이므로

을은 A와 C를 가지고 있는데 A는 24,000원, 병 44,000원보다 많아야 하므로 C의 가격(㉡)은 적어도 $44,000 - 24,000 = 20,000$원 이상이 되어야 한다.

①②③은 답이 될 수 없다.

## 33 ④

① 31

② 29

③ 184

④ 228

## 34 ④

$\dfrac{226 - 42}{42} \times 100 ≒ 438\%$

## 35 ③

먼저 표를 완성하여 보면

| 면접관 \ 응시자 | 갑 | 을 | 병 | 정 | 범위 |
|---|---|---|---|---|---|
| A | 7 | 8 | 8 | 6 | 2 |
| B | 4 | 6 | 8 | 10 | (6) |
| C | 5 | 9 | 8 | 8 | (4) |
| D | 6 | 10 | 9 | 7 | 4 |
| E | 9 | 7 | 6 | 5 | 4 |
| 중앙값 | (6) | (8) | 8 | (7) | − |
| 교정점수 | (6) | 8 | (8) | 7 | − |

ⓒ 면접관 중 범위가 가장 큰 면접관은 범위가 6인 B가 맞다.
ⓒ 응시자 중 중앙값이 가장 작은 응시자는 6인 갑이다.
ⓒ 교정점수는 병이 8, 갑이 6이므로 병이 크다.

# 36 ④

2018년 대설의 피해금액 : 663(억 원)
2012~2021년 강풍 피해금액 합계 : 93＋140＋69＋11＋70＋2＋267+9＝661(억 원)

# 37 ①

ⓒ 일용직이나 임시직에서 여자의 비율이 높고, 정규직에서 남자의 비율이 높은 것으로 보아 고용 형태에서 여성의 지위가 남성보다 불안하다.
ⓔ 제시된 자료로는 알 수 없다.

# 38 ①

① 1, 2월 증가하다 3월부터 5월까지는 하향세, 6월부터 다시 증가했다. 그러므로 지속적으로 증가하고 있다는 설명은 옳지 않다.

# 39 ④

④ 1인당 GDP 1,500달러 미만(1996년 기준)의 나라 중 민주화가 양호한 나라가 16개국 중 5개국인 것으로 보아, 저소득 국가라 해서 민주화 정도가 더 낮은 것은 아니다.

# 40 ③

A기업
신입사원 : $1,200＋1,600＝2,800$
경력사원 : $1,200＋1,600＝2,800$
B기업
신입사원 : $560＋420＝980$
경력사원 : $1,640＋1,480＝3,120$
D기업
신입사원 : $2,300＋2,800＝5,100$
경력사원 : $1,200＋1,500＝2,700$
E기업
신입사원 : $340＋240＝580$
경력사원 : $460＋260＝720$

## 41 ③

회계적 이익률은 $\dfrac{\text{연평균 순이익}}{\text{초기투자액}}$ 이므로, 연평균 순이익 $= \dfrac{200{,}000 + 300{,}000 + 400{,}000}{3} = 300{,}000$

이익률 $= \dfrac{300{,}000}{2{,}240{,}000} = 13.392 \cdots \fallingdotseq 13.4\%$

## 42 ③

수도권 중 과밀억제권역에 해당하므로 우선변제를 받을 보증금 중 일정액의 범위는 2,000만 원이다. 그런데 라. 처럼 하나의 주택에 임차인이 2명 이상이고 그 보증금 중 일정액을 모두 합한 금액(甲 2,000만 원 + 乙 2,000만 원 + 丙 1,000만 원 = 5,000만 원)이 주택가액인 8,000만 원의 2분의 1을 초과하므로 그 각 보증금 중 일정액을 모두 합한 금액에 대한 각 임차인의 보증금 중 일정액의 비율(2 : 2 : 1)로 그 주택가액의 2분의 1에 해당하는 금액(4,000만 원)을 분할한 금액을 각 임차인의 보증금 중 일정액으로 봐야 한다.

따라서 우선변제를 받을 보증금 중 일정액은 甲 1,600만 원, 乙 1,600만 원, 丙 800만 원으로 乙과 丙이 담보물권자보다 우선하여 변제받을 수 있는 금액의 합은 1,600 + 800 = 2,400만 원이다.

## 43 ④

자동이체일이 말일이면서 휴일인 경우 다음 달 첫 영업일에 자동이체 처리된다.

① 만 18세 이상의 개인이라면 가입대상이다. 단, 개인 사업자는 제외한다.

② 초입금 및 매회 입금 1만 원 이상, 분기별 3백만 원 이내로 제한한다.

③ 급여이체일을 전산등록 한 후 해당 일에 급여이체 실적이 있어도 공휴일 및 토요일에 이체할 시 실적으로 불인정된다.

## 44 ②

갑과 병, 모두 0.2%p로 우대금리율이 같다.

| | 조건내용 | 우대금리 |
|---|---|---|
| ㉠ | 당행 입출식통장으로 3개월 이상 급여이체실적 | 0.3%p |
| ㉡ | 당행 신용/체크카드의 결제실적이 100만 원 이상인 경우 | 0.2%p |
| ㉢ | 당행 주택청약종합저축(청약저축, 청년우대형 포함) 또는 적립식 펀드 중 한 개 이상 신규가입 시 | 0.2%p |

갑 : ㉡에만 해당하여 적용되는 우대금리는 0.2%p이다.

을 : ㉡, ㉢에 해당하여 적용되는 우대금리는 0.2%p+0.2%p =0.4%p이다.

병 : ㉢에만 해당하여 우대금리는 0.2%p이다.

정 : ㉠에만 해당하여 우대금리는 0.3%p이다.

## 45 ②

단리 이율 계산 방식은 원금에만 이자가 붙는 방식으로 원금은 변동이 없으므로 매년 이자액이 동일하다. 반면, 복리 이율 방식은 '원금＋이자'에 이자가 붙는 방식으로 매년 이자가 붙어야 할 금액이 불어나 갈수록 원리금이 커지게 된다. 작년에 가입한 상품의 만기 시, 원리금은 $3{,}000{,}000 + (3{,}000{,}000 \times 0.023 \times 3) = 3{,}000{,}000 + 207{,}000 = 3{,}207{,}000$원이 된다.

따라서 올 해 추가로 가입하는 적금 상품의 만기 시 원리금이 2,093,000원 이상이어야 한다. 이것은 곧 다음과 같은 공식이 성립하게 됨을 알 수 있다.

추가 적금 상품의 이자율을 A%, 이를 100으로 나눈 값을 $x$라 하면, $2{,}000{,}000 \times (1+x)^2 \geqq 2{,}093{,}000$ 이 된다.

주어진 보기의 값을 대입해 보면, 이자율이 2.3%일 때 $x$가 0.023이 되어 $2{,}000{,}000 \times 1.023 \times 1.023 = 2{,}093{,}058$이 된다.

따라서 올 해 추가로 가입하는 적금 상품의 이자율(연리)은 적어도 2.3%가 되어야 만기 시 두 상품의 원리금 합계가 530만 원 이상이 될 수 있다.

## 46 ④

① 만 18세 이상 개인(개인 사업제 제외)이면 가입할 수 있다.
② 가입금액은 초입금 및 매회 입금 1만 원 이상 원 단위, 1인당 분기별 3백만 원 이내이며, 계약기간 3/4 경과 후 적립할 수 있는 금액은 이전 적립누계액의 1/2 이내이다.
③ 가입기간 동안 1회 이상 당행에 건별 50만 원 이상 급여를 이체한 고객에 해당해야 한다.

## 47 ①

우대금리는 가입 월부터 만기일 전월 말까지 조건 충족 시 적용되는 것으로 발급된 적금 통장에는 기본 금리가 기록된다. 가입기간 36개월에 해당하는 기본금리는 1.5%이다.

## 48 ②

① 인터넷뱅킹으로도 가입 가능하다.
③ 회차별 1인 1계좌까지 가입 가능하다.
④ 제 155차의 계약기간은 1년의 경우 2022년 8월 1일 까지이다.

## 49 ③

1년 이자 포함 금액을 계산하면
$500 \times (1 + 0.08) = 540$
복리를 적용하여 2년 이자 포함 금액을 계산하면
$540 \times (1 + 0.08) = 583.2$
583만 원이 된다.

## 50 ②

성진이의 정보를 정리해보면,
• 가입 대상 : 개인
• 가입 기간 : 12개월
• 가입 금액 : 30만 원 이하
따라서 성진이에게 맞는 상품은 '위비꾹적금'이다.

## 51 ②

상품별로 조건에 맞는 사람을 정리하면 다음과 같다.

| 상품명 | 조건에 맞는 사람 |
|---|---|
| 위비 꿀마켓 예금 | 유진 |
| 위비꾹적금 | 은성, 성주 |
| 위비 꿀마켓 적금 | – |
| iTouch우리예금 | 지환 |

## 52 ④

2020년 자산 대비 대출 비중은 신용협동조합이 상업은행보다 8.2%p 높다.

## 53 ②

이 적금 가입 후 아래와 같이 재테크(짠테크) 적립플랜 횟수를 충족한 경우 연 1.0%p
• 52주 짠플랜 자동이체 횟수 총 50회 이상
• 매일매일 캘린더플랜 자동이체 횟수 총 200회 이상
• 1DAY 절약플랜 이체 횟수 총 200회 이상

## 54 ①

인성이는 2021년에 가입하여 1년이 안된 상황에서 중도 해지하는 상황이다.
따라서 중도해지 이율은 신규일 당시 고시한 일반 정기 적금 중도해지 이자율을 적용한다.

## 55 ③

차등금리결정방식은 각각의 투자자가 제시한 금리를 순차적으로 나열한 후 일정한 간격으로 그룹화하는 방식이다. 〈보기〉의 경우 발행 예정액이 700억 원이므로 ⓕ를 제외한 나머지 투자자들이 낙찰자로 결정되며, 그룹화 간격이 0.03%p이므로 [ⓐ와 ⓑ], [ⓒ], [ⓓ와 ⓔ]로 그룹화 된다. 이때 기준이 되는 금리는 최종 낙찰자인 ⓔ 가 제시한 2.06%이며, 그룹별 금리는 각 구간의 최고 금리 2.06%, 2.03%, 2.00%으로 결정된다.

**56** ③

㉠ 둘째 주 미국에 수출할 경우 이익

$5,000 \times 90 \times 963.14 = 433,413,000$(원)

$x = 433,413,000$

㉡ 넷째 주 유럽에 수출할 경우 최소 수출해야 하는 덮개의 개수

$5000 \times y \times 1113.54 > 433,413,000 = y > \dfrac{433,413,000}{5,567,700}$

$= y > 77.84$

$\therefore \ y = 78$

㉢ $x + y = 433,413,000 + 78 = 433,413,078$


**57** ②

㉠ 지출 금액 : $7,800 \times 200 \times 118.16 = 184,329,600$(원)

㉡ 소득 금액 : $6,400 \times 2000 \times 8.54 = 109,312,000$(원)

$\therefore \ ㉠ - ㉡ = 75,017,600$(원)


**58** ④

$\dfrac{9.12 - 8.30}{8.30} = \dfrac{0.82}{8.30} \times 100$

$\therefore \ 9.87(\%)$


**59** ③

(가) 2020년은 $75 \div 91.8 \times 100 =$약 81.7%이며, 2021년은 $75.7 \div 91.9 \times 100 =$약 82.4%로 2021년에 비중이 더 증가하였다. (×)

(나) 은행예금은 75%의 비중에서 75.7%의 비중으로 증가하여 가장 많은 변동이 있는 운용 방법이 된다. (○)

(다) 노후 대책, 안정성, 은행예금은 각 자료에서 가장 비중이 높은 항목이나, 〈보기〉에서 언급한 바와 같은 상호 연관성을 찾을 수 있는 근거는 제시되어 있지 않다. (×)

(라) 두 비교시기 모두 현금화 가능성보다 접근성을 더 많이 고려하고 있다. (○)


**60** ①

금융기관 A는 농협, 금융기관 B는 수협이다.


**61** ④

① HEIF(High Efficiency Image File Format) : MPEG 그룹이 2015년 개발한 것으로 고효율 이미지 파일 형식으로 기존 JPEG보다 저장용량이 적지만 JPEG와 같은 품질의 이미지를 표현할 수 있다.

② 스팀잇(Steemit) : 2016년 4월 시작된 블록체인 미디어 플랫폼으로 사용자가 올린 컨텐츠를 좋아요와 같은 기능을 하는 업보트(Upvote)로 평가한다. 업보트를 많이 받을수록 콘텐츠 제작자는 가상화폐로 보상을 받는다.

③ V2X : Vehicle to Everything의 약자이다. 차량과 사물간의 원활한 대화를 가능하도록 만드는 기술이다.


**62** ①

② CCL(Creative Common License) : 저작물 이용을 허락하는 것으로 오픈 라이선스를 말한다.

③ 카피레프트(Copyleft) : 지적재산권을 다른 사람들이 무료로 사용하도록 허용한 것이다.

④ FDS(Fraud Detection System) : 전자금융거래 사용되는 정보를 분석하여 이상거래를 탐지하여 차단하는 시스템이다.


**63** ③

온라인에서 개인정보보호와 관련된 규제 및 감독의 주체는 모두 개인정보보호위원회에서 한다.

**64** ③

① CDN(Content Delivery Network) : 용량이 큰 콘텐츠를 인터넷망에서 빠르고 안정적이게 전달해주는 것으로 콘텐츠 전송망을 의미한다.

② FNS(Family Network Service) : 가족 중심으로 폐쇄적인 SNS 서비스이다. 외부인이 접근하지 못하고 가족만 들어올 수 있어 배타성이 강하다. 미국의 패밀리리프(Family Leaf)와 패밀리월(Family Wall)이 이에 속한다.

④ M2M(Machine to Machine) : 기계 사이에서 이뤄지는 통신으로 주변에 존재하는 기기들의 센서로 모은 정보로 통신하면서 주변 환경을 조절하는 기술이다. IP-USN, 스마트 그리드 등 기술을 가전기기, 헬스케어 기기 등과 접목한 기기이다.

**65** ①

① 클릭티비즘(Clicktivism) : 클릭(Click)과 행동주의(Activism)의 합성어로 소극적으로 참여하는 행동이다. 정치·사회적으로 지지를 하기 위한 행동으로 청원이나 서명 등과 같이 적은 시간과 관여만을 요구하는 활동을 하는 것이다. 클릭 한 번의 행동으로 사회문제 해결에 참여했다는 변명만 늘어놓는다고 부정적으로 인식하기도 하나 정말 필요한 서비스를 일반인들의 참여로 개선할 수 있다는 장점도 있다.

② 슬랙티비즘(Slacktivism) : 게으른 사람을 의미하는 슬래커(Slacker)와 행동주의(Activism)의 합성어로 소심하고 게으른 저항을 하는 사람을 말한다. 온라인에서는 치열하게 논의해도 정치·사회 운동에 참여하지 않는 누리꾼을 의미한다.

③ 할리우디즘(Hollywoodism) : 할리우드 영화에 나타난 반이란적 특성이 나타나는 영화를 말한다.

④ 핵티비즘(Hacktivism) : 해킹(Hacking)과 행동주의(Activism)가 합쳐진 용어로 디지털 시대의 온라인 행동주의이다. 정보 탈취, 웹사이트 무력화 등의 활동을 하고 어나니머스(Anonymous) 조직이 있다.

**66** ④

① 5G(5th Generation Mobile Telecommunication) : 5세대 이동통신으로 최대속도가 20Gbps인 이동통신기술이다.

② 데이터마이닝(Data Mining) : 다양한 데이터 가운데 유용한 정보를 추출하여 선택에 이용하는 과정이다.

③ OLAP(Online Analytical Processing) : 사용자가 대용량 데이터를 편리하게 추출·분석하도록 도와주는 비즈니스 인텔리전스(Business Intelligence) 기술이다.

**67** ②

② 어뷰징(Abusing) : '오용, 남용, 폐해'라는 의미로 클릭수를 조작하는 것이다. 검색으로 클릭수를 늘려 중복적으로 내용을 보여주어 인기 탭에 콘텐츠를 올리기 위한 행위이다. 언론사에서 동일한 제목의 기사를 끊임없이 보내어 의도적으로 클릭수를 늘리는 것이다.

① 파밍(Pharming) : 인터넷 사기수법 중에 하나이다. 웹사이트를 금융기관이나 공공기관 사이트의 도메인을 탈취하여 사용자가 속게 만드는 것이다.

③ 바이럴마케팅(Viral Marketing) : 마케팅기법 중에 하나로 소비자가 직접 기업이나 상품을 홍보하는 형태의 입소문 마케팅을 하는 것을 말한다.

④ 그레셤의 법칙(Gresham's Law) : 악화(惡貨)는 양화(良貨)를 구축한다는 의미로 소재가 좋지 않은 화폐라 좋은 화폐를 몰아낸다는 의미이다.

## 68 ③

③ **디지털헬스 패스**(Digital Health Pass) : KT와 대한요 양병원협회와 업무협약을 체결하여 진행하는 출입 인 증서비스로 안전하게 병원, 다중이용시설 등에 출입 을 관리하기 위한 플랫폼이다.

① **그린패스**(Green Pass) : 이스라엘의 백신여권이다.

② **엑셀시어 패스**(Excelsior Pass) : 미국 뉴욕의 백신여 권이다.

④ **국제여행 건강증명서**(國際旅行 健康證明書) : 중국의 백 신여권이다.

※ **백신여권**(Vaccine Passport) … 코로나19의 방역 우 수 지역 간에 자유로운 여행을 허용하는 협약인 트 래블 버블이 체결되면 자가격리 조치가 면제된다. 트래블 버블을 도입하면서 예방접종 전자증명서인 백신여권을 도입하고 있다. 백신여권에서는 백신 종 류, 접종일자 등의 의료정보를 확인할 수 있다.

## 69 ④

④ **블랙박스 테스트**(Blackbox Test) : 비교검사(Comparison Testing)에 해당한다. 입력조건의 중간값에서 보다 경계값 에서 에러가 발생될 확률이 높다는 점을 이용하여 이를 실행 하는 테스트인 경계값분석(Boundary Value Analysis), 입 력데이터 간의 관계가 출력에 영향을 미치는 상황을 체계 적으로 분석하여 효용성 높은 시험사례를 발견하고자 원인 －결과 그래프 기법을 제안하는 원인효과그래픽기법 (Cause Effect Graphing Testing) 등이 있다.

① **튜링 테스트**(Turing Test) : 컴퓨터가 인공지능을 갖 추고 있는지 판별하는 실험으로 인간과의 의사소통 을 통해 확인하는 시험법이다. 2014년 6월 영국 레 딩대학에서 슈퍼컴퓨터 '유진 구스타만'이 튜링 테스 트에 통과하였다고 밝혔다.

② **알파 테스트**(Alpha Test) : 프로그램을 개발한 연구원 이 진행하는 성능 테스트이다.

③ **베타 테스트**(Beta Test) : 하드웨어나 소프트웨어를 공식 적으로 발표하기 전에 오류가 있는지를 발견하기 위해 미 리 정해진 사용자 계층들이 써 보도록 하는 테스트이다.

## 70 ③

MAANG은 미국 IT 산업을 선도하는 5개 기업 Microsoft, Amazon, Apple, Google, Netflix의 앞 글자를 딴 용어이다.

## 71 ②

① 암호화폐의 종류이다.

③ 가격변동성이 적게 유지되도록 설계된 화폐이다

④ **라이트코인**(Litecoin) : 비트코인과 같은 형식으로 간 편하게 채굴할 수 있는 장점이 있다.

※ **NYSE**(New York Stock Exchange) … 상장사들의 처음 진행하는 거래를 기념하기 위해서 퍼스트 트레 이드 NFT를 발행하였다. 대체 불가능한 토큰(Non Fungible Token)으로 디지털 자산에 고유 인식값 을 부여하여 교환이 불가능하다. NYSE가 발행한 NFT인 10초 가량의 동영상 안에는 각 회사의 로 고, 상장가격, 거래코드 등이 들어있다.

## 72 ④

① **빅데이터**(Big Data) : 디지털 환경에서 생성되는 데이 터로 그 규모가 방대하고, 생성 주기도 짧고, 형태도 수치 데이터뿐 아니라 문자와 영상 데이터를 포함하 는 대규모 데이터를 말한다. 과거에 비해 데이터의 양이 폭증했으며 데이터의 종류도 다양해져 사람들의 행동은 물론 위치정보와 SNS를 통한 생각과 의견까 지 분석하고 예측할 수 있다.

② **딥러닝**(Deep Learning) : 다층구조 형태의 신경망을 기반 으로 하는 머신 러닝의 한 분야로, 다량의 데이터로부터 높은 수준의 추상화 모델을 구축하고자 하는 기법이다.

③ **사물인터넷**(Internet of Things) : 인터넷을 기반으로 모든 사물을 연결하여 사람과 사물, 사물과 사물 간의 정보를 상호 소통하는 지능형 기술 및 서비스를 말한다. 영어 머리글자를 따서 '아이오티(IoT)'라 약칭하기도 한다. 사물인터넷은 기존의 유선통신을 기반으로 한 인터넷이나 모바일 인터넷보다 진화된 단계로 인터넷에 연결된 기기가

사람의 개입없이 상호 간에 알아서 정보를 주고 받아 처리한다. 사물이 인간에 의존하지 않고 통신을 주고받는다는 점에서 기존의 유비쿼터스나 M2M(Machine to Machine : 사물지능통신)과 비슷하기도 하지만, 통신장비와 사람과의 통신을 주목적으로 하는 M2M의 개념을 인터넷으로 확장하여 사물은 물론이고 현실과 가상세계의 모든 정보와 상호작용하는 개념으로 진화한 단계라고 할 수 있다.

※ 클라우드 컴퓨팅(Cloud Computing)
　㉠ 클라우드(Cloud)로 표현되는 인터넷상의 서버에서 데이터 저장과 처리, 네트워크, 콘텐츠 사용 등 IT 관련 서비스를 한번에 제공하는 혁신적인 컴퓨팅 기술이다.
　㉡ 클라우드 컴퓨팅의 예
　　• IaaS(Infrastructure as a Service) : 서비스로써의 인프라라는 뜻으로, AWS에서 제공하는 EC2가 대표적인 예이다. 이는 단순히 서버 등의 자원을 제공해 주면서 사용자가 디바이스 제약 없이 데이터에 접근할 수 있도록 해준다.
　　• PaaS(Platform as a Service) : 서비스로써의 플랫폼이라는 뜻으로, 사용자(개발자)가 소프트웨어 개발을 할 수 있는 환경을 제공해 준다. 구글의 APP엔진, Heroku 등이 대표적인 예다.
　　• SaaS(Software as a Service) : 서비스로써의 소프트웨어라는 뜻으로, 네이버에서 제공하는 N드라이브, drop box, google docs 등과 같은 것을 말한다.

## 73 ④

㉠에 들어갈 용어는 '디지털 서비스세(DST Digital Service Tax)' 즉, '디지털세'이다. 디지털세는 영업이익이 아니라 '매출'을 기준으로 국가별로 보통 2 ~ 3% 부과되는 세금을 말한다(2020년 7월부터 인도네시아는 넷플릭스에 10%의 디지털세를 부과한다고 발표했다). 프랑스는 OECD에서 합의안이 도출(2020년 말 예정)되기 전, 한시적 운영으로서 2019년 최초로 디지털세를 도입했다.

※ BEPS(Base Erosion and Profit Shifting) … 다국적 기업이 각국의 조세제도 차이점 혹은 허점을 악용하여 조세부담을 줄이는 국제적 조세회피 행위이다. OECD는 이에 대응하기 위한 「BEPS 프로젝트」에서 15개 세부 과제 중 가장 우선순위로 '디지털세'를 선정한 바 있다.

## 74 ③

빅데이터(Big Data) … 빅데이터가 다양한 가치를 만들어 내기 시작하면서 사람들은 빅데이터를 '원유'에 비유하기 시작했다. 기름이 없으면 기기가 돌아가지 않듯, 빅데이터 없이 정보시대를 보낼 수 없다는 의미에서다. 미국의 시장조사기관 가트너는 "데이터는 미래 경쟁력을 좌우하는 21세기 원유"라며 "기업들은 다가오는 데이터 경제시대를 이해하고 이에 대비해야 한다."라고 강조했다. 21세기 기업에게가장 중요한 자산은 '데이터'이며 이를 관리하고 여기서 가치를 이끌어내지 못하면 경쟁에서 살아남을 수 없다는 뜻이다. 빅데이터는 '빅(Big)+데이터(Data)'식의 단순 합성어가 아니다. 빅데이터를 '어마어마하게 많은 데이터'라는 식으로 받아들이면 본질적인 의미와 가치를 놓치게 된다. 기존의 기업 환경에서 사용되는 '정형화된 데이터'는 물론 메타정보와 센서 데이터, 공정 제어 데이터 등 미처 활용하지 못하고 있는 '반정형화된 데이터', 여기에 사진, 이미지처럼 지금까지 기업에서 활용하기 어려웠던 멀티미디어 데이터인 '비정형 데이터'를 모두 포함하는 것이 빅데이터이다.

## 75 ②

애자일(Agile) … 문서작업 및 설계에 집중하던 개발 방식에서 벗어나 좀 더 프로그래밍에 집중하는 개발방법론이다. 애자일(Agile)이란 단어는 '날렵한', '민첩한'이란 뜻을 가진 형용사이다. 애자일 개발방식도 그 본래 의미를 따른다. 정해진 계획만 따르기보다, 개발 주기 혹은 소프트웨어 개발 환경에 따라 유연하게 대처하는 방식을 의미한다.

## 76 ④

**데이터사이언티스트(Data Scientist)** … 데이터의 다각적 분석을 통해 조직의 전략 방향을 제시하는 기획자이자 전략가. 한 마디로 '데이터를 잘 다루는 사람'을 말한다. 데이터 사이언티스트는 데이터 엔지니어링과 수학, 통계학, 고급 컴퓨팅 등 다방면에 걸쳐 복합적이고 고도화된 지식과 능력을 갖춰야 한다. 빅데이터 활용이 늘어나며 이제 '빅'보다 '데이터'에 집중해야 한다는 주장이 설득력을 얻고 있다. 더는 데이터 규모에 매달리지 말고 데이터 자체의 가치와 활용을 생각하자는 것이다. 양보다 질에초점이 맞춰지면서 데이터 정제·분석 기술과 이를 다루는 사람의 역할이 더욱 강조되고 있다. 특히 데이터에서 새로운 가치를 만들어내는 것은 결국 '사람'이라는 인식이 확대되면서 데이터 사이언티스트에 대한 관심이 높아지고 있다.

## 77 ②

㉠에 해당하는 용어는 '엣지컴퓨팅'이다. 엣지컴퓨팅은 네트워크가 없어도 기기 자체에서 컴퓨팅을 구현할 수 있는 기술이다. 따라서 네트워크에 대한 의존도를 크게 낮출 수 있는 기술로 평가된다.

## 78 ③

시장의 수요와 공급에 따라 교환가치가 달라지는 것은 민간 발행 암호화폐의 특징이다. 중앙은행 디지털화폐는 액면가가 고정되어 있으며, 법정화폐 단위로서 법정통화와 일대일로 교환이 보장된다.

## 79 ①

**블록체인(Block Chain)** … 블록에 데이터를 담아 체인 형태로 연결하여 동시에 수많은 컴퓨터에 복제하여 저장하는 분산형 저장기술을 말하며, 공공 거래 장부라고도 불린다. 참여자들은 원장을 공유함으로써 모든 정보에 접근이 가능하며, 합의 과정을 통해 신뢰성이 보장된다.

## 80 ③

동영상 스트리밍은 4G의 특징이다. 5G 기술의 특징으로는 VR(가상 현실), AR(증강 현실), 자율주행, IoT(사물인터넷), 홀로그램 등이 있다.

**81** ③

- 고용률(%) = $\dfrac{\text{취업자 수}}{15\text{세 이상의 인구}} \times 100$

- 실업률(%) = $\dfrac{\text{실업자 수}}{\text{경제활동 인구}} \times 100$

  $= \dfrac{\text{실업자 수}}{\text{취업자 수} + \text{실업자수}} \times 100$

- 경제활동 참가율(%)

  $= \dfrac{\text{경제활동 인구}}{15\text{세 이상의 인구}} \times 100$

  $= \dfrac{\text{경제활동 인구}}{\text{경제활동 인구} + \text{비경제활동 인구}} \times 100$

③ ⓒ의 경우 취업자인 상태에서 비경제활동 인구가 되었으므로 실업률은 증가하고 고용률은 하락한다.

**82** ①

비자발적 실업은 일할 능력과 의사가 있지만 어떠한 환경적인 조건에 의해 일자리를 얻지 못한 상태를 의미하며 크게 경기적 실업, 계절적 실업, 기술적 실업, 구조적 실업으로 구분된다.

① 마찰적 실업은 기존의 직장보다 더 나은 직장을 찾기 위해 실업상태에 있는 것으로 자발적 실업에 해당된다.

**83** ③

금리가 상승하게 되면 대체로 해당 국가의 통화가치가 상승하게 되는 즉, 환율이 하락하게 되는 경향이 있다. 또한 국제시장에서는 높음 금리를 찾아 달러 등의 해외자금이 유입되는데, 이때 유입되는 달러가 많아지게 되면 해당 국가의 통화가치는 상승(환율 하락)하게 된다. 그러므로 환율이 하락하게 되면 수출에는 불리하며 수입에는 유리하게 된다.

**84** ④

④ 정부조직의 비대함에 따른 예산낭비는 시장실패가 아닌 정부실패에 해당한다.

**85** ④

덴마크의 통화 단위는 DKK 크로네이다.
① 인도 : INR 루피
② 캄보디아 : KHR 리엘
③ 이스라엘 : ILS 세켈

**86** ②

프리워크아웃제도는 이자율을 조정해주는 제도로 신용회복위원회에서 지원한다.
① 개인워크아웃제도 : 과중채무자를 대상으로 채무감면, 분할상환, 변제기 유예 등 채무조정을 지원하는 제도이다.
③ 개인회생 : 재정적 어려움으로 파탄에 직면하고 있는 개인채무자를 장래 또는 지속적으로 수입을 얻을 가능성이 있는지 등 이해관계인의 법률관계를 조정함으로써 채무자의 효율적 회생과 채권자의 이익을 도모하기 위하여 마련된 제도이다.
④ 개인파산 : 모든 채권자가 평등하게 채권을 변제 받도록 보장함과 동시에, 면책 절차를 통하여 채무자에게 남아있는 채무에 대한 변제 책임을 면제받아 경제적으로 재기 · 갱생할 수 있는 기회를 부여하는 제도이다.

**87** ③

리디노미네이션은 화폐 단위를 하향 조정하는 것으로 화폐의 가치 변동 없이 모든 은행권 및 지폐의 액면을 동일한 비율의 낮은 숫자로 조정하거나, 이와 함께 새로운 통화 단위로 화폐의 호칭을 변경하는 것이다.
화폐 단위 변경 결정 및 법 개정→화폐 도안 결정→화폐 발행→화폐 교환→신 · 구화폐 병행 사용→화폐 단위 완전 변경

## 88 ①

단리식 이자 계산법을 적용하여 만기지급금을 구한다.

- 단리식 이자

$$= 매월\ 납입금 \times \frac{운용개월수 \times (운용개월수 + 1)}{2}$$
$$\times \frac{연\ 이율(\%)}{12}$$

- 이자소득세 = 이자 × 세율
- 원리금(2년 만기)

  = 원금 + 단리식 이자

$$= 1,000,000 \times 24 + 1,000,000 \times \frac{24 \times 25}{2} \times \frac{0.06}{12}$$
$$= 24,000,000 + 1,500,000$$
$$= 25,500,000원$$

- 이자소득세 = 1,500,000 × 0.135 = 202,500 (단, 만기 시 한 번만 적용)

$\therefore$ 세후 원리금 = 24,000,000 + (1,500,000 − 202,500)
$$= 25,297,500원$$

## 89 ④

진성어음에 대한 설명으로, 진성어음은 기업 간 상거래를 하고 대금결제를 위해 발행되는 어음이다.

① **기업어음** : 기업이 만기 1년 미만의 단기자금 조달을 위해 발행하는 융통어음이다.

② **융통어음** : 기업이 상거래를 수반하지 않고 단기운전자금 확보를 목적으로 발행하는 어음이다. 만기에 돈을 갚으면 되고 연장이 되기도 한다.

③ **백지어음** : 서명 외에 어음의 요건 전부 혹은 일부를 기재하지 않은 미완성어음이다.

## 90 ①

특수은행은 NH농협은행 외에 한국산업은행, 한국수출입은행, 중소기업은행, 수협은행 등이 있다.

② **MG새마을금고** : 비은행 예금취급기관으로 신용협동기구에 속한다.

③ **신용보증기금** : 금융보조기관으로 신용보증기관에 속한다.

④ **KB국민은행** : 일반은행에 속한다.

## 91 ③

예금자보호법은 뱅크런 사태를 막고자 예금보험공사가 해당 금융기관을 대신하여 예금자에게 원리금의 전부 또는 일부를 지급하는 제도이다. 1,000 ~ 5,000만 원까지 보호된다.

은행의 예금은 보호되나 투자는 보호되지 않는다. 은행의 주택청약종합저축은 국민주택기금조성 재원으로 정부가 대신 관리하며, 은행의 후순위채권 및 양도성예금증서, 보험회사의 보증보험계약은 보호되지 않는다.

## 92 ④

액면병합에 대한 설명으로 낮아진 주가를 끌어올리기 위해 사용한다.

① 액면분할에 대한 설명으로 한 장의 증권을 여러 개의 소액증권으로 분할한다.

② 유상감자에 대한 설명으로 회사규모에 비해 자본금이 지나치게 많다고 판단될 경우 자본금 규모를 적정화하여 기업의 가치를 높이기 위해 사용된다.

③ 무상증자에 대한 설명으로 자본의 구성과 발행주식수만 변경하는 형식적인 증자이다.

## 93 ①

② 가장 넓은 범위를 가진 것은 Lf이다.

③ M1이 증가하면 M2도 증가한다.

④ 개인이 국내 시중은행에 저축하는 외화가 많아질수록 M2가 증가한다.

## 94 ①

배드뱅크(Bad Bank)는 부실자산이나 채권만을 사들여 별도로 관리하면서 전문적으로 처리하는 구조조정 전문기관이다.

② 클린뱅크(Clean Bank) : 우량 자산을 인수하여 자산 건전성이 높은 은행이다.

③ 뱅크런(Bank Run) : 대규모 예금 인출사태로 예금 인출이 한꺼번에 몰리는 경우를 말한다.

## 95 ④

전환사채(CB)는 인수단이 구성되어 주식을 인수한 후 투자자에게 판매하는 공모와, 특정소수 기관을 대상으로 모집되어 일반투자자는 투자참여 및 발행정보공유에서 배제되는 사모 방식으로 발행된다.

① 사채권자 지위를 유지하는 동시에 주주의 지위도 갖는 것은 신주인수권부사채(BW)이다.

② 자본금 변동은 없는 것은 교환사채(EB)이다.

③ 사채보다 이자가 낮다.

## 96 ②

로보어드바이저에 대한 설명으로 사람의 개입 여부에 따라 총 4단계로 구분할 수 있다. 1단계 자문·운용인력이 로보어드바이저의 자산배분 결과를 활용해 투자자에게 자문하거나, 2단계 투자자 자산을 운용하는 간접 서비스, 3단계 사람의 개입 없이 로보어드바이저가 직접 자문하거나, 4단계 투자자 자산을 운용하는 직접 서비스로 나뉜다.

② 상품의 중위험·중수익을 지향한다.

## 97 ①

증권형 크라우드 펀딩은 이윤 창출을 목적으로 비상장 주식이나 채권에 투자하는 형태이다. 투자자는 주식이나 채권 등의 증권으로 보상받는다.

③ 대출형 : 개인과 개인 사이에서 이뤄지는 P2P 금융으로, 소액대출을 통해 개인 혹은 개인사업자가 자금을 지원받고 만기에 원금과 이자를 다시 상환해 주는 방식이다.

④ 기부형 : 어떠한 보상이나 대가 없이 기부 목적으로 지원하는 방식이다.

## 98 ④

비교 우위란 다른 나라에 비해 더 작은 기회비용으로 재화를 생산할 수 있는 능력을 뜻한다. 한 나라에서 어떤 재화를 생산하기 위해 포기하는 재화의 양이 다른 나라보다 적다면 비교 우위가 있는 것이다.

① 토마토는 B가, 의류는 A가 비교 우위를 지닌다.

② 두 제품에 대해 비교 우위를 지니는 것은 불가능하다.

③ A와 B는 서로 기회비용을 지불하게 된다.

## 99 ②

해당 재화의 가격 이외 요인으로도 공급변화가 일어난다.

② 소비자의 소득은 수요변화 요인이다.

## 100 ③

최고가격제는 완전경쟁시장에서 형성되는 가격보다 낮아야 실효성이 있으며 그렇지 않을 경우 수요가 공급을 초과하게 되고 결국 초과수요가 암시장의 요인이 된다.

## 01 직업기초능력

**1 ③**

일정량의 제품 생산을 투입되는 자본과 노동의 함수로 설명하는 것은 경제를 기계로 인식하는 고전학파 경제학자들의 주장이며, 이것은 주어진 글에서 제시한 포철의 종합제철소 건설의 예처럼 기업가의 위험부담 의지나 위기를 기회로 만드는 창의적 역할 등 기업 활동 결과의 변수로 작용하는 기업가 정신을 고려하지 않은 것이었다.
① 애덤 스미스는 '자기 이득'을 그 원리로 찾아내었다고 설명하고 있다.
② 고전학파 경제학자들은 애덤 스미스의 이론을 따랐으며, '경제를 기계로 파악한 애덤 스미스의 후학'이라는 언급을 통해 알 수 있는 내용이다.
④ 자본 및 노동 투입량 외에 '인적 요인'이 있어야 한다.

**2 ②**

① 파레토 최적에 관한 개념을 '~이처럼 파레토는 경제적 효용을 따져 최선의 상황을 모색하는 이론을 만들었고~'를 통해 확인할 수 있다.
③ 파레토 이론의 한계는 '~이러한 한계에도 불구하고 파레토 최적은 자유 시장에서 유용한 경제학 개념으로 평가받고 있는~'을 통해 밝히고 있다.
④ 파레토 개선과 관련된 구체적 상황은 '~파레토 최적은 서로에게 유리한 결과를 가져오는 선택의 기회를 보장한다는 점에서 의미가 있지만 한계~' 등에서 확인할 수 있다.

**3 ④**

한쪽의 이익이 다른 쪽의 피해로 이어지지 않는다는 전제하에, 모두의 상황이 더 이상 나빠지지 않고 적어도 한 사람의 상황이 나아져 만족도가 커진 상황을, 자원의 배분이 효율적으로 이루어진 상황을 파레토 최적이라 하며, 더 이상은 좋아질 수 없는, 양측에게 가장 이익이 되는 상황이 파레토 최적이며 이해 당사자는 협상을 통해 이러한 파레토 최적의 상황에 도달할 수 있으므로 파레토 최적 이론은 손해가 없으면서 효용을 증가시키는 상황을 설명한 이론이라 할 수 있다.

**4 ②**

㈎ : 자연을 묘사하고 해석하는 데 가장 뛰어난 방법적 도구로서의 수학(화제 제시)
㈜ : 자연과학의 일부 영역에서 수학이 내놓은 엄청난 성과
㈏ : 수학이 이룩한 성공으로 치른 대가와 그 한계 1 – 자연의 과정 전체를 온전히 담아내지 못함
㈐ : 수학의 한계 2 – 수학은 인간이 파악할 수 있는 매우 낮은 수준의 정확도에서만 반복을 예측
㈑ : ㈏, ㈐와 같은 한계를 지님에도 수학의 성과를 인정해야 하는 이유

**5 ③**

③ 공동체 의식의 형성은 이타성을 제고한다고 볼 수 있으므로 자원 봉사 활동의 활성화와 관련이 없다고 보기 힘들다.
① 해결 방법에 해당하는 내용이므로 Ⅲ로 옮기는 것이 적절하다.
② 하위항목이 문제점에 해당하는 내용들이므로 적절하다.

**6  ①**

㉠ 앞의 내용이 도덕적 평가는 운에 따라 달라져서는 안되고, 스스로가 통제할 수 있는 것에 대해서만 이루어져야 한다고 했으므로 ①의 진술이 적절하다.


**7  ④**

먹는 손과 배변을 처리하는 손이 다르게 된 것을 한쪽 손을 주로 쓰는 경향은 뇌의 좌우반구의 기능 분화와 관련이 있다고 언급하였으나 이것이 행위에 요구되는 뇌 기능의 차이 때문이라고 말할 수는 없다. 좌우반구 기능 분화는 논리적 사고와 직관적 사고와 관련된 것이지 먹는 행위와 배변 처리 행위의 차이라고 할 수는 없다.

① 위생에 대한 관습으로 왼손은 배변 처리에 이용하고 오른손을 먹고 인사하는 일에 이용했다는 예를 들고 있다. 이는 관습이 규범이 아니라 주로 사용하는 한쪽 손의 경향에 따른 것이다.
② 왼쪽 손을 주로 사용하는 경향은 뇌의 좌우반구의 기능 분화와 관련이 있고, 논리적 사고는 좌반구 기능과 관련이 있다. 또한 직관적 사고는 우반구와 관련이 있다. 오른손잡이는 좌반구 기능이 우반구 기능보다 상대적으로 기민한 경우가 많다. 현대인의 약 80%가 오른손잡이이므로 직관적 사고보다는 논리적 사고가 더 지배적이라 볼 수 있다.
③ 인류를 제외한 포유류는 대게 왼발을 사용하므로 뇌의 좌반구보다는 우반구의 기능이 더 기민하다고 볼 수 있다.


**8  ①**

첫째 문단은 과잉 경쟁의 현상과 그 이유에 대한 내용으로 구성되어 있다. '경쟁의 패자는 승자를 축복하지 않는다.'라는 문장은 첫째 문단의 내용과 어울리지 않아 문단의 통일성을 해치므로 이를 첨가하는 것은 적절하지 않다.


**9  ③**

㈐ 논점 제시 → ㈏㈑ 해결방안을 모색하기 위한 검토의 단계 → ㈎ 해결방안의 제시


**10  ①**

인슐린의 기능은 혈액으로부터 포도당을 흡수하여 세포로 이동시켜 혈액에서의 포도당의 농도를 낮추는 것인데, 인슐린의 기능이 저하될 경우 이러한 기능을 수행할 수 없기 때문에 혈액에서의 포도당 농도가 높아지게 된다.


**11  ③**

위세품은 정치, 사회적 관계를 표현하기 위해 사용된 물품이다. 당사자 사이에만 거래되어 일반인이 입수하기 어려운 물건으로 피장자가 착장(着裝)하여 위세를 드러내던 것을 착장형 위세품이라고 한다. 생산도구나 무기 및 마구 등은 일상품이기도 하지만 물자의 장악이나 군사력을 상징하는 부장품이기도 하다. 이것들은 피장자의 신분이나 지위를 상징하는 물건으로 일상품적 위세품이라고 한다.


**12  ③**

| 수정 | | 배아 | | 태아 | | 진통 | | 배 밖 |
|---|---|---|---|---|---|---|---|---|
| D, F | ⇨ | (2주)<br>E | ⇨ | (6개월)<br>C | ⇨ | B | ⇨ | A |


**13  ③**

주어진 글에서는 하나의 지식이 탄생하여 다른 분야에 연쇄적인 영향을 미치게 되는 것을 뇌과학 분야의 사례를 통해 조명하고 있다. 이러한 모습은 학문이 그만큼 복잡하다거나, 서로 다른 학문들이 어떻게 상호 연관을 맺는지를 규명하는 것이 아니며, 지식이나 학문의 발전은 독립적인 것이 아닌 상호 의존성을 가지고 있다는 점을 강조하는 것이 글의 핵심 내용으로 가장 적절할 것이다.

**14** ③

고위직급자와 계약직 직원들에 대한 학습목표 달성을 지원해야 한다는 논의가 되고 있으므로 그에 따른 실천 방안이 있을 것으로 판단할 수 있으나, 교육 시간 자체가 더 증가할 것으로 전망하는 것은 근거가 제시되어 있지 않은 의견이다.

① 22시간 → 35시간으로 약 59% 증가하였다.
② 평균 학습시간을 초과하여 달성하는 등 상시학습문화가 정착되었다고 평가하고 있다.
④ 생애주기에 맞는 직급별 직무역량교육 의무화라는 것은 각 직급과 나이에 보다 적합한 교육이 실시될 것임을 의미한다.


**15** ④

금요일 17시에 회의를 개최할 경우 C, D를 포함하여 A, B, F가 회의에 참여할 수 있다.

① 17:00~19:20 사이에 3명(C, D, F)의 회의가능 시간이 겹치므로 월요일에 회의를 개최할 수 있다.
② 금요일 16시 회의에 참여 가능한 전문가는 A, B, C, F이며 네 명의 회의 장소 선호도는 '가 : 19점', '나 : 28점', '다 : 24점'으로 가장 높은 점수인 '나'가 회의 장소가 된다.
③ 금요일 18시 회의에 참여하는 전문가는 C, D, F이고 회의 장소 선호도를 합산한 결과 '나' 장소가 된다 (나 : 22점 > 가 : 16점 > 다 : 15점).


**16** ④

C거래처 사원(9시~10시) - A거래처 과장(10시~12시) - B거래처 대리(12시~14시) - F은행(14시~15시) - G미술관(15시~16시) - E서점(16~18시) - D거래처 부장(18시~)

① E서점까지 들리면 16시가 되는데, 그 이후에 G미술관을 관람할 수 없다.

② A거래처 과장을 만나고 나면 1시간 기다려서 G미술관 관람을 하여야 하며, 관람을 마치면 14시가 되어 B거래처 대리를 18시에 만나게 될 수밖에 없는데 그렇게 되면 D거래처 부장은 만날 수 없다.
③ G미술관 관람을 마치고 나면 11시가 되는데 F은행은 12시에 가야 한다. 1시간 기다려서 F은행 일이 끝나면 13시가 되는데, B거래처 대리 약속은 18시에 가능하다.


**17** ②

예산 60억 원을 모두 사용한다고 했을 때, 건축비 15억 원이 소요되는 시설 4개를 지을 수 있는 경우는 (조건 3, 4에 의해) 'A구에 복지회관 2개, B구에 어린이집 2개'인 경우(만족도 126)뿐이다. 3개를 지을 때 최대로 만족도를 얻을 수 있는 경우는 다음과 같다.

| 지역<br>-시설종류 | 건축비 | 만족도 | 지역<br>-시설종류 | 건축비 | 만족도 |
|---|---|---|---|---|---|
| B-복지회관 | 20억 원 | 50 | B-복지회관 | 20억 원 | 50 |
| B-어린이집 | 15억 원 | 40 | B-복지회관 | 20억 원 | 40[조.건5] |
| A-어린이집 | 20억 원 | 35 | A-어린이집 | 20억 원 | 35 |
| | 55억 원 | 125 | | 60억 원 | 125 |

따라서 A구에 복지회관 2개, B구에 어린이집 2개를 신축할 경우에 시민 만족도가 가장 높다.


**18** ②

A의 말이 참이라면, B와 C는 거짓말이어야 한다.
B의 말이 진실이라면, A, B, C 모두 거짓이므로 B의 말은 모순이다. 따라서 B의 말은 거짓이다. C의 말이 진실이라면, A, B, C 모두 진실이어야 하는데 B가 진실이 될 수 없다. 따라서 모순이다.

## 19 ③

A~E 중 비교 항목 외의 나머지 항목에서 같은 점수를 나타내는 두 면접 응시자를 비교함으로써 각 보기에서 비교하는 두 항목 간 가중치의 대소를 알 수 있다. '잠재력'과 '가치관'의 항목가중치를 비교하려면 C와 D의 점수와 등수를 비교함으로써 알 수 있다. 나머지 항목에서는 같은 점수이고 C는 가치관에서 D보다 1점 높고 D는 잠재력에서 C보다 1점 높은 상황에서 D의 등수가 C보다 높으므로 가중치는 '잠재력'에서 더 높은 것을 알 수 있다. 마찬가지로 ①의 경우 B와 E, ④의 경우 A와 E를 비교해봄으로써 항목 간 가중치의 높고 낮음을 알 수 있다. ②의 경우에는 주어진 조건에서 비교할 수 있는 대상이 없으므로 알 수 없는 내용이다.

## 20 ④

① 을과 정만 고려한 경우 배탈이 나지 않은 을은 냉면을 먹었다.

② 갑, 을, 정만 고려한 경우 갑은 배탈의 원인이 생수, 냉면, 생선회 중 하나임을 알려주는데 이는 유용한 정보가 될 수 없으며, 냉면은 배탈의 원인이 되지 않음을 알 수 있다.

③ 갑, 병, 정만 고려한 경우 배탈이 나지 않은 정은 생수를 먹었다.

④ 을, 병, 정만 고려한 경우 배탈이 나지 않은 을과 정은 생선회를 먹지 않았으며, 배탈이 난 병은 생선회를 먹었다. 여기서 생선회가 배탈의 원인임을 짐작할 수 있다.

## 21 ④

사원과 근무부서를 표로 나타내면

| 배정부서 | 기획팀 | 영업팀 | 총무팀 | 홍보팀 |
|---|---|---|---|---|
| 처음 배정 부서 | 갑 | 을 | 병 | 정 |
| 2번째 배정 부서 | | | | |
| 3번째 배정 부서 | | | | 병 |

㉠ 규칙 1을 2번째 배정에 적용하고 규칙 2를 3번째 배정에 적용하면

기획팀 ↔ 총무팀 / 영업팀 ↔ 홍보팀이므로

갑 ↔ 병 / 을 ↔ 정

규칙 2까지 적용하면 다음과 같다.

| 배정부서 | 기획팀 | 영업팀 | 총무팀 | 홍보팀 |
|---|---|---|---|---|
| 처음 배정 부서 | 갑 | 을 | 병 | 정 |
| 2번째 배정 부서 | 병 | 정 | 갑 | 을 |
| 3번째 배정 부서 | | | 을 | 갑 |

㉡ 규칙 3을 먼저 적용하고 규칙 2를 적용하면

| 배정부서 | 기획팀 | 영업팀 | 총무팀 | 홍보팀 |
|---|---|---|---|---|
| 처음 배정 부서 | 갑 | 을 | 병 | 정 |
| 2번째 배정 부서 | 을 | 갑 | 병 | 정 |
| 3번째 배정 부서 | 을 | 갑 | 정 | 병 |

## 22 ③

㉠ 상황 A : 야외 선택
- 옥내 : $(150 \times 0.3) + (190 \times 0.7) = 178$(만원)
- 야외 : $(70 \times 0.3) + (300 \times 0.7) = 231$(만원)

㉡ 상황 B : 옥내 선택
- 옥내 : $(80 \times 0.6) + (250 \times 0.4) = 148$(만원)
- 야외 : $(60 \times 0.6) + (220 \times 0.4) = 124$(만원)

㉢ 상황 C : 옥내 선택
- 옥내 : $(150 \times 0.8) + (200 \times 0.2) = 160$(만원)
- 야외 : $(100 \times 0.8) + (210 \times 0.2) = 122$(만원)

## 23 ①

아라는 민혁이를 좋아하고 민혁이도 아라를 좋아하기 때문에 A는 옳다. 찬수가 영희를 좋아한다는 내용은 나와 있지만 영희가 누굴 좋아하는지는 나와 있지 않다. 따라서 A만 옳다.

## 24 ④

농부와 의사의 집은 서로 이웃해 있지 않으므로, 가운데 집에는 광부가 산다. 가운데 집에 사는 사람은 광수이고, 개를 키우지 않는다. 파란색 지붕 집에 사는 사람이 고양이를 키우므로, 광수는 원숭이를 키운다. 노란 지붕 집은 의사의 집과 이웃해 있으므로, 가운데 집의 지붕은 노란색이다. 따라서 수덕은 파란색 지붕 집에 살고 고양이를 키운다. 원태는 빨간색 지붕 집에 살고 개를 키운다.

## 25 ②

조건대로 하나씩 채워나가면 다음과 같다.

|  | A | B | C | D | E |
|---|---|---|---|---|---|
| 해외펀드 | × | × | ○ | × | × |
| 해외부동산 | × | ○ | × | × | × |
| 펀드 | × | × | × | × | ○ |
| 채권 | ○ | × | × | × | × |
| 부동산 | × | × | × | ○ | × |

A와 E가 추천한 항목은 채권, 펀드이다.

## 26 ④

둘 다 거짓이 될 때만 거짓이 되고, 둘 중에 하나만 참이 되어도 참이 된다. A가 월요일에 말했다면 이 말 전체가 참이 되는데, 그럼 월요일에 거짓말을 한다는 전제가 모순이 된다. 따라서 월요일은 아니다. 월요일이 아닌 다른 날에 한 진술은 참이어야 하므로 결혼을 하는 것은 진실이 된다.

## 27 ③

조건을 참고하여 내용을 표로 정리하면 다음과 같다.

| A동 | B동 | C동 | D동 | E동 |
|---|---|---|---|---|
| 최 대리, 강 사원, 양 과장 | 남 대리 최 대리, 이 과장 |  | 강 사원, 이 과장 | 남 대리 |

C동에 아무도 배정받지 않았다는 것은 나머지 4개의 동 중 2명이 배정받은 동이 있다는 의미가 된다. 우선, 남 대리는 E동에 배정받은 것을 알 수 있다. 또한 B동과 D동에 양 과장이 배정받지 않았으므로 양 과장은 A동에 배정받은 것이 되며, A동은 두 사람이 배정받은 동이 아니므로 나머지 인원은 A동에 배정받지 않았음을 알 수 있다. 따라서 B동에는 남 대리를 제외한 최 대리, 이 과장이 배정받을 수 있고, D동에는 강 사원, 이 과장이 배정받을 수 있다. 이것은 결국 B동에는 최 대리, D동에는 강 사원이 배정받은 것이 되며, 이 과장이 배정받은 동만 정해지지 않은 상태가 된다.

따라서 주어진 조건에 의하면 최 대리와 이 과장 또는 강 사원과 이 과장이 같은 동에 배정받을 수 있다.

## 28 ②

① 2006년 수리답률은 약 79%이다.

③ 전체 경지의 면적은 1,825,000ha에서 1,725,000ha로 감소하였다.

④ 주어진 자료로는 알 수 없다.

## 29 ③

$$45 : 1,350 = 100 : x$$
$$45x = 135,000$$
$$\therefore \ x = 3,000$$

## 30 ③

$30 : 15 = x : 2$

$15x = 60$

$\therefore \ x = 4$

## 31 ④

④ 주거비는 2000년과 2010년이 4.5%로 동일하다.

## 32 ①

$\dfrac{22}{200} \times 100 = 11(\%)$

## 33 ③

1위와의 기록이 39초 이하로 차이가 나야한다. 따라서 알론소, 해밀턴, 마사 3명이다.

## 34 ③

| 사고 전<br>조달원 \ 사고 후<br>조달원 | 수돗물 | 정수 | 약수 | 생수 | 합계 |
|---|---|---|---|---|---|
| 수돗물 | 40 | 30 | 20 | 30 | 120 |
| 정수 | 10 | 50 | 10 | 30 | 100 |
| 약수 | 20 | 10 | 10 | 40 | 80 |
| 생수 | 10 | 10 | 10 | 40 | 70 |
| 합계 | 80 | 100 | 50 | 140 | 370 |

수돗물 : $120 \rightarrow 80$

정수 : $100 \rightarrow 100$

약수 : $80 \rightarrow 50$

생수 : $70 \rightarrow 140$

따라서 사고 전에 비해 사고 후에 이용 가구 수가 감소한 식수조달원은 수돗물과 약수 2개이다.

## 35 ③

2021년을 기준으로 볼 때, 중앙값이 1억 8,525만 원이며, 평균이 3억 1,142만 원임을 알 수 있다. 중앙값이 평균값에 비해 매우 적다는 것은 소수의 사람들에게 순자산 보유액이 집중되어 있다는 것을 의미한다고 볼 수 있다.

① 순자산 보유액 구간의 중간인 '4~5 미만' 기준으로 구분해 보면, 상대적으로 순자산 보유액이 많은 가구가 적은 가구보다 2021년 비중이 전년보다 더 증가하였다.

② 주어진 표로 가구의 소득은 알 수 없다.

④ 전체의 66.1%를 차지한다.

## 36 ②

'신재생 에너지' 분야의 사업 수를 $x$, '절약' 분야의 사업 수를 $y$라고 하면

$x + y = 600$ ······ ㉠

$\dfrac{3,500}{x} \geq 5 \times \dfrac{600}{y} \rightarrow$ (양 변에 $xy$ 곱함)

$\rightarrow 3,500y \geq 3,000x$ ······ ㉡

㉠, ㉡을 연립하여 풀면 $y \geq 276.92\cdots$

따라서 '신재생 에너지' 분야의 사업별 평균 지원액이 '절약' 분야의 사업별 평균 지원액의 5배 이상이 되기 위한 사업 수의 최대 격차는 '신재생 에너지' 분야의 사업 수가 323개, '절약' 분야의 사업 수가 277개일 때로 46개이다.

## 37 ③

주어진 자료를 근거로 괄호 안의 숫자를 채우면 다음과 같다.

| 구분 | 2020년 | 2021년 |
|---|---|---|
| 남(초) + 여(초) | $260 - 22$ $= 238$ | $(241 + 238 + x) \div 3 = 233$, $x = 220$ |
| 남(재) + 여(초) | $15 - 4 =$ $11$ | $(14 + 11 + x) \div 3 = 12$, $x = 11$ |
| 남(초) + 여(재) | $19 - 4 =$ $15$ | $(16 + 15 + x) \div 3 = 16$, $x = 17$ |
| 남(재) + 여(재) | $41 - 7 =$ $34$ | $(33 + 34 + x) \div 3 = 33$, $x = 32$ |

따라서 ㉠은 초혼 남자이므로 '남(초) + 여(초)'인 220명과 '남(초) + 여(재)'인 17명의 합인 237명이 되며, ㉡은 재혼 남자이므로 '남(재) + 여(초)'인 11명과 '남(재) + 여(재)'인 32명의 합인 43명이 된다.


## 38 ③

$\dfrac{1,869 + 544}{19,134 + 2,339} \times 100 ≒ 11.23$이므로 12%를 넘지 않는다.


## 39 ①

- 총 45지점이므로 $A + B + C = 10$
- PO터미널과 PO휴먼스의 직원 수가 같으므로
  $5 + B = 6 + 1$,
  $\therefore B = 2$
- PO메이트의 공장 수는 PO휴먼스의 공장 수의 절반이므로 $\therefore A = 6 \times \dfrac{1}{2} = 3$
- PO메이트의 공장 수와 PO터미날의 공장 수를 합하면 PO기술투자의 공장 수와 같으므로
  $A + B = C$, $\therefore C = 5$

따라서 $A = 3$, $B = 2$, $C = 5$이므로 두 번째로 큰 값은 $3(A)$이다.


## 40 ④

| 구분 \ 물품 | A | B | C | D | E | F | G | H |
|---|---|---|---|---|---|---|---|---|
| 조달단가 (억 원) | 3 | 4 | 5 | 6 | 7 | 8 | 10 | 16 |
| 구매 효용성 | 1 | 0.5 | 1.8 | 2.5 | 1 | 1.75 | 1.9 | 2 |
| 정량적 기대효과 | 3 | 2 | 9 | 15 | 7 | 14 | 19 | 32 |

따라서 20억 원 이내에서 구매예산을 집행한다고 할 때, 정량적 기대효과 총합이 최댓값이 되는 조합은 C, D, F로 9 + 15 + 14 = 38이다.

## 41 ②

가입 기간이 길수록 금리는 높아지며 해당 우대금리를 모두 적용받을 수 있다. 따라서 3년 기간으로 계약하여 2.41%와 두 가지 우대금리 조건을 모두 충족할 경우 각각 0.2%p와 0.3%p(3명의 추천까지 적용되는 것으로 이해할 수 있다.)를 합한 0.5%p가 적용되어 최대 2.91%의 연리가 적용될 수 있다.

## 42 ①

㉠ 단기금융상품(3위), 재고자산(8위), 유형자산(1위), 기타비유동자산(5위)의 4개 항목이 2020년과 2021년 순위가 동일하다.

㉡ $\dfrac{15.0}{7.0+15.0+7.2+5.1} \times 100 ≒ 43.73\%$

㉢ 2020년 238억 원(=3,400억 원 × 0.07) > 2021년 228억 원(=2,850억 원 × 0.08)

㉣ 전체에서 차지하는 비율이 4.3% 감소한 것이며, 2020년과 2021년의 자산총액이 다르므로 '금액'이 4.3%의 비율만큼 감소했다고 말할 수 없다.

## 43 ②

월 적립액이 100,000원이며 적금기간이 1년인 월 적립식 적금 상품이므로 원금합계는 1,200,000원이 된다. 이자율이 연리 2.8%(단리)이므로 매월 적립되는 100,000원에 대한 이자액은 전체 적금기간에 대하여 다음과 같이 계산된다.

| 월적립액 | 이자 |
|---|---|
| 첫 번째 달 10만 원 | 10만 × 0.028 ÷ 12 × 12 = 2,800원 |
| 두 번째 달 10만 원 | 10만 × 0.028 ÷ 12 × 11 = 2,567원 |
| 세 번째 달 10만 원 | 10만 × 0.028 ÷ 10 × 10 = 2,333원 |
| 네 번째 달 10만 원 | 10만 × 0.028 ÷ 12 × 9 = 2,100원 |
| 다섯 번째 달 10만 원 | 10만 × 0.028 ÷ 12 × 8 = 1,867원 |
| 여섯 번째 달 10만 원 | 10만 × 0.028 ÷ 12 × 7 = 1,633원 |
| 일곱 번째 달 10만 원 | 10만 × 0.028 ÷ 12 × 6 = 1,400원 |
| 여덟 번째 달 10만 원 | 10만 × 0.028 ÷ 12 × 5 = 1,167원 |
| 아홉 번째 달 10만 원 | 10만 × 0.028 ÷ 12 × 4 = 933원 |
| 열 번째 달 10만 원 | 10만 × 0.028 ÷ 12 × 3 = 700원 |
| 열한 번째 달 10만 원 | 10만 × 0.028 ÷ 12 × 2 = 467원 |
| 열두 번째 달 10만 원 | 10만 × 0.028 ÷ 12 × 1 = 233원 |

따라서 이를 더하면 이자액은 총 18,200원이 된다.
(이를 빠르게 계산하는 식은

$$\dfrac{100,000 \times 2.8\% \times (12+11+\cdots 2+1)}{12} = 18,200)$$ 여기에

이자과세 15.4%는 이자에만 과세되는 것이므로 18,200 × 0.154 = 2,803원이 세금액이 된다. 따라서 세후 수령액은 1,200,000 + 18,200 − 2,803 = 1,215,397원이 된다.

## 44 ④

대외거래 결과, 예금취급기관의 대외자산은 수출대금이 100달러, 뱅크론이 50달러 늘어났으나, 수입대금으로 50달러, 차입금상환으로 20달러를 매도함으로써 총 80달러가 늘어나게 되어 총 대외수지는 80달러 흑자가 된 경우이다.

## 45 ③

12,000원의 요금에 무료 이용권을 사용하면 차액 2,000원을 지불해야 하므로 아들의 8,000원과 함께 1만 원의 추가 요금을 지불해야 한다.

① 올바른 Travel카드로 중국 비자 수수료 청구 할인을 받을 수 있는 것은 연 1회로 제한되어 있다.

② 1만 원 미만 승차권 교환 시 잔액은 환불되지 않는다.

④ 3가지 이용권 중 희망하는 것을 제공받는다고 언급되어 있으므로 구매한 책의 권수에 따라 이용권을 많이 제공받는 것이 아니다.


## 46 ④

주어진 해외이용 시 청구금액 산정 방법에 따라 혜택 전 원화환산 청구금액은 다음과 같다.

- $a : 500 \times 1,080 = 540,000$원
- $b : 500 \times 1,080 \times 0.006 = 3,240$원
- $c : 500 \times 1,080 \times 0.0025 = 1,350$원
- $a + b + c = 544,590$원

올바른 Travel카드 이용 시, $b$와 $c$ 금액에서 할인 혜택이 주어져 각각 $500 \times 1,080 \times 0.0057 = 3,078$원과 $500 \times 1,080 \times 0.0015 = 810$원이 된다.

따라서 혜택 받은 금액은 $(3,240 - 3,078) + (1,350 - 810) = 162 + 540 = 702$원이 된다.

혜택이 적용되는 할인율인 0.03%와 0.1%를 더하여 $500 \times 1,080 \times 0.0013 = 702$원으로 간단하게 계산할 수도 있다.


## 47 ③

- 인터넷 뱅킹을 통한 해외 외화 송금이므로 금액에 상관없이 건당 최저수수료 3,000원과 전신료 5,000원 발생 → 합 8,000원
- 은행 창구를 통한 해외 외화 송금이므로 송금 수수료 10,000원과 전신료 8,000원 발생 → 합 18,000원
- 금액에 상관없이 건당 수수가 발생하므로 → 10,000원

따라서 총 지불한 수수료는
$8,000 + 18,000 + 10,000 = 36,000$원이다.


## 48 ①

주택담보대출의 경우이므로 3개월의 연체기간을 월별로 나누어 계산해 보면 다음 표와 같이 정리할 수 있다.

| 연체기간 | 계산방법 | 연체이자 |
|---|---|---|
| 연체발생 ~ 30일분 | 지체된 약정이자(50만 원) × 연8%(5% + 3%) × 30/365 | 3,288원 |
| 연체 31일 ~ 60일분 | 지체된 약정이자(100만 원) × 연8%(5% + 3%) × 30/365 | 6,575원 |
| 연체 61일 ~ 90일분 | 원금(1억2천만 원) × 연8%(5% + 3%) × 30/365 | 789,041원 |
| 합계 | | 798,904원 |


## 49 ①

모든 예금보호 대상 금융상품의 원금과 소정의 이자를 합하여 1인당 "최고 5천만 원"이며, 5천만 원을 초과하는 나머지 금액은 보호하지 않는다.

따라서 우성이의 통장 5천만 원 + 아내의 통장 5천만 원 = 총 1억 원을 보장받을 수 있다.


## 50 ③

만기 후 이율은 최종 회전기일 약정이율의 3/10이다.


## 51 ③

세금을 떼기 전 급여액은 2,750,000원이다. 매월 세금으로 310,000원을 지출한다고 했을 때 실수령액은 2,440,000원이 된다. 실수령액에서 11%를 입금하려고 한다면, 매달 납입액은 $2,440,000 \times 0.11 = 268,400$원이 된다.

**52 ②**

수미 소비상황을 봤을 때 A신용카드 혜택이 없으며, B 신용카드는 1만 원 청구할인, C신용카드는 1만 원 포인 트 적립, D신용카드는 1만 원 문화상품권을 증정한다. 액수가 동일한 경우 할인혜택, 포인트 적립, 문화상품권 지급 순으로 유리하다고 했으므로 수미는 B신용카드를 선택한다.

**53 ②**

달러를 송금 받을 경우 적용되는 환율은 1,105.60원이다. 600달러를 송금 받았으므로 600×1,105.60=663,360 원이 입금된다. 유로를 송금할 경우 적용되는 환율은 1,367.97원이다. 400유로를 송금하므로 400×1,367.97 =547,188원이 된다.
따라서 통장 잔액은 663,360－547,188=116,172원이다.

**54 ②**

러시아로 350,000루블을 송금해야 하므로 송금(보내실 때) 환율이 적용된다.
따라서 사원 J는 14.89×350,000=5,211,500원을 환 전해야 한다.

**55 ①**

은행에 내야하는 금액
A→(1,000×0.01×12)+1,000=1,120만 원
B→1,200만 원
C→90×12=1,080만 원
ⓔ 수리비 50만 원이 소요된다면 A는 1,120+50= 1,170만 원, B와 C는 수리비를 은행에서 부담하므로 그대로 1,200만 원, 1,080만 원이 된다. 따라서 가장 저렴한 C상품이 A·B보다 유리하다.

**56 ②**

가입금액은 1백만 원 이상으로 추가입금은 불가능하다.
① 가입기간이 12개월 이상부터 24개월 미만의 이율은 0.70으로 동일하다
③ 세전 이자계산 산식은 신규금액×약정이율×약정 개 월 수/12 이며 가입금액과 계약기간을 집어넣으면 2,000,000×0.80%×24/12=32,000원이 나온다.
④ 예치기간이 3개월 이상~6개월 미만의 이율은 기본 이율×50%×경과월수/계약월수(단, 최저금리는 0.1) 로 예치기간 3개월과 5개월의 이율은 같다.

**57 ①**

ⓛ (가)의 경우 매년 물가가 5% 상승하면 두 번째 해부터 구매력은 점차 감소한다.
ⓔ 금융 기관에서는 단리 뿐 아니라 복리 이자율이 적 용되는 상품 또한 판매하고 있다.

**58 ④**

신용정보집중기관 및 신용정보회사에 정보가 등록된 경 우는 주요 대출이 불가능하다.

**59 ③**

배우자와 세대가 분리되어 있을 때에는 배우자의 주민등 록등본이 필요하다.

**60 ③**

세계 10대 은행의 BIS비율이 국내 5대 은행보다 높기 때문에 위기상황 대처능력은 세계 10대 은행이 더 높다.

## 61 ①

① MaaS(Mobility as a Service) : '복합 이동시스템'으로, 여러 교통수단의 연계를 통하여 최적 이동경로, 비용 정보, 호출 및 결제 서비스 등 이동 관련 전 과정을 단일의 플랫폼을 통해 개인화된 서비스를 제공한다.
② P2P(Peer To Peer) : 인터넷에서 개인과 개인이 직접 연결되어 파일을 공유하는 것이다.
③ 스마트 공조 시스템(Smart Duct System) : 차량 실내 환경(온도, 습도, 냄새)을 인식하여 쾌적한 환경으로 전환시켜주는 기술이다.
④ 인포테인먼트 응용 서비스(Infortainment Application Service) : 차량 내에서 IT 기술을 이용하여 정보검색 및 오락, 동영상 감상 등의 콘텐츠를 이용할 수 있도록 하는 서비스이다.

## 62 ②

②는 블록체인 기술을 활용한 사례이다. 정보가 거래 참여자들에게 분산·저장되어 위·변조가 어려우므로 신뢰성이 높다는 장점을 이용한 것이라 할 수 있다.

## 63 ①

OTT 서비스(Over The Top Service) ⋯ 인터넷을 통해 영화·드라마·다큐 등 다양한 콘텐츠를 제공하는 서비스를 일컫는다.

## 64 ④

이중지불(Double Spending) ⋯ 만일 악의를 가진 사람이 동시에 각각 다른 유저에게 암호화폐(비트코인, 이더리움 등)를 사용할 경우 이를 '이중 지불'이라 한다. 이중 지불의 문제를 해결하는 것이 암호화폐의 핵심 기능이라 할 수 있다. 비트코인 채굴과 블록체인은 이중지불을 방지하는 데 그 목적이 있으며, 이로써 네트워크가 어떤 비트코인 거래들이 유효한 것인지를 확인하고 합의할 수 있다.

## 65 ④

개인정보 보호에 관한 OECD 8원칙
㉠ 수집제한의 원칙(Collection Limitation Principle) : 무차별적인 개인정보를 수집하지 않도록 제한. 정보 수집을 위해서는 정보 주체의 인지 또는 동의가 최소한의 요건(범죄 수사 활동 등은 예외)
㉡ 정보정확성의 원칙(Data Quality Principle) : 개인정보가 사용될 목적에 부합하고, 이용목적에 필요한 범위 안에서 정확하고, 완전하며, 최신의 정보일 것
㉢ 정보의 안전한 보호 원칙(Security Safeguards Principle) : 개인정보 유실, 불법접근, 이용, 수정, 공개 등 위험에 대한 적절한 보안유지 조치에 의해 보호
㉣ 공개의 원칙(Openness Principle) : 개인정보 관련 제도 개선, 실무 및 정책 등에 대해 일반적 정책 공개. 개인정보 존재, 성격, 주요 이용 목적, 정보처리자의 신원 등을 즉시 파악할 수 있는 장치 마련
㉤ 개인 참가의 원칙(Individual Participation Principle) : 개인이 자신과 관련된 정보를 정보처리자가 보유하고 있는지 여부에 대해 정보처리자로부터 확인받을 권리. 요구 거부 이유를 요구하고, 거부에 대해 이의를 제기할 권리
㉥ 책임의 원칙(Accountability Principle) : 정보처리자가 보호 원칙 시행조치를 이행하는 데 책임성을 가질 것
㉦ 목적 명확화의 원칙(Purpose Specification Principle) : 수집 목적이 수집 시점까지는 명확할(알려질) 것. 목적 변경 시 명시될 것
㉧ 이용 제한의 원칙(Use Limitation Principle) : 목적 명확화 원칙에 의거 명시된 목적 외 공개, 이용 등 제한

## 66 ④

디지털 서명(Digital Signature) ⋯ 공개키 암호방식을 이용한 전자서명의 한 종류로 전자서명에 작성자로 기재된 자가 그 전자문서를 작성하였다는 사실과 작성내용이 송수신 과정에서 위·변조되지 않았다는 사실을 증명하고, 작성자가 그 전자문서 작성 사실을 나중에 부인할 수 없도록 한다.

## 67 ②

① 디지털 사이니지(Digital Signage) : 움직이고 소리나는 옥외 광고
③ 디지털 핑거프린팅(Digital Fingerprinting) : 인간의 감지 능력으로는 검출할 수 없도록 사용자의 정보를 멀티미디어 콘텐츠 내에 삽입하는 기술

## 68 ①

제로 UI(Zero UI) … 기존의 그래픽 유저 인터페이스(GUI)로 인식되던 개념에서 벗어난 것으로, 햅틱 피드백, 상황 인식, 제스처, 음성 인식 등 자연스러운 상호작용을 사용하는 새로운 디바이스 사용방식을 말한다.

## 69 ④

ⓔ 관리체계 수립 및 운영 영역은 관리체계 기반 마련, 관리체계 운영, 관리체계 점검 시 개선의 4개 분야 16개 인증 기준으로 구성되어 있으며 관리체계 수립 및 운영은 정보보호 및 개인정보보호 관리체계를 운영하는 동안 Plan, Do, Check, Act의 사이클에 따라 지속적이고 반복적으로 실행되어야 한다.

※ 정보보호 및 개인정보보호 관리체계인증(ISMS-P)
정보통신망의 안정성 확보 및 개인정보 보호를 위해 조직이 수립한 일련의 조치와 활동이 인증기준에 적합함을 인증기관이 평가하여 인증을 부여하는 제도이다.

| 구분 | 인증범위 |
| --- | --- |
| 정보보호 및 개인정보보호 관리체계 인증 | • 정보서비스의 운영 및 보호에 필요한 조직, 물리적 위치, 정보자산<br>• 개인정보 처리를 위한 수집, 보유, 이용, 제공, 파기에 관여하는 개인정보처리 시스템, 취급자를 포함 |
| 정보보호 관리체계 인증 | 정보서비스의 운영 및 보호에 필요한 조직, 물리적 위치, 정보자산을 포함 |

## 70 ②

① 네트워크 컴퓨팅(Network Computing) : 네트워크 그 자체를 컴퓨터로 인식하는 것으로 인터넷이 대표적인 네트워크 컴퓨팅의 사례이다.
③ 그리드 컴퓨팅(Grid Computing) : 컴퓨터의 연산능력, 데이터, 첨단 실험 장비 등 여러 장비를 인터넷을 통해 공유하려는 새로운 분산컴퓨팅 모델을 말한다.
④ 펌웨어(Firmware) : 소프트웨어와 하드웨어의 중간에 해당하는 것으로, 소프트웨어를 하드웨어화한 것이라고 할 수 있다. 즉, 고정도가 높고, 시스템의 효율을 높이기 위해 ROM(Read-Only Memory)에 넣은 기본적인 프로그램이나 데이터. 마이크로컴퓨터에서는 거의 모든 프로그램이 ROM 상에 기재되어 있기 때문에 프로그램이 들어 있는 ROM을 가리키는 경우가 많다.

## 71 ②

② 현대셀렉션(Hyundai Selection) : 구독경제 사례로 구독료를 지불하고 자동차를 렌트하는 서비스이다.
①③④ 자신의 소유품이나 자원을 공유하는 서비스이다.

## 72 ①

② 디지털 치매(Digital Dementia) : 디지털 기기에 의존하여 기억력이 감소하는 상태를 말한다.
③ 필터 버블(Filter Bubble) : 사용자에게 맞춤형 정보만을 제공하는 현상을 말한다.
④ 소셜 큐레이션(Social Curation) : 미술관에 있는 큐레이터처럼 양질의 콘텐츠를 수집하여 공유하는 것을 말한다.

## 73 ④

④ 스마트 워크(Smart Work) : 코로나19로 업무중단을 방지하기 위해 많은 기업에서 구축을 하고 있다. 재택근무나 스마트 오피스로 교통정체가 완화되어 탄소배출량이 줄고, 이동시간 자원을 절약하여 사회적 비용을 절감할 수 있다. 또한 ICT 기술의 발달로 화상회의, 클라우드 컴퓨팅의 사용으로 원격업무가 원활해졌다. 이 기술의 발달로 시간과 장소에 구애받지 않고 효율적으로 일할 수 있는 업무체제를 의미한다.

① 긱 워커(Gig Worker) : 디지털 플랫폼에서 단기로 계약하는 근로자로 공유경제가 확산되면서 등장하였다.

② 공유 오피스(Office Sharing) : 사무실 공간을 함께 공유하여 사용하는 공간이다.

③ 온디맨드(On Demand) : 수요를 중심으로 결정하는 시스템으로 고객이 원하는 것을 즉시 대응해주는 정보산업체제이다.

## 74 ③

① V2V(Vehicle to Vehicle) : 차량과 차량 간의 통신

② V2I(Vehicle to Infrastructure) : 차량과 인프라 간의 통신

④ V2P(Vehicle to Pedestrian) : 차량과 보행자 간의 통신

## 75 ④

④ 뇌 – 컴퓨터 인터페이스(Brain – Computer Interface) : 뇌 – 컴퓨터 인터페이스로 뇌파를 이용하여 컴퓨터에서 해석할 수 있는 인터페이스를 말한다.

① 인공 신경망(Artificial Neural Network) : 인간의 신경 처리 과정을 모방하여 만든 알고리즘을 말한다.

② 딥러닝(Deep Learning) : 다량의 데이터를 이용하여 스스로 학습하는 인공 신경망으로 구축된 기계학습 기술을 말한다.

③ 가상현실(Virtual Reality) : 컴퓨터에서 만들어진 가상현실을 말한다.

## 76 ③

웨어러블 기기(Wearable Device) ⋯ 안경, 시계, 의복 등 일상생활에서 사람 몸에 착용이 가능한 형태의 기기로 손에 휴대하지 않아도 이용할 수 있는 기기를 말한다.

## 77 ②

② 전자문서관리(EDMS)

① 교육기록관리(LMS)

③ 품질이벤트관리(eQMS)

④ 전자문서교환(EDI)

## 78 ④

① 빅데이터(Big Data) : 방대한 규모의 데이터를 말한다.

② 다크 데이터(Dark Data) : 정보를 수집 · 저장만 하고 활용하지 않는 다량의 데이터를 말한다.

③ 패스트 데이터(Fast Data) : 실시간으로 빠르게 유입되는 대용량 데이터를 말한다.

## 79 ④

① 유비노마드(Ubi Nomad) : 시간과 장소에 간섭받지 않고 전자기기를 통해 업무를 하는 새로운 사람을 말한다.

② 리뷰슈머(Reviewsumer) : 인터넷에 전문적으로 상품의 평가 글을 올리는 사람을 말한다.

③ 트라이슈머(Trysumer) : 광고를 믿지 않고 사전에 확인한 상품의 정보로 구매하는 소비자를 말한다.

## 80 ②

분산 식별자(Decentralized Identifiers) ⋯ 블록체인 기술로 구축한 전자신분증으로 개인정보를 암호화한 뒤 블록 단위로 구성한 뒤에 개인 전자기기에 저장하는 것이 특징이다.

### 81 ④

기회비용＝명시적 비용＋암묵적비용
기회비용＝교통비 10,000원＋입장료 35,000원(명시적 비용)＋일당 100,000원
따라서 선호의 기회비용은 145,000원이다.

### 82 ①

**국세와 지방세**

㉠ 국세 : 소득세, 법인세, 상속세, 증여세, 종합부동산세, 개별소비세, 증권거래세, 인지세, 주세, 부가가치세, 교육세, 농어촌특별세 등

㉡ 지방세 : 취득세, 등록면허세, 레저세, 지방교육세, 지역자원시설세, 공동시설세, 주민세, 재산세, 자동차세, 담배소비세, 지방소비세, 지방소득세 등

### 83 ④

명목 GDP＝금년도 최종 생산량×금년도 가격
실질 GDP＝금년도 최종 생산량×기준 가격
GDP 디플레이터=(명목GDP÷실질GDP)×100
2019년의 명목 GDP는 $40 \times 135 = 5,400$이며 실질 GDP는 $135 \times 25 = 3,375$가 된다.
따라서 GDP 디플레이터의 값은(5400÷3375)×100=160이다.

### 84 ④

실제인플레이션이 기대인플레이션보다 높은 경우이므로 채무자 또는 고정된 임금을 지급하는 기업주에게 유리한 상황이 된다. 일반적으로 정부는 채무자이고 가계는 채권자에 해당하므로 정부가 인플레이션으로 인한 이득을 얻는 경제주체라고 할 수 있다.

①② 고정된 금액을 지급받는 봉급생활자 및 연금생활자는 불리해진다.

③ 실제실질이자율은 감소하므로 채권자보다 채무자에게 유리하다.

### 85 ④

1급 가격차별에 대한 설명이다. 완전 가격차별이라고도 하며 상품을 각 단위당 소비자에게 다른 가격으로 부과하는 형태를 말한다.

①③ 2급 가격차별에 대한 설명이다.

④ 1급 가격차별에 대한 설명이다.

### 86 ①

디플레이션이란 인플레이션(Inflation)의 반대 개념으로 물가가 지속적으로 하락하는 것을 말한다.

소비가 위축되면서 상품가격이 하락하고 생산 및 고용이 감소하게 된다. 이는 경기침체를 가속하며 채무자의 채무부담이 커지게 되어 결국 악순환이 반복된다.

### 87 ④

개인이 소비를 줄이고 저축을 늘리면 그 개인은 부유해질 수 있지만 모든 사람이 저축을 하게 되면 총수요가 감소해 사회 전체의 부는 감소하는 것을 말한다. 사회 전체의 수요 · 기업의 생산 활동을 위축시키며 국민소득은 줄어들게 된다. 이때 저축은 악덕이고 소비는 미덕이라는 역설이 성립하게 된다.

① **승자의 저주** : 치열한 경쟁 끝에 승리를 얻었지만 승리를 얻기 위해 과도한 비용과 희생으로 오히려 커다란 후유증을 겪는 상황이다.

② **구축 효과** : 정부의 재정지출 확대가 기업의 투자 위축을 발생시키는 현상이다.

③ **절대 우위론** : 다른 생산자에 비해 적은 비용으로 생산할 수 있을 때 절대 우위에 있다고 한다.

**88** ①

소비자물가지수에는 가계에서 지출하는 재화와 서비스를 소비자가 구매하는 것으로 부동산은 포함되지 않는다.

② 수입품은 GDP디플레이터에는 나타나지 않지만 소비자물가지수에는 포함된다.

③ 파셰가격지수는 거래된 상품 가격이나 가중치의 평균으로 구하는 물가지수로 GDP디플레이터 성질과 같다.

④ 라스파이레스 방식으로 계산한 값을 소비자물가지수로 선택하고 있다.


**89** ①

지니계수는 소득 분배의 불평등을 나타내는 수치로, 분포의 불균형을 의미하며 소득이 어느 정도 균등하게 분배되어 있는가를 나타낸다.

② 엥겔지수 : 일정 기간 가계 소비지출 총액에서 식료품비가 차지하는 비율

③ 위대한 개츠비 곡선 : 소설 「위대한 개츠비」에서 주인공 개츠비의 이름을 인용한 것으로 경제적 불평등이 커질수록 사회적 계층이동성이 낮음을 보여주는 곡선

④ 로렌츠곡선 : 국민의 소득 분배 상태를 알아보기 위한 곡선


**90** ①

① 디폴트(Default) : 채무자가 민간 기업인 경우에는 경영 부진이나 도산이 원인이 될 수 있으며, 채무자가 국가인 경우에는 전쟁, 내란, 외화 준비의 고갈에 의한 지급 불능 등이 원인이 된다.

② 환형유치(換刑留置) : 벌금이나 과료를 내지 못하는 범죄자에게 교도소에서 노역으로 대신하도록 하는 제도이다.

③ 엠바고(Embargo) : 일정 시점까지 한시적으로 보도를 중지하는 것을 말한다.

④ 워크아웃(Workout) : 기업의 재무구조 개선 작업을 말한다.


**91** ②

② 리카도 효과(Ricardo Effect) : 호경기에 소비재 수요 증가와 더불어 상품의 가격이 노동자의 화폐임금보다 급격히 상승하게 되면서 노동자의 임금이 상대적으로 저렴해지는데, 이런 경우 기업은 기계를 대신 사용하려는 경향이 발생한다.

① 전시 효과(Demonstration Effect) : 미디어 등 사회의 소비 영향을 받아 타인의 소비를 모방하려는 성향을 말한다.

③ 톱니 효과(Ratchet Effect) : 생산 또는 수준이 일정 수준에 도달하면 이전의 소비 성향으로 돌아가기 힘든 현상을 말한다.

④ 베블런 효과(Veblen Effect) : 가격상승에도 과시욕이나 허영심 등으로 수요가 줄지 않는 현상을 말한다.


**92** ④

④ 모라토리엄(Moratorium) : 대외 채무에 대한 지불유예(支拂猶豫)를 말한다. 신용의 붕괴로 인하여 채무의 추심이 강행되면 기업의 도산이 격증하여 수습할 수 없게 될 우려가 있으므로, 일시적으로 안정을 도모하기 위한 응급조치로 발동된다.

① 모블로그(Moblog) : 모바일과 블로그를 합친 신조어로 때와 장소에 구애받지 않고 블로그를 관리할 수 있어 인기를 끌고 있다.

② 모라토리엄 신드롬(Moratorium Syndrome) : 1960년대에 들어 지적, 육체적, 성적인 면에서 한 사람의 몫을 할 수 있으면서도 사회인으로서의 책임과 의무를 짊어지지 않는 것을 의미한다.

③ 서브프라임 모기지론(Subprime Mortgage Loan) : 신용등급이 낮은 저소득층을 대상으로 주택자금을 빌려주는 미국의 주택담보대출 상품이다.

## 93 ①

① 블랙 스완(Black Swan) : 극단적 예외사항이라 발생 가능성이 없어 보이지만 발생하면 엄청난 충격과 파급효과를 가져오는 것을 말한다.
② 그레이 스완(Gray Swan) : 이미 알고 있는 사항이지만 대처 방법이 모호하여 위험 요인이 계속 존재하는 상태를 말한다.
③ 어닝 쇼크(Earning Shock) : 기업이 예상보다 저조한 실적을 발표하여 주가에 영향을 미치는 현상을 말한다.
④ 더블 딥(Double Dip) : 경기침체 후 잠시 회복기를 보이다가 다시 침체에 빠지는 이중침체 현상을 말한다.

## 94 ①

환율이 상승하면 수출이 증가하고, 수입은 줄어들게 된다. 환율이 하락할 시 물가 안정 및 외채 부담 감소 등의 긍정적인 효과가 있는 반면에 수출과 해외 투자가 줄어들고 핫머니 유입 등 부정적인 효과를 가져 올 수 있다.

## 95 ①

②③④ 소득을 평등하게 만드는 요인이다.
※ 지니계수(Gini's Coefficient) … 계층 간 소득분포의 불균형과 빈부격차를 보여주는 수치이다. 0에서 1까지의 값을 가지는 것으로 이 값이 클수록 소득분배가 불균등하다.

## 96 ③

③ 사채는 일정 기간 내에 일정 금액으로 상환된다.
※ 주식 … 주식회사가 발행한 출자증권이다. 사채(社債)는 주식회사가 일반 대중에게 자금을 모집하기 위해 발행하는 채권을 말한다.

## 97 ③

③ SRI지수(Socially Responsible Investment Index) : 사회책임투자 또는 지속가능책임투자의 준말로 사회적이거나 환경적인 책임을 다하고 있는 기업들을 묶어서 만든 주가지수이다.
① 엥겔지수(Engel Coefficient) : 경제학에서 총지출에서 식료품비 지출이 차지하는 비율을 계산한 값을 엥겔지수(엥겔계수)라고 한다. 엥겔지수가 저소득 가계에서 높고 고소득 가계에서 낮다는 통계적 법칙을 엥겔의 법칙이라고 한다.
② 거래량지수(去來量指數) : 재화(財貨)의 거래량을 일정한 단계에서 종합적으로 파악하여 경제활동 규모의 변동을 측정하기 위한 종합지수를 말한다.
④ 슈바베지수(Schwabe Index) : 가계 소득 대비 주거비용이 차지하는 비율을 나타낸다. 고소득층일수록 슈바베지수는 낮다.

## 98 ①

① 프로젝트 파이낸싱(Project Financing) : 은행은 부동산 담보나 지급보증이 있어야 대출이 가능하지만 프로젝트 파이낸싱은 담보 없이 미래의 대규모 투자사업의 수익성을 보고 거액을 대출해준다.
② 액면병합(Consolidation of Stocks) : 액면분할의 상대적 개념으로 액면가가 적은 주식을 합쳐 액면가를 높이는 것을 말한다.
③ 파생금융상품(Financial Derivatives) : 외환·예금·채권·주식 등과 같은 기초자산으로부터 파생된 금융상품이다.
④ 온디맨드(On Demand) : 모바일 기술 및 IT 인프라를 통해 소비자의 수요에 즉각적으로 서비스나 제품을 제공하는 것을 말한다.

**99** ④

④ 관성 효과(Ratchet Effect) : 소득이 높았을 때 굳어
진 소비 성향이, 소득이 낮아져도 변하지 않는 현상
으로 톱니 효과라고도 한다. 관성 효과가 작용하면
소득이 감소하여 경기가 후퇴할 때 소비 성향이 일
시에 상승한다.

① 가격 효과(Price Effect) : 재화의 가격변화가 수요(소
비)량에 미치는 현상을 말한다.

② 잠재가격(Shadow Price) : 상품의 기회비용을 반영한
가격을 말한다.

③ 의존 효과(Dependence Effect) : 소비자의 수요가 소
비자 자신의 욕망에 의존하는 것이 아니라 광고 등에
의존하여 이루어지는 현상을 말한다.


**100** ④

④ 가계가 소비하는 서비스의 가격수준 및 변동 파악은
소비자 물가지수의 목적이다.

※ 생산자 물가지수(PPI : Producer Price Index) ··· 국
내시장의 제1차 거래단계에서 기업 상호 간에 거래
되는 상품과 서비스의 평균적인 가격변동을 측정하기
위하여 작성되는 물가지수이다.

# 국민은행
# 신입행원 채용대비

# - 상식 핵심 요약집 -

### 핀테크
Fintech

**인공지능, 빅데이터 등 새로운 IT 기술을 활용한 금융 서비스**

'Finance(금융)'와 'Technology(기술)'의 합성어이다. 지급 결제 서비스, 금융데이터 분석 업무, 사기거래 탐지(FDS), 은행 플랫폼 등 다양한 기술이 금융과 서비스를 제공하고 있다. 최근에는 생체인식을 통한 인증서비스도 제공한다.

### 전자상거래
Electronic Commerce

**거래행위가 정보기술과 네트워크를 이용하여 이루어지는 것**

상품이나 서비스에 대한 정보제공 및 수집, 주문, 접수, 대금결제, 상품발송 등 일련의 상거래 흐름이 기존의 서류에 의존하지 않고 인터넷이라는 정보통신기술에 의해 이루어진다. EDI(전자문서교환) 시스템이 도입되어 기업간의 거래가 EDI화 되면, 한 기업이 거래가 있는 다수의 기업 또는 관련 하청업체, 대리점 등과 거래서류를 종이가 아닌 전자적 신호로 바꿔 컴퓨터 통신망을 통해 교환하게 된다. 번거로운 사무처리가 제거되는 소위 종이없는 거래를 실현하게 되며, 처리시간의 단축, 비용의 절감 및 데이터의 유통이 신속하고 원활하게 이루어진다.

### 마이데이터
Mydata

**기업이나 은행에서 사용한 개인정보나 거래 내역 등을 개인이 직접 관리 및 활용할 수 있는 서비스**

'나의 데이터의 주인은 나'라는 것으로, 개인정보의 주인이 금융회사가 아닌 개인 임을 정의하는 것을 의미한다. 개인정보를 적극적으로 관리가 가능하여 자산관리에 활용하는 과정이다. 데이터 3법 개정으로 금융정보를 통합관리하는 마이데이터산업이 가능해졌다. 은행, 여신전문금융회사, 상호금융 등에서 마이데이터 산업을 허가받았다. 마이데이터 산업으로 은행 간의 경쟁이 플랫폼 간의 경쟁으로 확장되었다. 마이데이터 서비스의 핵심으로는 분할되던 금융정보, 보험정보, 보유한 실물자산 등의 정보를 한눈에 확인이 가능하도록 통합적으로 관리하는 것이다.

### 수퍼앱
super app

**하나의 앱에서 다양한 서비스를 이용할 수 있는 것**

앱 하나로 기사와 뉴스를 보고, 쇼핑을 하고, 음식 주문까지 하는 등의 다양한 서비스를 제공하는 것을 의미한다. 월간 이용자수(MAU)를 1,000만 명 이상을 기대하며 생활 금융플랫폼으로 시중 은행이 변화 중이다. 마이데이터 시행 이후 금융위원회가 금융권에서 다양한 서비스를 융합하여 활용할 수 있는 디지털 유니버설 뱅크를 허용하였다. 효과적인 생활금융 서비스 제공을 위해 데이터 분석을 하고 금융 앱 한개로 고객에 다양한 맞춤서비스를 제공한다.

### EU일반 개인정보보호법
EU GDPR : European UnionGeneral Data Protection Regulation

**유럽연합의 개인정보보호 법령**

2018년 5월 25일부터 EU에 거주하는 모두에게 적용되는 유럽연합 정보보호법을 강화한 GDPR(General Data Protection Regulation)이다. 개인정보를 다루는 기업과 단체가 규정을 준수하도록 하는 것이다. 모든 EU회원국이 의무적으로 준수해야 하고 해외에서 EU 주민의 개인정보를 이용할 경우에도 적용된다. 기업 책임감 증진과 정보 주체 권리 강화를 위해 데이터 보호 최고책임자(DPO)를 지정하여야한다.

## eIDAS
electronic IDentification, Authentication and Trust Services

### EU에서 시행하는 전자본인확인 · 인증 · 서명

유럽연합에서 2016년부터 시행하고 있는 규정이다. 유럽 시장에서 전자상거래 안전을 위한 규제이다. EU 내에서 공공서비스, 계좌 개설 등 금융활동에 사용하는 인증체제를 수립하는 것과 전자서명에 기본 · 고급(AES) · 적격(QES)의 3단계 등급을 부여하는 것이다. 특히 QES 단계의 인증서 발급은 별도의 보안 디바이스가 필요하고 신원은 대면으로 확인해야 하는 것으로 까다로운 요건이 있으나 어디에서든 자유롭게 서비스를 이용할 수 있다. AES 단계는 신원확인과 전자서명을 보관하는 기준을 완화한 인증서이고 기본전자서명은 가장 낮은 단계로 무결성과 신뢰성을 보장하지 않아 서비스 이용에 제한이 많다.

## 공동인증서
共同認證書

### 전자서명법의 개정으로 민간 인증서가 도입되면서 공인인증서의 명칭이 공동인증서로 변경된 것

2020년 12월 전자서명법이 개정되어 공인인증서가 폐지되었다. 공인인증서의 폐지로 민간업체에서 만든 민간인증서가 도입되었고 공인이라는 명칭은 공동으로 변경되었다. 공동인증서를 통해 본인 신분이 확인되고, 전자서명화가 된 문서가 변경이 없음을 보장하며, 암호화로 기밀이 보장된다.

## 데이터 사이언티스트
Data Scientist

### 많은 데이터들 중 가치가 높은 데이터를 추출하여 분석하는 과학자

빅데이터의 활용이 높아짐에 따라 데이터의 규모보다 데이터 자체의 가치에 초점을 두고, 분석하여 방향을 제시하는 사람을 말한다. 빅데이터 전문가, 데이터 과학자라고도 부르며 데이터를 다각적으로 분석하여 방향을 알려주는 기획자이면서 전략가이다. 데이터 엔지니어링, 수학, 고급컴퓨팅, 통계 등의 지식이 필요하다.

## 넷플릭스 법
Netflix 法

### 전기통신사업법 시행령 개정안

정확한 명칭은 '전기통신사업법 시행령 개정안'이다. 국내에 서버를 두지 않은 해외 사업자에게 국내 망을 이용한 것에 대한 대가를 지불하도록 하기 위하여 처음 도입하기 시작하였다. 국내에 서버를 둔 사업자는 국내 망 접속료를 내는 반면에, 국내에 서버 없이 서비스를 제공하는 사업자는 국내 통신사들에게 망 이용료를 내지 않기 때문이다. 이는 하루 평균 이용자가 100만 명 이상이며 국내 트래픽의 1% 이상의 업체에게 적용된다. 한편 한국인터넷기업협회는 전기통신사업법 개정으로 새로운 규제가 도입되면서 이는 콘텐츠 사업자의 발전을 저해할 수 있다는 의견을 밝혔다. 만일 콘텐츠 사업자들이 망 이용료를 더 부담하게 된다면 최종 소비자에게 전가할 수 있기 때문에 기존의 통신료에 콘텐츠 이용료까지 이중 부담이 될 수 있을 것이라는 전망이다.

## 머신러닝
Machine Learning

### 스스로 자신의 동작을 개선하는 슈퍼컴퓨터의 기계학습 능력

1959년 아서 사무엘의 논문에서 처음 사용된 단어이다. 인공지능의 분야 중에 하나로 경험적 데이터를 기반으로 컴퓨터가 학습 · 예측 · 향상시키는 과정을 알고리즘을 연구 · 구축하는 기술이다. 입력한 데이터를 기초로 예측이나 결정을 수행하는 모델을 구축하는 방식이다. 알고리즘이 어렵거나 프로그래밍이 난해한 작업을 해결하기 위해서 사용한다. 알고리즘은 감독학습, 비감독학습, 강화학습으로 나뉜다. 머신러닝의 예로는 검색어 자동완성, 자동 센서기능, 범행예측 등이 있다.

## 딥러닝
### Deep Learning

**컴퓨터가 스스로 학습하여 배우는 머신러닝의 한 분야**

1980년 후쿠시마 쿠니히토가 소개한 신경망인 네오코그니션(Neocognition)에서 처음 쓰여졌다. 많은 데이터를 분류하고 관계를 파악하는 기술로 인간이 가르치지 않고도 스스로 학습하여 예측하는 기계학습이다. 2016년 2월 이세돌 9단과 바둑을 둔 알파고 또한 딥러닝 기술로 만들어진 프로그램으로 끊임없이 기보를 통해 스스로 바둑 전략을 학습한다. 다층구조 형태로 된 신경망을 기반으로 하는 머신러닝의 일종으로 수많은 데이터를 높은 수준의 추상화 모델로 구축하는 기법이다.

## 딥페이크
### Deepfakes

**AI 기술을 활용하여 특정인의 얼굴, 신체 등을 영상에 합성한 편집물**

미국의 한 온라인 커뮤니티에 배우의 얼굴과 포르노 영상을 합성하여 만들어진 편집물이 등장하면서 시작되었다. 이는 연예인과 정치인 등의 유명인 뿐만 아니라 일반인까지 딥페이크의 대상이 되며 사회적 문제가 되고 있다.

## 인공지능
### AI : Artificial Intelligence

**기계가 인간의 지식능력을 프로그램에서 실현시키는 기술**

인공지능이라는 말이 처음 세상에 알려진 것은 1956년 다트머스 국제학회의 다트머스 회의에서 존 매카시가 제안한 것으로 컴퓨터 공학에서 시스템에 의해 만들어진 지능 또는 이상적인 지능을 갖춘 존재로 고도의 문제해결 능력을 가진 인공적 지능 또는 그와 같은 지능을 만들 수 있는 방법론이나 실현 가능성 등을 연구하는 과학 분야를 지칭하기도 한다.

## 데이터 라벨링
### Data Labelling

**머신러닝이 가능한 데이터로 가공하는 작업**

인공지능 알고리즘을 고도화하기 위해 데이터를 재가공하는 작업을 의미한다. AI가 학습해야 하는 데이터를 수집한 뒤에 재가공하여 고품질의 데이터셋을 구축하는 것을 의미한다. 예를 들어 고양이 사진에 데이터 라벨러가 '고양이'라는 라벨을 넣으면 AI가 유사한 이미지들을 고양이로 인식할 수 있는 것이다.

## 빅데이터 큐레이터
### Big Data Curator

**빅데이터의 숨겨진 가치와 무궁무진한 잠재력을 발굴할 수 있는 사람**

큐레이터의 안목으로 기획전을 개최하듯이 데이터 분석 및 기획을 통해 이용하는 사람이다. 정보가 과다하게 많은 현재에 수많은 데이터를 분류하고 체계적으로 정리하여 콘텐츠를 조직화하여 콘텐츠를 맞춤형으로 제작한다. 데이터 사이언티스트 사이에서 데이터를 사업으로 연결하는 직업의 일종으로 빅데이터의 중요성이 높아지면서 각광받고 있다.

## 오피니언 마이닝
### Opinion Mining

**누리꾼의 여론과 의견을 분석한 후 유용한 정보로 도출하는 빅데이터 처리 기술**

누리꾼의 감성이나 의견을 수치화하고 통계화하여 객관적인 정보로 도출하는 기술이다. 구매 후기나 Q&A 게시판에의 의견을 모아 일정한 법칙을 찾고 탐사하는 빅데이터 기술 중에 하나이다. 대부분 분석하는 대상으로는 포털 게시판이나 블로그, 쇼핑몰 등으로 자동화 분석방법으로 대규모로 웹 문서를 분석한다. 분석 대상이 텍스트이므로 자연어 처리방법과 컴퓨터 언어학을 사용한다.

## 텍스트 마이닝
Text Mining

**텍스트로 저장된 정보를 도출하여 의미있는 정보를 수집하는 빅데이터 기법**

누리꾼의 여론이나 사회 현상과 관련한 정보를 찾기 위해 온라인 뉴스기사, 블로그 글, SNS, 웹 페이지, 이메일 등의 텍스트 정보를 수집한다. 수집된 텍스트 정보를 통해 누리꾼의 여론이나 사회 현상과 관련한 정보를 도출한다. 대용량 텍스트 데이터를 저장하는 빅데이터 기술과 텍스트 구조를 분석 및 통계 처리하는 자연어 처리(NLP) 기술을 기반으로 하는 기술이다. 정형화가 되지않은 텍스트 데이터를 정형화하여 정보 수집을 한다. 단어 빈도 분석, 군집 분석, 감성 분석, 연관 분석 등의 통계적 방법을 통해 텍스트 데이터 안의 정보를 수집한다. 또한 기계학습(ML)을 통해서 텍스트를 요약하거나 키워드를 추출하여 검색 엔진에 적용한다. 기계학습 기술을 통해서는 메일 필터링, 범죄 감지, 고객관리 등 다양한 분야에서 사용한다. 대표적인 플랫폼으로 솔트룩스 플랫폼이 있다.

## 생성적 적대 신경망
GAN : Generative Adversarial Network

**생성모델과 판별모델이 서로 경쟁하면서 실제와 비슷한 모습으로 만들어내는 기계학습**

진짜와 가짜를 생성하는 생성모델과 진위를 판별하는 판별모델이 서로 경쟁하면서 실제와 비슷한 모습의 가짜 이미지를 만드는 것을 의미한다. 서로 상반된 목적을 가지고 있는 생성자와 감별자가 실제 데이터를 통해 거짓 데이터를 만들어 낸다. 구글 브레인 연구자 이안 굿펠로우는 생성자를 위조지폐범, 감별자를 경찰에 비유했다. 현재 GAN은 이미지 생성에 사용되어 실존하지 않는 사람들의 이미지를 생성할 수 있다. 현재 GAN을 통해 딥페이크 영상과 가짜뉴스가 유통되어 부작용이 나타나고 있다.

## 로보어드바이저
Robo Advisor

**투자자의 성향 정보를 토대로 알고리즘을 활용해 개인의 자산 운용을 자문하고 관리해주는 자동화된 서비스**

로보어드바이저 서비스는 사람의 개입 여부에 따라 총 4단계로 구분할 수 있다. 1단계 자문·운용인력이 로보어드바이저의 자산배분 결과를 활용해 투자자에게 자문하거나, 2단계 투자자 자산을 운용하는 간접 서비스, 3단계 사람의 개입 없이 로보어드바이저가 직접 자문하거나, 4단계 투자자 자산을 운용하는 직접 서비스로 나뉜다.

## 에스크로
Escrow

**구매자와 판매자의 원활한 상거래를 위해 제3자가 중개하는 서비스**

구매자와 판매자의 신용관계가 불확실 할 때 상거래가 원활하게 이루어질 수 있도록 제3자가 중개하는 매매 보호 서비스이다. 구매자가 제3자에게 거래금을 보내면 판매자는 제3자에게 거래금을 확인하고 상품을 발송한다. 상품을 받은 구매자는 제3자에게 알리고 제3자는 판매자에게 거래금을 보낸다. 중개역할을 하는 제3자는 수수료로 수익을 얻는다.

## 신용카드지불시스템
SET :Secure Electronic Protocol

**전자상거래를 안전하게 하기 위한 표준 프로토콜을 의미**

SET에 이용되는 전자서명이 된 인증서를 소유한 카드 소지자가 결제를 한다. 카드 소지자가 사용한 결제 정보가 이중서명으로 해시화 한다. 카드 사용자가 생성한 비밀키를 은행에서 지불 게이트웨이의 공개키를 사용하여 비밀키를 암호화 한다. 상점에서 이중 해시값을 비교해서 구매 정보의 위·변조를 확인하고 지불 게이트웨이에 보낸다. 지불 게이트웨이에서 비밀키를 복호화해서 정보를 확인하고 위·변조가 없다면 상점에 대금을 지불한다.

## 증강현실
AR : Augmented Reality

### 현실 세계에 3차원 가상물체를 겹쳐 보여주는 기술

증강현실 기술은 1990년 보잉사의 항공기 전선 조립과정을 설명하는 데 처음 사용되었고 미국과 일본을 중심으로 연구 개발이 진행되었다. 증강현실은 2000년대 중반부터 스마트 폰이 등장·활성화되면서 주목받기 시작하였다. 증강현실은 실제 환경에 가상의 객체를 혼합하여 사용자가 실제 환경보다 실감나는 부가정보를 제공받을 수 있다. 예를 들면, 길을 가다 스마트폰 카메라로 주변을 비추면 근처에 있는 상점의 위치 및 전화번호, 지도 등의 정보가 입체영상으로 표시되거나 하늘을 비추면 날씨정보가 나타나는 등 다양한 분야에 적용되고 있다.

## 메타버스
Metaverse

### 현실 세계와 같이 3차원 가상의 세계에서 이뤄지는 활동

가상과 초월을 의미하는 메타(Meta)와 우주를 의미하는 유니버스(Universe)의 합성어로 1992년 닐 스티븐슨의 소설 「스노 크래시」에서 처음 등장한 단어이다. 가상현실 (VR)보다 더 진화한 개념으로 확장가상세계를 의미한다. 게임으로 가상현실을 즐기는 것보다 앞서서 가상세계에서 현실처럼 사회, 문화, 경제활동 등을 할 수 있는 실재감 테크이다. 가상현실을 현실과 가깝게 구현한 실재감, 가상과 현실의 연동되는 상호운영성, 가상세계에서 경험한 것을 현실에서도 연결되는 연속성, 가상공간에서도 현실에서처럼 경제활동을 할 수 있는 특징을 가지고 있다.

## 3D 프린팅
Three Dimensional Printing

### 프린터를 통해 3D 물체를 만드는 기술

1980년대 미국의 3D 시스템즈사에서 처음 개발한 것으로 기업에서 시제품 제작용으로 활용했으나 현재는 여러 입체 도형을 찍어내는 것으로 인공 뼈, 자전거 뼈대 등 다양한 곳에 상용화되어 사용되고 있다. 3D 도면을 제작하는 모델 링을 하고 모델링 프로그램을 통해 이미지를 구현하여 제작

한 뒤에 프린터로 물체를 만드는 단계로 총 3단계로 진행된다. 3D 프린터를 만드는 방식으로는 2차원 면을 쌓아올리는 적층형과 조각하듯 깎아내는 절삭형이 있다.

## 챗봇
Chatter Robot

### 문자 또는 음성으로 대화하는 기능이 있는 컴퓨터 프로그램 또는 인공지능

정해진 응답 규칙에 따라 사용자 질문에 응답할 수 있도록 만들어진 시스템이다. 사람처럼 자연스러운 대화를 진행하기 위해 단어나 구(句)의 매칭만을 이용하는 단순한 챗봇부터 복잡하고 정교한 자연어 처리 기술을 적용한 챗봇까지 수준이 다양하다.

## 웨어러블 로봇
Wearable Robot

### 옷처럼 착용하는 로봇

옷처럼 입을 수 있는 로봇기술이다. 부족한 신체기능을 강화해주기 위한 기술로 노약자나 장애인 활동을 보조하는 기능을 한다. 시계, 신발, 옷, 장신구, 안경 형태의 웨어러블 로봇이 나오고 있다. 일상생활을 기록하거나 증강현실, 건강관리, 업무 보조 등 다양한 용도로 나오고 있다.

## API
Application Programming Interface

### 운영체제와 프로그램 간의 통신을 처리하기 위해 호출할 수 있는 명령어의 집합

윈도우 API의 경우는 C, C++ 등의 프로그래밍 언어로 윈도우를 만들어 조작할 수 있도록 1,000여 개의 함수로 구성되었다. 애플리케이션과 컴퓨터을 연결하는 중간다리 역할을 하는 것으로 프로그램을 실행하기 위해 특정 서브루틴에 연결되고 함수를 호출하여 구현한다.

## 오픈 API
Open API

**인터넷 사용자가 웹 검색 및 사용자 인터페이스 등을 제공받는 것에 그치지 않고 직접 응용프로그램과 서비스를 개발할 수 있도록 공개된 API**

검색, 블로그 등의 데이터 플랫폼을 외부에 공개하여 다양하고 재미있는 서비스 및 애플리케이션을 개발할 수 있도록 외부 개발자나 사용자들과 공유하는 프로그램으로, 구글은 구글 맵의 API를 공개해 친구 찾기·부동산 정보 등 300여 개의 신규 서비스를 창출했다. 오픈 API로 다양한 서비스에서 시도되고 있으며, 누구나 접근하여 사용할 수 있다는 장점이 있다.

## 펌뱅킹
Firm Banking

**기업과 금융기관이 연결하여 온라인으로 처리하는 은행업무**

기업과 은행을 전용회선으로 연결하여 은행에 방문하지 않고 기업에서 직접 처리할 수 있는 금융업무를 의미한다. 급여계산, 거래처 자금입금, 지불지시, 잔액조회, 회계 자동처리 등 기업에서 필요한 은행 업무를 원활하게 이용할 수 있는 서비스이다. 집 안에서 금융업무를 할 수 있는 홈뱅킹(Home Banking)은 개인을 대상으로 하나 펌뱅킹은 법인을 대상으로 한다.

## 휴먼증강
Human Augmentation

**특수장비를 사용하여 신체기능과 능력을 높여 기능성과 생산성을 향상시키는 기술**

기계적인 수단, 약물, 뇌 신호 해석, 유전자 편집 등 다양한 기술을 결합하여 인체기능을 향상시키는 기술이다. 생산현장에서 인조 외골격으로 지구력을 높이거나 증강현실 안경으로 추가적인 시각전달을 받거나 배아의 유전자를 편집하여 장기를 배양하는 등 다양하게 응용할 수 있다. 뇌 – 컴퓨터 인터페이스를 통해 인조 외골격을 움직일 수 있다.

## 액티브 노이즈 캔슬링
ANC : Active Noise Control

**음악을 들을 때 주변의 소음을 차단하는 기능을 의미**

능동 소음 제어기술로 주변에 존재하는 소음을 차단하는 기능이다. 액티브 노이즈 캔슬링(ANC)과 패시브 노이즈 캔슬링(PNC)으로 구분되는 기능 중 하나이다. 최근에 많은 헤드폰, 이어폰 등에 적용된다. ANC기기에 내장된 소음 조절기로 외부에 존재하는 소음을 받아온 후 파동의 위상을 반전시킨다. 반전된 소리가 스피커에 가면 상쇄 간섭이 나타나면서 주변 소음이 감소한다. 이 기능으로 소음이 심한 버스나 지하철 등에서 집중도 높게 음악과 영화 감상이 가능하다.

## 샌드박스
Sandbox

**새로운 제품이나 서비스가 출시될 때 일정 기간 동안 기존 규제를 면제·유예시켜주는 제도**

샌드박스(Sandbox)는 어린이들이 자유롭게 뛰노는 모래 놀이터처럼 규제가 없는 환경을 주고 그 속에서 다양한 아이디어를 마음껏 펼칠 수 있도록 하는 것을 뜻한다. 사업자가 새로운 제품, 서비스에 대해 규제 샌드박스 적용을 신청하면 법령을 개정하지 않고도 심사를 거쳐 시범사업, 임시 허가 등으로 규제를 면제·유예해 그동안 규제로 인해 출시할 수 없었던 상품을 빠르게 시장에 내놓을 수 있도록 하는 것이다. 문제가 있을 경우 사후 규제하는 방식이다.

## P2P 금융
Peer to Peer

**온라인투자연계금융업**

온라인을 통해서 대출과 차입을 연결하는 금융서비스이다. 금융기관을 거치지 않고 온라인에서 금융 업무 중인 대출과 투자를 지원하는 서비스이다. 온라인투자연계금융업자로 등록된 기업에서 투자와 차입을 할 수 있다. 「온라인투자연계금융업 및 이용자 보호에 관한 법률」에서는 온라인플랫폼을 통하여 특정 차입자에게 자금을 제공할 목적으로 투자한 투자자의 자금을 투자자가 지정한 해당 차입자에게 대출하고 연계대출에 따른 원리금수취권을 투자자에게 제공하는 것을 말한다.

## P2E
Play to Earn

**게임을 즐기면서 돈도 함께 버는 것을 의미**

게임에 블록체인 기술이 들어가서 돈을 버는 것이다. 게임에서 획득한 게임 머니를 가상화폐 거래소에서 토큰으로 환전할 수 있는 시스템이다.

## 디지털 트윈
Digital Twin

**자율차, 드론 등 신산업 기반 마련, 안전한 국토 시설관리를 위해 도로 · 지하공간 · 항만 · 댐 등을 3차원 좌표를 가진 점들의 집합으로 구성된 데이터를 구축하는 것**

한국판 뉴딜의 일종이다. 시뮬레이션 통해 현실분석 · 예측을 통해 가상공간에서 현실공간 · 사물의 쌍둥이(Twin) 구현하는 것이다.

## 스마트 도시
Smart City

**정보통신기술(ICT)를 이용하여 도시에 교통 · 환경 · 주거 등의 문제를 해결하여 쾌적한 삶을 누리도록 한 도시**

텔레커뮤니케이션(Tele Communication)을 기반으로 한 시설들이 도시 곳곳에 설치되어 연결되어 있는 도시이다. 사무실 안에서도 집에서 해야 할 모든 업무를 가능하도록 한 텔레워킹(Teleworking)이 보편적인 스마트 도시이다.

## 해커톤
Hackathon

**일정한 시간과 장소에서 프로그램을 해킹하거나 개발하는 행사**

'해킹(Hacking)'과 '마라톤(Marathon)'의 합성어로 한정된 기간 내에 기획자, 개발자, 디자이너 등 참여자가 팀을 구성해 쉼 없이 아이디어를 도출하여 앱, 웹 서비스 또는

비즈니스 모델을 완성하는 행사를 말한다. 일반인에게 해킹은 불법적으로 컴퓨터를 공격하는 행위라는 의미로 많이 사용되나, 컴퓨터 프로그래머 사이에서는 '난이도 높은 프로그래밍'이란 뜻으로 쓰인다. IT기업에서 흔히 사용되며 페이스북은 개발자와 디자이너, 인사, 마케팅, 재무 등 모든 구성원에게 밤새 음식과 간식을 제공하면서 아이디어와 생각을 직접 만들어 보게 하는 해커톤을 개최하는 것으로 유명하다.

## 랜섬웨어
Ransomware

**악성코드(Malware)의 일종**

인터넷 사용자의 컴퓨터에 잠입해 내부 문서나 사진 파일 등을 암호화하여 열지 못하도록 한 뒤, 돈을 보내면 해독용 열쇠 프로그램을 전송해 준다며 비트코인이나 금품을 요구한다.

## 크립토재킹
Cryptojacking

**가상화폐 사이버 범죄 중 하나**

사용자 PC를 해킹하여 해커가 가상화폐를 채굴하는 용도로 활용하는 사이버 범죄이다. 개인 PC에서 채굴된 가상화폐를 해커의 전자지갑으로 전송하는 방식으로 주로 새벽 시간에 활동하여 피해자도 알지 못하는 경우가 많다.

## 스피어 피싱
Spear Phishing

**특정 대상을 목표로 공격하는 피싱**

기업의 권한이 있는 대상자의 정보를 수집하여 스피어 피싱 이메일을 보내어 해킹하여 직무자의 계정 정보 등을 취득하는 전자통신 사기수법이다. 대개 금전 · 무역기밀 · 군사정보 등을 취득하기 위한 목적으로 수행된다.

## 부트키트
BootKit

OS영역에서 활동하는 악성코드

관련된 파일을 제거한 뒤 PC나 스마트폰을 재부팅해도 다시 감염되는 악성코드이다. 이는 한 번만 감염되도 시스템 손상으로 치료가 어렵다. 부트키트는 대부분 국외 사례가 많았으나 최근 국내에서도 안드로이드 운영체제를 겨냥한 부트키트가 확인되었다.

## 크로스 사이트 스크립팅
XSS : Cross Site Scripting

공격자가 작성한 스크립트가 다른 사용자에게 전달되는 것

웹 페이지에서 나타나는 보안상 취약한 부분 중 하나이다. 공격자가 악성코드를 웹 페이지에 넣어서 다른 사용자가 웹 페이지를 열어보면 공격을 하는 수법이다. 공격대상이 일반인이라 파급력이 크다. 웹 페이지에 게시글을 확인하거나 이메일에 보내진 링크로 들어가면 공격받는다.

## 스푸핑
Spoofing

위장된 정보로 시스템에 접근하여 정보를 빼가는 해킹수법

1995년 미국에서 보고된 해킹수법이다. 임의로 웹 사이트를 구성하여 이용자를 방문하게 한 뒤 사용자 정보와 시스템 권한을 빼가는 수법이다. IP 및 포트 주소, MAC 주소, DNS, 이메일, ARP 등을 이용한다.

## 스캠
Scam

신용을 이용하여 속이는 사기를 의미하는 단어

도박에서 상대를 속일 때 사용하는 의미이기도 하다. 암호화폐 업계에서는 투자자를 속인 후 투자금을 유치하고 잠적하는 행위이다. 범죄에 발행된 코인을 스캠 코인이라 부른다. 또한 거래처로 둔갑한 이메일을 사용하여 기업의 거래 대금을 훔치는 수법도 있다.

## 스니핑
Sniffing

네트워크의 패킷 정보를 도청하는 해킹수법

네트워크 내에 패킷 정보를 도청하는 장치를 말한다. 네트워크 내에 존재하는 패킷은 암호화가 되어있지 않다. 무결성과 기밀성이 보장되지 않는 패킷의 약점으로 네트워크 간에 패킷 교환을 엿듣는 공격으로 웹호스팅, 데이터 센터와 같은 업체에는 위협적인 해킹수법 중에 하나이다.

## 파밍
Pharming

'피싱(Phishing)'에 이어 등장한 새로운 인터넷 사기 수법

해당 사이트가 공식적으로 운영하고 있던 도메인 자체를 중간에서 탈취하는 수법이다. 사용자가 아무리 도메인 주소나 URL 주소를 주의 깊게 살펴본다 하더라도 쉽게 속을 수밖에 없다. 따라서 사용자들은 늘 이용하는 사이트로만 알고 아무런 의심 없이 접속하여 개인 아이디와 암호, 금융 정보 등을 쉽게 노출시킴으로써 피싱 방식보다 피해를 당할 우려가 더 크다.

## 큐싱
Qshing

QR코드를 이용하여 정보를 탈취하는 것

추가인증이 필요한 것처럼 QR코드를 통해 악성 앱이 설치되도록 유도하는 것이다. 악성 앱에 들어간 이용자가 보안카드 번호나 개인정보 등을 작성하게 하고 그 정보를 탈취하는 사기수법이다. 또한 모바일 환경을 조작하여 전화·문자의 수신을 막고 착신전환을 하는 등으로 금융사기를 하는 것을 의미한다.

## 스트림 리핑
Stream Ripping

스트리밍으로 흘러나오는 음악을 녹음해 해적판 음원 파일을 만드는 행위

스트리밍의 인기가 높아지면서 무단 음원 사용의 대표적 행태가 불법 다운로드에서 스트림 리핑으로 바뀌었다. 한국의 경우 스트리밍 사용 비율이 다른 나라에 비해 높은 편인 41%에 달하는 것으로 조사되었다. 대표 유료 스트리밍 시장으로는 멜론, 지니, 벅스 등이 있다.

## 월패드 해킹

주택 관리용 단말기(IoT)인 월패드가 해킹되는 것을 의미

가정용 네트워크인 주택 관리용 단말기가 해킹되어 가정용 CCTV나 개인정보가 유출되는 것을 의미한다. 정부에서는 월패드 해킹 방지를 위해서 아파트 세대 간에 망을 분리하고 가정용 사물인터넷 보안 강화를 밝혔다.

## 버그바운티
Bugbounty

보안 취약점 신고 포상제

기업의 서비스나 제품 등을 해킹해 취약점을 발견한 화이트 해커에게 포상금을 지급하는 제도이다. 블랙 해커의 악의적인 의도로 해킹당할 시 입는 손해를 방지하기 위하여 공개적으로 포상금을 걸고 버그바운티를 진행한다. 기업들의 자발적인 보안 개선책으로 화이트해커가 새로운 보안 취약점을 발견하면 기업은 보안성을 고도화한다.

## 허니팟
Honey Pot

컴퓨터 프로그램의 침입자를 속이는 최신 침입탐지기법

'해커 잡는 덫'이란 뜻이다. 크래커를 유인하는 함정을 꿀단지에 비유한 명칭이다. 컴퓨터 프로그램에 침입한 스팸과 컴퓨터 바이러스, 크래커를 탐지하는 가상컴퓨터이다. 침입자를 속이는 최신 침입탐지기법으로 마치 실제로 공격을 당하는 것처럼 보이게 하여 크래커를 추적하고 정보를 수집하는 역할을 한다.

## 허니넷
Honeynet

다수의 허니팟으로 구성되어 있는 네트워크를 의미

해커를 파악하여 해킹을 대처하기 위한 네트워크로 해커와 관련된 정보 수집과 공격 패턴을 알 수 있다. 네트워크에 들어온 해커의 움직임을 취득 후 조합하기 위한 하드웨어나 소프트웨어 조합의 일종이다.

## 시빌 공격
Sybil Attack

한 사람이 한 것을 여러 사람이 한 것처럼 가장하는 공격 방법

2002년 존 듀서가 「시빌 공격」이라는 논문에서 처음 제안한 용어이다. 특수 목적을 위해서 한 명의 해커가 한 행위를 여러 명이 공격하는 것처럼 속여서 해킹을 하기 위한 공격방법이다. 한 명의 계정으로 하나의 참여자를 인식하는 네트워크는 휴대전화번호나 주민등록번호로 인증을 담당하는 중앙기관에서 사용자 신원을 확인한다. P2P 네트워크에서는 신원을 확인할 중앙 기관이 없어 시빌 공격에 취약하다. 블록체인과 비트코인은 시빌 공격을 방어하기 위해 신원 위조가 불가하도록 합의 매커니즘을 만들었다. 암호화폐를 통한 보상시스템으로 누군가 큰 액수로 시빌 공격을 한다면 네트워크 사용자가 금방 눈치채고 이탈을 할 수 있도록 하였다. 사용자 이탈로 화폐가격이 하락되기 때문에 시빌 공격의 유인이 적도록 설계하였다.

## 카니보어 시스템
Carnivore System

네트워크에서 모든 E - 메일을 감시하는 시스템

인터넷 서비스 회사의 네트워크에 연결하여 모든 E - 메일 내용을 감시할 수 있는 장치이다. 미국 수사국(FBI)이 범죄 예방을 이유로 카니보어 시스템을 도입하였다.

## 클릭 농장
Click Farm

페이스북에 가짜계정으로 '좋아요'를 눌러 클릭수를 생산하는 농장이라는 의미

수많은 핸드폰으로 클릭수를 조작하는 것을 말한다. SNS의 평판으로 물건을 구매하거나 정보를 얻는 사람이 늘어나면서 SNS의 '좋아요'의 위력이 커졌다. 이와 같은 현상으로 클릭 농장은 빈번하게 이용되고 있다. 영국 일간지 가디언에서는 저임금 노동력과 저비용 접근성이 결합된 것이 클릭 농장의 출현이라고 하였다. 일반적으로 개발도상국에 클릭 농장의 많은 수가 포진하고 있다. 클릭 농장의 힘으로 출시가 하루된 어플이 인기랭킹에 오르거나 페이스북이나 인스타그램에 올라온 게시글의 '좋아요' 수를 조작한다.

## 줌폭탄
Zoom Bomb

줌으로 화상통화 도중 초대받지 않은 사람이 무단으로 들어와 방해하는 행위

줌에서 사용하는 화상통화는 링크만으로 쉽게 참여가 가능하다. 이러한 편의성에 초대받지 않은 사람이 들어와서 음란물을 배포하여 온라인 수업이나 회의를 방해하는 행위이다. 보안을 위해 참여자 신원을 확인하고 녹화를 하지 않으며, 회의에 접근하는 코드 재사용을 자제해야 한다.

## VPN
Virtual Private Network

가상 사설망이라는 의미로 인터넷 공중망을 사설망처럼 구축한 것과 같이 사용하는 방식

가장 많이 사용되는 보안 솔루션 중 하나이다. VPN으로 장소나 단말기와 관계없이 네트워크에 접근이 가능하다. 예시로는 국내의 게임을 해외에서 이용하거나, 집에서 보안상태인 회사 내부 자료에 접근하는 등이 있다. 고가인 임대회선 비용을 낮추기 위한 것으로 나온 것이 VPN이다. VPN은 특수 통신체계와 암호화로 제공되어 임대회선에 비해 비용을 20 ~ 80% 이상 절감이 가능하다. 공중망으로 암호화된 데이터를 송신하고 수신측에서 복호화하여 데이터를 받는다.

## SSO
Single Sign On

모든 인증은 하나의 시스템에서 사용하자는 목적에 개발된 기본적인 인증 시스템

클라이언트가 서버에 연결을 요청하면 서버는 SSO 서버에서 인증을 받고 클라이언트의 접속을 요청한다. 클라이언트가 인증을 받고나면 별도의 인증과정 없이 모든 서버에 접속이 가능한 것이다. 마이크로소프트 패스포트(Microsoft Passport)는 SSO 서비스를 기반으로 구현한 인증 서비스이다. 중앙 패스포트 서버에서 회원가입을 한 후 인증을 받고나면 인증을 받기 위해 다른 시스템을 사용하지 않아도 된다.

## 분산원장 오라클 서비스
Distributed Ledger Technology(DLT) Oracle Service

분산원장 시스템 외부에 있는 데이터를 분산원장 시스템 내부로 가져오는 서비스

분산원장(DLT)와 고대 그리스에서 신탁을 전하는 사제 또는 신탁을 의미하는 오라클(Oracle)과의 합성으로 분산원장 내에서 믿을 수 있는 정보를 의미한다. 신뢰할 수 있는 데이터를 제공하기 위해 설계된 서비스이다. 분산원장 내 데이터를 외부에서 위·변조 없이 안전하게 가져오는 것을 의미한다. 한 가지 정보 원천에 의존하면 탈중앙 분권화가 훼손될 수 있는 것을 오라클 문제(Oracle Problem)라 칭한다. 위·변조가 가능한 단일 정보원천의 단점을 보완하기 위해 공공의 데이터 원천을 사용하는 방식을 사용하고 있다. 대표적인 업체로는 체인링크가 있다.

## 디파이
Decentralized Finance

탈중앙화된 금융시스템

탈중앙화를 의미하는 'Decentralize'와 금융을 의미하는 'Finance'의 합성어이다. 인터넷 연결을 하면 블록체인 기술을 통해서 금융서비스를 제공받는 것이다. 정부나 기업에서 통제받지 않고 분산된 네트워크를 사용하는 금융환경, 즉 은행, 증권사 등 중개자가 없이 블록체인 기술로 금융 서비스를 이용하는 것이다. 대표적으로 자산 토

큰화(Tokenization), 스테이블 코인(Stable Coin), 탈중앙화 거래소(DEX)가 디파이 서비스 모델이다.

## 블록체인
Block Chain

**가상화폐의 거래내역을 여러 대의 컴퓨터에 저장하는 분산형 데이터 저장기술**

나카모토 사토시가 개발한 기술로 블록을 연결한 것을 의미한다. 이 기술을 사용하여 비트코인을 만들었다. 블록에 데이터를 넣어서 체인의 형태로 연결한다. 연결된 블록을 여러 대의 컴퓨터에 동시에 복제·저장하는 기술이다. 사용자에게 거래내역이 투명하게 공개되고 공유되면서 데이터 위·변조를 할 수 없다. 가상화폐 결제뿐 아니라 현재는 전자결제, 디지털 인증, 의료기록 관리, 모바일 신분증 발급 등 다양한 분야에서 사용된다.

## 모바일 신분증

**개인 스마트폰에 신분증을 저장하고 사용하는 것**

블록체인 기반의 분산 식별자 DID 기술을 사용하여 이용할 수 있다. 블록체인 기반 신용증명 기술로 서비스 제공자가 개인정보를 통제·관리하는 것이 아니라 내가 스스로 개인정보를 선택하여 직접 신용증명에 필요한 정보만을 골라서 제공할 수 있다. 온라인과 오프라인 구분 없이 사용하고 실물 신분증과 동일한 효력을 지닌다. 현재는 모바일 운전면허증만을 제공하고 추후에 국가유공자증, 장애인등록증, 청소년증, 외국인등록증을 추진할 계획이다. 모바일 운전면허증은 사용자가 자기정보주권(Self – Sovereign Identity)을 확보할 수 있어 국민 생활에 일대 혁신을 기대하고 있다.

## 머클 트리
Merkle Tree

**블록체인에서 데이터 저장 단위인 블록에 저장된 거래정보를 트리(Tree)형태로 표현한 데이터 구조**

1979년 고안자 랄프 머클이 발명하여 그의 이름에서 따온 용어로, 여러 단계를 통해서 만들어진 해시 값이다. 최상위에 위치한 해시값 구한다. 마지막까지 남아있는 해시값을 머클루트라 한다.

## 비트코인
Bit Coin

**2009년 나카모토 사토시에 의해 개발된 가상화폐(암호화폐)**

기존 화폐와 달리 다른 금융기관을 거치지 않고 인터넷의 프로그램을 통해 인터넷 뱅킹으로 계좌이체 하듯 주고받을 수 있는 화폐를 말한다. 개인정보가 필요하지 않고 국가나 발행 주체의 관리도 받지 않으므로 자유로운 거래가 가능하나 이런 익명성 때문에 기업의 불법 비자금, 불법 정치 자금 등에 악용될 우려가 있다.

## 알트코인
Altcoin

**비트코인을 제외하는 모든 가상화폐(암호화폐)를 의미**

비트코인을 대안으로 하여 도입한 가상화폐(암호화폐)로 이더리움, 리플, 라이트코인을 대표적으로 의미한다.

## 스테이블 코인
Stable Coin

**가격변동성을 최소화하여 설계한 가상화폐(암호화폐)**

1코인에 1달러의 가치를 갖도록 설계된 가상화폐(암호화폐)이다. 대표적으로 테더(Tether, USDT) 코인이 있다. 비변동성 암호화폐로 안정성이 떨어지는 기존의 암호화폐의 단점을 보완한다. 가격변동성이 적고 법정화폐와 같이 가치를 저장할 수 있다.

## 가상화폐(암호화폐)
Crypto Currency

네트워크로 연결된 가상공간에서 사용되는 디지털 화폐 또는 전자화폐

실물의 지폐나 동전이 없어도 온라인에서 거래를 할 수 있는 화폐이다. 정부나 중앙은행이 화폐의 가치·지급을 보장하지 않는다. 블록체인 기술을 활용한 분산형 시스템 방식으로 처리된다. 분산형 시스템의 구조는 채굴자라 칭하는 참여자가 있고 블록체인 처리의 보상으로 코인 수수료를 받는다. 생산비용, 이체비용, 거래비용 등이 일체 들지 않고 하드디스크에 저장되어 보관비용, 도난·분실의 위험도 적다. 비밀성이 보장되어 범죄에 악용될 수 있다.

## 이더리움
Ethereum

러시아 이민자 출신 캐나다인 비탈리크 부테린이 2014년 개발한 가상화폐(암호화폐)

거래명세가 담긴 블록이 사슬처럼 이어져 있는 블록체인 기술을 기반으로 하며 인터넷만 연결되어 있으면 어디서든 전송이 가능하다. 거래소에서 비트코인으로 구입하거나 비트코인처럼 컴퓨터 프로그램으로 채굴해 얻을 수 있다.

## 가상화폐(암호화폐)공개
ICO : Initial Coin Offering

신규 가상화폐(암호화폐)를 발행하고 판매하여 투자금을 확보하는 것

암호화폐를 판매하여 사업자금을 조달하는 것으로 기업공개(IPO)와 개념이 비슷하다. 암호화폐로 일반 대중이나 기업을 대상으로 판매할 수 있다. ICO를 진행하는 방법은 암호화폐를 만든 동기·목적 등의 정보를 담은 백서를 공개하여 투자자를 모집하는 것이다. 백서만 확인한 후 투자를 하여 위험성이 높으나 스타트업에서 자금확보가 원활하다는 장점이 있다. 하지만 2017년 9월 국내 금융당국은 전면 금지하였다.

## 증권형 토큰
STO :security token offering

블록체인 기반으로 회사의 자산을 가상화폐로 발행하는 것

증권시장에서 판매되는 주식이나 채권이나 부동산과 같은 실물자산을 블록체인 토큰에 넣은 가상자산을 의미한다. 해당 토큰을 발행해서 사용하면 증권 거래 내역이 투명하게 공개가 가능하다.

## NFT
Non Fungible Token

블록체인 기술을 통해 디지털 콘텐츠에 별도의 인식값을 부여한 토큰

비트코인과 같은 가상자산과 달리 인터넷에서 영상·그림·음악·게임 등의 기존자산을 복제가 불가능한 창작물에 고유한 인식값을 부여하여 디지털 토큰화하는 수단이다. 블록체인 기술을 기반으로 하여 관련 정보는 블록체인에 저장되면서 위조가 불가능하다. 가상자산에 희소성과 유일성과 같은 가치를 부여하는 신종 디지털 자산이다. 슈퍼레어, 오픈씨, 니프티 게이트웨이 등 글로벌 플랫폼에서 거래되며 최근 디지털 그림이나 영상물 등의 영향력이 높아지고 있다.

## 포크
Fork

블록체인을 업그레이드하는 기술

포크는 호환성 여부에 따라 두 가지로 나눌 수 있다. 소프트 포크는 이전 버전과 호환 가능한 업그레이드를, 하드 포크는 불가능한 업그레이드를 말한다. 하드 포크를 적용하면 이전 버전의 블록체인을 사용할 수 없기 때문에 이전 버전에서 개발, 채굴하던 사용자의 대다수가 업그레이드에 찬성해야 적용할 수 있다.

## 중앙은행 디지털화폐
CBDC :Central Bank Digital Currency

**중앙은행에서 블록체인 기술을 활용하여 발행하는 화폐**

1985년 미국 예일대 교수 제임스 토빈이 제안한 것으로 현물 화폐 대신에 사용하자고 제안한 화폐이다. 중앙은행을 의미하는 'Central Bank'와 디지털 화폐가 합쳐진 용어로 중앙은행에서 발행한다. 법화와 일대일 교환이 보장된다는 점에서 내재가치를 규정하기 어려운 민간 암호자산과 구분된다. 전자적인 형태로 단일원장방식과 분산원장방식을 기반으로 발행이 가능하다. 이용목적에 따라서 모든 경제주체가 이용할 수 있는 소액결제용, 금융기관들만 이용할 수 있는 거액결제용으로 구분된다. CBDC가 발행되면 신용리스크가 감축되고 현금에 비해 거래 투명성이 높아지며 통화정책의 여력이 확충되는 등의 장점이 있을 수 있으나, 은행의 자금중개기능이 약화되고 금융시장의 신용배분기능이 축소되는 부작용이 발생할 수 있다.

## 디지털 지갑
Digital Wallet

**전자상거래를 할 때 지갑의 기능을 하는 소프트웨어**

모바일 기기에서 사용되는 전자지불 시스템의 일종이다. E - Wallet이나 Digital Wallet으로 부르기도 한다. 신용결제를 포함하여 포인트 적립 등 다양한 결제 방식을 사용할 수 있다. 2011년 구글 월렛을 시작으로 전자지갑 개발에 적극적으로 나서고 있다. 현금을 대체하는 전자화폐와 비슷하며 온라인 금융 및 증권거래 등 다양한 기능으로 사용할 수 있다.

## 디지털 치료제
DTX : Digital Therapeutics

**질병치료를 도와 건강향상에 도움을 주는 소프트웨어**

애플리케이션, 게임, 가상현실 등에 사용되는 디지털 치료제는 3세대 치료제(1세대 알약과 같은 합성의약품, 2세대 항체나 단백질 같은 바이오의약품)로 분류된다. 알약, 항체 등과 같이 미국식품의약국(FDA)의 심사를 받아야 한다. 디지털 치료제는 질방 치료·예방목적과 건강증진에 도움이 된다는 근거가 확실해야 한다는 요건들이 필요하다. 최초의 디지털 치료제는 '리셋'이라는 약물중독치료를 위한 제품이다.

## 디지털 워터마크
Digital Watermark

**파일에 대한 저작권 정보(저자 및 권리 등)를 식별할 수 있도록 디지털 이미지나 오디오 및 비디오 파일에 삽입한 비트 패턴**

워터마크는 편지지의 제작 회사를 나타내기 위하여 희미하게 프린트한 투명무늬를 말한다. 따라서 디지털 워터마크는 디지털 형식으로 되어 있는 지적 재산에 대한 저작권 보호를 제공하기 위한 목적으로 삽입한다. 의도적으로 어느 정도까지는 볼 수 있도록 만든 프린트 워터마크와는 달리, 디지털 워터마크는 완전히 안 보이게(저작물이 오디오인 경우에는 안 들리게) 설계된다. 게다가 워터마크를 나타내는 실제 비트들은 확인할 수 있거나 조작되지 않도록 파일 전체에 걸쳐 퍼져 있어야 한다.

## 디지털 치매
Digital Dementia

**디지털 기기에 의존도가 높아져 기억력과 연산능력이 하락하는 상태**

독일의 뇌신경 의사이자 정신분석학자인 만프레드 슈피처가 출간한 책에서부터 사용되기 시작한 용어이다. 디지털 기기에 대한 의존도가 높아지면서 디지털 치매증후군이 빈번하게 나타나고 있다. 가족의 전화번호를 외우지 못하고 네비게이션이 없이는 길을 헤매는 것, 인터넷에 찾은 정보를 즐겨찾기로 저장만 해놓고 기억하려 하지 않는 행위가 포함된다.

## 디지털 디톡스
Digital Detox

**디지털 기기의 사용을 멈추고 쉬는 것**

스마트폰을 이용하여 각종 정보를 취득하고 영상을 보는 등 특별한 이유가 없어도 스마트폰을 확인하는 중독증상이 증가하고 있다. 디지털 디톡스는 디지털 중독으로 인해 불안감이 높아진 사람들을 위해 심신을 회복하기 위한 것으로 디지털과 이별하는 연습을 하고, 남는 시간에는 할 일과 목표를 설정하며, 무엇을 할지 스케줄을 정하고, SNS 글을 올리고 싶을 때는 공책에 작성하는 제안이 있다.

## 디지털 디바이드
### Digital Divide

**디지털 사회에서 정보 불균형을 나타내는 용어**

정보의 격차를 의미한다. 디지털이 보편화되면서 이를 제대로 활용하는 계층과 이용하지 못하는 사람들 사이의 정보격차가 생기는 것이 소득격차까지 영향을 주어 계층 간의 갈등을 유발하고 사회 안정을 해친다.

## 디지털 전환
### DT : Digital Transformation

**디지털 기술을 전통적인 사회 구조에 적용하여 사회 전반의 구조를 전환시키는 것**

사물인터넷, 클라우드 컴퓨팅, 인공지능, 빅데이터 등의 디지털 기술을 활용하여 운영방식을 혁신하는 것이다. 디지털 기술을 통해 성과를 만들고 새로운 비즈니스 모델을 만드는 것을 목표로 한다. 디지털 전환을 위해서 아날로그의 형태를 전산화를 통해 디지털화를 이뤄야 한다.

## 디지털 네이티브
### Digital Native

**태어날 때부터 디지털 기기에 둘러싸여 성장한 세대**

미국교육학자 마크 프렌스키가 2001년 처음 사용한 용어로 1980년에서 2000년 사이에 태어난 세대를 말한다. 특정 지역 원주민들이 그곳 언어와 문화를 태어나면서 배우듯이 현재 아이들은 디지털 습성을 타고난다는 의미를 가진다. 반면에 이전 세대는 아무리 애써도 아날로그 취향을 없애지 못하여 이주민으로 전락한다는 뜻을 가진 '디지털 이주민(Digital Immigrants)'이라는 용어도 함께 등장하였다.

## 디지털 쿼터족
### Digital Quarter族

**디지털을 자유롭게 사용하는 10 ～ 30대**

디지털에 익숙하지 않은 40 ～ 60대 처리시간보다 4분의 1시간 이내로 사용하는 세대를 일컫는다. 디지털 기기를 활용한 멀티태스킹 능력이 우수한 세대이다. 이들은 어린 시절부터 디지털 기기 사용에 익숙한 것과 관련이 깊다.

## 디지털 사이니지
### Digital Signage

**네트워크로 제어가 가능한 디스플레이를 통한 디지털 미디어 광고**

디지털 기술을 활용하여 스크린에 영상과 정보를 보여주는 광고이다. 디지털 정보 디스플레이(DID)를 이용하여 네트워크로 원격으로 광고를 내보내며 관리하는 융합플랫폼이다. 건물 외벽이나 전광판으로 광고하는 아웃도어 디지털 사이니지와 대형 쇼핑몰 내부에 위치하는 인도어 디지털 사이니지가 있다. 최근에는 얼굴을 인식하여 성별과 연령에 맞는 광고를 보여주는 디지털 사이니지를 개발중이다.

## 디지털 유목민
### Digital Nomad

**원격 통신기술을 활용하며 단일한 고정 사무실 없이 근무하고 살아가는 인간형**

인터넷과 업무에 필요한 각종 기기, 제한되지 않은 작업 공간만 있으면 시간과 장소에 구애받지 않고 일을 할 수 있는 사람들을 말한다. 이는 한 곳에 정착하기를 거부하는 자유로운 기질의 유목민에 비유한 말이다. 예를 들면, 하루는 일하는 중간에 서핑을 즐기기도 하고, 비가 내리는 날에는 창 밖 풍경을 보면서 작업을 하거나, 파리 에펠탑 근처에서 관광객들을 바라보며 일하는 것이다.

## 디지털 마케팅
Digital Marketing

### 인터넷상에서 진행되는 온라인 광고

온라인에서 소비자에게 광고를 보여주는 것을 의미한다. 시간과 공간의 제약 없이 기업과 고객이 연결되는 네트워크 마케팅이다. 검색광고, 디지털 쿠폰, 이메일, 뉴스피드 광고, 블로그 광고, 유튜브 광고 등 디지털 기술을 사용한 모든 광고활동이다.

## 디지털 변조
Digital Modulation

### 디지털 데이터를 반송파로 변조하여 전송하는 것

아날로그 신호 데이터를 디지털 신호로 전송하기 위해서 변조를 하는 방식을 의미한다. 디지털 변조로는 다치변조, 협대역 변조, 다반송파 변조, 스펙트럼 확산변조 등 4종류가 대표적이다.

## 디지털 포렌식
Digital Forensic

### 범죄를 밝혀내기 위해 수사에 쓰이는 과학적 수단 · 방법 · 기술 등을 포괄하는 개념

포렌식이란 공청회를 뜻하는 라틴어 'Forensis'에서 유래한 만큼 공개적인 자리에서 누구나 인정할 수 있는 객관성을 가지는 것이 목적이다. 국내에선 '범죄과학'으로 알려져 있으며, 범죄를 밝혀내기 위한 모든 과학적 수단 또는 방법이라 할 수 있다. 현재 전문가들은 2007년 서울중앙지검에 신설된 '디지털 포렌식'팀의 가동으로 국내 과학수사 기법이 본격적으로 꽃을 피웠다고 볼 수 있다.

## 디지털 발자국
Digital Footprint

### 인터넷 이용자들의 디지털 기록

온라인 사용자들이 온라인 활동을 하면서 남긴 구매 패턴, 검색어 기록, 홈페이지 방문 기록 등을 디지털 발자국이라고 하며 디지털 흔적이라고도 한다. 기업들은 이를 분석하여 광고 마케팅에 활용하기도 한다.

## 디지털 장의사
Digital Undertaker

### 개인이 원하지 않는 인터넷 기록이나 사망한 사람의 디지털 흔적을 찾아 지워 주는 전문업체

인터넷에 존재하는 개인의 인생을 지운다고 하여 디지털 장의사라고 불린다. 개인 혹은 유족들이 디지털 장의사에게 고인이 인터넷에 남긴 흔적의 완전 제거를 의뢰하면 디지털 세탁소는 삭제 대상 정보들의 위치(URL)를 파악한 뒤 찾아낸 정보들 중 명예훼손이나 사생활 침해 소지가 있다고 판단되는 정보를 추려낸 뒤 의뢰인을 대리해 본격적인 삭제 요청에 나선다.

## 사이버 불링
Cyber Bullying

### 사이버상에서 집단적으로 괴롭히는 행위

특정인을 SNS나 카카오톡 등 네트워크상에서 괴롭히고 따돌리는 행위이다. 단체 채팅방에 초대하여 욕을 하거나, 인터넷에 굴욕적인 사진을 올리거나, 스토킹, 허위사실 유포 등 네트워크상에서 수치심과 고통을 유발하는 모든 행위이다. 가상의 공간에서 시간과 공간의 제약이 없이 이뤄지는 행위로 24시간 내내 무차별 폭력에 시달릴 수 있다.

## 인포데믹
Infodemic

### 잘못된 정보나 악성루머 등이 미디어와 인터넷 등에서 빠르게 확산되는 현상

21세기의 신흑사병이라 불리는 인포데믹은 '정보(Information)'와 '전염병(Epidemic)'의 합성어로, 잘못된 정보가 미디어 · 인터넷 등의 매체를 통해 급속하게 퍼져나가는 것이 전염병과 유사하다는 데서 생겨난 용어이다. 인포데믹은 단순히 소문이 퍼지는 것이 아니라 전문적이고 공식적인 매체는 물론 전화나 메시지 등 비공식 매체 등을 통해 확산된다. 전파되는 속도가 매우 빠르기 때문에 잘못을 바로잡기가 어렵고, 이에 경제 위기나 금융시장의 혼란을 키워 문제가 되고 있다. 속칭 '찌라시'라고 불리는 금융시장에 도는 출처 불명의 소문 등이 인포데믹에 속한다.

## 백신 여권
Vaccine Passport

**코로나19 등의 백신 접종을 증명하는 디지털 증명서**

보건당국이 코로나19 백신 접종 및 음성 확인서를 발급하면 이를 확인할 수 있는 형태이다. 황열병 백신 접종 증명서인 '옐로 페이퍼'에 빗대어 '디지털 옐로 페이퍼'라고도 부른다. 현재 트래블 패스(IATA 자체에서 개발한 글로벌 이동 제한을 해소하기 위한 앱) 등 관련 애플리케이션들이 등장하고 있다. 백신 여권은 코로나19 뿐만 아니라 말라리아, 홍역 등 수많은 백신 접종을 증명하는 도구로 확장될 것으로 예상되며 백신 여권이 없이 여행이나 일상생활에 많은 제약이 있을 것으로 전망된다.

## 사이버 슬래킹
Cyber Slacking

**업무시간에 인터넷과 E - 메일 등 업무를 위해 설치한 정보 인프라를 개인적 용도로 이용하면서 업무를 등한시하는 행위**

인터넷을 업무에 활용하는 것이 보편화되면서 업무 이외의 용도로 사용하는 사례가 크게 늘고 있다. 특히, 최근에는 음악파일과 동영상 중심의 멀티미디어 콘텐츠가 크게 증가하는 등 대용량 정보가 많아지면서 사이버 슬래킹이 단순히 개인의 업무공백 차원을 넘어 조직 내 전체업무에 차질을 주는 사태로까지 발전하고 있다. 이에 따라 기업과 공공기관을 중심으로 특정 사이트에 접속을 제한하는 사이버 슬래킹 방지 소프트웨어 도입이 관심을 끌고 있다.

## 사이버콘드리아
Cyberchondria

**웹에서 얻은 부정확한 정보로 자신의 건강에 대해 스스로 진단을 내리는 것**

건강과 관련된 정보를 전문적인 판단 없이 스스로 판단하고 진단하는 것을 의미한다. 부정확한 정보로 자신의 건강상태와 질병에 반응하는 것으로 인터넷에 있는 수많은 정보들로 인해 나타나는 현상이다.

## 빅브라더
Big Brother

**영국의 소설가 조지 오웰의 소설 「1984년」에 나오는 독재자 빅브라더를 따서 만든 용어**

빅브라더는 긍정적 의미로는 선의의 목적을 가지고 사회를 돌보는 보호적 감시를 뜻하며, 부정적 의미로는 정보의 독점을 통해 권력자들이 행하는 사회통제의 수단을 말한다.

## DAS
Domain Awareness System

**뉴욕경찰청과 마이크로소프트사가 공동 개발한 범죄감시 시스템**

빅데이터 기술을 통해 범죄 예방을 하기 위한 시스템이다. 2012년 8월 뉴욕 911로 폭발물 의심신고가 접수되자 곧바로 지도 위에 신고위치 부근이 나타나고 경찰관이 주변 모든 CCTV를 한꺼번에 확인하여 즉각적으로 범인을 잡은 활용사례가 있었다. 뛰어난 성능에 사생활 침해 논란이 나타나고 있으나 범죄예방에 탁월한 성능이 있다.

## 캡차
CAPTCHA : Completely Automated Public Turing Test to Tell Computers and Humans Apart

**사람과 컴퓨터를 구별하기 위해 만든 테스트**

웹 페이지에서 악의적으로 사용되는 프로그램인 '봇(Bot)'을 구별하는 역할을 한다. 봇은 스팸 메시지 등을 반복적으로 보내는 등 악의적으로 이용되는 경우가 많다. 이러한 악의적인 봇을 차단하기 위해 찌그러진 문자, 왜곡된 숫자 등을 활용해 문자를 만들어 사람은 구별할 수 있게 하고 봇은 정확히 인지하지 못하게 한다.

## OCR
Optical Character Reader/Recognition

**광학적 문자 판독장치로 빛을 이용하여 문자를 컴퓨터에 입력하는 장치**

현재는 세금이나 영수증에 많이 사용되는 기술로 광 스캐너를 이용하여 문자를 판독하고 전용 소프트웨어를 통해 문자가 컴퓨터에 나타난다.

## HDR
High Dynamic Range

디지털 영상의 계조도 신호 표현 범위가 넓은 명암 영역에 대응되도록 하여 밝은 부분은 더 밝게 어두운 부분은 더 어둡게 표현할 수 있는 기술

가장 밝은 부분과 어두운 부분의 범위를 나타내는 DR(Dynamic Range)에 High가 붙어 범위를 확장시킨 단어이다. 보편적인 HDR 10, 구글의 독자 방식인 VP9 - Profile 2, 돌비 비전 등 다양한 HDR 규격이 존재한다.

## 자동 편의 기술
Calm Tech

사용자가 필요한 순간에만 제공하는 기술

'조용하다(Calm)'과 '기술(Technology)'의 합성어로 캄테크라고도 한다. 필요한 정보를 알려주지만 주의를 기울이거나 집중할 필요가 없는 기술을 뜻한다. 센서와 컴퓨터, 네트워크 장비 등을 보이지 않게 탑재하여 평소에는 존재를 드러내지 않고 있다가 사용자가 필요한 순간에 각종 편리한 서비스를 제공하는 기술이다. 예를 들어 현관 아래에 서면 불이 들어오는 자동 센서, 자율주행 차, 스마트 홈 등이 있다. 또한 애플의 시리와 같은 인공지능 캄테크도 등장하였다.

## 전자서명
Digital Signature

문서에 서명자가 개인의 키를 이용하여 서명을 하는 것

전자서명은 서명자만이 서명문을 생성·확인을 하여 위조가 불가한 인증방식이다. 한 번 생성된 서명은 재사용이 불가하고 이전으로 돌아가 변경이 불가하다. 이러한 점으로 서명한 사실을 부인하는 것을 방지할 수 있다. 전자서명법에 의해 전자서명은 인감도장과 동일한 법적효력을 가진다. 기밀성을 보장하지는 않지만 위조가 불가능하고 서명자만이 인증을 할 수 있다. 또한 서명한 문서는 변경을 할 수 없어 차후에 서명사실을 부인할 수 없다.

## FIDO
Fast Identity Online

신속한 온라인 인증

온라인 환경에서 신속하게 개인 인증을 하는 기술이다. ID나 비밀번호가 아닌 지문이나 홍채 등을 이용한 생체인식 기술을 통해서 빠르게 개인인증을 할 수 있다.

## 생체인증
Biometrics

사람의 신체나 행동적 특성을 센서에서 추출하여 인증하는 기술

생체인증은 누구나 가지고 있는 생체적인 특성을 인증하는 방식이다. 신체로는 지문, 홍채, 얼굴, 정맥, DNA가 있고 행동적 특성은 서명이나 음성이 있다. 이와 같은 생체인증은 개개인의 고유한 특성으로 인증하여 유일성이 있다. 센서로 얻은 정보는 정량화되어 획득되고 불변의 특징으로 정확성을 제공한다.

## OTP
One Time Password

일회용 비밀번호를 생성하여 사용자 인증을 하는 방식

고정된 비밀번호가 아닌 무작위로 생성되는 일회용 비밀번호를 통해 보안을 강화하기 위해 도입된 시스템이다. 주로 전자금융거래에서 사용된다.

## 이상금융거래 탐지시스템
FDS : Fraud Detection System

전자금융거래 사용되는 정보를 분석하여 이상거래를 탐지하여 차단하는 시스템

사용자의 거래패턴이 기존과 다르다면 이상금융거래로 탐지하는 시스템이다. 패턴분석이 핵심적인 기능이다. 이용자의 정보를 수집·분석·탐지하고 그에 대한 정보를 통해 거래를 차단하거나 추가로 인증을 요구하여 대응한다.

## 카피레프트
Copyleft

### 공개저작권

지적재산권을 다른 사람들이 무료로 사용하도록 허용한 것이다. 지적재산권 보호를 뜻하는 '카피라이트(Copyright)'의 반대인 카피레프트는 지적재산의 보호를 고집하지 않고 이를 공유하고 널리 유통시켜 기업의 이익을 극대화한다는 취지이다.

## CCL
Creative Common License

### 저작물 이용을 허락하는 것으로 오픈 라이선스

저작물 사용 조건에는 대표적으로 저작자 표시(Attribution), 비영리(Noncommercial), 2차 변경 금지(No Derivative), 동일조건 변경 허락(Share Alike) 네 가지가 있다. CCL마크가 있다면 저작물에 이용방향을 수월하게 알 수 있다.

## 디지털 저작권 관리
DRM : Digital Rights Management

### 디지털 저작권을 관리 · 보호하는 기술

불법복제를 막기 위해서 콘텐츠 생성 · 유통 · 사용인 모든 단계에 사용되는 보안 기술이다. 불법복제 방지기술, 사용료 부과 등 방대한 개념이다. 커머스 DRM과 엔터프라이즈 DRM이 있다. 커머스 DRM은 비용을 지불한 이용자에게 사용 권한을 주는 것으로 음원사이트가 대표적이다. 엔터프라이즈 DRM은 기업에서 문서 보안을 위해 암호를 설정하여 기밀을 유지하는 방법이다.

## 소셜 블랙아웃
Social Blackout

### 스마트폰이나 인터넷으로부터 자신을 완전히 차단하는 행위

'소셜 미디어(Social Media)'와 대규모 정전사태를 의미하는 '블랙아웃(Black Out)'의 합성어로, 직장인들이 휴가 중 단체 대화방을 나가거나 소셜 미디어 어플을 삭제하는 경우가 소셜 블랙아웃에 해당한다. 또 과도한 몰입이나 타인과의 비교로 인한 SNS 피로감에서 일시적으로 벗어나고자 소셜 블랙아웃을 선택하는 사람도 있다.

## 5G
Fifth Generation Mobile Communications

### 4세대 이동 통신에서 진화된 이동 통신이라는 의미로 사용되는 마케팅 명칭

5G의 정식 명칭은 'IMT - 2020'으로 이는 국제전기통신연합(ITU)에서 정의한 5세대 통신규약이다. 5G는 최대 다운로드 속도가 20Gbps, 최저 다운로드 속도가 100Mbps인 이동통신기술이다. 이는 현재 사용되는 4G 이동통신기술인 롱텀에볼루션(LTE)과 비교하면 속도가 20배가량 빠르고, 처리 용량은 100배 많다. 5G는 초고속, 초저지연, 초연결 등의 특징을 가지며 이를 토대로 가상 · 증강현실, 자율주행, 사물인터넷 기술 등을 구현할 수 있다.

## 데이터 커머스
Data Commerce

### 데이터를 정밀분석하여 개인에게 맞는 상품을 모바일, TV 상에서 편리하게 쇼핑하도록 유도하는 것

구매이력, 상품정보, 인구통계학 데이터, 방송 시청 데이터를 분석하여 개인 라이프스타일에 맞는 단말, 시간대, 콘텐츠별로 상품을 추천하고, 기업과 연결시켜주는 중개 플랫폼으로 진화하고 있다.

## 에이징 테크
Aging Tech

### 고령층을 대상으로 하는 기술

노인의 접근과 용이성이 우선되는 기술로, 실버 기술으로도 불린다. 치매 방지를 위한 대화형 로봇, 돌봄 로봇, 스마트 워치 등이 고령자의 삶의 질을 높이기 위해 나오고 있다.

## 크로스 플랫폼
Cross Platform

### 소프트웨어나 하드웨어를 다른 환경의 운영체제에서도 공통으로 사용이 가능한 것

멀티플랫폼의 일종이다. 하나의 프로그램이 워크스테이션, PC, 모바일에서도 공통으로 사용할 수 있는 것을 의미한다. 이용자가 보유중인 플랫폼에서 원하는 것을 자유롭게 사용할 수 있다.

## 긱 워커
Gig Worker

### 고용주가 단기계약을 맺고 일회성으로 일을 의뢰하는 근로자

공유경제가 확산되면서 디지털 플랫폼에 등장한 근로 형태이다. 차량공유서비스 운전자, 배달 라이더, 원데이클래스 수업 등 각종 서비스 업체에서 일하는 1인 계약자로 임시 노동자를 의미한다.

## 플랫폼 노동

### 스마트폰 사용이 일상화되면서 등장한 노동 형태

앱이나 소셜 네트워크 서비스(SNS) 등의 디지털 플랫폼에 소속되어 일하는 것을 말한다. 고객이 스마트폰 앱 등 플랫폼에 서비스를 요청하면 노동 제공자가 고객에게 서비스를 제공한다. 플랫폼 노동은 노무 제공자가 사용자에게 종속된 노동자가 아닌 자영업자이므로 특수고용노동자와 유사하다는 이유로 '디지털 특고'로도 불린다. 예컨대 배달대행앱, 대리운전앱 등이 이에 속한다.

## 우버
Uber

### 트래비스 캘러닉과 개릿 캠프가 공동으로 창업한 회사

'최상', '최고', '위'를 의미하는 독일어에 기인하여 2010년 6월 미국 샌프란시스코에서 처음 서비스가 시작되었으며 스마트폰 애플리케이션으로 승객과 차량을 이어주는 서비스를 하는 자동차 운송 관련 미국 기술 회사이다. 일반인이 자신의 차량으로 운송 서비스를 할 수 있도록 도와주는 '우버 엑스', 고급 승용차를 이용한 리무진 서비스 '우버 블랙', 승객을 일반 택시와 연결해주는 '우버 택시' 등이 있다.

## 랭크브레인
RankBrain

### 구글 검색 엔진 알고리즘 구성요소

머신러닝을 기반으로 하는 구글의 검색 엔진이다. 사람들이 검색하고 있는 것과 주요하게 보는 페이지를 상단에 올려주는 시스템으로 친숙하지 않은 단어를 스스로 추측하여 결과를 찾는다.

## 낸드플래시
Nand Flash

### 전원이 없는 상태에서도 저장한 정보가 사라지지 않는 메모리 반도체

전원을 끄면 자료가 사라지는 D램이나 S램과 달리 자료가 계속 저장이 되는 플래시메모리의 일종이다. 비휘발성 메모리라고도 말한다. 사물인터넷, 빅데이터, 인공지능의 발전으로 사용량이 늘어나고 있다.

## OTT
Over The Top

### 인터넷을 통한 TV서비스

'Over The X'는 기존 영역의 경계를 넘나드는 서비스나 상품을 의미한다. 방송, 통신 영역에서 사용하는 OTT(Over The Top) 서비스에서 'Top'은 셋톱박스(Set Top Box)를 뜻한다. '셋톱박스를 넘어서(통하여)' 제공되는 서비스를 뜻한다. 따라서 전파나 케이블이 아닌 범용 인터넷 망으로 영상 콘텐츠를 제공하는 것으로 셋톱박스가 있고 없음을 떠나 인터넷 기반의 동영상 서비스 모두를 포괄하는 의미로 쓰인다.

## 디스코드
Discord

### 게임 이용자들이 소통하기위해 사용하는 실시간 소통 음성 채팅 프로그램

2015년 5월 제이슨 시트론이 출시한 것으로 본래 모바일 게임을 개발하다가 첨단 기술인 전화서비스(VoIP)를 접목하여 탄생하게 된 것이다. 게임을 하다가 마이크를 통해 상대방과 대화를 할 때 사용되는 프로그램으로 무료이고 보안도 탁월하여 게임 이용자들 중심으로 대중화되었다. 이용할 때 별도의 설치를 하지 않아도 되고 개별 서버 코드만 배포하면 편하게 채팅이 가능하다. 서버 개설은 + 모양만 누르면 가능하고 봇 기능도 있어 여러 분야에서 응용이 가능하다.

## 아마존고
Amazon Go

### 아마존이 운영하는 세계 최초의 무인매장

미국 시애틀에 위치하는 인공지능, 머신러닝 등의 기술을 활용하여 운영되는 무인매장이다. 저스트 워크 아웃 기술을 활용하여 자동결제를 할 수 있다. 인공지능 판독을 위해서 매장 안에 50 ~ 60명이 들어갈 수 있다. 주로 식료품을 취급하고 있으며 애플리케이션에서 발급된 QR코드로 인증을 받고 매장 안에 들어간 후 쇼핑을 하면 센서를 통해 자동으로 카드가 결제된다.

## 협업필터링

### 이용자의 행동을 분석하여 맞춤정보를 제공하면서 클릭과 구매율을 높이는 광고 전략으로 아마존에서 사용하는 추천 알고리즘 기술

알고리즘을 통해서 고객의 정보를 분석하여 다음에 선택하는 것을 미리 예측하여 맞춤형 자료를 제공하는 것이다. 추천 알고리즘을 통해 소비자의 개인에 맞춘 정보를 제공하면서 소비자 충성도를 제고하기 위함이다. 초개인화를 목표로 하는 것이며 유튜브와 넷플릭스에서 추천하는 알고리즘 서비스가 대표적이다.

## 웹하드
Webhard

### 서비스로 구매한 저장 공간에 파일을 공유할 수 있는 인터넷에서 문서나 파일을 관리하는 서비스

인터넷에서 전용 저장 공간을 제공하여 파일을 관리해주는 서비스이다. 웹하드 서비스로 자유롭게 파일을 저장 · 편집 · 공유가 가능하다.

## 업무 처리 자동화
RPA : Robotic Prosess Automation

### 단순반복 업무를 알고리즘화 한 소프트웨어로 자동화하는 기술

기업의 재무, 회계, 제조, 구매, 고객 관리 분야 데이터를 수집하여 입력하고 비교하는 업무를 자동화해서 빠르고 정밀하게 수행하는 자동화 소프트웨어 프로그램을 말한다. 인공지능과 결합하여 빠르게 발전하는 분야이다.

## IDFA
Identity for Advertisers

### 애플의 기기에 부여된 고유의 광고 식별자

웹 검색기록, 앱 활동내역 등 이용자의 기기 사용기록을 추적하는 사용자 추적 소프트웨어이다. 수집된 정보는 광고주들에 의해 이용자에게 맞춤형 광고를 제공할 수 있다. 애플은 IDFA를 활성화하여 정보를 수집하다가 ios 14.5에서부터 앱 추적 투명성(ATT) 기능을 도입하면서 옵트인 방식으로 변경되었다. 기기 이용자의 동의가 없는 한 사용 이력을 추척을 할 수 없어서 기업에서 표적 광고의 정확도 하락과 광고비용 증가로 이어지고 있다. 구글의 광고식별자는 GAID(Google Advertising Identity)이다.

## 퀵 타임
Quick Time

### 미국 애플사가 개발한 멀티미디어 저장 및 재생기술

1991년 애플사가 매킨토시 컴퓨터 영상지원을 위하여 개발한 소프트웨어이다. 하드웨어를 추가하지 않아도 영상 재생이 가능하도록 하였으며 비디오, 애니메이션 등 동영상 제어 및 편집이 가능하다. 매킨토시 전용으로 개발되었으나 현재는 윈도와 다른 플랫폼으로도 공급 중이다.

## 제로페이
Zero Pay

### 소상공인 결제 수수료 부담을 낮추기 위해 시행되고 있는 소상공인 간편결제시스템

소득공제 혜택을 위해서 도입된 시스템으로 2018년 12월 시범 도입되었다. 결제 방식은 애플리케이션으로 QR코드로 촬영하고 금액을 입력하고 결제하는 방식이다. 가맹점에서 생성한 QR코드를 스캔하여 결제하는 방식도 있다. 제로페이를 사용하면 소상공인은 결제 수수료를 지급하지 않아도 되고 소비자들은 40%의 소득공제를 받을 수 있다.

## 베이퍼웨어
Vaporware

### 개발되지 않은 가상의 제품을 지칭

베이퍼웨어는 증발품이라는 의미로 수증기처럼 사라질 수 있는 제품을 의미한다. 홍보책자에만 존재한다고 하여 브로슈어 웨어라고 칭하기도 한다. 경쟁회사 제품 구매 시기를 미루기 위해 발표하거나 이유가 있어 배송이 지연되는 소프트웨어나 하드웨어를 의미한다. 미래에는 출시가 가능하다는 환상으로 경쟁업체의 제품을 막는 효과가 있다. 마케팅 기법 중에도 하나이기도 하며 대표적으로 베이퍼웨어 전략을 구사하는 곳은 마이크로소프트와 인텔이다.

## 무어의 법칙
Moore's Law

### 마이크로칩 밀도는 1.5년마다 2배로 늘어난다는 인터넷의 경제 3원칙

1965년 고든 무어가 예측한 마이크로칩 용량이 18개월마다 2배가 된다는 법칙을 1975년에 24개월로 수정한 법칙이다. 데이터 양이 1.5년마다 2배씩 증가한다는 결과로 멧칼프의 법칙, 가치사슬을 지배하는 법칙과 함께 3원칙 중에 하나이다.

## 멧칼프의 법칙
Metcalfe's Law

### 네트워크의 유용성의 정도는 네트워크 사용자의 제곱과 비례하며, 네트워크 기술을 활용하는 사용자의 증가율이 어느 임계값에 도달하면 그 시점부터 기하급수적으로 가치(유용성)가 증가하는 법칙

사용자 환경이 PC에서 네트워크 중심으로 이동되었고 네트워크 성장속도와 이를 전달하는 인터넷의 중요성을 잘 설명하고 있는 법칙으로 네트워크가 확장되어 갈수록 비용 절감 효과는 등비급수적으로 늘어난다. 초기 마케팅 비용을 들이더라도 회원을 모집하려는 노력을 하는 이유가 여기에 있는 것이다. 곧 생산량이 증가할수록 평균비용은 등비급수적으로 줄어들게 되므로 그 가치는 급격하게 증가하고 그 차이는 사용자 수가 늘어날수록 등비급수적으로 점점 더 벌어지게 된다. 하지만 인터넷 가입자 및 회원수가 많다고 하여 바로 수익으로 이어지는 것은 아니며, 그보다 비즈니스모델이 더 중요한 요소로 작용한다.

## 퍼지 컴퓨터
Fuzzy Computer

### 인간 두뇌와 비슷하게 제어할 수 있는 컴퓨터

현재의 디지털 컴퓨터는 모든 정보를 2개의 값으로만 처리하기 때문에 모호성이 없다. 그러나 사람은 직감과 경험에 의해 융통성(퍼지)있는 행동을 하므로 사람의 행동과 동작을 컴퓨터에 적용하고자 하는 것이 퍼지 컴퓨터이다. 인간의 뇌 중 계산능력이 뛰어난 왼쪽 뇌를 모방하여 개발되었다면, 퍼지 컴퓨터는 이미지 묘사, 상상, 판단기능을 수행하는 오른쪽 뇌를 모방하여 인간적인 사고나 판단 기능을 특화시킨 것이다.

## 온디맨드
On Demand

### 플랫폼과 기술력을 가진 회사가 수요자의 요구에 즉각 대응하여 제품 및 서비스를 제공하는 것

기존의 거래처럼 고객이 직접 재화와 서비스가 있는 곳을 찾아가는 것이 아니라 고객이 원할 때 서비스가 바로 제공되는 것으로 수요가 모든 것을 결정하는 체계를 갖는다. 비즈니스의 성공과 실패가 모두 고객의 손끝에서 이루어질 수 있는 시대가 온 것이다. 온디맨드는 모바일을 중심으로 고객과 근처에 있는 서비스 제공자를 연결해 준다. 모바일을 통해 주문을 받은 서비스 제공자는 고객이 원하는 시간에 맞춰 서비스를 제공한다. 따라서 어디서나 원하는 상품을 주문하고 원하는 방식으로 즉각적인 서비스를 제공받을 수 있으며 오프라인에 집중되는 사업에게는 모바일, 온라인 플랫폼 등 판매 유통을 넓힐 수 있는 계기가 되고 있다.

## 스마트 러닝
Smart Learning

### 개별 학습자 학습방법을 스마트 전자기기와 이러닝 신기술을 융합한 개념

모바일 기기를 이용한 학습 콘텐츠를 의미한다. 인터넷 접속, 위치서비스, 증강현실 등 다양한 기술이 있는 스마트 기기에 이러닝 서비스를 접목한 개념이다.

## 스마트 오더
Smart Order

### 스마트 기기를 통해 음식을 주문하는 시스템

소비자가 직접 카운터에서 음식을 주문하는 것이 아니라 스마트 기기를 이용하여 어디에서든 주문하는 것이다. 대표적으로 스타벅스의 사이렌오더가 있다.

## 스마트 팩토리
Smart Factory

### 설계 · 제조 · 유통 등 생산과정에 정보통신기술(ICT)을 접목한 지능형 공장

모든 생산 과정이 무선통신으로 연결되어 자동으로 움직이는 공장이다. 모든 설비와 장치가 무선으로 연결되어 전 공정을 편리하게 확인할 수 있다. 공장에 사물인터넷과 카메라를 통해 불량품이나 설비 노후화 등을 확인할 수 있다.

## 스마트 알약
Smart Pill

### 알약형태로 섭취하여 몸 속에서 수치를 측정하는 웨어러블 기기 장치

현재 출시된 스마트 알약 E − 셀시우스(E − Celsius)는 심장과 방광 등의 신체 내부의 온도인 심부체온을 측정할 수 있다. 몸 속으로 섭취하는 스마트 알약은 블루투스로 연동하여 데이터를 모니터링할 수 있다. 대략 16시간가량 심부체온을 측정하고 역할이 끝나면 체외로 배출된다.

## 스마트 그리드
Smart Grid

### 에너지 효율을 최적화 하는 지능형 전력망

전력산업과 정보기술(IT), 그리고 통신기술을 접목하여 전력 공급자와 소비자가 양방향으로 실시간 정보를 교환한다. 에너지 효율성 향상과 신재생에너지공급의 확대를 통한 온실가스 감축을 목적으로 하는 차세대 지능형 전력망이다. 전력 공급자는 전력 사용 현황을 실시간으로 파악하여 공급량을 탄력적으로 조절할 수 있고, 전력 소비자는 전력 사용 현황을 실시간으로 파악함으로써 요금이 비싼 시간대를 피하여 사용 시간과 사용량을 조절한다. 태양광발전 · 연료전지 · 전기자동차의 전기에너지 등 가정에서 생산되는 전기를 판매할 수도 있다. 전력 공급자와 소비자가 직접 연결되는 분산형 전원체제로 전환되면서 풍량과 일조량 등에 따라 전력 생산이 불규칙한 한계를 지닌 신재생에너지 활용도가 높아져 온실가스와 오염물질을 줄여 환경문제를 해소할 수 있는 등의 장점이 있어 여러 나라에서 차세대 전력망으로 구축하기 위한 사업으로 추진하고 있다.

## 에너지 저장 시스템
ESS : Energy Storage System

### 에너지를 효율적으로 사용하도록 저장 및 관리하는 시스템

잉여전력을 모아 보관하였다가 적절할 때 공급하는 저장장치이다. 날씨에 영향이 큰 태양광이나 풍력 등의 신재생에너지를 안정적 공급하기 위한 유망 사업 중에 하나이다. 전기 생산 발전 영역과 전기 이송하는 송배전 영역, 소비자 영역 전 분야에 적용이 가능하고 발전소, 송배전 시설, 공장, 가정, 기업 등에 다방면에서 활용이 가능한 기술이다. 스마트 그리드의 핵심 설비 중 하나로 주목받고 있으며 리튬이나 니켈 등의 화학에너지를 저장하는 배터리 방식과 압축공기저장과 양수발전 등의 물리적 에너지를 저장하는 비배터리 방식이 있다. 최근에 리튬 배터리가 점차 지능형에너지 저장시스템(Intelligent ESS)으로 진화하여 잠재력이 상승할 것이라 기대하고 있다.

## 등대공장
Lighthouse Fact

4차 산업혁명의 핵심 기술을 도입하여 제조업의 미래를 이끌고 있는 공장

사물인터넷(IoT)과 인공지능(AI), 빅데이터 등 4차 산업혁명의 핵심기술을 적극적으로 도입하여 제조업의 미래를 혁신적으로 이끌고 있는 공장을 의미한다. 한국에서는 처음으로 2019년 7월 포스코가 등대공장에 등재됐다.

## 앰비언트 컴퓨팅
Ambient Computing

컴퓨터의 명령이 없어도 자동으로 목적과 의도를 감지하여 움직이는 기능

사용자의 행동을 읽어 명령 없이도 움직이는 기능을 의미한다. 식사하고 일어나면 테이블 센서가 감지되어 신용카드가 자동으로 결제된다거나 주변 소음에 따라 음악 음량을 조절하는 등의 이어폰 기술 등이 있다.

## 알고리즘 매매
Algorithmic Trading

컴퓨터 프로그래밍을 통해 자동으로 주식을 매수 · 매도 주문을 하는 거래 방식

주가의 등락에 따라 자동으로 주식을 매수 · 매도하는 기술이다. 단시간에 매매를 할 때 주로 사용되는 기능이나 프로그램 오류가 발생하면 위험할 수 있다. 빅데이터와 인공지능 등의 기술에도 자주 사용된다.

## 온톨로지
Ontology

사물 간의 관계와 개념을 컴퓨터에서 활용 가능한 형태로 표현하는 것

존재론(Ontology)과 실재(Reality)에 대한 철학에서 유래한 용어이다. 인공지능, 시멘틱 웹, 자연어 처리(NLP) 등에 사용된다. 클래스, 인스턴스, 속성, 관계 등으로 구성된다. 온톨로지 작성에 대표언어로는 웹 온톨로지 언어(OWL), 형태제약언어(SHACL) 등이 있다.

## 라이파이
Li – Fi

새로운 무선통신기술로 LED에서 나오는 가시광선으로 1초에 10기가바이트 속도로 데이터를 전달하는 방식

2011년 영국 해럴드 하스 교수가 와이파이(Wi – Fi)를 대적하는 새로운 근거리 통신기술로 제안한 기술이다. 가시광선으로 정보를 전달하는 것으로 대량의 정보를 빠르게 보낼 수 있다는 장점이 있다. 하지만 빛이 닿는 곳에만 통신이 되는 단점이 있어 조명이 늘 켜져 있어야 한다.

## 프로젝트 룬
Project Loon

구글이 아프리카, 동남아시아 등 인터넷 이용이 어려운 지역에 무료 인터넷을 제공하겠다는 취지로 시작한 프로젝트

하늘 위의 통신망이라고도 하는 프로젝트 룬은 인터넷을 이용하지 못하는 오지까지 무료로 인터넷을 보급하기 위한 구글의 프로젝트이다. 지난 2013년, 홈페이지를 통해 프로젝트 룬을 공식발표하였다. 이는 지름 15m짜리 풍선에 통신장비를 설치하여 높은 고도에 띄우는 것이다. 이 풍선을 고도 20km 상공에 띄워 바람을 타고 천천히 이동시킨다. 대형 무선 인터넷 공유기 역할을 하기 때문에 머리 위로 풍선이 지나가면 무료 와이파이 구역이 되는 것이다. 대류 이동으로 풍선이 자리를 벗어나면 또 다른 풍선이 대체하여 서비스를 지속한다. 지상에서는 안테나를

설치하여 풍선에 연결된 통신 장비와 송수신을 하여 인터넷을 쓸 수 있다. 프로젝트 룬의 첫 번째 실험은 뉴질랜드에서 진행되었다. 시험용 풍선 30개를 뉴질랜드 남쪽 캔터베리 지역에 띄워 인근 50가구에 인터넷을 연결했다. 구글은 2015년에 프로젝트 룬의 성과를 발표했는데, 풍선을 제작하는 시간이 줄고 100일 이상 비행이 가능해졌다고 밝혔으며. 또한 통신 신호도 20km 거리까지 보낼 수 있게 되었다고 하였다. 구글은 프로젝트 룬을 성공시킴에 따라 구글의 서비스 영역을 넓히는 데 초점을 두었다. 사용자가 늘어나는 만큼 광고 수익이 늘고, 무료 사용자의 정보를 수집하여 패턴을 파악할 수 있기 때문이다. 그러나 2021년 1월 21일, 구글은 이 '프로젝트 룬'을 종료했다고 외신들이 보도하였다. 케냐와 태풍이 불어 닥쳤던 지역에 인터넷을 공급했으나 지속 가능한 사업을 위한 비용 줄이기에 실패하여 이와 같은 결정을 내린 것으로 보인다. 이번 인터넷 서비스 종료로 인해 영향을 받을 수 있는 케냐 사용자들을 위해 1천만 달러를 지원하겠다고 밝혔으며, 구글이 실험하다 포기한 프로젝트가 기록되는 '구글무덤'에도 올랐다.

## 다크 데이터
Dark Data

### 분석에 활용되지 않으나 수집되어 있는 다량의 데이터

냄새, 몸짓, 목소리 등 분석이 어려운 비정형 데이터로 리서치 기업 가트너는 미래에 사용 가능성만을 염두에 두고 수집되고 있는 다량의 데이터라 정의하였다. 정보를 수집하고 저장만 하고 사용하지 않는 특별한 목적이 없는 데이터이다. 로그 파일, 오래된 파일, 오래 전에 수신 받은 이메일 등이 이에 해당한다. 대부분의 다크 데이터는 오디오, 비디오 등으로 저장 비용을 발생 시켜 필요 정보를 검색하는 데 시간을 소요하게 만드는 요소이기도 하다.

## 데이터 댐
data dam

### 디지털 뉴딜 분야 중 하나

데이터 수집·가공·거래·활용기반을 강화하여 데이터 경제를 가속화하고 5세대 이동통신(5G) 전국망을 통해서 5세대 이동통신(5G)·인공지능 융합 확산하는 것을 말한다. 데이터 경제 가속화와 5G와 인공지능의 융합을 확대시키는 계획이다.

## 디지털 뉴딜
Digital New Deal

### 정보통신(ICT) 산업을 기반으로 데이터 경제의 꽃을 피우려는 전략

데이터의 활용도를 높여 전 산업의 생산성을 비약적으로 높일 수 있도록 관련 인프라를 빠르게 구축하기 위한 경제위기 회복전략이다. 코로나19로 확대된 온라인 소비와 비대면화로 디지털 역량을 높이기 위해 시행되는 국가 디지털 대전환 프로젝트이다.

① D.N.A 생태계 강화 : D(Data), N(Network), A(A.I)를 기반으로 신제품 서비스를 창출하여 전 산업에 데이터·5G·AI 활용을 가속화하기 위한 것이다. 국민 생활과 밀접한 분야의 데이터를 구축·개방·활용, 1·2·3차 모든 산업에 5G와 AI융합, 5G와 AI 기반의 지능형정부, K − 사이버 방역체계 구축이 핵심 과제이다.

② 교육 인프라 디지털화 : 모든 초중고에 디지털 기반의 교육인프라를 조성하고 전국 대학과 직업훈련기관에 온라인 교육을 강화한다.

③ 비대면 산업 육성 : 편리한 국민생활을 위해 SOC 핵심 인프라를 디지털화 하는 것이다. 중소기업의 원격근무 지원, 소상공인에게 온라인 비즈니스를 지원하고 교육한다.

④ SOC 디지털화 : 의료·근무·직업훈련 등에 비대면 인프라를 구축하는 것이다. 도시·산단의 공간 디지털 혁신, 스마트 의료·돌봄 인프라와 스마트 물류체계 구축 등이 있다.

## 미러링크
MirrorLink

유무선 통신으로 스마트폰의 기능을 큰 화면에서 볼 수 있는 기술

스마트폰에서 나오는 화면을 거울에 비추듯이 내비게이션에 연결하여 볼 수 있는 것으로 화면 모사로 이해할 수 있다. 커넥티드 카(Connected Car) 기술의 일종이다. 스마트폰의 인터넷 서비스를 자동차 내비게이션에서 사용이 가능하다.

## 커넥티드 카
Connected Car

자동차를 정보통신기술과 연결하여 쌍방향으로 소통을 할 수 있는 차량

커넥티드 카는 다른 차량이나 교통 및 통신 기반 시설(Infrastructure)과 무선으로 연결하여 위험 경고, 실시간 내비게이션, 원격 차량 제어 및 관리 서비스뿐만 아니라 전자 우편(E - Mail), 멀티미디어 스트리밍, 누리 소통망 서비스(SNS)까지 제공한다. 향후에는 자율주행이나 자동차의 자동 충전, 그리고 운전자의 건강 상태나 혈중 알코올 농도를 파악하여 운전 가능 여부를 점검하는 서비스를 추가하는 방향으로 진화될 전망이다.

## V2X
Vehicle to Everything

### 차량사물통신

차량과 사물 간의 대화가 가능하도록 만드는 기술로 다른 차량, 모바일 기기, 도로 등의 다양한 사물과 차량이 정보를 자유롭게 교환하는 기술이다. 차량 - 차량 간 통신 V2V(Vehicle to Vehicle), 차량 - 인프라 간 통신 V2I(Vehicle to Infrastructure), 차량 - 모바일 기기 간 통신 V2N(Vehicle to Nomadic Device), 차량 - 보행자 간 통신 V2P(Vehicle to Pedestrian) 등이 있다.

## 인터넷 연동
IX : Internet eXchange

인터넷 서비스 제공자 간에 원활하게 트래픽을 송수신할 수 있도록 연동하는 서비스 시스템

인터넷 서비스 제공자인 ISP들 간의 원활한 소통을 위해 설립된 NOC(Network Operations Center, 네트워크 운영센터)에 회선을 공동으로 이용하면서 트래픽을 줄이기 위해 설치된 것이다. 콘텐츠 전송망(CDN) 서버와 포털 서버를 직접적으로 연결하여 트래픽 송수신 비용 절감과 품질 향상의 효과를 얻을 수 있다.

## 와이브로
Wibro : Wireless Broadband Internet

초고속 인터넷을 이동하면서 이용할 수 있는 무선 인터넷

처음에는 고속 데이터 통신기술을 가리키는 용어로 만들어졌지만 이동통신업체에서 기술이름을 서비스 이름으로 사용하며 우리에게는 서비스 이름으로 친숙하게 알려져 있다. 무선 광대역 인터넷, 무선 초고속 인터넷, 휴대 인터넷 등으로 풀이된다. 2.3Ghz 주파를 사용하며 기존의 무선 인터넷인 CDMA와 무선 랜의 장점만을 이용하여 새롭게 만들어졌다. 가장 큰 장점은 이동이 가능하다는 것이고 전파의 송수신거리가 와이파이에 비해 훨씬 넓다.

## 시멘틱 웹
Semantic Web

정보를 이해한 컴퓨터가 논리적 추론을 하는 지능형 웹

사람이 직접 구동하여 정보를 찾는 웹이 아니 컴퓨터가 이해할 수 있는 웹으로 기계끼리 소통이 가능한 지능형 웹을 의미한다. 자연어 위주로 된 웹 문서와 달리 컴퓨터가 이해할 수 있는 형태의 언어로 구성되어서 기계들 간의 정보교류로 필요한 일을 처리할 수 있다. RDF 기반의 온톨로지 기술과 국제표준화기구(ISO) 중심의 토픽 맵, 에이전트 기술, OWL, 마이크로 포맷 등이 있다.

## 토르 네트워크
Tor Network

**인터넷 이용자의 흔적을 추적할 수 없도록 하는 서비스**

가상 컴퓨터와 네트워크를 여러 번에 걸쳐 경유하여 인터넷 이용자의 접속 흔적을 추적할 수 없도록 하는 서비스이다. 네트워크 감시나 위치 추적, 인터넷 검열 등을 피할 수 있다.

## 다크 웹
Dark Web

**특정한 웹 브라우저를 통해서 접근이 가능한 웹**

익명성이 보장되고 IP 추적이 불가능하여 범죄에 빈번하게 이용되는 서버이다. 2013년 미국 FBI에서 실크로드라는 온라인 마약거래사이트를 적발하면서 알려지게 되었다. 토르(TOR)라는 특수한 웹 브라우저를 통해서만 접근이 가능하여 익명성이 보장된다. 암호화된 인터넷망으로 인터넷의 지하세계라고도 부르고 있다.

## 프롭테크
Prop Tech

**정보기술과 결합한 부동산 서비스 기술**

부동산 산업에 첨단 정보기술인 빅데이터, 인공지능, VR 등을 결합한 기술이다. 중개·임대, 부동산 관리 등 분야가 있다. 블록체인과 부동산을 접목하여 거래정보를 공유하거나, 빅데이터를 통한 부동산 가치평가 프로그램, 일조량 확인, 3D 인테리어를 통해 모바일에서 가구배치를 하는 등의 서비스가 있다.

## 스플로그
Splog

**광고를 목적으로 운영되는 블로그**

인터넷 인기검색어를 이용하여 누리꾼을 블로그로 유인한 뒤 내용 없이 검색어만 나열한 블로그 게시글이다. 검색 결과를 믿고 들어간 블로그에서 광고성 글이나 음란물을 보게 되는 것이다. 일부는 스파이웨어를 배포하여 사용자 컴퓨터에 설치하여 피해를 준다. 스팸메일과 달리 사용자가 직접 블로그에 접근한다.

## BYOD
Bring Your Own Device

**개인용 전자기기를 업무에 활용하는 것**

2009년 인텔에서 처음 도입한 것으로 개인용 PC나 스마트폰, 노트북 등의 정보통신 기기로 회사 업무를 하는 것이다. BYOD 업무환경으로 업무용과 개인용을 따로 구비하여 많은 기기를 가져야 하는 불편을 줄일 수 있다. 하지만 기업의 보안 유지가 어렵고 프라이버시 침해 등의 단점이 있다.

## 빅테크
Big Tech

**대형 정보기술 기업을 의미하는 단어**

국내 금융업계에서는 카카오나 네이버 등의 플랫폼 사업이 금융시장으로 진출한 업체를 말한다. 카카오와 네이버에서 송금, 결제와 보험서비스까지 진출하고 있다. 빅테크가 금융권에 다가가면서 금융업계가 빅테크에 잡힐 수 있다는 금융권의 위기감을 나타내는 단어이다.

## 마이크로 모먼츠
Micro Moments

**스마트폰을 통해 배움, 검색, 활동, 여행 욕구 등을 충족시키는 현상**

2015년 구글에서 사용한 용어로, 알고 싶은 정보가 있다면 스마트폰으로 검색하여 그 즉시 욕구를 충족시키는 것을 의미한다. 짧은 시간 동안 콘텐츠를 소비하는 이용자의 찰나의 순간을 의미한다. 알고 싶은 순간, 사고 싶은 순간, 하고 싶은 순간, 가고 싶은 순간을 마이크로 모먼츠로 구분할 수 있다. 스마트폰을 통해 쇼핑을 하는 행위를 마이크로 모먼츠를 구매한다고 표현하기도 한다.

## 필터버블
Filter Bubble

**사용자를 필터링하여 맞춤형 정보만을 제공하는 현상**

엘리 프레이저의 「생각 조종자들」에서 처음 등장한 단어이다. 이용자의 관심사에 맞춰져서 맞춤형 정보만이 제공되어 편향적인 정보만 보는 현상을 의미한다. 아마존에서는 이용자의 취향과 기호에 따라서 책을 추천하는 방식으로 호평을 받았다. 광고업체에서도 유용하게 사용하는 정보로 사용자가 관심을 가질 것 같은 광고를 선정하여 추천한다. 스마트폰에 담겨진 개인의 정보들로 데이터 분석이 가능해지면서 추천이 개인화가 가능하다. 개인화된 정보를 통해 맞춤 뉴스와 정보들을 서비스하면서 구입율과 접근성을 높여준다. 최근에는 원하는 정보에만 접근하면서 다양한 의견을 확인하지 못하여 고정관념과 편견을 강화시키는 위험성도 존재한다.

## 팝콘 브레인
Popcorn Brain

### 뇌가 첨단 기기에 익숙해져 현실에 무감각해지는 현상

즉각적으로 반응이 나타나는 첨단기기에 익숙해지면서 천천히 흐르는 현실에 적응하는 것이 어려워지는 변형된 뇌 구조를 의미한다. MRI 촬영한 결과에 따르면 인간의 뇌에서 중추를 담당하는 회백질의 크기가 줄어든 것으로 나타났다. 자극적이고 화려한 첨단 기기의 노출되면서 현실 세계에 적응하지 못하도록 실제 뇌 구조가 변화한 것을 의미한다.

## 베타 테스트
Beta Test

### 하드웨어나 소프트웨어를 공식적으로 발표하기 전에 오류가 있는지를 발견하기 위해 미리 정해진 사용자 계층들이 써 보도록 하는 테스트

하드웨어나 소프트웨어의 개발 단계에서 상용화하기 전에 실시하는 제품 검사 작업을 말하며 제품의 결함 여부, 제품으로서의 가치 등을 평가하기 위해 실시하는 것이다. 선발된 잠재 고객에게 일정 기간 무료로 사용하게 한 후에 나타난 여러 가지 오류를 수정하고 보완한다. 공식적인 제품으로 발매하기 이전에 최종적으로 실시하는 검사 작업이다.

## 화이트박스 테스트
White Box Test

### 구조적·코드기반 테스트로 내부 소스 코드를 테스트하는 기법

구현 기반 테스트로 프로그램 내부에 오류를 찾기 위해 프로그램 코드의 내부구조를 테스트 설계 기반으로 사용하는 것이다. 화이트박스의 테스트 기법으로는 프로그램 복잡도 측정·평가를 위한 구조적 기법과 프로그램 루프 구조에서 실시하는 루프 테스트가 있다.

## 공공비축제도
公共備蓄制度

### 통신망 제공사업자는 모든 콘텐츠를 동등하고 차별 없이 다뤄야 한다는 원칙

통신망을 갖춘 모든 네트워크 사업자는 모든 콘텐츠를 동등하게 취급하고 인터넷 사업자들에게 어떤 차별도 하지 말아야 한다는 원칙을 말한다.

## 가상랜
VLAN :
Virtual Local Area Network

### 가상으로 구성이 된 근거리 통신망(LAN)

스위치를 이용하여 배선이 없어도 방송 패킷이 전달되는 범위를 의미한다. 사용자가 원하는 최대한의 네트워크 구성이 가능하도록 하고 접속 포트나 MAC 주소 등으로 가상랜을 구상할 수 있도록 한다.

## VoIP
Voice Over Internet Protocol

### IP주소를 사용하여 인터넷에 음성을 송수신하는 인터넷 전화

음성을 디지털 패킷으로 변환하여 전송하는 기술이다. 유선 전화는 회선 교환방식인 PSTN (Public Switched Telephone Network) 방식을 사용하여 일대일로 통신을 한다. VoIP는 인터넷 망을 사용하여 다대다 통신이 가능하나 트래픽이 증가하면 통화 품질이 떨어진다. 전화번호를 입력하면 소프트 스위치 시스템으로 상대방에게 VoIP로 통화가 연결되어 통신비용이 발생하지 않는다.

## 캐시
Cache

명령어와 프로그램이 기억되어 있는 버퍼로 된 고속 기억 장치

주기억장치와 중앙 처리 장치 사이에 설치된 메모리로 고속 버퍼메모리이다. 데이터나 명령어를 반복하여 설정하지 않고 즉시 사용하도록 일시적으로 저장하는 영역으로 컴퓨터 성능 향상을 위해 사용되는 부분이다. CPU에 내장된 캐시를 주캐시(Primary Cache)라 하고 컴퓨터 본체에 탑재된 것은 보조캐시라 한다.

## 엣지 컴퓨팅
Edge Computing

스마트폰이나 통신 기지국 등 통신 말단에서 데이터를 자체 처리하는 기술

중앙집중서버가 모든 데이터를 처리하는 클라우드 컴퓨팅과 다르게 분산된 소형 서버를 통해 실시간으로 처리하는 기술을 일컫는다. 사물인터넷 기기의 확산으로 데이터의 양이 폭증하면서 이를 처리하기 위해 개발되었다.

## 사물통신
M2M : Machine to Machine

무선통신을 이용한 기계 사이의 통신

기계가 중심이 되어 연결되는 환경이다. 전기·가스 등을 원격으로 검침을 하거나 온도·습도 조절, 신용카드를 무선으로 조회하는 등의 부호 분할 다중접속(CDMA), GSM 등의 통신망을 이용한다.

## 근거리망
LAN : Local Area Network

특정 구내 또는 건물 안에 설치된 네트워크

| 구분 | LAN | MAN | WAN |
|---|---|---|---|
| 지역적 범위 | 빌딩 또는 캠퍼스 | 도시지역 | 전국적 |
| 토폴로지 | 공통 버스·링크 | 공통 버스 또는 Regular Mesh | Irregular Mesh |
| 속도 | 매우 높음 | 높음 | 낮음 |
| 에러율 | 낮음 | 중간정도 | 높음 |
| Flow Control | 간단 | 중간정도 | 복잡 |
| 라우팅 알고리즘 | 간단 | 중간정도 | 복잡 |
| 매체 접근 | 불규칙 스케줄 | 스케줄 | 없음 |
| 소유권 | Private | Private 또는 Public | Public |

## 근거리 무선통신
NFC : Near Field Communication

10cm 이내의 가까운 거리에서 무선으로 데이터를 주고받는 기술

무선으로 13.56MHz 대역의 주파수를 이용하여 데이터를 약 10cm 이내에서 교환하는 비접촉식 통신기술이다. 통신거리가 단거리라 보안이 우수하고 비용이 낮다. 특별한 설정이 없이도 사용이 가능하고 NFC기능이 있는 스마트폰에서 신용카드, 교통카드, 신분증 등의 기능을 이용할 수 있다.

## 양자컴퓨터
Quantum Computer

### 양자역학의 원리에 따라 작동되는 미래형 첨단 컴퓨터

양자역학의 특징을 살려 병렬처리가 가능해지면 기존의 방식으로 해결할 수 없었던 다양한 문제를 해결할 수 있게 된다. 우리나라에서는 2001년 KAIST(한국과학기술원) 연구팀이 병렬처리 3비트 양자컴퓨터 개발에 성공하였고, 2003년에는 일본 NEC와 이화학연구소가 공동으로 양자비트 2개를 결합한 고체 논리연산회로로 동작하는 양자컴퓨터의 제작에 성공하였다.

## 초광대역
UWB : Ultra Wide Band

### 낮은 전력으로 단거리 구간에서 데이터를 많은 양 전송하는 무선 기술

낮은 전력을 이용하여 단거리 구간에 넓은 스펙트럼 주파수를 보내어 다량의 디지털 데이터를 전송하는 무선기술이다. GHz대의 주파수를 사용한다. 대용량의 데이터를 0.5m/W 정도의 낮은 전력량으로 70m의 거리까지 전송할 수 있다. 또한 땅 속이나 벽면 뒤로도 전송이 가능하여 레이더 기능, 전파탐지기 등 광범위하게 사용이 가능하다. 최소 100Mbps ~ 1Gbps급 속도가 나오며 안정적으로 100Mbps급 데이터를 전송할 수 있다. 1950년대 미국 국방부에서 군사적 목적으로 사용되면서 상업적으로 이용하는 것을 금지하였으나 2002년 2월에 상업용도가 승인되면서 상용화 되었다.

## 사물인터넷
IoT : Internet of Things

### 인터넷으로 연결된 기기가 사람의 개입 없이 서로 정보를 주고받아 가전제품, 전자기기 등을 언제 어디서나 제어할 수 있는 신개념 인터넷

1999년 MIT대학의 캐빈 애시턴이 전자태그와 기타 센서를 일상생활에서 사용하는 사물을 탑재한 사물인터넷이 구축될 것이라고 전망하면서 처음 사용되었다. 이후 시장분석 자료 등에 사용되면서 대중화되었으며, 사물인터넷은 가전에서 자동차, 물류, 유통, 헬스케어까지 활용범위가 다양하다. 예를 들어 가전제품에 IoT 기능을 접목시키면 외부에서 스마트폰을 이용해 세탁기, 냉장고, 조명 등을 제어할 수 있다. 사물에서 다양한 센서를 통해서 정보를 수집한다. 온도·습도·초음파 등 다양한 센서가 내장된 사물에 장착되어 제어할 수 있다. 사물의 센서에서 수집된 정보는 분석·공유되어 다양한 서비스를 제공할 수 있다.

## 소물 인터넷
Internet of Small Things

### 소물에 적용되는 사물인터넷 기술

웨어러블 기기 등 비교적 크기가 작고 사물인터넷을 구성하는 사물 간 교환하는 데이터의 양이 많지 않은 기기를 소물이라고 한다. 해외 선진국을 중심으로 시장 선점을 위해 활발한 연구가 진행 중이며, 국내에서도 통신사들이 앞다투어 소물 인터넷 시장에 뛰어들고 있다.

## 신파일러
Thin Filer

금융이력 부족자를 의미

개인 신용을 평가할 금융정보가 부족하여 금융거래에서 소외되는 계층을 의미한다. 금융 이력이 부족하다는 이유로 대출과 신용카드 발급에 제재를 받은 계층이다. 소득과 상환능력이 있더라도 신용점수에 불리하게 작용하는 것이다.

## 청년희망적금

청년층을 대상으로 고금리를 제공하는 정부 주도 적금 상품

만 19 ~ 34세 청년을 대상으로 매월 50만 원 한도 내에서 자유롭게 납입할 수 있는 비과세 적금 상품이다. 청년의 안정적인 자산관리 지원을 위해 정부 장려금, 비과세 혜택 등 최대 연 9%대의 금리를 받을 수 있다. 11개 은행에서 신청할 수 있으며 2022년 2월 21일에 출시되어 5부제로 실시되었으나, 3월 4일까지 신청 기한을 연장하여 가입 요건을 충족하는 신청자는 모두 가입할 수 있도록 하였다.

## 레인지 포워드

유리한 방향의 옵션 매도로 기회이익을 포기하는 전략

불리한 방향의 리스크를 헤지하기 위해 옵션을 매입하고 그에 따른 지급 프리미엄을 얻기 위해 유리한 방향의 옵션을 매도하여 환율변동에 따른 기회이익을 포기하는 전략이다. 환율 변동으로 인해 발생할 수 있는 이익과 손실을 모두 일정 수준으로 제한함으로써 환 리스크는 일정 범위 내로 제한된다.

## 파킹 통장

잠시 주차를 하듯 짧은 시간 여유자금을 보관하는 통장

일반 자유입출금 통장처럼 수시입출금이 가능하면서 비교적 높은 수준의 금리를 제공하는 게 특징이다. 정기예금이나 적금과 달리 상당 기간 자금이 묶이지 않기 때문에 최근 각광받고 있다. 파킹 통장은 불안한 투자환경과 시장 변동성 속에서 잠시 자금의 휴식처가 필요하거나 당장 목돈을 사용할 계획이 없는 투자자들에게 유용하다. 특히 하루만 맡겨도 금리 수익을 거둘 수 있다는 게 장점으로 꼽힌다. 일반적인 자유입출금 통장이 연 0.1 ~ 0.2%(세전) 수준의 이자를 주는 반면 파킹 통장은 일정 금액 이상이 통장에 '파킹'되어 있으면 연 2% 이상의 높은 금리를 지급한다.

## 토빈세
Tobin's Tax

단기성 외환거래에 부과하는 세금

노벨경제학상 수상자인 제임스 토빈이 주장한 개념이다. 국제 투기자본의 급격한 자금 유 · 출입으로 인해 외환시장이 불안해짐에 따라 경제위기가 발생하는 것을 방지하기 위해 단기성 외환거래에 부과하는 세금이다.

## 커버드 콜
Covered Call

콜 옵션을 미리 매도하여 주가지수가 하락할 때 이익을 얻는 전략

특정한 주식을 보유한 상태에서 콜 옵션을 비싼 가격에 매도하여 안정적으로 위험을 피하는 전략이다. 주식만 보유하고 있는 상태에서 주가가 하락할 경우 투자자의 손실은 커지지만 콜 옵션을 매도하는 경우 손실을 줄일 수 있으며 주가가 상승할 경우에는 콜 옵션에서 손해를 입더라도 보유주식을 상승하므로 손실이 적다.

## 유동성 함정
Liquidity Trap

시장에 현금이 넘치나, 기업의 생산이나 투자 및 가계의 소비가 늘지 않아 경제가 함정에 빠진 것과 같은 현상

미국 경제학자 존 메이나드 케인스가 붙인 이름으로, 금리를 낮추고 화폐를 유통시켜도 경제주체들이 시장에 자금을 내놓지 않아 경기가 회복되지 못하는 현상을 유동성 함정이라고 한다. 경제주체들이 미래 경기 전망이 불투명하여 소비와 투자를 줄이기 때문에 화폐가 순환하지 못하는 상황이 발생하게 되면 이를 위해 중앙은행은 기준금리를 내리게 되고, 제로금리까지 이르게 된다.

## 골드뱅킹
Gold Banking

일반 시중은행에서 금에 관련된 상품을 사고 팔 수 있는 제도

고객들이 은행을 통하여 금에 투자하는 방식 중 하나로, 2003년에 도입된 제도이다. 금을 직접 사고파는 방식과 금을 직접 주고받지 않아도 거래한 후 투자의 이익과 원금을 현금으로 지급하는 방식이 있다.

## 재정지출
義務支出

정부 부문의 지출

국가나 지방자치단체, 공공단체 등 정부 관련 기관이 직무를 수행하는 데 지출하는 경비를 일컫는다. 이는 공공지출이라고도 한다. 크게 의무지출과 재량지출로 나눌 수 있는데, 의무지출은 법령에 근거하여 결정되는 기출 규모로 교부금, 법정부담금, 이자지출 등 기준이 정해져 축소가 어려운 지출을 말한다. 재량지출은 정부의 정책 의지에 따라 대상과 규모를 조정할 수 있다.

## 국민행복기금
國民幸福基金

채무불이행자의 신용회복 및 과다채무부담 완화 기금

2013년에 기존 신용회복기금을 전환하여 출범한 사업으로 금융 소외자가 경제적 회생을 할 수 있도록 연체채권 채무조정, 바꿔드림론(고금리 대출의 저금리 전환대출), 자활프로그램 제공 및 복지지원을 위한 종합 신용회복 지원기관이다.

## 한계소비성향
MPC : Marginal Propensity to Consume

추가 소득 중 저축되지 않는 금액의 비율

새로 발생한 소득 가운데 소비되는 금액의 비율로, 저소득층일수록 높은 경향을 띤다. 소득의 증가분을 Y, 소비의 증가분을 C라고 할 때 다음과 같이 나타낼 수 있다.

$$\text{MPC} = \frac{소비의 증가분}{소득의 증가분} = \frac{\triangle C}{\triangle Y} = 1 - 한계저축성향$$

## 한계저축성향
MPS : Marginal Propensity to Save

추가 소득 중 이루어지는 저축 금액의 비율

새로 발생한 소득 가운데 저축되는 금액의 비율로, 일반적으로 소득이 많은 계층일수록 높다. 저축 증가분을 S, 소득증가분은 Y라고 할 때 다음과 같이 나타낼 수 있다.

$$\text{MPS} = \frac{저축의 증가분}{소득의 증가분} = \frac{\triangle S}{\triangle Y}$$

## 스토킹 호스
Stalking Horse

회생기업과 인수기업이 가계약을 한 후 공개입찰을 맺는 방식

위장을 의미하는 용어로 회생기업이 인수하려는 기업을 미리 확보한 상태에서 공개입찰을 맺는 방식이다.

## 기대 인플레이션
Expected Inflation

경기주체들이 예상하는 미래 물가 상승률

물가가 장기간 상승하는 인플레이션이 지속되면 경제주체들은 앞으로도 물가가 계속 상승할 것이라는 예상을 하게 된다. 이와 같이 경제주체들이 예상하고 있는 미래의 인플레이션을 기대 인플레이션이라 한다. 기대 인플레이션이 높다는 것은 사람들이 앞으로도 물가가 오를 것으로 내다보고 있다는 것이다. 기대 인플레이션은 경제주체들의 의사결정에 상당한 영향을 주고 있다.

## 요구불예금
Demand Deposit

예금주가 원하면 언제든지 지급되는 예금

다른 조건 없이 예금주가 지급을 원하면 지급하는 예금이다. 현금과 유사한 유동성을 가지고 있으며 예금인출이 자유로워 금융기관이 조달자금으로 운용이 불안정하다. 때문에 저축성예금에 비해 이자가 거의 없거나 매우 낮다. 요구불예금에는 보통예금, 당좌예금, 어린이예금 등이 있다.

## 헥셔 – 오린의 정리
Heckscher – Ohlin Theorem

비교우위 원인을 각국의 생산요소 부존량의 차이로 설명하는 이론

양국이 갖는 재화의 생산 함수가 동일하지만 요소집약도가 상이하여 양국의 요소부존비율도 상이한 경우, 각국은 타국에 비하여 상대적으로 풍부하게 갖고 있는 생산요소를 집약적으로 사용하는 재화의 생산에 비교우위성을 갖게 된다는 이론이다.

## 시뇨리지
Seigniorage

중앙은행이나 국가가 화폐발행을 통하여 얻는 이익

화폐의 액면가에서 제조비용을 뺀 이익으로 예를 들어 1만 원짜리 지폐를 한 장 만드는 데 1천 원의 비용이 발생한다고 하면 9,000원이 화폐 주조 차익, 즉 시뇨리지가 된다. 최근에는 중앙은행의 재무적 독립의 중요성이 강조되면서 통화정책 운영에 필요한 재원이라는 인식이 확산되고 있다.

## 무차별 곡선
Indifference Curve

소비자에게 동일한 만족을 주는 재화 묶음을 연결한 곡선

총효용을 일정하게 했을 때 재화의 조합을 나타내는 것으로 무차별 곡선상의 어떤 조합을 선택하더라도 총효용은 일정하다. 무차별 곡선상의 한 점에서 기울기는 그 점에서 소비자가 만족수준을 일정하게 유지하면서 한 재화를 다른 재화로 대체할 경우 교환되는 두 재화의 비율을 나타낸다.

## 가격규제
Price Control

기업이 생산하는 제품의 가격이나 서비스의 요금을 정부가 직접적으로 규제하는 제도

기업이 생산하는 제품이나 상품의 가격뿐만 아니라 공공요금, 협정요금, 임대료, 사용료, 입장료, 임금, 이자 등 생산요소의 가격을 정부가 직접적으로 규제하는 것을 말한다. 특정 재화나 서비스의 가격이 일정 수준 이상으로 오르지 못하도록 통제하는 것을 최고가격제(가격상한제)라고 하며 지나친 가격 상승으로 인한 피해로부터 소비자를 보호하기 위한 조치이다. 이때, 상한선은 시장가격보다 낮아야 한다. 특정 재화나 서비스의 가격이 일정 수준 이하로 내려가지 못하도록 통제하는 것을 최저가격제(가격하한제)라고 하는데, 가격 하락으로 인한 피해로부터 생산자들을 보호하기 위한 조치이다. 이때, 하한선은 시장가격보다 높아야 한다.

### 환 포지션
Exchange Position

**외화채권의 재고량**

환율에 의하여 매매거래를 한 뒤 파악하는 외화채권의 재고량을 말한다. 외화채권 합계액에서 외화채무액을 감한 것으로 기업이나 은행의 환위험관리에 중요한 기준이 된다.

### 독점적 경쟁시장
獨占的競爭市場

**불완전경쟁시장의 한 형태로 독점적 경쟁이 이루어지는 시장**

완전경쟁시장과 독과점시장의 성격을 함께 지니고 있어서 다수의 기업이 존재하고, 시장 진입과 퇴출이 자유롭다는 점에서는 경쟁은 필연적이지만, 생산하는 재화가 질적으로 차별화되어 있으므로 저마다 제한된 범위의 시장을 독점한다. 차별화된 상품을 공급하기 때문에 시장 지배력을 가진다. 단기적으로는 초과이윤을 얻을 수 있지만, 장기적으로는 새로운 기업이 진입하여 유사 제품을 공급하게 됨으로써 초과이윤은 사라진다.

### 내쉬균형
Nash Equilibrium

**상대의 전략을 예상할 수 있을 때 자신의 이익을 최대화하는 전략을 선택하여 형성된 균형 상태**

각자가 상대방의 대응에 따라 최선의 선택을 하고, 자신의 선택을 바꾸지 않는 균형 상태를 말한다. 이는 상대방이 현재 전략을 유지한다는 전제하에 자신도 현재 전략을 바꿀 유인이 존재하지 않는 상태를 말하는 것이다.

### 홀로그램
Hologram

**은행권 위조 방지를 위한 장치 중 하나**

두 개의 레이저광이 서로 만나 일으키는 빛의 간섭을 통하여 화상이나 색상의 변화를 보여주는데, 이는 복사할 경우 그 효과가 나타나지 않아 은행권의 위조 방지에 활용되고 있다.

### 10분위 분배율
Deciles Distribution Ratio

**저소득에서 고소득 순으로 10등분한 지표**

최하위 40%(1 ~ 4분위) 계층의 최상위 20%(9, 10분위)의 소득점유율로 나눈 것으로 국가 전체 가구를 소득의 크기에 따라 저소득에서 고소득 순으로 10등분한 지표이다. 10분위 분배율의 최솟값은 0이 되고, 최댓값은 2가 된다. 2에 가까울수록 소득이 평등하게 분배되는 것이다.

$$10분위\ 분배율 = \frac{최하위\,40\%의\,소득점유율}{최상위\,20\%의\,소득점유율} = 0 \sim 2$$

### M커브
M − Curve

**여성의 경제활동 참가율을 나타내는 곡선**

20 ~ 30대 여성들이 육아부담으로 경제활동을 포기하고 가정에 머물러야 하는 상황을 단적으로 보여주는 곡선이다. 여성 인력 선진국은 U를 뒤집어 놓은 형태를 보이고 있는 반면에 우리나라는 M자 형태를 보이며 심각한 여성 경력단절 현실을 나타내고 있다.

### 국민총소득
GNI : Gross National Income

**한 국가의 국민이 일정 기간 동안 생산 활동에 참여한 대가로 벌어들인 소득의 합**

국외에 거주하는 국민이 벌어들인 소득은 포함하나, 국내에 거주하는 외국인이 벌어들인 소득은 제외한다. 그러므로 국민총소득(GNI)은 국민을 기준으로 국내에서든 해외에서든 그 나라 국민이 발생 시킨 소득을 알 수 있다. 명목국민총소득은 물가변동을 반영해 실질적인 경제규모를 나타내는 데 비해, 실질국민총소득은 생산 활동을 통해 벌어들인 명목국민총소득으로 구매할 수 있는 실질구매력의 척도다. 국민총소득은 국민소득의 세 가지 측면 중 지출측면을 강조한 것으로, 국민총생산(GNP)이 국내총생산(GDP)에다 해외로부터의 순요소소득을 합산한 것이라면, 국민총소득(GNI)은 불변 가격기준 국내총생산(GDP)에다 교역조건변동에 따른 무역손익을 더한 후, 실질 대외 순수취요소소득을 합한 것이다.

## 예금자보호제도
預金者保護制度

### 금융시장의 안정을 유지하고자 도입된 제도

금융기관이 경영부실로 영업정지 혹은 파산하고 예금자에게 예금을 지급하지 못하면 뱅크 런(Bank Run)이 일어나는데 이런 경우를 막고자 예금보험공사가 해당 금융기관을 대신하여 예금자에게 원리금의 전부 또는 일부를 지급한다.

## 버핏세
Buffet Rule

### 워런 버핏이 주장한 부유세

워런 버핏은 뉴욕 타임스의 칼럼을 통해 연소득 100만 달러 이상을 버는 고소득자들이 낮은 세율로 세금을 내고 있다며 부자 증세를 통해 그 세금을 복지 분야에 사용하여 부의 재분배를 추구하자고 주장하였다. 우리나라 역시 2011년 12월 31일 소득세 최고 과세표준 구간(3억 원 초과)을 신설해 최고 세율을 35%에서 38%로 높이는 한 국판 버핏세안을 통과시켰고 2014년 고소득자 과세 범위 확대를 위해 3억 원 초과에서 1억 5천만 원으로 하향조정하는 세법을 개정하였다.

## 코즈의 정리
Coase's Theorem

### 미국 경제학자 로널드 코즈의 정부 개입 반대 주장

재산권이 확립되어 있는 경우에는 거래 비용 없이도 협상이 가능하다면 외부 효과로 인해 발생할 수 있는 비효율성은 시장에서 스스로 해결할 수 있다는 이론이다. 정부 개입을 반대하는 입장으로 소유권이 확립되어 있다면 거래를 통하여 효율적인 해결책을 찾을 수 있으므로 환경오염 등 외부성이 야기하는 문제 등을 바로잡기 위해 정부가 나설 필요가 없다. 그러나 코즈의 정리가 가진 약점은 바로 실현 가능성이다.

## 장단기 금리 역전
IYC : Inverted Yield Curve

### 장기채권 수익률이 단기채권보다 낮은 보기 드문 현상

장단기 금리란 보통 10년 만기 국채 금리와 2년(혹은 3개월 만기) 국채 금리 차이를 말한다. 장단기 금리 역전 현상은 보통 경기침체의 전조로 해석하는데, 2019년 8월, 12년 만에 처음으로 미국 채권시장에서 장단기 금리 역전현상이 나타나더니 그 횟수가 반복되고 있다.

## 디플레이션
Deflation

### 물가가 지속적으로 하락하는 현상

생산물의 과잉공급, 자산거품의 붕괴, 과도한 통화 긴축 정책 등으로 발생하는데, 궁극적으로는 유통되는 통화의 양이 재화 및 서비스의 양보다 적기 때문에 화폐가치는 상승하고 물가는 하락하게 된다. 실질임금 상승에 따른 고용 및 생산 감소, 경제활동 위축, 디플레이션 악순환 가능성 등의 문제를 야기한다.

## 베이시스
Basis

### 선물가격과 현물 가격의 차이

선물가격은 선물의 인수도가 현물상품보다 늦게 이루어지므로 해당 기간 동안의 보관료, 보험료, 투자금액의 이자 등이 반영되어 현물 가격보다 높은 것이 일반적이다. 하지만 일시적인 공급물량부족 등으로 인해 수급불균형이 발생하여 현물 가격이 선물가격 보다 높게 형성되는 현상이 발생하는 경우도 있다. 정상적인 시장에서는 현물 가격이 선물가격보다 낮게 형성되므로 베이시스는 양(+)의 값을 갖게 된다. 또한 동종 상품에 대한 근월물 또는 원월물 간의 가격 차이를 베이시스로 나타내기도 한다.

## 한계비용
MC : Marginal Cost

### 필요한 총비용 증가분

총비용 증가분의 생산량 증가분에 대한 비율로 표시하며 한계생산비라고도 한다. 한계비용함수는 U자형을 취하며, 생산량 0에서 출발하여 생산량이 증가함에 따라 한계비용이 점차 감소하다가 어느 생산량을 지나면 점차 증가하기 시작하는데, 이는 한계생산물의 감소와 증가를 반영하는 것이다.

## P2P 대출
Peer to Peer Lending

### 금융회사의 중개 없이 온라인에서의 자금중개

대출자가 플랫폼 업체에 대출을 신청하면 플랫폼 업체는 온라인에서 투자자들을 모아 대출하는 방식이다. 초기에는 개인 사이의 대출 중개에 집중하였으나 최근에는 기업과 다른 금융 서비스 제공까지 확장하고 있다. 온라인으로 모든 과정을 자동화하여 지점운영비용이나 인건비, 대출영업 비용 등의 경비 지출을 최소화하고 그 수익으로 대출자에게는 낮은 금리를, 투자자에게는 높은 수익을 제공한다.

## 본원통화
RB : Reserve Base

### 독점적 권한을 통해 공급한 통화

통화는 일차적으로 중앙은행의 창구를 통하여 공급되는데, 이를 통화량의 원천이 되는 통화라 하여 본원통화라고 한다. 즉, 중앙은행인 한국은행이 지폐와 동전 등 화폐 발행의 독점적 권한을 통해 공급한 통화를 말한다.

## 절대우위론
Absolute Advantage

### 생산에 들어가는 노동량을 기준으로 국가 간 무역 발생의 원리를 설명한 이론

영국의 경제학자 애덤 스미스가 주장한 이론으로, 특정 재화를 생산하는 데 얼마만큼의 노동량이 들어가는지를 기준으로 한다. 서로 비용을 줄이기 위해 국제적인 분업과 교역이 생긴다는 이론이다.

## 회사채
Corporate Bond

### 일반 주식회사에서 발행하는 채권

일반 주식회사가 자금을 조달하기 위하여 발행하는 채권으로 사채라고도 하며, 대부분 국채보다 금리가 높다. 보증사채, 무보증사채, 전환사채, 신주인수권부사채, 교환사채, 이익참가사채로 분류된다. 기업 사정에 따라 원리금 상환능력에 차이가 있으며 이를 표시하는 것이 회사채 신용등급이다. 기업이 회사채나 기업어음(CP)을 발행할 때 발행 금리에 영향을 미치는 중요한 요인으로 작용한다.

## 직접 금융
Direct Financing

### 자금 수요자가 직접 자금을 조달하는 방식

자금 공급자와 수요자 사이에 금융기관이 개입하는 방식의 간접금융과는 반대로 주식, 채권 발행같이 자금 수요자가 금융기관을 통하지 않고 금융시장에서 직접 필요자금을 조달하는 방식이다.

## 공매도
空賣渡

### 소유하지 않았거나 차입한 증권을 매도하는 것

채권이나 주식을 소유하지 않은 상태에서 매도주문을 내는 것이다. 향후 주가가 하락할 것을 예상하고, 한국예탁결제원 등에서 주식을 빌려서 팔고, 주가가 하락하면 같은 종목을 싼값에 사서 갚는 대차거래를 말한다. 예상대로 주가가 떨어지면 시세차익을 얻을 수 있지만, 반대로 주가가 올라가면 손해를 볼 수도 있다. 공매도에는 금융위원회는 주가가 급락하는 것을 막기 위해 금지 시한은 정하지 않고 증시 상황에 맞춰 탄력적으로 공매도 금지를 적용하기로 했다.

## 세계은행
World Bank

국제부흥개발은행(IBRD)의 약칭으로, 1944년 7월 조인된 브레튼우즈협정에 기초하여 설립된 국제협력기구

1945년 12월 미국 워싱턴에 본부를 두고 있으며, 장기개발 자금의 공여를 통해 제2차 세계대전 후 전재 복구를 도모하고 개발도상국의 경제개발을 지원하는 것을 목적으로 한다. 개발도상 가맹국에 대한 개발자금 지원과 개발정책 수립 및 집행에 관한 기술지원, 개도국으로의 재원 및 기술이전에 관한 조정역할, 경제개발 담당자에 대한 연수 실시 등이 주요 업무다. 1960년 개도국 경제개발 원조를 목적으로 설립된 국제개발협회(IDA), 개도국의민간기업에 대한 투자를 목적으로 1956년 설립된 국제금융공사(IFC)를 비롯하여 다자간투자보증기구(MIGA), 국제투자분쟁해결본부(ICSID) 등의 기관은 세계은행의 업무와 보완적 성격을 지니며, 이들을 통칭해 세계은행 그룹이라 한다.

## 서킷 브레이커
Circuit Breakers

주식거래 시 주가가 급격하게 하락할 때 매매를 일시적으로 중단하는 제도

주가가 폭락하는 경우 거래를 정지시켜 시장을 진정시키는 목적으로 주가지수가 전일종가 대비 10% 이상 하락한 상태로 1분 이상 지속될 경우 발동된다. 서킷 브레이커가 발동되면 처음 20분 동안 모든 종목의 호가 접수 및 매매거래가 정지되며, 향후 10분 동안 새로 동시호가만 접수된다. 하루 한 번만 발동할 수 있으며, 장 종료 40분 전에는 발동할 수 없다.

## 도덕적 해이
Moral Hazard

이해당사자들이 상대를 배려하지 않는 태도

보험시장에서 처음 사용되었던 용어이며, 모럴 해저드라고도 불린다. 정보를 가진 측과 정보를 가지지 못하여 정보의 불균형 상황이 되었을 때, 정보를 가진 쪽이 불투명하여 행동을 예측할 수 없을 때 도덕적 해이가 발생한다.

## 그림자 금융
Shadow Banking System

일반적인 은행 시스템 밖에서 이루어지는 금융기관 거래

구조화 채권과 같은 고수익, 고위험 채권을 매매하는 과정에서 새로운 유동성이 창출되는 시스템을 말하는 것으로, 손익이 투명하게 드러나지 않는다는 점에서 그림자라는 말이 붙었다. 그림자 금융의 개념은 서브프라임 모기지 위기가 수면 위로 드러나면서 영국의 「이코노미스트지」를 통해 유행하기 시작했다.

## 공개시장 조작
Open Market Operation

중앙은행이 공개시장(단기금융시장, 채권시장 등)에서 금융기관을 상대로 국공채 등 증권을 매매하는 정책

금융기관의 자금사정을 변화시키고 이를 통해 통화나 금리를 조절하는 중앙은행의 가장 기본적인 금융정책 수단이다.

## 국가신인도
國家信認度

한 국가의 신용도를 측정한 지표

한 국가의 국가위험도, 국가신용도, 국가경쟁력, 국가부패지수, 경제자유도, 정치권리자유도 등을 평가한 지표이다. 무디스, 스탠다드앤푸어스(S&P), 피치 등 국제신용 평가기관들은 특정 국가의신인도를 주기적으로 측정 및 발표하고 있다. 국가 신용 등급은 해외차입, 외국인 투자 등 국제금융 거래에 큰 영향을 미친다. 국가 신용등급에 따라 국제 금융시장에서 외자 조달 금리가 영향을 받기 때

문이다. 투자 부적격 평가를 받는 경우, 고금리로도 돈을 빌릴 수가 없게 된다. 따라서 국가신용등급은 투자자들에게 중요한 투자 기준인 동시에 투자 대상국에게는 대외적 신인도를 나타낸다. 국가신용등급이 악화되면 기존 채무의 조기상환 요구, 만기 축소, 만기연장 거부 등의 압력을 받게 된다.

## 통화안정증권
通貨安定證券

**유동성 조절을 목적으로 발행되는 유가증권**

한국은행법 및 한국은행 통화안정증권법에 따라 유동성 조절을 목적으로 발행되는 유가증권으로, 공개시장조작 수단 중 하나이다. 공개시장에서 통화안정증권을 매입·매각하는 방법으로 시중의 화폐 유통을 감소시키거나 증가시키면서 통화량을 안정시키려고 하는 것이며 통화안전증권을 발행할 수 있는 권리는 한국은행만 가지고 있다.

## 역내경제 감시기구
AMRO : ASEAN+3 Macroeconomic Research Office

**CMI 다자화 기금이 역내 금융안전망으로 안착하도록 하기 위한 기구**

아세안 국가와 한·중·일 3개국이 치앙마이이니셔티브(CMI) 다자화 기금체제하에서 역내 각국의 경제 상황을 모니터링하고 신속한 자금지원 결정을 지원하기 위해 설립한 기구이다. 아시아 지역의 거시경제 움직임을 감시, 분석하고 유동성 위기가 찾아올 경우 자금지원을 통해 자체적으로 위기를 극복하는 데 활용된다.

## 교부금
交付金

**국가 또는 지방자치단체가 특정한 목적을 위하여 교부하는 금전**

교부세(交付稅)라고도 한다. 교부금은 국가가 지방자치단체의 재정을 지원하기 위한 것, 국가 또는 지방자치단체가 그 사무의 일부를 위임하고 이에 소요되는 비용을 충당해 주기 위한 것, 국가 등이 특정한 행정목적을 위해

지급하는 것 등으로 구분할 수 있다. 지방교부세는 국가가 지방교부세법의 규정에 의하여 지방자치단체의 행정 운영에 필요한 재정지원을 위하여 지급하는 교부금으로서 지방교부금이라고도 한다.

## 간접세
Indirect Tax

**납세자와 담세자가 구분되는 조세**

간접세는 조세를 부담하는 사람과 납세하는 사람이 구분되는 조세를 말한다. 상품에 조세를 추가로 징수하는 경우가 많으며, 상품의 단위당 과세하기 때문에 비례세율이 적용된다. 소비자 입장에서 상품 가격이 증가하므로 물가 상승으로 이어진다. 간접세는 조세 저항이 약하고 규모와 대상이 확실하다는 장점이 있지만, 소비규모에 따른 제세이므로 저소득자일수록 소득 대비 세금 부담이 상대적으로 높아지고 조세의 목적 중 하나인 소득 재분배가 적절하게 이루어지지 않는다는 단점이 있다. 간접세의 종류에는 부가가치세, 개별소비세, 주세, 인지세, 증권거래세 등이 있다.

## 우선주
Preferred Stock

**보통주보다 이익이나 이자배당, 잔여재산의 분배 등에 있어서 우선적 지위가 인정된 주식**

대주주가 경영권을 침해받지 않고 기업자금을 조달하기 위해 의결권을 주지 않는 대신 배당을 우선적으로 부여하는 주식이다. 우선주는 우선권의 내용에 따라 우선권의 존속기간이 한정되어 있는 것이 있고, 우선배당의 참가방법에 따라 소정비율의 우선배당을 받고도 이익이 남는 경우에 우선주주가 다시 보통주주와 함께 배당에 참가할 수 있는 참가적 우선주와 소정비율의 우선배당을 받는 데 그치는 비참가적 우선주, 당해 영업연도에 소정비율의 우선배당을 받지 못한 경우에 그 미지급배당액을 다음 영업연도 이후에도 우선하여 보충 배당받는 누적적 우선주(보증주), 그리고 당해 영업연도에 우선배당을 받지 못하고, 그 미지급 배당액을 다음 영업연도에도 보충 배당받지 못하는 비누적적 우선주 등이

있다. 우리나라에서의 우선주는 배당에 우선권을 주는 대신 경영참가 수단인 의결권을 제한하는 무의결권 주식이 대부분이다.

## 경제심리지수
Economic Sentiment Index

기업과 소비자 모두를 포함해 민간이 경제 상황에 대해 어떻게 생각하는지를 종합적으로 파악하는 지표

기업경기실사지수(BSI)와 소비자동향지수(CSI)를 합성한 종합심리지수로 100을 기준으로 하는 상대 지수이다. 100 보다 높으면 소비자와 기업이 경제 상황을 이전보다 나아졌다고, 낮으면 그렇지 않다고 여긴다는 뜻이다. 2022년 2월 기준 경제심리지수는 105.7을 기록했다.

## 경제성장률
經濟成長率

일정 기간 중 한 국가의 경제규모(국민소득 규모)가 늘어난 정도를 백분율로 표시한 것

경제 성장률을 계산하는 데 가장 일반적으로 쓰이는 국민소득은 각 경제활동부문에서 창출해낸 실질국내총생산(실질GDP) 이다. 따라서 경제 성장은 대부분의 경우 실질GDP 증가율을 의미한다.

## 트리핀의 딜레마
Triffin's Dilemma

신뢰도를 유지하기 위해 긴축 정책을 시행하는 경우 경기 침체를 야기해 기축통화에 대한 신뢰도는 떨어질 수밖에 없는 딜레마에 빠지게 되는 이론

1950년대 미국에서 수년간 경상수지 적자가 이어지자 이 상태가 얼마나 지속될지, 또 미국이 경상흑자로 돌아서면 누가 국제 유동성을 공급할지에 대한 문제가 대두되었는데, 당시 예일대 교수였던 로버트 트리핀은 이에 대해 "미국이 경상적자를 허용하지 않고 국제 유동성 공급을 중단하면 세계 경제는 크게 위축될 것이나, 적자상태가 지속돼 미 달러화가 과잉 공급되면 달러화 가치가 하락해 준비자산으로서 신뢰도가 저하되고 고정환율제도 붕괴될 것"이라 했다. 즉,

기축통화 발행국은 기축통화의 국제 유동성을 유지하기위해 국제수지(경상수지) 적자를 지속해야 하는데 이는 기축통화에 대한 신뢰도 하락으로 연결될 수밖에 없다.

## 스캘퍼
Scalper

빈번히 주식을 매매하는 초단기 투자자

포지션 보유 기간이 1 ~ 2분에 불과하여 주식시장에서 초박리를 취하는 사람들로도 불린다. 기관투자자들은 그들이 포지션을 보유하고 있는 시간의 길이에 따라 스캘퍼, 일일거래자, 포지션거래자로 나눈다. 스캘퍼가 포지션을 보유한 이후 수분 동안 자기가 예상한 방향으로 가격이 움직이지 않으면 그는 포지션을 정리하고 새로운 포지션 기회를 찾는다. 스캘퍼는 많은 양의 거래를 함으로써 시장의 유동성을 제공하며 그들의 거래활동은 다른 시장 참여자들의 매매를 용이하게 해준다.

## 재무상태표
貸借對照表

일정 시점에서 기업의 재정상태를 알기 위해 작성하는 표

기업의 재정상태란 자산의 정도, 부채·자본의 규모는 어떠한가를 말하는 것이다. 이러한 항목을 정리한 것이 대차대조표로서 차변(왼편)에는 모든 자산을 기재하고 대변(오른편)에는 모든 부채와 자본을 기재한다. 대차대조표는 복식부기로서 모든 거래행위는 대차 양변에 기록되므로 언제나 양변의 합계는 일치한다. 즉, 자산 = 부채 + (자기)자본이다. 흔히 신문 등에서 볼 수 있었던 주총 결산 공고가 바로 대차대조표이다. 현재는 2011년 본격적으로 시행된 한국채택 국제회계기준(K – IFRS)의 도입으로 기존의 '대차대조표'는 '재무상태표'로 명칭이 변경되었다.

## J커브 효과
J – Curve

일정 기간이 지난 후 경상수지 개선으로 나타나는 현상

환율이 오르면 경상수지가 개선되고, 환율이 내리면 경상수지도 악화되는데, 실질경제에서는 환율 상승이 금방 경

상수지 개선으로 나타나지 않고 오히려 경상수지가 악화되는 경우가 발생한다. J커브 효과가 나타나는 이유는 두 가지로 들 수 있는데, 하나는 시간차이 때문으로 환율이 오르더라도 오르기 전 가격으로 체결된 계약이 남아 있기 때문에 시장에 즉각 반영되지 않으며, 또 하나는 소비자의 반응속도로 환율 상승으로 인한 가격변화가 소비습관을 바꾸는 데는 시간이 걸리기 때문이다.

## 그레셤의 법칙
### Gresham's Law
**영국의 재정가 그레셤이 발표한 화폐유통에 관한 법칙**

영국의 재정가 그레셤이 "악화(惡貨)가 양화(良貨)를 구축(驅逐)한다."고 표현하여 그레셤의 법칙이라고 한다. 나쁜 돈이 좋은 돈을 몰아낸다는 뜻인데, 그레셤의 법칙은 소재의 가치가 서로 다른 화폐가 동일한 명목 가치를 가진 화폐로 통용되면 소재 가치가 높은 화폐(양화)는 유통시장에서 사라지고 소재 가치가 낮은 화폐(악화)만 유통되는 것을 뜻한다.

## M&A
### Merger&Acquisition
### 기업의 인수와 합병

두 개 이상의 회사가 계약에 의하여 청산절차를 거치지 않고 하나로 합병하는 것을 말한다. 기업합병과 경영권을 획득하는 기업인수가 결합된 개념이다. 기업의 자산과 부채를 포함한 모든 권리와 의무가 합병법인에게 이전되고 대가로 합병법인은 주주들에게 합병법인의 주식과 합병교부금을 지급한다. 기업분할은 회사가 독립된 사업부문의 자산과 부채를 포괄적으로 이전하여 한 개 이상의 회사를 설립함으로써 한 개 회사가 두 개 이상의 회사로 나누어지는 것을 의미하는데, 자산과 부채를 포괄적으로 이전하는 회사를 분할회사, 자산과 부채를 이전받는 회사를 분할신설회사라 한다. M&A의 방법으로는 주식인수와 기업합병, 기업분할, 영업양수도 등이 있다.

## 그린메일
### Green Mail
**경영권을 담보로 보유 주식을 비싸게 파는 행위**

M&A 용어로, 보유 주식을 팔기 위한 목적으로 대주주에게 편지를 보낼 때 초록색인 달러화를 요구한다는 의미에서 그린메일이라는 이름이 붙여졌다. 그린메일은 경영권을 위협하는 수준까지 특정 회사의 주식을 대량으로 매집해놓고 기존 대주주에게 M&A를 포기하는 조건으로 일정한 프리미엄을 얻어 주식을 매입하도록 요구하는 행위를 말한다. 경영권 탈취를 목적보다는 주식의 시세차익을 노리는 것이 보통이며, 그린메일이 성사되고 나면, 일정 기간 동안 적대적 M&A를 시도하지 않겠다는 약정을 맺을 수 있는데, 이를 불가침 협정이라고 한다.

## 곰의 포옹
### Bear's Hug
**사전예고 없이 경영진에 매수를 제의하고 빠른 의사결정을 요구하는 기법**

적대적 M&A를 시도하는 측이 활용하는 수단 중 하나로, 사전 경고 없이 매수자가 목표 기업의 이사들에게 편지를 보내어 매수 제의를 하고 신속한 의사결정을 요구하는 기법이다. 인수 대상 기업의 경영자에게 경영권을 넘기거나 협상에 응하지 않으면 회사를 통째로 인수하겠다는 일종의 협박으로, 마치 곰이 다가와 포옹하는 것 같다 하여 곰의 포옹이라고 한다. 시간적 여유가 없는 주말에 인수 의사를 대상기업 경영자에게 전달하여 인수 대상 기업의 경영자가 수용여부를 빨리 결정토록 요구하는 것이다.

## 포이즌 필
### Poison Pill
**독약을 삼킨다는 의미의 적대적 M&A의 방어 수단**

기존의 주주들이 시가보다 저렴하게 주식을 살 수 있는 권리를 주거나, 회사에 주식을 비싼 값에 팔 수 있는 권리를 줌으로서, 적대적 M&A에 나선 기업이 부담을 갖게 되어 M&A를 방어할 수 있다.

## 차등의결권
差等議決權

### 적대적 M&A로부터의 경영권 방어 수단 가운데 하나

일반 주식이 가지는 의결권보다 몇 배 더 높은 주식을 말하며 차등의결권주식, 복수의결권(주식)이라고도 부른다. 예를 들자면, 최대주주 소유의 보통주가 주당 1표의 의결권을 갖는 대신 일반인에게 2등급 주식을 발행하여 배당을 늘려주어 10주당 의결권 1표를 갖게 하는 것이다. 따라서 대주주의 지배권을 강화하고 안정적으로 경영권을 행사할 수 있어 적대적 인수합병의 경영권 방어 수단으로 이용하는 것이다. 우리나라는 1주당 1의결권을 갖는 것이 원칙이며 차등의결권 제도 자체가 없다. 시행 중인 나라는 미국, 유럽 등에서 도입하고 있다. 차등의결권은 적은 지분으로 적대적 인수합병으로부터 경영권을 방어하는 효과를 가지지만, 무능한 경영자가 있을 경우 교체하기가 어렵고 경영진의 소수 지분의 이 다수의 의사인 것처럼 왜곡될 수 있다. 또한, 소수의 경영진들이 개인 이익만을 쫓을 수 있는 단점을 가진다.

## 피셔 효과
Fisher Effect

### 시중금리와 인플레이션 기대 심리와의 관계를 말해주는 이론

시중의 명목금리는 실질금리와 예상 인플레이션율의 합계와 같다고 표현한다. 통화긴축을 할 경우 유동성 부족으로 금리가 상승하는 유동성 효과는 단기에 그치고 중장기적으로 물가하락을 가져와 명목금리도 하락하기 때문이다.

## BIS 자기자본비율
BIS Capital Adequacy Ratio

### 국제결제은행이 정한 은행위험자산(부실채권) 대비 자기자본비율

1988년 7월 은행의 건전성과 안정성 확보를 위해 최소 자기자본비율에 대한 국제적 기준이 마련되었다. 이 기준에 따라 적용대상 은행은 위험자산에 대하여 최소 8% 이상의 자기자본을 유지하게 함으로써, 은행이 거래기업의 도산으로 부실채권이 갑자기 늘어나 경영위험에 빠져들게 될 경우 최소 8% 정도의 자기자본을 가지고 있어야 위기 상황에 대처할 수 있다는 것이다. 따라서 BIS비율을 높이려면 위험자산을 줄이거나 자기자본을 늘려야 하는데, 위험자산을 갑자기 줄이는 것은 불가능하므로 자기자본을 늘려 BIS비율을 맞추는 것이 보통이다. BIS비율이 낮아지면 은행의 신인도가 떨어져 고객 이탈이 우려될 뿐만 아니라 은행 간의 합병에서도 불리한 입장에 처할 가능성이 크기 때문에 은행들은 BIS비율 유지에 사활을 걸고 있다.

## CLS은행
Continuous Linked Settlement Bank

### 주요 국제 상업 은행들이 세계 외환거래의 동시결제를 구현할 목적으로 설립한 국제외환 결제전문은행

외환결제리스크 감축에 관한 BIS의 권고에 따라 설립된 결제전문은행으로, CLS그룹 지주회사의 자회사로서 1999년 미국 뉴욕에 설립되었다. 주요 국가 간 외환거래 등에 대해 결제 서비스를 제공하고 있으며 CLS 시스템을 이용하여 외환거래를 결제할 경우에 각 통화별 중앙은행에 개설된 CLS은행 계좌를 통해 양 거래통화의 동시결제(PVP)가 이루어진다. 때문에 원금 리스크를 줄일 수 있으며 다자간상계에 따른 결제유동성 절감 효과도 거둘 수 있다.

## 후순위채권
Subordinated Debt

### 채무 변제 순위가 일반 채권보다 나중되는 채권

발행기관이 파산할 경우 다른 채권자들의 부채가 청산된 다음 상환 받을 수 있는 채권이다. 대신 일반 채권보다는 금리가 높아 발행기관이 파산하지 않으면 장기간 동안 고금리 혜택을 누릴 수 있다.

## 필립스 곡선
Phillips Curve

물가상승률과 실업률 사이에 있는 역의 상관관계를 나타낸 곡선

영국의 경제학자인 윌리엄 필립스가 1860년대부터 1950년대 사이 영국 실업률과 명목 상승률 통계자료를 분석하여 실업률과 명목임금 상승률 사이에 역의 관계가 존재한다는 것을 발견하였다. 정부가 물가상승률을 감소시키면 실업률은 증가하고, 실업률을 감소시킬 경우 물가가 상승한다. 때문에 물가안정과 완전고용이라는 두 가지 경제정책 목표는 동시에 달성될 수 없으며, 정부가 실업을 해결하기 위해서는 어느 정도의 인플레이션을 감수해야 하고, 물가를 안정시키기 위해서는 실업률 상승을 받아들여야 한다.

## 프로젝트 파이낸싱
PF : Project Financing

특정 프로젝트 사업의 수익성과 미래 현금창출 능력을 담보로 설립된 특수목적회사가 국제금융기관 · 일반 은행 자본주로부터 사업 자금을 모집하고 사업종료 후 일정 기간에 발생하는 수익을 지분율에 따라 투자자들에게 나눠주는 금융기법

일반적으로 토지 · 건물 등을 담보로 돈을 빌리는 기업금융과 달리, 사업의 미래 수익성이나 사업 주체의 신뢰도만을 믿고 수십억 내지 수천억 원의 대규모 자금을 금융기관 간 협조융자 형태로 모을 수 있는 것이 특징이다. 이 기법은 1930년대 미국의 석유개발사업에서 출발하여 점차 도로 · 공항 · 항만 등 사회간접자본이나 플랜트 건설, 석유탐사 및 개발 등 대규모 사업의 자금조달 방법으로 주로 활용되었다.

## 파생금융 상품
Derivatives

채권, 금리, 외환, 주식 등의 금융자산을 기초로 가격이나, 가치의 움직임에 따라 값어치가 결정되는 금융 상품이나 계약

시장경제 아래에서는 환율이나 금리, 주가 등의 변동으로 자산의 가치가 떨어질 위험이 상존하고 있으나, 파생금융 상품을 이용하면 미래 거래금의 단 몇 퍼센트에 불과한 위탁증거금만으로 이러한 미래의 가격 변동 위험을 피하거나 줄일 수 있다. 파생금융 상품은 미래에 대한 위험에 적절히 대처하는 데 그 목적이 있으나 고위험이 수반된다. 따라서 본래 내포된 미래의 가격 변동 예상과 작은 비용으로 대규모 거래가 가능하지만, 단기 고수익을 노리는 투기성 거래를 양산하고 있다.

## 자산유동화증권
ABS : Asset Backed Securities

자산을 기반으로 발행하는 증권

기업이나 은행이 보유하고 있는 유 · 무형의 유동화 자산인 부동산, 매출채권, 유가증권 등을 기반으로 발행된 증권이다. 유동성이 떨어지지만 재산가치가 있는 자산을 담보를 증권으로 발행하여 유통시키는 것이 자산유동화이다. 자금 조달하는 다양하게 제공하고 조달비용을 낮춰주는 등으로 활용이 가능하다. 특수목적회사(SPC)가 발행한다.

## 풋옵션
Put Option

시장가격에 관계없이 상품을 정해진 가격에 매도할 수 있는 권리

풋옵션에서 정한 가격이 시장가격보다 낮을 경우 권리를 포기할 수 있고, 옵션가격이 시장가격보다 높을 때는 권리를 행사하여 차익만큼의 이득을 얻을 수 있다. 옵션가격은 매입 당시 시장가치에 프리미엄을 덧붙인 가격으로 결정되고, 풋옵션의 본질적 가치는 풋옵션을 실현했을 때 받을 수 있는 금액이며, 시간가치는 만기일까지 가격 변동 가능성이라는 위험부담을 현재 가치로 환산한 것이다.

## 콜 옵션
Call Option

특정 대상물을 사전에 약속한 날에 일정한 가격으로 살 수 있는 권리를 매매하는 것

특정 기본자산을 당사자들이 미리 정한 가격(행사가격)으로 미래의 특정 시점 또는 이전에 살 수 있는 권리를 매매하는 계약이다. 콜 옵션 매수자는 콜 옵션 매도자에게 프리미엄을 대가로 지급하며 그 대신 매도자는 기본자산을 사전에 정한 가격에 팔아야 할 의무를 진다.

## 특수은행
Special Banks

은행법에 따라 설립하여 업무를 영위하는 일반 은행과 대비되는 개념

특수은행은 은행법의 적용을 받지 않으며 개별 특수은행법에 의거하여 설립·운영한다. 특수은행은 일반 은행이 재원, 채산성 또는 전문성 등의 제약으로 인하여 필요한 자금을 충분히 공급하지 못하는 특정 부문에 대하여 자금을 원활히 공급함으로써 일반 상업금융의 취약점을 보완하고 이를 통하여 국민 경제의 균형적 발전을 도모하기 위한 목적으로 설립되었다. 따라서 특수은행은 자금운용 면에서 상업금융의 취약점을 보완하는 금융기관으로서 기능과, 특정부문에 대한 전문 금융기관으로 기능을 담당하도록 되어 있다. 이런 특성 때문에 재원조달 면에서도 민간으로부터의 예금 수입에 주로 의존하는 일반 은행과 달리 재정자금과 채권 발행에 많은 부분을 의존했다. 현재 영업 중인 특수은행으로는 한국산업은행, 한국수출입은행, 중소기업은행, 농업협동조합중앙회와 수산업협동조합중앙회의 신용사업 부문이 있다.

## 추가경정예산
追加更正豫算

예산이 성립된 후에 국회를 통과하여 그 내용을 변경하는 것

사용할 용도가 정해진 국가예산이 이미 정해진 상황에서 예산 부족이나 특별한 사유로 인해 부득이하게 필요하다고 판단되는 경우 정부가 본예산을 변경해 다시 정한 예산을 국회에 제출하여 의결을 거친 후 집행하는 예산으로 줄여서 추경예산이라고도 한다. 우리나라의 경우 헌법 제56조에 따라 예산에 변경을 가할 필요가 있을 때 정부가 추가경정예산안을 편성해 국회에 제출하도록 하고 있으며, 예산안이 국회에서 의결되기 전에 그 내용을 변경하는 수정예산과 차이가 있다.

## 경기 동행지수
CCI : Coincident Composite Index

현재의 경기 상태, 동향을 파악하고 예측하는 경기종합지수의 하나

산업생산지수, 제조업가동률지수, 생산자출하지수, 도소매판매액지수, 비내구소비재 출하지수, 수입액, 시멘트소비량, 노동투입량, 전력사용량, 수출액 등의 구성지표로 되어 있다. 동행지수는 경제 성장에 따라 증가하는 움직임과 경기의 상승 및 하강 움직임을 동시에 나타내고 있다. 동행지수는 이러한 움직임을 포함한 변동이므로 경기의 국면이나 전환점을 명확하게 파악하기가 어렵다. 따라서 이런 움직임을 제거하여 편리하고 명확하게 파악하기 위한 순환변동치를 이용한다.

## 출구전략
Exit Strategy

경기침체나 위기로부터 경제지표가 되살아나는 경기회복의 조짐이 있는 경제 상황에서 침체기간 동안 시중에 풀린 과도한 유동성을 부작용이 생기기 전에 회수하려는 전략

서브프라임 사태 이후 미국을 비롯한 전 세계 대부분의 국가들이 이자율을 낮추고 유동성 공급을 확대해 왔으나, 경기회복에 대한 기대감이 커지면서 원자재가격이 급등하는 등 인플레이션에 대한 우려가 커지고 있다. 이러한 과

잉 유동성의 부작용을 견제하기 위해 이자율 인상, 채권매입 축소 등이 출구전략으로 논의되고 있으며, 2009년 4월 미국의 워싱턴에서 열린 G20 재무장관·중앙은행총재회의에서 세계금융위기 이후의 중요 대책으로 제시되었다.

## 국민고통지수
Misery Index

### 일반 국민들이 느끼는 경제 체감도

실업률과 물가상승률을 합산한 다음 소득증가율을 뺀 수치로, 여기에 실질 국내총생산(GDP)증가율을 빼기도 한다. 국민들의 삶의 고통을 계량화할 수 있는 유일한 지표로 국제적으로 자주 활용되고 있다. 특히 피부로 느끼는 경제적인 삶의 질을 중시하게 되면서 최근 들어 그 사용이 늘어나는 추세에 있다. 이 용어는 미국의 브루킹스연구소의 경제학자 아서오쿤이 고안한 경제지표로 미국 기상대가 개발한 불쾌지수를 경제학에서 빌려 만들었으며, 고통지수는 인플레이션률, 실업률, 국민소득증가율 등으로 일반 국민이 느끼는 경제적 체감도를 나타낸다. 한 나라의 1년간 경제성과를 가늠하는 척도로 활용되고 있다.

## 미소금융
美少金融

### 개인 신용평점이나 소득이 낮아서 금융이용이 어려운 서민들에게 담보나 보증없이 운영 및 창업자금을 대출해주는 것

금융소외계층을 대상으로 운영·시설자금을 대출해주는 대출사업이다. 자영업자나 무등록사업자 또는 창업(예정)자에게 대출을 해주는 것이다.

## 햇살론
Sunshine Loan

### 신용등급이나 소득이 낮아서 금융 이용이 어려운 서민에게 자금 대출해주는 제도

고금리 대출을 이용할 수밖에 없는 신용도가 낮은 사람들에게 생계자금을 지원해주는 대출제도이다. 최소한의 요건만 심사하여 최대 1400만원까지 대출이 가능하다.

## 장발장 은행
Jeanvaljean Bank

### 취약계층을 돕기 위해 설립된 은행

벌금형을 선고받았지만 생활고로 벌금을 낼 수 없는 형편의 취약계층을 돕기 위해 설립된 은행이다. 장발장 은행은 신용조회 없이 무담보 무이자로 벌금을 빌려준다. 대상자는 소년소녀가장, 미성년자, 기초생활보장법상 수급권자와 차상위계층이 우선 대상이며 개인과 단체의 기부로 운영되고 있다.

## 제로금리 정책
Zero Interest Rate

### 물가상승률을 차감한 실질 또는 명목금리가 0%대인 것

초저금리는 고비용 구조를 해소하고 국가경쟁력을 높이며 소비촉진을 통해 경기침체 가능성을 줄여준다는 이점이 있는 반면에, 노년층 등 이자소득자들의 장래가 불안해짐에 따라 중장년을 중심으로 소비가 위축될 수 있고 부동산투기, 주택가격 폭등 등 자산버블이 우려되며, 근로의욕을 저하시킬 수도 있다. 대표적인 국가로 일본을 들 수 있는데, 내수자극을 통한 경기회복, 엔화 강세 저지, 기업의 채무부담경감, 금융회사들의 부실채권 부담 완화 등의 효과를 겨냥하여 제로금리정책을 시행하였다.

## 지주회사
Holding Company

### 다른 회사의 주식을 소유하여 그 회사의 사업내용을 지배하는 것을 주된 사업으로 하는 회사

자회사의 주식을 전부 또는 지배가능 한도까지 매수하고 이를 자사의 주식으로 대위시켜 기업 활동에 의하지 않고 자본에 의해서만 지배하는 회사이다. 지주회사는 피라미드형 지배를 가능하게 하며 적은 자본을 가지고도 생산과 자본에 대한 독점적 지배망을 형성할 수 있다. 일종의 콘체른 형식에 의한 독점의 형태로서, 경제영역뿐만 아니라 정치에도 영향을 미친다. 현행 공정거래법에서는 '주식의 소유를 통하여 국내회사의 사업내용을 지배하는 것을 주된 사업으로 하는 회사로서, 자산총액이 1,000억 원 이상이면서 소유하고 있는 자회사의 주식가액의 합계액이 당해 회사 자산총액의 50% 이상인 회사를 지주회사로 규정하고 있다. 지주회사는 크게 두 가지 유형이 있는데, 순수지배회사는 자회사 관리를 유일한 업무로 하는 지주회사이고, 사업지주회사는 수동적인 주식 관리에서 넘어서서 사실상 자회사를 지배하고 관리하는 회사를 일컫는다.

## 교환사채
EB : Exchangeable Bonds

**사채권자의 의사에 따라 다른 유가증권으로 교환할 수 있는 사채**

투자자가 보유한 채권을 일정시일 경과 후 발행회사가 보유 중인 다른 회사 주식으로 교환할 수 있는 권리가 붙은 사채로 주식전환이 가능한 채권이라는 점에서 전환사채와 유사하나 전환대상 주식이 발행사가 아닌 다른 회사의 주식이라는 점에서 차이가 있다. 주식 교환권을 부여해 장래에 주식 가격상승에 따른 투자 수익을 기대할 수 있으나 통상적으로 이자율은 낮다. 교환사채를 발행할 수 있는 법인은 상장회사로 발행이율, 이자지급조건, 상환기한 및 전환기간 등은 자율화되어 있다. 교환가격은 교환대상 주식 기준 주가의 90% 이상이며, 교환비율은 100% 이내로 제한된다. 교환대상 상장주식을 신탁회사 등에 예탁한 후 교환사채를 발행해야 한다. 1995년 정부가 해외에서 주식을 쉽게 발행할 수 있게 허용한 해외증권발행 방법으로, 기업이 투자하고 싶은 곳은 많지만 국내이자율이 높아 국내에서 조달하기 힘들 때 유리한 자금동원 방법이라 할수 있고, 발행회사는 자기회사 지분율이 변하는 위험을 없애면서 보유 주식을 보다 비싼 값에 팔 수 있는 이점이 있으나 교환대상주식을 발행한 기업이 동의해야만 교환사채를 발행할 수 있다.

## 정크본드
Junk Bond

**리스크가 상대적으로 큰 기업들이 자금 조달을 목적으로 발행한 고수익·고위험 채권**

신용도가 낮은 회사가 발행한 채권으로, 원리금 상환 불이행 위험이 크기 때문에 일반 채권금리에 가산금리를 더한 이자를 지급한다. 미국의 경우 회사채는 만기 10 ~ 30년의 장기채 발행이 대부분을 차지하고 있는데, 신용등급이 높은 우량기업 발행채권이 대부분을 차지한다. 우리나라의 정크본드 시장은 자산유동화증권(ABS)과 관련이 있는데, ABS 설계 시 위험요소가 경감될 수 있도록 원리금 지급 우선순위에서 선순위와 후순위로 차등을 둔다.

## 스왑
Swap

**금융자산이나 부채에서 파생되는 미래의 가치를 교환하는 것**

스왑은 크게 통화스왑과 금리스왑이 있다. 통화스왑은 엔화를 저렴하게 빌릴 수 있으나 달러가 필요하고 달러를 저렴하게 빌릴 수 있으나 엔화가 필요한 두 회사가 있을 경우, 서로의 장점을 살려 돈을 빌린 다음 상대방의 원리금을 갚아주면 서로 이득이 된다. 이를 통화스왑이라고 하며, 금리스왑의 경우는 대출금의 금리상환 조건을 맞바꾸는 것으로 고정금리로 대출받은 기업과 변동금리로 대출받은 기업이 서로 유리한 방향으로 대출금을 상환해 주는 방법이다.

## 지속가능경영
CSM : Corporation Sustainability Management

**인류의 지속성을 확보하기 위한 보존과 발전이 어우러진 친환경적 성장을 추구하는 것**

기업은 경제적 이익 창출만으로는 더 이상 지속적으로 발전할 수 없음을 전제하고, 기업의 사회적 책임이행과 환경보전 활동, 합리적인 수익추구활동을 통해 경영리스크를 최소화하고, 기업 가치를 지속적으로 증대시키기 위한 경영활동을 한다. 환경적 측면에서는 글로벌 환경규제의 강화, 교토

의정서 발효 등 기업의 환경보호 역할이 강조되고 있으며, 환경보호를 위한 모니터링 및 내부 환경 경영체제의 구축을 요구하고 경제적 측면에서는 금융기관들의 사회책임 투자 증가, 이해관계자들의 지속가능 경영정보 요구 증대로 지속가능 경영정보의 외부 커뮤니케이션을 위한 지속가능성 보고서의 제작 및 검증이 주요과제로 대두되고 있다.

## 일물일가의 법칙
### Law of Indifference

**동일한 시점일 경우, 완전경쟁이 행해지는 시장에서 판매하는 동일 상품에 대해서는 하나의 가격만 성립하는 법칙**

무차별의 법칙으로, 어떤 한 곳이 다른 곳보다 가격이 비싼 경우, 해당 상품을 싼 곳에서 사고, 비싼 곳에서 판매하는 사람들이 생겨나 가격은 결국 동일해지는 것을 말한다.

## 인터넷 전문 은행
### Internet 專門銀行

**모바일과 인터넷으로만 영업하는 은행**

보조적으로 활용하는 오프라인 은행의 인터넷 뱅킹과는 다르다. 오프라인 지점이 없을 뿐 시중은행과 똑같이 예·적금, 대출, 외국환, 신용카드, 수납 및 지급대행 등 모든 은행 업무를 제공한다. 오프라인 지점이 없어 비용을 줄인 만큼 더 높은 예금금리와 보다 저렴한 대출 금리를 적용할 수 있다. 현재 우리나라에는 케이뱅크와 카카오뱅크가 인터넷 전문은행으로 인가를 받아 영업을 하고 있다.

## 공유경제
### Sharing Economy

**집이나 자동차 등 자산 또는 지식이나 경험을 공유하며 합리적 소비·새로운 가치 창출을 구현하는 신개념 경제**

개인 소유를 기본 개념으로 하는 전통 경제와 대비되는 개념으로 공유경제는 소유자들이 많이 이용하지 않는 물건으로부터 수익을 창출할 수 있으며, 대여하는 사람은 물건을 직접 구매하거나 전통적인 서비스업체를 이용할 때보다 적은 비용으로 서비스를 이용할 수 있다는 장점이 있다. 그러나 공유 서비스를 이용하다가 사고가 났을 경우, 보험을 비롯한 법적 책임에 대한 규정이 명확하지 않는 등 이를 규제할 수 있는 법안이나 제도가 마땅치 않다는 문제점을 가진다.

## 닥터 코퍼
### Dr. Copper

**구리 가격으로 경제 상황을 예측하는 것**

구리 가격이 경기를 예측하는 특성이 있음을 지칭하는 표현이다. 구리는 원유나 금보다 지정학적·정치적인 영향을 덜 받으며 자동차, 건설, 해운 등 제조업 전반에 재료로 사용되므로 경기 선행지표로 활용된다.

## 워크아웃
### Workout

**부도위기에 처한 기업 가운데 회생가치가 있는 기업을 지원하는 제도**

회생가치가 있는 부실기업에 대해 채권금융기관들과 채무기업 간 협상과 조정을 거쳐 부채 상환 유예 및 감면 등을 통해 회생시켜주는 재무구조 개선 제도이다. 워크아웃 종류에는 기업 워크아웃과 많은 빚과 저신용으로 경제활동이 어려운 개인의 신용을 회복시켜주는 개인워크아웃, 기업이 도산하기 전에 미리 지원해주는 프리워크아웃이 있다.

## 외부 효과
### External Effect

**경제활동과 관련하여 타인에게 의도치 않은 효과를 발생시키는 현상**

시장가격과 별개로 다른 소비자에게 의도하지 않은 혜택이나 손해를 입히는 경우를 말한다. 이때, 이익을 주는 긍정적 외부 효과를 외부경제라고 하며 손해를 끼치는 부정적 외부 효과를 외부불경제라고 한다.

## 예대율
預貸率

### 총예금에 대한 총대출 비율

예대율이 1보다 작다는 것은 자체 예금 자원을 바탕으로 은행이 대출을 할 수 있음을 의미하고, 예대율이 1보다 클 때는 대출을 위해은행이 추가적인 대출을 하고 있음을 의미한다. 따라서 예대율은 은행의 건전성을 나타내는 지표로 활용되며 은행 건전성과 반비례한다. 우리나라의 경우 경제 성장에 따른 필요자금의 대부분을 은행 융자에 의존하고 있기 때문에 시중은행의 예대율이 높은 편이다.

## 닉슨 쇼크
Nixon Shock

### 1971년 미국 달러방어정책

미국의 닉슨 대통령이 1971년 8월 발표한 달러방어정책으로 인해 발생한 충격을 말한다. 1960년대 말부터 미국은 베트남 전쟁을 포함해 많은 대외 원조 및 군사비 지출로 인해 경제력이 크게 낮아졌다. 이 과정에서 미국의 국제수지가 크게 악화되어 달러의 가치가 크게 떨어졌다. 게다가 미국 달러화의 금 교환 요구가 외국에서 크게 늘어나면서 미국의 금 보유고가 급격히 감소하였다. 이에 닉슨 대통령은 금과 달러의 교환 정지, 10%의 수입 과징금의 실시를 포함하는 달러방어정책을 내놓게 되었다. 닉슨 쇼크는 대미 수출 의존도가 높은 한국, 일본, 중남미 등에 큰 충격을 주었고 고정환율제에서 변동환율제로 바뀌는 전환점이 되었다. 닉슨 쇼크란 용어가 최근 다시 나타난 것은 2009년 초 당시 세계 금융위기에 따른 안전 자산에 대한 선호로 인해 달러 가치가 크게 올랐다. 미국이 대규모 재정적자임에도 불구하고 달러 가치가 계속 강세를 보이자 장기적으로 글로벌 달러의 가치가 약세로 돌아설 가능성을 갖는 의미에서 '제2의 닉슨 쇼크'가 발생할 수도 있다는 우려가 표면화되었기 때문이다.

## 죄수의 딜레마
Prisoners Dilemma

### 게임 이론 사례로, 자신의 이익만 고려하다가 자신과 상대방이 불리해진다는 이론

서로 믿고 협력하면 모두에게 이득이지만, 자신의 이익을 최대화하려 동료를 배신하면 모두에게 불행한 결과를 가져올 수 있음을 죄수의 상황에 적용하면서 '죄수의 딜레마'라는 이름을 붙였다. 두 공범자가 협력해 범죄사실을 숨기면 증거불충분으로 형량이 낮아지지만 범죄사실을 먼저 자백하면 다른 한쪽보다 가벼운 처벌을 받게 해준다는 수사관의 유혹에 빠져 어느 한쪽이 범죄사실을 털어놓으면 결국 공범자 모두 더 큰 처벌을 받는다는 이론으로 자신만의 이익을 위한 선택이 자신과 상대 모두에게 불리한 결과를 낳는 상황을 의미한다.

## 와타나베 부인
Mrs. Watanabe

### 엔화 캐리 트레이드(Yen Carry Trade)로 해외 고금리 자산에 투자하는 일본의 일반 투자자들

일본에서 흔한 성씨의 이름을 딴 국제금융용어이다. 처음에는 여유자금을 가진 주부들이 저금리 상황에서 대출받아 해외 고금리 금융 상품에 투자하는 데에서 생겨났으나 현재는 해외 고금리에 투자하는 일본의 모든 일반투자자를 일컫는다. 이들은 주로 FX 마진거래를 한다. 일종의 환투기 성향을 지니고 있으며 일본에서는 도쿄 외환시장 거래량의 30%에 달할 만큼 대중화되어 있다.

## 캐리 트레이드
Carry Trade

### 처음에는 보유한 주식을 담보로 자금을 차입하고 이를 보다 수익성이 높은 주식에 투자하여 차입비용의 상환은 물론 추가수익을 실현하는 투자행위

최근에는 저금리로 조달된 자금을 다른 국가의 특정 유가증권 혹은 상품에 투자하여 그 차액을 노려 수익을 얻으려는 거래를 지칭한다. 즉, 이자가 낮은 국가에서 빌린 돈으로 수익이 높은 다른 국가에 투자하는 방식으로 고수익을 노리는 것이다. 자본이 부족한 신흥국들에 투자자금을 제공하는 긍정적 측면이 있으나 단기간에 국가를 오가는 투자방식에 불과하기 때문에 투자자금의 큰 변동성에 따라 해당 국가 경제의 불안정성을 높이는 요인이 되기도 한다.

## 세계무역기구
WTO : World Trade Organization

상품, 서비스, 지적재산권 등 모든 교역 분야에서 자유무역 질서를 확대하기 위해 1995년 1월 1일 출범한 국제기구

제2차 세계대전 후 1948년에 출범한 GATT는 잠정협정에 불과하였으나, 전 세계 무역을 관장하는 유일한 다자간 수단이었다. 그러나 1980년대 들어, 주요 선진국가들이 자국 산업 보호, 국제수지방어를 위해 보호무역 수단을 남용하기 시작하였다. 특히, GATT체제를 우회하는 반덤핑 제도의 남용, 수출자율규제 및 시장질서협정 등의 회색지대조치가 성행하였다. 또한, 서비스와 지적재산권 등 새로운 분야는 국제경제에서 차지하는 비중이 증대하고 있음에도 불구하고 국제법적 규율장치가 미비하였다. 이에 따라 GATT 체제의 보완과 유지를 위하여 우루과이라운드(UR) 협정이 출범하였으며, 8년간의 협상을 거쳐 1995년 1월 1일 우루과이라운드(UR) 협정이 발효되고, GATT를 대체하는 항구적이고 강력한 새로운 세계무역기구(WTO)를 설립하였다. 그동안 회원국들이 GATT에 규정된 의무를 효과적으로 이행하지 못했던 점을 감안하여, WTO에서는 약속이행의 감시 등 회원국들의 의무이행을 강력히 뒷받침할 수 있는 기능을 갖추었다. UR 협정의 사법부 역할을 맡아 국가 간 경제 분쟁에 대한 판결권과 그 판결의 강제집행권이 있으며 규범에 따라 국가 간 분쟁이나 마찰을 조정한다.

## 베블런 효과
Veblen Effect

가격이 오름에도 불구하고 일부 계층의 과시욕이나 허영심으로 인해 수요가 증가하는 현상

미국의 경제학자 소스타인 베블런이 그의 저서 「유한계급론」에서 처음 사용했다. 가격이 비싼 물건을 소유하면 남들보다 돋보일 것이라고 생각하는 인간의 심리를 의미하기도 한다. 베블런 효과는 보유한 재산의 정도에 따라 성공을 판단하는 물질 만능주의 사회를 비판하면서 자신의 성공을 과시하고, 허영심을 만족시키기 위해 사치하는 상류계층의 소비와 이를 모방하기 위해 무리한 소비를 행하는 하위계층의 소비현상을 표현한 것이다.

## 일일 거래자
Day Trader

위험을 회피하기 위하여 당일 개장시간 동안에만 보유하는 거래자

포지션을 익일까지 보유함으로써 부담하는 위험을 회피한다. 스캘퍼보다는 포지션을 장시간 보유하며 일중 가격 변동을 이용하여 매매차익을 실현하고자 하는 투기 거래자이다.

## 역외펀드
Offshore Fund

세금이나 규제를 피해 자유롭게 각 국의 주식, 채권 등 유가증권에 투자하기 위해 세율이 비교적 낮은 세금피난지에서 운용되는 펀드

국내에서 조성된 투자금과 해외의 금융기관에서 차입한 투자금으로 전 세계 금융시장을 상대로 파생금융 상품에 투자하는데, 증권사의 업무영역을 해외로 확대하려는 의도에서 만들어진 펀드이다. 펀드 내에서는 환헤지가 불가능하여 선물환 계약을 체결하여 환율 변동에 따른 위험을 분산시키며, 국내법에 따라 설정된 역외펀드의 경우에는 주식 매매 차익으로 얻은 수익에 대해서는 세금이 부과되지 않지만 외국법에 의해 설정된 역외펀드는 과세된다.

## 프로슈머
Prosumer

### 제품 개발에 소비자가 참여하는 방식

1980년 앨빈 토플러가 「제3의 물결」에서 사용한 신조어이다. 제품개발과정에 소비자를 직접 또는 간접적으로 참여시킴으로서 소비자의 요구를 정확하게 반영할 수 있기 때문에 기업이 마케팅 수단으로 활용하고 있다. 프로슈머는 기존의 소비자와는 달리 생산 활동 일부에 직접 참여하며, 이는 각종 셀프 서비스나 DIY(Do It Yourself) 등을 통해서 나타나고 있다. 또한 이들은 인터넷의 여러 사이트에서 자신이 새로 구매한 물건의 장단점, 구매가격 등을 다른 사람들과 비교·비판함으로써 제품개발과 유통과정에 직·간접적으로 참여할 수 있다. 프로슈머의 등장을 촉진한 요소는 전체적 소득 및 여가시간 증대와 인터넷 등의 통신매체의 발달로 정보를 획득하기 용이하며, 전기·전자기술의 발달로 인하여 각종 장비가격의 하락과 전문가만이 사용할 수 있는 제품들의 보급 등을 들 수 있다. 초기의 프로슈머들은 제품평가를 통해 생산과정에 의견을 반영하거나 간접적이고 제한적인 영향력만을 행사해 왔지만, 최근 인터넷의 보급과 함께 이들은 보다 직접적이고 폭 넓은 영향력을 행사하며, 때로는 불매운동이나 사이버 시위 등의 과격한 방법으로 자신들의 의견을 반영한다. 프로슈머는 소비자의 의견을 생산자에게 반영한다는 점에서 긍정적이지만, 인터넷 매체 등을 이용해 허위사실을 유포하거나, 무조건적인 안티문화를 형성한다는 비판을 받는다.

## 연방준비제도
FRS : Federal Reserve System

### 국가 통화금융정책을 수행하는 미국의 중앙은행제도

1913년 12월에 도입되었다. 미국 내 통화정책의 관장, 은행·금융기관에 대한 감독과 규제, 금융체계의 안정성 유지, 미정부와 대중, 금융기관 등에 대한 금융 서비스 제공 등을 목적으로 한다. 특히 재할인율(중앙은행 - 시중은행 간 여신 금리) 등의 금리 결정, 재무부 채권의 매입과 발행(공개시장조작), 지급준비율 결정 등을 통해 통화정책을 중점적으로 수행한다.

## 아시아 인프라 투자은행
AIIB : Asian Development Bank

### 미국과 일본이 주도하는 세계은행과 아시아개발은행(ADB) 등에 대항하기 위해 중국의 주도로 설립된 은행

아시아·태평양지역 개발도상국의 인프라 구축을 목표로 한다. AIIB는 2016년 1월 한국을 포함하여 중국, 러시아, 인도, 독일, 영국 등 57개의 회원국으로 공식 출범하였고, 2017년 5월 칠레, 그리스, 루마니아, 볼리비아, 키프로스, 바레인, 사모아 등 7개국의 회원가입을 승인함에 따라 회원국은 77개국으로 늘어났다.

## 규모의 경제
Economy of Scale

### 생산요소 투입량의 증대(생산규모의 확대)에 따른 생산비 절약 또는 수익향상의 이익

대량 생산에 의하여 1단위당 비용을 줄이고 이익을 늘리는 방법이 일반적인데, 최근에는 설비의 증강으로써 생산비를 낮추고 있다. 생산 조직이나 생산의 규모가 커질수록 생산과 판매를 위한 비용이 줄어드는 경우, 이를 규모의 경제라고 한다. 규모의 경제는 생산규모와 관련된 것으로 경제규모가 커진다고 해서 반드시 규모의 경제가 발생하는 것은 아니다.

## 플라자 합의
Plaza Accord

### 달러화 절하에 대한 합의

1985년 9월 뉴욕의 플라자 호텔에서 미국, 독일, 일본, 영국, 프랑스의 5개국 재무장관과 중앙은행총재들이 모여 엔화(일본)와 마르크화(독일) 가치를 올리고 반대로 미국의 달러화 가치를 하락시키기로 한 합의를 말한다. 1978년 2차 석유파동을 겪은 미국은 1980년대 초 레이건 행정부가 들어서면서 개인 소득세를 대폭 삭감하고 재정지출은 유지함으로써 대규모 재정적자를 발생 시켰다. 여기에 고금리 정책으로 전환, 달러 가치는 높아지면서 경상수지 적자가 심각한 양상을 띠게 되자 플라자 합의를 유도하기에 이른 것이다. 이 합의로 독일 마르크화는 1주

만에 달러화에 대해 약 7%, 엔화는 8.3% 오르는 즉각적인 변화가 나타났고, 이후 2년 동안 달러 가치는 30% 이상 급락했다. 결국 이 협의는 일본의 장기불황터널의 신호탄이 되었다. 1995년 이후 일본 및 독일 등 선진국 경제가 장기불황을 겪게 되었으나 미국경제는 저물가 아래 견실한 성장세를 지속했고 이에 따라 미국 달러화는 다시 강세로 전환되었다.

## 골디락스 경제
Goldilocks Economy

경제가 높은 성장을 이루고 있더라도 물가상승이 없는 상태

골디락스는 영국 전래 동화 「골디락스와 곰 세 마리」에 나오는 여자 소녀 이름이다. 금발머리 소녀 골디락스는 어느 날 숲속에서 곰이 끓여 놓고 나간 '뜨거운 수프, 차가운 수프, 적당한 수프' 중 '적당한 온도의 수프'로 배를 채우고 기뻐한다. 골디락스 경제는 바로 이 말에서 유래되어 뜨겁지도 않고 차갑지도 않고 건실하게 성장하고 있는 이상적 경제 상황을 말한다. 경제학자 슐먼은 인플레이션을 우려할 만큼 과열되지도 않고, 경기 침체를 우려할 만큼 냉각되지도 않은 경제 상태를 골디락스에 비유했다.

## 환율조작국
Currency Manipulator

정부나 중앙은행이 외환시장에 개입하여 환율을 조작하는 국가

자국의 수출을 늘리고 가격경쟁력을 확보하기 위해 정부나 중앙은행이 인위적으로 외환시장에 개입하여 환율을 조작하는 국가를 말한다. '심층 분석 대상국'이라고도 하며, 미국이 매년 경제 및 환율정책 보고서를 통해 발표한다. 환율조작국은 각국의 대미 무역수지 흑자가 200억 달러 이상, 경상수지 흑자가 GDP의 3% 이상, 환율 시장에 의한 방향 개입 여부 이상 등 3개 요건에 해당하면 지정된다. 또한 환율조작국으로 지정되면 미국기업 투자 시 금융지원 금지, 미 연방정부 조달시장 진입 금지, IMF를 통한 환율 압박 등이 가해진다.

## 3면 등가의 법칙
三面等價原則

국민소득의 세 가지 측면은 이론적으로 모두 동액이라는 이론

국가경제는 경제주체들이 재화와 서비스를 생산하고, 소득으로 얻고, 소비하는 과정을 반복하는 순환을 이루는데, 이러한 순환에서 국민소득을 생산·지출·분배의 세 가지 측면에서 파악할 때 결과적으로 총액이 같아진다는 이론을 국민소득 3면 등가의 원칙이라고 한다.

## 좀비 경제
Zombie Economy

무력화된 경제를 회복하기 위해 금리인하 및 각종 정책을 동원했음에도 불구하고 경제주체들이 거의 반응하지 않고 침체가 계속되는 현상

일본의 경제 상황을 빗대어 국제 금융 전문가들이 붙인 용어이다. 일본은 1990년대 버블 붕괴 과정에서 20년 이상 계속된 경기 침체를 극복하기 위해 추진하였던 모든 정책이 무력화되어 죽은 시체와 같아, 좀비경제라고 불렸다. 2003년 초부터 금리가 거의 제로수준에 이르렀고 금융기관들의 부실채권 또한 줄어들지 않고 있는 실정이다. 이 때문에 외국 자본과 기업들은 일본 시장을 외면하고 있다. 더 나아가 리사 데스자딘스와 릭 에머슨의 저서 「좀비경제학」에서는 좀비 경제를 '당신의 안정성과 미래를 위태롭게 만드는 모든 경제적 상황'이라고 설명하고 있다.

## 트릴레마
Trilemma

세 가지 정책 목표 간에 상충관계가 존재하여 이들을 동시에 개선할 수 없는 상황

거시경제학에서 '물가안정', '경기부양', '국제수지 개선' 세 가지 간에 존재하는 상충관계가 대표적이다.

## 코리보
KORIBOR : Korea Inter Bank Offered Rate

### 은행 간에 돈을 빌릴 때 적용하는 호가금리

외국계 은행 세 곳을 포함한 국내 15개 은행이 금리 수준을 제시하면 상·하위 세 개를 제외한 9개를 산술 평균하여 매일 11시에 발표한다. 그러나 실거래가가 아닌 은행 간 거래를 할 때 지급할 의향이 있는 '호가'에 불과하다는 점에서 지표금리로는 부적절하다는 의견이 지배적이다.

## 페이퍼 컴퍼니
Paper Company

### 서류상으로만 존재하는 기업

물리적 형태로는 존재하지 않고 서류 형태로만 존재하면서 회사기능을 수행하는 회사를 말한다. 사업 유지를 위해 소요되는 세금 및 전반적인 경비를 절감하기 위해 설립되고 있다. 회사의 존속기단은 기관에 따라 달라지는데, 금융기관인 경우에는 지속적으로 운용되는 경우가 많지만 증권회사나 항공사 관련 페이퍼 컴퍼니는 해당 프로젝트가 완료되면 자동으로 해체된다. 법적으로 엄연한 자격을 갖추고 있으므로 유령회사와는 다르다.

## 그린본드
Green Bond

### 발행자금을 녹색산업과 관련해서만 사용하도록 제한한 채권

친환경 및 신재생 에너지 관련 프로젝트에 투자할 자금을 마련하기 위해 발행하는 채권을 말하며 신재생 에너지, 에너지 효율, 청정운송 등이 포함된다. 친주로 세계은행 등 국제금융기관의 주도로 발행이 되었지만 최근에는 민간기업 및 지방공공단체 등 발행주체가 다양해지고 있다. 2016년에는 애플이 15억 달러 규모의 그린본드를 발행하여 이슈가 되었다. 한국 기업의 그린본드 발행은 한국수출입은행이 2013년 해외에서 찍은 5억 달러가 최초이며 이후 2018년 산업은행이 국내에서 처음으로 3,000억 원 규모의 그린본드를 발행하였다. 이어 2018년 8월에 신한은행도 국내에서 2,000억 원짜리 그린본드를 발행하였다.

## 그린워시
Green Wash

### 기업이 실제로는 환경에 악영향을 끼치는 제품을 생산하면서도 광고 등을 통해 친환경적인 이미지를 내세우는 행위

환경에 대한 대중의 관심이 늘고, 친환경 제품에 대한 선호가 높아지면서 생겼다. 환경친화적인 이미지를 상품 제작에서부터 광고, 판매 등 전 과정에 걸쳐 적용·홍보하는 그린 마케팅이 기업의 필수 마케팅 전략 중 하나로 떠오르면서, 실제로는 친환경적이지 않은 제품을 생산하는 기업들이 기업 이미지를 좋게 포장하는 경우가 생겨나고 있는 것이다. 이러한 기업들의 이율배반적인 행태를 고발하기 위해 미국의 다국적기업 감시단체 기업 감시는 매년 지구의 날, 대표적인 그린워시 기업을 선정하고 있다.

## 평가절하
Devaluation

### 통화 대외가치가 하락하는 것

국가의 대외적 통화가치가 하락하는 것을 말한다. 이는 곧 환율의상승과 달러 가치의 상승을 의미한다. 따라서 평가절하가 되면 수출은 증가하고 수입품의 가격도 증가하면서 인플레이션 상태를 야기할 수 있다. 한편 환율이 하락하여 대외가치가 상승하게 되는 경우를 평가절상이라고 한다.

## 신용점수제
信用點數制

### 신용등급제에서 전면 개편된 제도

개인신용평가 회사에서는 신용등급을 산정하지 않고 개인신용평점만을 산정하여 금융소비자와 금융회사에 제공한다. 금융권 신용 위험 관리역량을 제고하고 금융회사별 리스크 전략, 금융소비자 특성에 따라 차별화된 서비스 제공이 가능해졌다. 또한 세분화된 대출 심사 기준을 도입하여 획일적인 대출 여부에서 벗어나 저신용층의 금융접근성까지 제고되었다.

## 포워드 가이던스
Forward Guidance

### 선제적 안내, 미래 지침

지난 2008년에 발생한 글로벌 금융위기 이후 미국과 유로존 등 선진국 중앙은행들이 새롭게 도입한 통화정책이다. 통화정책의 방향을 가계와 기업 등에 정확하게 전달해 경제주체가 정책의 방향을 쉽게 이해·예측할 수 있도록 돕는다. 경제위기로 미국과 유로존에서는 양적완화와 저금리 정책을 지속하였고 중앙은행에 비해 정보가 부족한 시장에서, 안전자산에 대한 투자를 늘리자 중앙은행은 실업률, 인플레이션 등을 활용한 기준금리 변경 목표를 제시하며 경제 활성화에 대한 의지를 적극적으로 알렸고, 시장과의 원활한 의사소통을 통해 불확실성을 해소함으로써 시장의 역 선택을 방지해 시장을 안정시키기 위하여 포워드 가이던스를 활용하고 있다. 이로써 가계와 기업의 차입 비용을 낮추고, 장기 시장금리 변동성을 낮춰 금융환경 개선에 도움을 주고 있는 것으로 평가되고 있다.

## 치킨게임
Chicken Game

### 타협 없이 극한 상황까지 대립하는 국면

1950년대 미국 젊은이들 사이에 유행했던 게임으로, 규칙은 간단하다. 밤에 두 명의 경쟁자가 도로의 양쪽에서 차를 몰고 정면으로 돌진하다가 충돌 직전에 핸들을 꺾는 사람이 지는 것이다. 핸들을 꺾은 사람은 겁쟁이로 취급받는다. 냉전시절 미국과 소련의 경쟁을 비유하는 등 국제정치학에서 사용되던 용어이다. 시장에서는 가격이 폭락하는 상황에서도 오히려 제품의 양산 경쟁을 벌여 상대가 무너질 때까지 출혈 경쟁을 하는 상황을 예로 들 수 있다.

## 콜 시장
Call Market

### 금융기관들이 일시적인 자금 과부족을 조절하기 위하여 초단기로 자금을 차입하거나 대여하는 시장

금융기관은 고객을 상대로 예금을 받고 대출을 하는 과정에서 수시로 자금이 남기도 하고 부족하기도 하는데, 이러한 자금 과부족을 콜 시장에서 금융기관 간 자금거래를 통하여 조절한다. 콜금리를 통해 장단기 시장금리, 예금 및 대출금리, 궁극적으로는 실물경제 활동에 파급되기 때문에 콜 시장은 통화정책 수행에 있어서도 매우 중요한 위치를 차지하고 있다.

## 양적완화
QE : Quantitative Easing

### 중앙은행이 통화를 시중에 직접 공급해 경기를 부양하는 통화정책

기준금리가 제로(0)에 근접하여 기준금리 인하만으로는 경기부양이 한계에 봉착했을 경우 주로 시행하며, 시중에 있는 채권이나 증권을 직접 사들이기 때문에 기준금리 조절을 통해 간접적으로 유동성을 조절하는 기존 방식과는 차이가 있다. 양적완화를 시행하게 되면 통화량 자체가 증가하기 때문에 기축통화의 유동성이 상승하고 이에 따라 부동산 경기회복, 실업률 하락, 소비지출 증가 등 경제회복의 효과가 있다. 즉, 자국의 통화가치를 하락시켜 수출경쟁력을 높이는 것이 주목적이라고 할 수 있다. 하지만 양적완화로 인해 통화의 가치하락이 발생하면 전 세계적으로 인플레이션이 유발될 수 있으며 달러 약세로 인한 세계적인 환율전쟁의 위험도 안고 있다.

## 리디노미네이션
Redenomination

### 화폐 단위를 하향 조정하는 것

화폐의 가치 변동 없이 모든 은행권 및 지폐의 액면을 동일한 비율의 낮은 숫자로 조정하거나, 이와 함께 새로운 통화단위로 화폐의 호칭을 변경하는 것이다. 예를 들면 1,000원을 1원으로 하는 것으로 6,000원짜리 커피가 6원이 되고 1억짜리 자동차가 10만 원이 되는 것으로, 물가나 임금, 채권채무 등 경제수량 간의 관계에는 변화가 없다. 우리나라에서는 1953년의 제1차 통화조치에 따라 100원(圓)이 1환(圜)으로, 1962년의 제2차 통화조치에 따라 10환(圜)이 1원(圓)으로 변경된 사례가 있다.

## 빅맥지수
Big Mac Index

**각국의 통화가치 적정성을 맥도널드 빅맥 햄버거 현지 통화가격을 달러로 환산한 지수**

전 세계에 점포를 둔 맥도날드의 빅맥 가격으로 각국 통화의 구매력과 환율 수준을 비교·평가하여 버거노믹스(버거경제학)라고 이름 붙인 빅맥지수를 매년 발표하고 있다. 환율은 두 나라에서 동일한 상품과 서비스의 가격이 비슷해질 때까지 움직인다는 이론을 근거로 적정 환율을 산출하는 데 활용된다. 일반적으로 빅맥지수가 낮을수록 달러화에 비해 해당 통화가 상대적으로 저평가되는 것으로 해석된다. 그러나 나라마다 임금 등의 차이를 무시하거나, 단순히 비교역재인 버거를 일물일가의 법칙으로 설명하려는 등은 한계로 지적되고 있다. 한편 이 밖에도 스타벅스의 카페라테 가격을 기준으로 살펴보는 스타벅스지수, 애플사의 아이팟 판매가를 기준으로 산출한 아이팟지수 등이 있다.

## 오퍼레이션 트위스트
Operation Twist

**중앙은행이 장기채권을 매입하고 단기채권을 매도하여 경제를 활성화 시키려는 통화정책**

채권매매를 통해 장기금리를 끌어내리고 단기금리는 올리는 통화량을 조절하는 통화정책인 공개시장운영의 일종이다. 미국이 2008년 글로벌 금융위기를 극복하는 과정에서 이 정책을 활용하면서 널리 알려졌다. 오퍼레이션 트위스트는 장기 채권을 매입하는 동시에 단기 채권을 팔기 때문에 연방준비제도의 보유채권의 구성만 변화시키면서 유동성 확보가 가능하다. 오퍼레이션 트위스트를 시행하면, 중앙은행이 장기 국채를 매입해 장기 금리가 하락하게 되고, 이는 기업의 투자를 촉진시키고 가계는 주택 매입에 적극성으로 내수가 활성화 되는 효과가 발생한다. 단기 국채 매도는 동시에 이루어지는 장기 국채 매입으로 인한 증가 통화량에 대해 억제 효과를 가지게 된다.

## 선물거래
先物去來

**장래 일정 시점에 미리 정한 가격으로 매매하는 행위**

현재 시점에서 약정하는 거래로, 미래의 가치를 사고파는 것이다. 선물의 가치가 현물시장에서 운용되는 기초자산(채권, 외환, 주식 등)의 가격 변동에 의해 파생적으로 결정되는 파생 상품 거래의 일종이다. 미리 정한 가격으로 매매를 약속한 것이기 때문에 가격 변동 위험의 회피가 가능하다는 특징이 있다. 위험회피를 목적으로 출발하였으나, 고도의 첨단금융기법을 이용, 위험을 능동적으로 받아들임으로써 오히려 고수익·고위험 투자 상품으로 발전했다. 우리나라도 1996년 5월 주가지수 선물시장을 개설한 데 이어 1999년 4월 23일 선물거래소가 부산에서 개장되었다.

## 차익거래
差益去來

**선물시장에서 선물가격과 현물 가격과의 차이를 이용한 무위험 수익거래**

선물시장에서 실제 선물가격과 이론 선물가격 간의 차이가 일정 범위를 벗어날 때 이를 이용하여 선물과 현물에 반대 포지션을 취하여 무위험 확정 수익을 얻을 수 있는 거래이다. 저평가된 선물을 팔고 현물을 사는 매입차익거래, 저평가된 선물을 사고 현물을 파는 매도차익거래가 있다.

## 사이드 카
Side Car

**선물시장이 급변할 경우 현물시장에 대한 영향을 최소화하여 시장 안정을 꾀하기 위해 도입한 프로그램 매매호가 관리제도**

사이드 카는 마치 경찰의 오토바이인 사이드 카가 길을 안내하듯이 과속하는 가격이 교통사고를 내지 않도록 유도한다는 의미에서 붙여진 이름으로 주가가 급격하게 오르거나 떨어질 때 일시적으로 프로그램 매매를 중단시킴으로써 시장을 진정시키고자 하는 데 그 목적이 있다. 사이드 카가 발동되면 주식시장의 프로그램 매매호가가 5분

동안 효력이 정지되는 선물시장 급등락 시 취하는 비상조치이다. 우리나라에서는 주가지수 선물시장을 개설하면서 도입됐으며, 선물가격이 전일 종가 대비 5%(코스닥은 6%) 이상 상승 또는 하락한 상태가 1분간 지속되면 주식시장 프로그램 매매호가의 효력이 5분간 정지된다. 그러나 사이드 카는 발생 5분이 지나면 자동적으로 해제되며 1일 1회에 한해서만 발동되고, 주식시장 매매거래종료 40분 전(오후 2시 20분) 이후에는 발동되지 않는다.

## 콘탱고
Contango

### 선물가격이 현물 가격보다 높은 상태

선물가격이 현물 가격보다 높거나 만기일이 멀수록 선물가격이 높아지는 현상으로 일반적으로 선물거래 가격에는 만기까지 소요되는 현물의 보유비용이 포함되기 때문에 선물가격이 현물 가격에 비해 높다.

## 재정팽창지수
Fiscal Impulse Indicator

### 경기변동에서 재정이 어떤 영향을 미치는지 분석하기 위한 지표

국제통화기금(IMF)이 1970년대 중반에 개발하여 현재 미국과 독일 등에서 정책판단자료로 활용하고 있다. 정부의 재량적 재정운용에 따라 발생하는 재정수지의 변동분이 국민총생산(GNP)에서 차지하는 비중이 얼마나 되는가의 계산으로, 재정팽창지수가 플러스이면 팽창재정, 마이너스이면 긴축재정, 0이면 재정이 경기에 중립적임을 나타낸다.

## 온라인 물가지수
Online 物價指數

### 온라인 공개 상품의 가격 정보들을 수집하여 생필품 물가의 변동을 분석하고 파악한 지수

코로나19로 인해 소비자의 구매 행태가 비대면 소비로 변화하면서, 온라인 가격 조사가 중요해짐에 따라 기획재정부와 통계청, 한국은행 등이 2024년 완성을 목표로 개발 중인 물가지수이다. 웹페이지 HTML(웹 언어 규격)을 수집하는 웹스크래핑 기술을 활용하여 하루 250만 개의 온라인 가격 정보를 수집하고 인공지능(AI)을 이용하여 수집된 빅데이터 중 필요한 자료만 추출한다.

## 데드 크로스 현상
Dead Cross

### 주가의 단기 이동 평균선이 장기 이동 평균선 아래로 하향하는 현상

일반적으로 데드 크로스는 주식시장의 약세를 시사한다. 주식시장이 상승추세를 보일 경우 이동 평균선(일정 기간 동안의 주가를 산술 평균한 값인 주가 이동평균을 차례로 연결한 선)들은 장기 이동 평균선 위에 위치하는(골든 크로스) 반면에, 데드 크로스는 장기 이동 평균선을 하향 돌파하게 된다. 하지만 데드 크로스가 발생하는 시점을 전후하여 일시적인 상승세가 나타나는 경우도 있다.

## 기업 공개
IPO : Initial Public Offering

### 기업의 주식 및 경영내용을 공개하는 행위

비상장 기업이 유가증권시장이나 코스닥에 상장하기 위해 자사의 주식과 경영 내용을 공개하는 것이다. 기업 공개는 주식회사 체제를 갖추는 것으로 상장을 목적으로 하며 50인 이상의 여러 사람들을 대상으로 주식을 파는 행위이다. 대주주 개인이나 가족들이 가지고 있던 주식을 법정절차와 방법에 따라 균일한 조건으로 일반인들에게 매출, 모집 후 증권거래소에 상장시키면서 회사 재산상태와 영업활동의 결과 및 주요 계약 등을 이해관계자에게 공시한다. 따라서 기업 공개는 기업의 주식 및 경영내용을 공개함과 동시에 상장법인이 된다. 원칙적으로는 기업 공개와 상장은 같은 개념이 아니지만 기업의 공개를 원활하게 하기 위한 수단으로 상장을 사용한 것이다.

## 죄악세
罪惡稅

주류, 담배, 도박 등 사회에 부정적인 영향을 끼치는 것들로 소비를 억제할 필요가 있는 품목에 과세하는 세금

죄악세의 목적은 담배, 주류 등이 소비되면서 발생하는 여러 문제들(담배 소비로 인한 간접흡연, 주류 소비로 인한 음주운전, 음주폭력 등)을 처리하는 과정에서 사회적 비용을 줄이고, 국민의 복지와 건강을 증진시키기 위함이다. 죄악세의 대표적인 항목은 담배, 주류로 소비자 지불 금액 중 세금이 60 ~ 70% 차지한다. 특히, 담배는 교육세, 소비세, 국민건강증진기금, 부가가치세, 폐기물 부담금 여러 가지 부담금을 포함한다. 죄악세는 모든 국민이 적용되며, 소득 여부에 관계없이 일괄적으로 부과된다. 정부는 이렇게 발생되는 수입을 특수 사업 또는 정부예산을 보충하게 된다.

## 민스키 모멘트
Minsky Moment

부채의 확대에 기대어 경기호황이 이어지다 호황이 끝나면서 금융위기가 도래하는 시점

경기호황이 끝난 후, 은행 채무자의 부채 상환 능력이 악화되어 채무자가 결국 건전한 자산마저 팔게 되는 금융위기 시점이다. 금융시장이 호황기에 있으면 투자자들은 고위험 상품에 투자하고 이에 금융시장은 탄력을 받아 규모가 확대된다. 그러나 투자자들이 원하는 만큼의 수익을 얻지 못하면 부채 상환에 대한 불안이 커지면서 금융시장은 위축되고 금융위기가 도래하게 된다.

## 매파와 비둘기파
Hawkish&Dovish

물가안정과 경제 성장을 둘러싼 입장

베트남 전쟁 당시 처음 사용되었던 용어이다. 정치적인 의미로는 평화적이고 온건한 입장을 평화를 상징하는 비둘기에 빗대어 비둘기파, 강경한 세력을 매섭게 공격하는 매에 빗대어 매파라고 하는데, 금융 용어에서는 다른 성격을 띤다.

① 매파 : 물가안정을 위해 긴축 정책과 금리인상을 주장하는 세력을 의미한다. 경기 과열을 막고 인플레이션을 억제하자는 입장이다. 인플레이션은 통화량 확대와 꾸준한 물가상승 그리고 화폐가치의 하락을 의미하기 때문에 긴축 정책을 통해 금리를 올려 시중의 통화량을 줄이고 지출보다 저축의 비중이 높여 화폐의 가치를 올리자는 것이다.

② 비둘기파 : 경제 성장을 위해 양적완화와 금리인하를 주장하는 세력을 의미한다. 경제 성장을 위하여 적절한 인플레이션이 필요하다는 입장이다. 금리를 인하하면 대출 및 투자와 소비가 증가하여 시장경제가 활성화되기 때문에 경제활동을 촉진하기 위해 적절한 인플레이션이 필요하다고 주장하는 것이다. 다만 물가가 지속적으로 상승할 경우 물가 불안정을 초래하므로 적절한 인플레이션이 중요하다.

③ 올빼미파 : 매파와 비둘기파 사이의 중립파를 말한다.

## 빅 배스
Big Bath

부실자산을 한 회계연도에 모두 반영하여 위험요인을 제거하는 회계 기법

통상적으로 경영진 교체 시기 또는 마지막 분기에 많이 이루어진다. 낚시 용어가 아닌 회계와 관련한 용어로써 전임자가 쌓아놓은 손실 등 부실 요소를 새로운 경영자가 털어버리는 것을 말한다.

## 스튜어드십 코드
Stewardship Code

주요 기관투자자들의 의결권 행사를 적극적으로 유도하기 위한 자율 지침

기관들도 고객 재산을 선량하게 관리해야 할 의무가 있다는 필요성에 의해 생겨난 용어이다. 주요 기관투자자가 주식을 보유하는 데에 그치는 것이 아니라 투자 기업의 의사결정에 적극 참여해 주주와 기업의 이익을 추구한다. 지속가능한 성장과 투명한 경영을 이끌어 내는 것이 목적이다.

## 무상증자
### 無償增資

주식대금을 받지 않고 기존의 주식을 보유한 주주에게 지급하는 것

새로 발행한 주식을 주주들에게 무상으로 지급하는 방식으로 자본의 구성과 발행 주식수만 변경하는 형식적인 증자이다. 발행 주식수가 늘어나고 그만큼 자본금이 늘어나지만 자산이 증가하는 것은 아니다.

## 매스클루시버티
### Massclusivity

자신만을 위한 차별화된 상품이나 서비스를 원하는 형상

매스티지(Masstige)란 비교적 가격이 저렴하고 대량 생산이 가능한 고급 제품, 즉 브랜드 이미지를 갖추며 가치에 합리적인 가격으로 유통되는 것을 말한다. 매시티지가 확산되면서 대중화된 제품에 싫증을 느낀 일부 소비자들은 차별화되고 자신을 위한 특별한 제품이나 서비스를 원하게 되는데 이러한 형상을 매스클루시버티라고 한다. VVIP 대상으로 1대1 고객 상담을 통하여 주문제작하는 방식으로 극소수의 구매층을 공략한다. 고가이지만 자신만의 니즈를 반영한 개성 있는 생산제품으로 주목받고 있다. 이는 패션에만 국한되는 것이 아니라 다른 산업으로까지 확대되고 있다. 고객이 원하는 가치를 중점으로 전자제품, 여행상품 등 다양한 산업분야에서도 활용되고 있다.

## 레몬마켓
### Lemon Market

질적인 측면에서 문제가 있는 저급의 재화나 서비스가 거래되는 시장

레몬은 미국 속어로 불량품을 의미하여 경제 분야에서는 쓸모없는 재화나 서비스가 거래되는 시장을 레몬마켓이라 이르게 되었다. 또한 구매자와 판매자 간 거래대상 제품에 대한 정보가 비대칭적으로 주어진 상황에서 거래가 이루어지면서 우량품은 자취를 감추고 불량품만 남아도는 시장을 말한다. 이는 불량품이 넘치게 되면서 결과적으로 소비자도 외면하게 되는 시장이 된다.

## 긱 이코노미
### Gig Economy

기업들이 계약직 혹은 임시직으로 사람을 고용하는 경제형태

1920년대 미국 재즈 공연장에서 필요에 따라 연주자를 단기 섭외하던 방식을 의미하는 'Gig'에서 유래하여, 필요할 때마다 임시직을 섭외하여 일을 맡기는 경제형태를 말한다. 노동자 입장에서는 어딘가에 고용돼 있지 않고 필요할 때 일시적으로 일을 하는 임시직 경제를 의미한다. 모바일 시대에 접어들면서 이런 형태의 임시직이 급증하고 있다.

## 갭 투자
### Gap 投資

시세차익을 목적으로 주택 매매가격과 전세금 간의 차액이 적은 집을 전세를 끼고 매입하는 투자 방식

갭(Gap)은 주택의 매매가와 전세보증금과의 차이를 말하는 것으로 매매가격과 전세가격의 차이가 작은 주택을 전세를 끼고 매입한 뒤 시세차익을 노리는 투자를 말한다. 다시 말해 매매가격에서 보증금을 뺀 만큼의 금액만 있으면 주택을 살 수 있는 것이다. 예를 들어 아파트 가격이 3억 원인데 전세보증금이 2억 5,000만 원이라면 5,000만 원을 투자하여 집을 사는 것이다. 아파트 가격과 전세보증금이 상승하면 투자금액 대비 수익이 크지만 아파트 가격이 하락하면 크게 손실을 볼 수도 있기에 위험도 매우 큰 투자 방법이다.

## 폰지 사기
### Ponzi Scheme

금융 다단계 수법

아무런 사업도 하지 않으면서 신규 투자자의 돈으로 기존 투자자에게 원금과 이자를 갚아나가는 금융 다단계 사기 수법이다.

## 로렌츠 곡선
Lorenz Curve

**소득분포의 불평등도(不平等度)를 측정하는 방법**

미국의 경제학자 로렌츠가 소득분포의 상태를 나타내기 위하여 작성한 도표로, 소득이 사회계층에 어떤 비율로 분배되는가를 알아볼 수 있다. 가로축에 저소득인구로부터 소득인구를 누적하여 그 백분율을 표시한 결과 45°선의 균등분포선과는 다른 소득불평등곡선이 나타났다.

## 워킹푸어
Working Poor

**열심히 일해도 가난에서 벗어나지 못하는 계층**

미국에서 1990년대 중반 등장했으며 2000년대 중반 이후 세계적으로 널리 쓰이고 있다. 이들은 월급이 나오는 일자리가 있어 얼핏 보기엔 중산층 같지만, 고용도 불안하고 저축도 없어 언제라도 극빈층으로 추락할 수 있는 위험에 노출돼 있다.

## 에너지
## 바우처제도
Energy Voucher制度

**에너지 취약계층에게 에너지바우처를 지급하여 전기, 도시가스, 지역난방, 등유, LPG, 연탄을 구입하도록 지원하는 제도**

소득기준과 가구원 특성기준을 충족하는 가구가 신청하는 제도이다. 하절기·동절기에 구분하여 가구인 수에 따라서 지급된다.

## 코요테 모멘트
Coyote Moment

**두렵고 피하고 싶었던 상황에 처해 있다는 것을 갑자기 깨닫게 되는 순간**

증권시장에서는 증시의 갑작스러운 붕괴나, 지난 2008년 세계 금융위기가 초래한 부동산 거품 붕괴 등을 일컫는다. 최근에는 코로나19 쇼크를 코요테 모멘트로 지목하며 경기 침체를 예고하기도 했다.

## 앵커링 효과
Anchoring Effect

**처음에 인상 깊었던 것이 기준이 되어 향후 판단에 왜곡된 영향을 미치는 현상**

배가 닻(Anchor)을 내리면 연결한 밧줄 범위 내에서만 움직일 수 있듯이 각인된 기억이 기준이 되어 향후 내리는 결정에 편파적이고 왜곡된 영향을 미치는 현상을 말한다. 정박 효과라고도 하며 비즈니스, 쇼핑, 주식, 등 매우 광범위하게 일어난다.

## 어닝 쇼크
Earning Shock

**기업이 시장에서 예상했던 것보다 저조한 실적을 발표하여 주가에 영향을 미치는 현상**

주식시장에서 어닝(Earning)은 기업의 실적을 뜻하며, 분기 또는 반기별로 기업들이 집중적으로 그동안의 영업 실적을 발표하는 시기를 어닝 시즌(Earning Season)이라 한다. 영업실적은 해당 기업의 주가와 직결되기 때문에 투자자들은 이에 민감할 수밖에 없는데, 어닝 쇼크란 이처럼 어닝 시즌에 기업이 발표한 영업 실적이 시장의 예상치보다 훨씬 저조하여 주가에 충격을 준다는 의미에서 붙여진 용어이다. 영업 실적이 시장의 예상치보다 저조한 경우에는 주가 하락으로 이어지는 경우가 일반적이며, 영업 실적이 좋더라도 예상했던 것보다 저조하면 주가가 하락하기도 한다.

## 어닝 서프라이즈
Earning Surprise

**영업 실적이 예상보다 높은 경우에 주가가 큰 폭으로 상승하는 현상**

기업이 실적 발표 시 시장에서 예상했던 실적과 다른 발표를 하는 것을 말한다. 우리나라에서는 깜짝 실적이라고도 한다. 시장의 예상치보다 실적이 저조하면 기업이 아무리 좋은 실적을 발표해도 주가가 떨어지기도 하고 반대로 저조한 실적을 발표해도 예상치보다 높거나 낮은 두 가지 경우 모두를 나타낼 수 있지만, 통상 서프라이즈의 의미가 좋은 것을 나타내는 의미로 사용되기 때문에 실적이 예상치보다 높은 경우에 해당한다.

## 파생결합증권
DLS : Derivatives Linked Securities

유가증권과 파생금융이 결합된 새로운 증권으로 파생 상품을 기초자산으로 정해진 조건이 충족되면 약정한 수익률을 지급하는 상품

기초자산으로는 장내 또는 장외파생 상품, 환율, 원유, 광물, 원유 등의 일반상품, 이자율, 신용 등 확장된 것으로 기초자산의 가격 움직임에 따라 수익률이 결정되는 상품이며, 옵션의 종류 및 투자 기간 등에 따라 매우 다양한 구조를 만들 수 있어 시장상황 혹은 투자자의 투자성향에 따라 탄력적인 상품구성이 가능하다는 특징을 지닌다.

## 투자심리선
Psychological Line

일정 기간 동안 투자 심리의 변화를 파악하여 주식시장의 상태를 진단하는 기준이 되는 수치

최근 12일 동안에 나타난 전일 대비 상승일수를 누계하고 이를 12로 나누어 백분율로 나타내는데, 이 수치가 75% 이상이면 과열 상태로 보고 25% 이하이면 침체 상태로 본다. 투자심리선은 단기적으로 심리가 과열한 상태인지 아니면 침체상태인지를 판단하여 과열상태일 때는 매수보다는 매도의 전략을 취하고 침체상태일 때는 매도보다 매수의 전략을 취하여 장세 대응을 객관적으로 하려는 데 있다.

## 기업어음
CP : Commercial Paper

### 기업이 자금조달을 위해 발행하는 융통어음

자금조달을 위해 기업이 발행하는 융통어음으로, 기업어음을 발행하면 은행, 종금사, 증권사 등이 선이자를 뗀 후 매입하거나, 중개수수료를 받고, 개인 또는 기관 투자자에게 매출한다. 보통 무보증 거래이나 중개금융기관이 지급보증하기도 한다. CP를 발행하려면 신용평가기관으로부터 B급 이상의 신용등급을 얻어야 한다. 그러나 시장에서는 A급 이상의 우량기업어음만 거래되며 발행기일은 1일부터 365일까지 있지만 보통 30일, 90일, 180일 등인 경우가 많다.

## 진성어음
Commercial Bill

### 기업 간 상거래를 하고 대금결제를 위해 발행되는 어음

진성어음을 받은 납품업체는 약정된 기일에 현금을 받을 수 있으나 자금 순환을 위해 할인을 받아 현금화하는 것이 보통이다.

## 전자어음
Electronic Bill

### 전자문서 형태로 작성되어 전자어음을 발행하고자 하는 자가 전자어음 관리기관에 등록한 약속어음

전자유가증권으로서 기존 실물어음과 같이 이용되며 발행, 배서, 권리행사 및 소멸 등을 온라인에서 전자적인 방법으로 처리할 수 있다. 전자어음은 2004년 제정된 전자어음의 발행 및 유통에 관한 법률에 근거하여 만들어진 전자지급 결제수단으로 이용자는 어음의 분실·도난뿐 아니라 어음 보관·관리 및 유통·교환비용을 절감할 수 있게 되었다. 또한 기업입장에서도 실물어음을 이용함에 따른 발행·유통·관리비용 및 인력을 절감할 수 있으며, 전자상거래에 적합한 지급 결제수단의 확보, 기업회계의 투명성 제고 등의 도입 효과가 있다.

## 어음관리계좌
CMA : Cash Management Account

### 증권회사가 고객의 예탁금을 MMF, RP, 기업어음 등의 금융자산에 투자하여 그 수익을 고객에게 돌려주는 금융상품

은행의 보통예금처럼 입출금이 자유롭고 증권사가 책임지고 운영하므로 안정성이 높다.

## 당좌예금
### 當座預金

**수표나 어음을 발행하여 자유롭게 찾을 수 있는 예금**

예금주가 예금 잔액 범위 내 혹은 당좌대출 한도 내에서 수표나 어음을 발행하여 언제든 자유롭게 찾을 수 있는 예금이다. 은행의 요구불예금의 하나로 발행된 수표는 현금과 같은 기능을 가진다. 그러나 당좌예금은 은행의 자금조달로서의 기여도가 미미하여 이에 대한 이자를 지급하지 않는다.

## 포트폴리오 투자
### Portfolio Investment

**소액의 주식, 채권 및 기타 다른 유가증권 등을 여러 종류에 분할해 투자하는 방법**

국제자본의 이동형태는 크게 직접투자와 포트폴리오 투자로 구분할 수 있다. 기업의 경영권을 획득할 목적으로 투자하는 것이 직접투자인데 반해, 경영참가에는 관심이 없이 투자 수익획득을 위하여 각종 유가증권 등에 투자하는 것을 포트폴리오 투자라고 한다. 투자 대상자산의 수익성에 직접적으로 영향을 미치는 투자 대상국통화의 환율, 금리, 세율 등의 추이뿐만 아니라 투자자의 수익 – 위험(Riskreturn)에 대한 선호도에 따른 포트폴리오 조정으로 크게 좌우된다.

## 호킹지수
### Hawking Index

**책 전체 페이지를 100페이지로 가정하고 독자가 처음부터 끝까지 읽은 비율을 계산하여 책을 구입한 독자가 실제로도 책을 읽었는지 측정하는 지수**

미국의 수학자 조던 엘런버그가 2014년 세계 최대 인터넷서점 아마존의 전자책 단말기인 킨들에 나온 정보를 이용해 조사한 도서의 완독률을 공개하며 내놓은 이론이다. 독자들이 해당 책에서 가장 많이 추천한 구절이 몇 쪽에 있는지 찾아 평균을 내고 전체 쪽수에서 차지하는 비율을 따져 지수가 산출되며, 책을 구입해놓고는 몇 장 읽지 않고 포기한 책일수록 호킹지수는 낮아진다. 호킹지수는 스티븐

호킹의 대표작 「시간의 역사」가 전 세계적으로 1,000만 부 이상 팔린 엄청난 베스트셀러였음에도, 이 책을 끝까지 제대로 읽은 독자들은 많지 않았다는 점에 나온 이론이다. 분석에 따르면 전 세계에서 1,000만 부 이상 팔린 「시간의 역사」의 호킹지수는 6.6%로 100명 중 6.6명 정도만 제대로 책을 읽었다는 의미이다. 이 밖에도 워싱턴포스트(WP)는 정치서적 몇 권을 선정해 '호킹지수'를 자체 분석하였는데, 클린턴의 저서 「힘든 선택들」은 호킹지수 2.04%에 불과하였고, 조 바이든의 저서 「지켜야 할 약속들」의 호킹지수는 2.78%였다. 한편, 워싱턴포스트(WP)의 조사 대상 서적 중에서 가장 많이 읽힌 책은 로버트 게이츠의 「의무」였는데, 이 책의 호킹지수는 24.55%였다.

## 퍼스트 펭귄
### The First Penguin

**불확실성을 감수하고 용감하게 도전하는 선구자**

먹이 사냥을 위해 바다로 뛰어드는 것이 두렵지만, 펭귄한 마리가 먼저 용기를 내어 뛰어들면 나머지 펭귄들도 이를 따른다는 데에서 유래하였다. 이는 불확실하고 위험한 상황에서 용감하게 먼저 도전함으로써 다른 이들에게도 참여의 동기를 유발하는 선구자를 의미한다.

## 블라인드 펀드
### Blind Fund

**투자 대상을 정하지 않고 투자자금을 모집한 후 투자처를 물색해 투자하는 펀드**

일반적으로 펀드상품들은 대부분 투자 대상이 정해져 있어서 펀드상품 설명서를 보면 주식의 투자비중이 얼마이고, 어떤 종목을 주로 투자하는지에 대한 자세한 설명이 나와 있다. 반면에, 블라인드 펀드는 투자자에게 미리 일정한 규모의 투자금을 모았다가 우량물건이 나오면 투자해서 수익을 올리는 방식으로, 투자자금의 기본적인 운용계획은 짜여 있지만, 구체적으로 어떤 상품에 투자하는지는 고객은 물론 운용사도 사전에 알 수 없다.

## 섹터펀드
Sector Fund

**특정 유망업종에 집중해서 투자하는 펀드**

투자 대상은 자동차 · 반도체 · 건강(바이오) · 은행 · 정보통신(IT) · 부동산 등이 있다. 섹터펀드는 특정 업종에 집중하는 대신 리스크를 피하기 위해 투자 대상을 전 세계로 넓히는 것으로, 예를 들어, 향후 국제적으로 반도체 주가가 오를 전망이라고 할 때 국내 및 해외의 여러 반도체 회사에 투자를 하여 주가가 올랐을 때 고수익을 얻게 된다. 섹터펀드는 업종의 경기와 아주 밀접한 관계가 있으므로 그만큼 변동성이 크기 때문에 늘 경기전망에 관심을 기울여야 하며, 한 업종에 몰아서 하는 집중투자이기 때문에 분산투자를 했을 때보다 높은 수익을 기대할 수 있지만 리스크도 크다.

## 섹터지수
Sector Index

**시장의 테마 또는 특정 산업군의 주가흐름을 반영하는 주가지수**

미국, 유럽 등 선진증권시장에서는 선물, 옵션, 인덱스펀드를 위한 투자 대상지수로 활용하고 있다. 해당 산업 전 종목을 포함하는 기존의 산업별지수가 시장의 흐름을 보는 시황지수인 데 반해 섹터지수는 투자 대상이 되기 때문에 시가총액과 유동성, 재무기준 등을 감안해 우량 및 미래지향종목 10 ～ 30개로만 구성되어 있다

## 옐로우칩
Yellow Chips

**블루칩에 비해 한 단계 낮은 주식**

블루칩보다는 시가총액이 적지만 재무구조가 안정적이고 업종을 대표하는 우량종목들로 구성된다.

## 좀비기업
Zombie Company

**회생할 가능성이 없음에도 정부의 지원으로 간신히 파산을 면하고 있는 부실기업**

정부의 지원 정책에 편승하여 간신히 연명하고 있는 기업을 말한다. 정작 지원받아야 할 기업은 그만큼 지원자금이 줄어들어 경제 전반에 걸쳐 악영향을 미치게 된다.

## 유니콘 기업
Unicorn 企業

**기업 가치가 10억 달러 이상인 스타트 기업**

설립한지 10년 이하면서 10억 달러 이상의 기업 가치를 가진 스타트 기업을 상상 속 동물 유니콘에 비유한 말이다. 상장하기도 전에 기업 가치가 10억 달러 이상이 된다는 것은 유니콘처럼 상상 속에서나 존재할 수 있다는 의미로 쓰였다. 유니콘 기업은 지속적으로 증가하고 있는 추세이며 현재 우리나라는 약 13개의 유니콘 기업이 있다.

## 데카콘 기업
Decacorn 企業

**기업의 가치가 100억 달러 이상인 신생 벤처기업**

기업 가치 10억 달러 이상인 기업을 의미하는 유니콘(Unicorn)이란 단어의 유니(Uni)가 1을 뜻하는 데서 착안하여 10을 뜻하는 접두사인 데카(Deca)와 유니콘의 콘(Corn)을 결합하여 만든 용어다. 창업회사가 성장하여 유니콘 기업을 넘어 데카콘 기업이 되면 크게 성공한 것으로 인정한다.

## 카르텔
Cartel

**같은 업종에 종사하는 기업끼리 서로 독립적이면서 제조나 판매, 가격 등의 부분에서 협정을 맺는 행위**

담합이라고도 한다. 기업의 입장에서는 무리하게 경쟁하지 않고도 이윤을 추구할 수 있고, 경쟁자의 침투도 함께 막아낼 수 있다. 이러한 기업들의 카르텔을 사적 카르텔이라고 하며, 정부가 특정 산업보호나 산업구조 합리화

등을 위해 가격이나 산출량 등을 대놓고 규제하는 경우를 공공 카르텔이라 한다. 또한 국가 간의 카르텔도 있는데, 석유수출국기구(OPEC)나 설탕, 커피 등 국제적인 상품거래와 관련한 카르텔도 있다.

## 콜금리
Call Rate

### 금융기관끼리 남거나 모자라는 자금을 서로 주고받을 때 적용되는 금리

금융기관들도 예금을 받고 기업에 대출을 해주는 등 영업활동을 하다 보면 자금이 남을 수도 있고 급하게 필요한 경우도 생기게 된다. 콜금리는 1일물(Overnight) 금리를 말하며 금융기관 단기 자금의 수요와 공급에 의하여 결정된다. 이러한 금융기관 상호 간에 과부족 자금을 거래하는 시장이 바로 콜시장이다. 돈을 빌려 주는 것을 콜론, 빌려가는 것을 콜머니라고 하며, 콜시장은 금융시장 전체의 자금흐름을 비교적 민감하게 반영하는 곳이기 때문에 이곳에서 결정되는 금리를 통상 단기 실세금리지표로 활용하고 있다. 한국은행이 한국자금중개회사, 서울외국환중개회사, KIDB채권중개회사로부터 콜머니와 콜론에 대해 기관별로 거래액과 금리를 통보받아 거래액을 가중평균하여 산출한 금리를 공시한다.

## 허니문 랠리
Honeymoon Rally

### 새롭게 출범하는 정부에 대한 기대감으로 생기는 주가 상승 흐름

새로운 정부가 출범하게 되면 정책의 불확실성이 해소되고 국민들이 거는 기대가 커지면서 정부에 대해 협조적인 자세를 취함으로써 사회가 안정되는 경향이 있다. 허니문 랠리는 새 정부 출범을 전후하여 국민들이 새 정부에 거는 기대감으로 인해 일시적 또는 얼마 간 주가가 지속적으로 상승하는 현상을 말한다. 신혼여행의 즐거운 단꿈을 증시에 비유해 이런 명칭이 붙었다.

## 스놉 효과
Snob Effect

### 특정 상품에 대한 소비가 증가하면 오히려 수요가 줄어드는 현상

어떤 상품에 대한 소비가 증가하면 희소성이 떨어져 그 상품의 수요가 줄어드는 현상을 말한다. 마치 까마귀 떼 속에서 혼자 떨어져 있는 백로의 모습과 같다고 하여 스놉 효과라는 이름을 붙였다. 대체로 미술품이나 고급가구, 한정판 상품에서 이러한 효과를 볼 수 있다.

## 예대마진
預貸 Margin

### 대출 금리와 예금금리의 차이로 금융기관의 수입이 되는 부분

예대마진이 크다는 것은 예금의 대가로 지불한 이자에 비해 대출을 해주고 받은 이자가 더 많다는 의미가 된다. 그렇기 때문에 예대마진이 커지면 금융기관의 수입이 늘어나게 되고, 보통 대출 금리가 오르면 예금금리가 오른다.

## 잠재적 실업
潛在的失業

### 표면상으로는 실업이 아니지만 원하는 직업에 종사하지 못해 조건이 낮은 다른 직종에 종사하는 상태

실업은 크게 본인의 의사가 반영되었는지 여부에 따라 자발적 실업과 비자발적 실업으로 나누는데, 자발적 실업은 일할 의사는 있지만 조건 등이 맞지 않아 스스로 실업을 선택한 경우로 마찰적 실업이라고도 한다. 자발적 실업은 실업자로 볼 수 없기 때문에 실업률에 반영되지 않는다. 비자발적 실업은 외부요인으로 생기는 실업으로, 불경기로 인한 노동 수요의 감소로 생기는 경기적 실업, 겨울에 경기가 가라앉는 건설 분야처럼 계절적 요인에 의해 생기는 계절적 실업, 특정 산업분야의 노동에 대한 수요부족으로 생기는 구조적 실업이 있다.

## 이슬람 금융
Islamic Banking

**이슬람 율법을 준수하는 금융행위**

이슬람 금융은 수익 극대화보다는 이슬람 교리인 코란의 가르침을 따르는 데 중점을 두고 있다. 이자로 인한 착취나 투기는 금지하지만 공정한 이익이나 경제적인 추가 가치를 만들어 내는 것은 금지 사항이 아니다. 그러나 정당한 거래 방식이라 하더라도 도박이나 술, 마약거래, 돼지고기 등과 연관된 산업에는 투자를 금지하고 있다. 이에 따라 이슬람 금융은 투자자에게 이자 대신 실물자산을 매매하거나 이용해서 얻는 이윤을 배당하는 형식으로 이익을 지급한다. 이러한 거래는 상인이 자신의 물건을 빌려주거나 판매해 얻는 정당한 이익으로 인정하기 때문이다.

## 이마트 지수
E – Mart Index

**이마트가 자체 개발한 생활물가지수**

대형소매유통업체인 이마트가 판매하는 476개 상품군의 판매량 증감 수준을 분기별로 지수화한 것으로, 100 이상이면 지난해 같은 기간보다 소비가 늘었고 100 미만이면 소비가 줄었다는 뜻이다.

## 쿨링오프
Cooling Off

**물건을 사고 보니 마음에 들지 않거나 필요도 없는 물건일 때 구매를 취소하는 것을 법적으로 보장해 주는 제도 (청약철회권)**

머리를 식히고 냉정하게 생각해 보라는 의미이다. 그러나 모든 상품에 대하여 해당되는 것이 아니고, 방문판매 · 다단계 판매 · 전화권유판매 · 전자상거래 · 생명보험 등이 대상이며, 청약철회기간이 정해져 있다. 청약철회기간은 방문판매일 경우는 14일 이내, 할부거래나 전자상거래는 7일 이내로 반드시 내용증명을 발송하여 청약철회권을 행사해야 하며, 내용증명은 우체국에 접수되는 순간부터 청약철회권의 효력이 발생하고, 물건을 구입한지 10일이 지났거나 물건의 훼손상태가 심하거나 사용해서 물건의 가치가 현저히 떨어질 우려가 있을 경우와 청약철회권의 남발을 막기 위해 상품가격이 5만 원 이하인 경우는 청약철회권을 행사할 수 없다.

## 콘드라티에프 파동
Kondratiev Wave

**경제변동 중에서 주기는 일정하지 않지만, 자본주의 사회의 경제활동의 상승(확장)과정과 하강(수축) 과정을 되풀이 하는 변동을 경기파동**

경기파동은 콘드라티에프 파동, 주글라 파동, 키친 파동 등 세 가지로 나뉜다. 이 중 50 ~ 60년을 주기로 하는 장기경기변동을 콘드라티에프 파동이라 한다. 콘드라티에프 파동은 기술혁신이나 신자원의 개발 등에 의하여 일어난다. 슘페터가 18세기 말 산업혁명, 1840년대 철도의 등장, 1890년대 자동차와 전기의 발명 등의 기술혁신과 이에 따른 대규모 투자에 따라 지금까지 적어도 세 차례 있어 왔다고 주장했고, 1940년대부터를 반도체, 컴퓨터, 생명공학, 신소재, 텔레커뮤니케이션 등의 신기술의 등장과 이에 따른 대규모 투자에 의하여 주도되고 있는 제4파동기로 보고 있다.

## 근원물가지수
Core Inflation

**경제 상황에 따라 물가변동이 심한 품목을 제외한 나머지 물가지수**

계절의 영향이나 외부적 요인에 영향을 받아 물가변동이 심한 품목을 제외하고 산출한 물가지수를 말한다. 근원물가지수는 물가에 미치는 단기적 충격이나 불규칙 요인이 제외되어 기조적인 물가상승의 흐름을 읽을 수 있는 반면에, 국민들이 실제로 느끼는 체감물가와 괴리가 크다는 한계를 가지고 있다.

## 레버리지 효과
Leverage Effect

타인으로부터 빌린 자본을 지렛대 삼아 자기자본 이익률을 높이는 방식

예를 들어 10억 원의 자기자본으로 1억 원의 순익을 올렸다고 할 때, 투자자본 전부를 자기자본으로 충당했다면 자기자본이익률은 10%가 되고, 자기자본 5억 원에 타인자본 5억 원을 끌어들여 1억 원의 순익을 올렸다면 자기자본이익률은 20%가 된다. 따라서 차입금 등의 금리 비용보다 높은 수익률이 예상될 때는 타인자본을 적극적으로 끌어들여 투자하는 것이 유리하다. 그러나 과도한 차입금을 사용하는 경우, 금리상승은 부담을 증가시켜 도산위험 및 도산의 기대비용이 높아질 수 있다.

## 리스트럭처링
ReStructuring

### 사업 재구축

발전가능성이 있는 방향으로 사업구조를 바꾸거나 비교우위가 있는 사업에 투자재원을 집중적으로 투입하는 경영전략이다. 사양사업에서 고부가가치의 유망사업으로 조직구조를 전환하므로 불경기 극복에 효과적이다. 또한 채산성이 낮은 사업은 과감히 철수·매각하여 광범위해진 사업영역을 축소시키므로, 재무상태도 호전시킬 수 있다.

## 레버리지 매수
Leveraged Buyout

인수기업이 기업인수에 필요한 자금을 모두 보유하지 않고도 바이아웃(인수 후 매각)을 시도할 수 있는 M&A 방법

매수자금의 대부분을 매수할 기업의 자산을 담보로 하여 조달하는 것으로 적은 자기자본으로 큰 기업을 인수할 수 있어 지렛대라는 표현을 쓴다. 먼저 투자자가 인수대금의 10% 정도를 출자해 일종의 페이퍼 컴퍼니인 특수목적법인(SPC)을 설립한다. 이 법인은 인수대상기업의 부동산 자산을 담보로 금융회사로부터 인수대금의 50% 정도를 대출받는다. 이어 나머지 40% 자금은 후순위채권 등 정크본드를 발행해 전체 인수대금을 조달하는 것이 통상적 방법이다.

## MOR
Market Opportunity Rate

어떤 금융기관이 대출 금리를 정할 때 기준이 되는 금리

보통 은행은 정기예금, 양도성예금(CD), 은행채 등을 통해 자금을 조달하게 되는데, 이때 평균조달원가를 감안해 내부 기준금리를 결정하게 된다. 이후 영업점 수익성 등을 고려해 일정 스프레드를 붙인 고시금리를 발표하고, 이를 대출 금리로 활용한다. 대형 금융기관일수록 신용도가 좋아 조달금리가 낮아지므로 MOR은 금융기관마다 다를 수밖에 없다.

## 머니마켓펀드
MMF : Money Market Funds

단기금융 상품에 집중투자를 해 단기 금리의 등락이 펀드 수익률에 신속히 반영될 수 있도록 한 초단기 공사채형 금융 상품

고객의 돈을 모아 금리가 높은 CP(기업어음), CD(양도성예금증서), 콜과 같은 단기금융 상품에 집중 투자하여 여기서 얻는 수익을 되돌려주는 실적배당상품이다. 고수익 상품에 자금을 운용하기 때문에 다른 상품보다 돌아오는 수익이 높다. 미국 최대 증권사인 메릴린치가 지난 1971년 개발해 금리자유화가 본격화됐던 1980년대 선풍적인 인기를 끌었던 금융 상품으로, 우리나라에서는 1996년 10월부터 투신사에서 발매하기 시작했다. CD나 CP는 투자금액에 제한이 있지만 MMF는 가입금액에 아무런 제한이 없어 소액투자자도 손쉽게 투자할 수 있다. 또한 하루 뒤에 되찾아도 환매수수료가 붙지 않아 만기가 따로 정해져 있지 않다. 고객은 MMF에 가입한 날의 펀드 기준가와 출금한 날의 펀드 기준가 차액에 따라 이익을 보게 된다. MMF의 최대 장점은 가입 및 환매가 청구 당일에 즉시 이뤄지므로 자금 마련에 불편함이 없고 펀드 내에 있는 채권에 대해 시가평가를 적용하지 않으므로 시장금리의 변동과 무관하게 안정적인 수익률을 기대할 수 있다.

## 뮤추얼 펀드
Mutual Fund

### 1999년 우리나라에 도입된 회사형 투자신탁

투자자들의 자금을 모아 하나의 페이퍼 컴퍼니를 설립하여 주식이나 채권 파생 상품 등에 투자한 후 그 운용 수익을 투자자들에게 배당의 형태로 돌려주는 펀드이다. 투자자는 운용회사가 어느 주식을 사거나 어디에 투자하는지 알 수 있고, 투자에 대한 투자자의 의견을 제시할 수도 있다. 그리고 뮤추얼 펀드는 하나의 독립된 회사로 운영되어 법률상 독립된 회사이기 때문에 기존 수익증권에 비해 주주의 운영 및 참여가 자유롭고 개방적인 특징이 있어 투명성도 높은 것으로 평가되고 있다. 뮤추얼 펀드는 언제든지 입출금이 가능한 개방형과 입출금이 불가능한 폐쇄형 두 가지가 있으며, 국내에는 폐쇄형만 허용되고 있다. 폐쇄형 뮤추얼 펀드는 주주이기 때문에 만기 이전에 돈을 회수할 수 없는 대신에 거래소나 코스닥 시장에 단일종목으로 거래되고 있어 여기서 회수하면 된다. 또한 투자 방법의 내용에 따라 보통주펀드, 균형펀드, 수익펀드, 채권 및 우선주펀드 등이 있으며, 보통주펀드의 규모가 가장 크다. 안정적인 자산증식을 원하는 대다수 소액투자자들이 포트폴리오 수단으로 활용한다. 펀드 전문가가 운용해 주는 간접투자라는 점이 특징이며 운용 실적대로 배당이 이루어진다. 투자손익에 대한 책임도 투자자들이 진다. 투자 대상은 주식과 채권, 기업어음(CP), 국공채 등 유가증권이 주를 이룬다.

## 액체사회
Liquid Society

### 업종 간에 경계가 사라진 사회

두 업종이 마치 액체처럼 한 곳에 용해되어 있는 시장에서 경쟁하는 형태이다. 동종업계를 경쟁자로 지정하는 것이 아니라 전혀 다른 분야의 업종과 경쟁을 하는 것을 의미한다.

## 빅블러
Big Blur

### 산업의 경계가 모호해지는 현상

빠르게 변화하는 소비 패턴과 기술의 발달로 인해 산업의 경계가 모호해지는 현상을 말한다. 금융회사 대신 핀테크를 이용하여 해외로 송금 하는 것, 온라인 지급 결제 서비스가 온라인 가맹점을 내는 것 등이 이에 해당된다.

## 뱅크 런
Bank Run

### 은행의 예금 지급 불능 상태를 우려하여 고객들이 대규모로 예금을 인출하는 사태

경제 상황 악화로 금융시장에 위기감이 조성되면서 이를 우려한 금융기관의 고객들이 대규모로 예금을 인출하는 상황을 말한다. 뱅크 런으로 인한 은행 위기를 막기 위해 예금보험공사는 예금자보호법을 시행하고 있다.

## 볼커룰
Volcker Rule

### 미국 금융기관의 위험투자를 제한하기 위하여 만든 규제 방안

금융개혁법안인 도드 – 프랭크 월 스트리트 개혁 및 소비자 보호법(Dodd – Frank Wall Street Reform and Consumer Protection Act)의 619조항으로 대형 금융기관이 자기자본으로 투자하는 자기자본거래를 막고 펀드를 설립·투자하면서 위험한 자산에 투자하는 것을 막는 규제책이다. 금융시스템의 부실이 반복되는 것을 막고 상업은행과 투자은행을 분리하는 것이 목적이다.

## 범위의 경제
Economy of Scope

### 생산요소 기능을 조절하여 효율적으로 생산하는 효과

한 기업이 여러 재화나 서비스를 생산할 때 발생하는 총비용이 별도의 기업으로 하나씩 생산했을 때 발생하는 총비용보다 적어지는 경우를 말한다.

## 참여 장벽
Barriers to Entry

**잠재적 경쟁을 방어·억제하기 위한 요인**

특정산업에 진입하여 사업을 전개하고자 하는 기업에게 불리하게 작용하는 모든 장애 요인들이 포함 된다. 특허 제도나 인허가 제도는 강력한 참여 장벽이 되고, 원료 독점이나 기술 비밀, 유통 경로의 지배도 참여 장벽으로 이용된다. 한편 철수장벽은 참여 장벽에 대응되는 개념으로 철수하려고 하는 경우에 그 진출 분야에서 쉽게 발을 빼지 못하게 하는 주요 요인을 의미한다.

## 스무딩 오퍼레이션
Smoothing Operation

**급격한 변동이 생기는 것을 방지하기 위해 정부나 중앙은행이 직·간접적으로 개입하는 것**

변동환율 제도를 채택하고 있는 나라에서의 환율은 시장의 수요와 공급에 따라 변동되지만, 시장에만 맡겨 두지는 않는다. 환율이 급격하게 오르내리면 수출입 및 국민에게도 피해를 입을 수 있으므로 환율을 원활하게 관리하는 것을 말한다.

## 중앙은행
Central Bank

**한 국가의 금융제도 중심 기관**

국가의 화폐발행 및 금융시스템, 통화정책 수립 등을 담당하는 금융제도의 중추적 기관을 말한다. 흔히 은행의 은행 또는 정부의 은행이라고 불리며 한국의 중앙은행인 한국은행은 효율적인 통화신용정책의 수립 및 집행을 통해 물가안정과 금융안정을 도모하는 것을 목적으로 1950년 6월 12일 한국은행법에 의해 설립되었다.

## 원천징수
Withholding Tax

**소득에 대한 세금을 직장인 본인이 직접적으로 납부하지 않고, 소득 지급자인 회사가 미리 징수하여 국가에 대신 납부하는 세금징수 방법**

국가는 세금이 누락되는 것을 방지하고, 세금 수입을 조기에 확보할 수 있다. 또한, 납세의무자 입장에서는 세금을 분할 납부함으로써 조세 부담을 완화하는 효과가 있다.

## 거주자 외화예금
居住者 外貨預金

**국내 거주자가 외화를 환전하지 않고 외화 형태로 자기 계좌에 예치하는 것**

국내 거주자가 외화를 그대로 자기 예금계좌에 예치하는 것을 말한다. 여기서 거주자란 국내인과 국내에 6개월 이상 거주한 외국인 및 국내에 진출해 있는 외국 기업 등을 말한다. 외화예금은 고객이 향후 해당 국가의 통화를 사용해야 할 경우를 대비해 미리 저축할 때 유용하다. 해당 국가 통화를 환율이 낮을 때 환전하여 저축하면 환율이 오를 때 이익을 얻을 수 있기 때문이다. 이처럼 외화예금이 재테크 수단으로 활용되기도 한다. 이 예금에 대한 금리는 국제금리에 1%를 가산한 범위 내에서 은행장이 자율적으로 결정한다. 이것은 외국환은행의 중요한 외화자금 조달원의 하나로 은행 간 환율에도 영향을 미친다.

## 위대한 개츠비

## 곡선
Great Gatsby Curve

**소설 「위대한 개츠비」의 주인공 개츠비의 이름을 인용한 소득불평등 이론**

경제적 불평등이 커질수록 사회적 계층 이동성이 낮다는 결과를 보여주는 그래프로, 소설 「위대한 개츠비」의 주인공 이름을 인용하였다. 소득 불평등 정도가 큰 국가는 세대 간 소득 탄력성도 크게 나타난다. 경제적 불평등이 커질수록 사회적 계층 이동의 가능성이 낮게 나타난다는 의미이다. 소득 불평등도가 큰 국가는 세대 간 소득 탄력성이 크게 나타나 사회적 계층 이동의 가능성이 낮으나, 소득 불평등 정도가 낮은 국가는 세대 간 소득 탄력성이 낮게 나타나 상대적으로 사회적 계층 이동이 수월하다.

## 기회비용
Opportunity Cost

### 포기한 기회 중 가장 큰 가치를 가진 기회

어떤 한 가지를 선택할 때, 선택으로 인해 포기한 가장 큰 차선을 말한다. 즉, 어떤 행위를 하기 위해 포기해야 하는 다른 기회의 최대가치이다.

## 매몰비용
Sunk Cost

### 회수할 수 없는 비용

의사결정을 하고 난 이후 발생하는 비용 중 회수할 수 없는 비용을 일컫는다. 콩코드 오류라고도 하는데, 1962년 영국과 프랑스 양국은 공동으로 막대한 자금을 투입하여 초음속 여객기 콩코드를 개발에 착수하였으나 기술적 한계와 수지타산이 맞지 않았고, 국가의 자존심 문제로 콩코드 운항을 개시했다가 결국 막대한 손실만 입고 운항을 중단한 사례이다.

## 밴드왜건 효과
Band Wagon Effect

### 유행에 따르는 소비성향

악대를 앞에 두고 사람들을 몰고 다니는 차량인 밴드왜건에서 차용된 용어이다. 정치학에서는 소위 말하는 대세론으로 후보자가 일정 수준 이상의 지지율을 얻으면 그 후보를 따라가게 되는데 이를 밴드왜건 효과라고 하며, 경제학에서는 대중적으로 유행하는 상품을 따라서 소비하는 성향을 일컫는다.

## 탄력세율
Flexible Tax Rate

### 정부가 법률로 정한 기본세율을 탄력적으로 변경하여 운영하는 세율

조세의 경기조절기능을 수행하기 위한 목적에서 마련된 제도이다. 조세법률주의 하에서 세율은 조세의 종목을 정한 세법과 같이 입법사항으로 국회의 의결을 거쳐 결정 또는 변경하는 것이 원칙이지만, 오늘날과 같이 국내외 경제여건이 수시로 변하고 국민 경제에 미치는 영향이 빠르고 크게 작용하는 때에 신속하고 신축성있게 대처해 나가야 국내 산업을 보호하고 국민 경제를 안정시키며 국제수지의 악화를 막을 수 있다. 이처럼 국민 경제의 효율적 운용을 위하여 경기조절, 가격안정, 당해 물품의 수급상 필요한 경우에는 법정세율의 30% 범위 안에서 대통령령으로 이를 조정할 수 있도록 되어있는 바, 대통령령에 규정된 세율을 탄력세율로 부르고 있다. 따라서 국민 경제를 위한 대처방안 가운데 하나로서 입법과정을 거치지 않고 행정부의 권한으로 세율을 조정하는 방안이 각국의 경제정책 수단으로 흔히 사용되고 있다.

## 우발부채
偶發負債

### 현재 채무로 확정되지 않았으나 미래에 채무로 확정될 가능성이 있는 부채

가까운 장래에 채무로 확정될 가능성이 있는 잠재적 부채를 말한다. 회계기준에 따르면 과거 사건이나 거래 결과로 현재의무가 존재하고, 의무를 이행하기 위해 회사가 보유한 자원이 유출될 가능성이 높으며 의무 이행에 필요한 금액을 추정할 수 있을 때 충당부채로 인식하나 이 조건을 충족시키지 못하면 우발부채로 인식한다.

## 가격차별
Price Discrimination

동일한 상품을 서로 다른 구매자들에게 다른 가격으로 판매하는 제도

독점기업이 생산하는 상품에 대한 소비자 계층 간의 수요 탄력성이 다를 경우, 시장을 두 개 이상으로 분할하여 상이한 가격으로 판매하는 것을 말한다. 가격차별은 기업에게 더 많은 이윤을 가져다준다. 소득·인종·연령 등 개인적 특성이나 지리적 위치로 분할할 수 있으며 독점시장에서만 나타날 수 있다.

## 소비자잉여
Consumer Surplus

어떤 상품에 대해 소비자가 지불하고자 하는 수요가격에서 실제 시장가격을 뺀 차액

소비자들이 어떤 재화나 서비스에 대해 지불하고자 하는 값과 실제로 그들이 지불한 값과의 차이를 말한다. 즉 소비자가 지불할 용의가 있는 가격에서 실제 지불한 가격을 뺀 금액이며, 소비자가 상품을 구입함으로써 얻는 이익의 크기를 나타낸다. 가격이 오르면 소비자잉여는 감소한다.

> 소비자잉여
> = 소비자 누리는 가치 − 소비자가 지불한 금액

## 잉여현금흐름
Free cash flow

기업의 수익에서 세금, 영업비용, 투자금 등을 제외하고 남은 현금

현금의 유입·유출만을 계산하여 회사에 남아있는 현금을 설명해주는 것으로 기업이 사용할 수 있는 돈을 의미한다. 영업에서 벌어온 현금에서 자본적 지출(Capex)을 제외하고 남아있는 것을 의미한다.

> 잉여현금흐름
> = 당기순이익 + 감가상각비 − 고정자산증가분 − 순 운전자본증가분

## 시장실패
市場失敗

시장이 효율적인 자원 분배를 제대로 하지 못하는 상태

시장에서 경쟁이 제대로 이루어지지 않고 외부 효과로 인해 자원배분이 비효율적일 때, 또한 정보의 비대칭으로 도덕적 해이가 발생하면, 시장이 자유롭게 기능함에도 시장실패가 나타날 수 있다.

## 정부실패
Government Failure

정부의 개입이 의도와 다른 결과가 발생한 때

시장실패가 일어나면 정부의 개입이 필요한 경우가 있는데, 정부 역시 시장에 대한 불완전 정보와 능력의 한계 등으로 의도와 다른 결과를 유발한 때에 정부실패라고 한다.

## 쿠퍼 효과
Cooper Effect

금융정책 효과의 시기가 다르게 나타나는 현상

경기불황으로 경기부양을 위한 정책 효과는 점진적으로 나타나나 경기호황 시 경기냉각을 위한 긴축 정책 효과는 빠르게 나타나는 현상을 말한다.

## 소득주도 성장
Income Led Growth

임금 주도 성장론을 바탕으로 한 이론

가계의 임금과 소득을 늘리면 소비도 늘어나 경제 성장이 이루어진다는 경제정책이다. 대기업의 성장에 따른 임금 인상 등의 낙수 효과보다 인위적으로 근로자의 소득을 높여 경제 성장을 유도한다는 내용이다.

## 낙수 효과
落水效果
### 선도 부분의 성과가 후발 부문으로 유입되는 효과

윌 로저스라는 유머 작가가 미국 제31대 허버트 후버 대통령의 대공황 극복을 위한 경제정책을 비꼬던 말로, 고소득층의 소득 증대가 소비 및 투자 확대로 이어져 궁극적으로 저소득층의 소득도 증가하게 되는 효과를 가리키는 말이다. 정부가 투자 증대를 통해 대기업과 부유층의 부(富)를 늘려주면 경기가 부양되어 결국 중소기업과 저소득층에게 혜택이 돌아감은 물론, 경제발전과 국민복지가 향상된다는 이론이다.

## 금융소외자
金融疏外者
### 신용 등급이 낮아 정상적인 신용활동이 불가능한 사람들

담보가 없거나 신용 등급이 낮아 사실상의 대출이 어려워 제1 ~ 2금융권을 이용할 수 없는 저신용자를 일컫는다.

## 빈곤의 악순환
Vicious Circle of Poverty
### 국민소득성장률이 낮은 상태가 되풀이되는 과정

후진국은 국민소득이 낮기 때문에 국내 저축이 미약하므로 높은 투자가 형성될 수 없다. 미국의 경제학자 넉시가 「저개발국의 자본 형성의 문제」에서 처음 사용한 용어이다.

## 지니계수
Gini's Coefficient
### 소득분배가 균등하게 분배되는가를 나타내는 지수

소득분배의 불균형수치를 나타내며, 주로 빈부의 격차를 설명할 때 인용한다. 지니계수는 0 ~ 1사이의 숫자로 표시되는데, 분배가 완벽하게 균등 할 때를 0, 분배가 완전히 불균등 할 때를 1로 표현한다. 숫자가 0에 가까울수록 소득분배가 잘 이루어진 것이고, 1에 가까울수록 소득 불균형이 심하다고 보면 되며, 보통 0.4가 넘으면 소득분배의 불평등 정도가 심한 것으로 보면 된다. 또한 지니계수는 근로소득이나 사업소득 등 소득분배상황과 부동산과 금융자산 등 자산분배상황도 알 수 있다.

## 엥겔지수
Engel's Coefficient
### 총가계 지출액 중에서 식료품비가 차지하는 비율

일반적으로 식료품은 소득의 높고 낮음에 관계없이 반드시 얼마만큼 소비해야 하며 동시에 어느 수준 이상은 소비할 필요가 없는 재화이다. 그러므로 저소득 가계라도 반드시 일정한 금액의 식료품비 지출은 부담하여야 하며, 소득이 증가하더라도 식료품비는 크게 증가하지 않는다. 이러한 까닭에 식료품비가 가계의 총 지출액에서 차지하는 비율은 소득 수준이 높아짐에 따라 점차 감소하는 경향이 있다. 1857년 독일의 통계학자 엥겔이 가계지출을 조사하여 확인한 결과 이러한 경향을 확인하였으며, 그의 이름을 따서 '엥겔의 법칙', 식료품비가 가계지출액에서 차지하는 비중을 '엥겔지수'라고 부르게 되었다

## 엔젤계수
Angel Coefficient
### 가계에서 지출하는 비용 중 아이들(유아에서 초등학생까지)을 위해 사용되는 돈이 차지하는 비중

엔젤계수에는 과외비와 학원비 같은 교육비, 장난감구입비, 용돈, 의복비, 아이들을 위한 외식비 등이 포함된다. 우리나라의 경우 엔젤계수가 높은 편인데, 아무리 가정 형편이 어려워도 아이들을 위한 지출은 줄지 않고 있기 때문이다. 특히 교육비를 미래를 위한 투자로 인식하기 때문에 부모들은 불황이 심할수록 교육비를 늘리지 않으면 불안해하고, 아울러 불황일수록 교육경쟁은 더 치열해지면서 과외비와 학원비 같은 교육비가 증가한다. 한편 어린이를 대상으로 하는 사업을 엔젤 비즈니스라고 한다.

## 경제자유구역
Free Economic Zone
### 해외 투자자본과 기술을 적극적으로 유치하기 위하여 세제 감면이나 규제 완화 등 혜택을 부여한 특별 지역

외국인의 투자 유치를 촉진하고, 국가경쟁력 강화 및 지역 간 균형 발전을 위해 도입한 제도이다. 국제경영활동에 최적의 환경을 제공하기 위해 조성하는 특별경제구역으로 열

악한 기업 환경, 기존제도의 한계, 동북아시아의 위상변화 등에 따라 우리나라의 지정학적 위치를 최대한 활용하여 동북아의 물류중심으로 육성하고, 첨단산업 및 지식기반의 고부가가치 산업을 신 성장 동력으로 활용하는데 의의가 있다. 2003년에 인천을 시작으로 부산·진해, 광양만권, 경기, 대구·경북, 충북, 동해안권, 광주, 울산 등 조성되고 운영하고 있다.

## 리쇼어링
Reshoring

해외에 나가 있는 자국기업들을 각종 세제 혜택과 규제 완화 등으로 다시 불러들이는 정책

생산비와 인건비 절감 등을 이유로 생산시설을 해외로 옮긴 기업들이 보호무역주의의 확산과 기술적인 측면에서 스마트 팩토리(SmartFactory)의 확산으로 다시 자국으로 돌아오는 현상이다. 인쇼어링, 온쇼어링, 백쇼어링도 비슷하며 오프쇼어링과는 반대되는 개념이다.

## 조세피난처
Tax Haven

법인세, 개인소득세에 대한 원천과세가 전혀 없거나 과세 시에도 아주 저율의 세금이 적용되는 등 세제상의 특혜를 제공하는 국가나 지역

조세피난처는 세제상의 우대조치뿐 아니라 외국환관리법, 회사법 등의 규제가 완화되고 기업을 경영하는데 장애요인이 적고 모든 금융 거래의 익명성이 철저히 보장되어야 가능하다.

## 주가연계증권
ELS : Equity Linked Securties

개별 주식의 가격이나 주가지수와 연계하여 수익률을 결정하는 파생 상품

금융기관과 금융기관, 금융기관과 일반기업 간의 맞춤 거래를 기본으로 하는 '장외파생 상품'이다. 거래의 결제 이행을 보증해주는 거래소가 없기 때문에 일정한 자격을 갖춘 투자매매업자만이 발행이 가능하다. 즉, 영업용 순자본비율이 300% 이상이며, 장외파생 상품 전문 인력을 확보하고, 금융위원회가 정하는 '위험관리 및 내부통제 등에 관한 기준'을 충족하는 투자매매업자가 발행할 수 있다.

## 주가연동예금
ELD : Equity Linked Deposit

수익이 주가지수의 변동에 연계해서 결정되는 은행 판매 예금

고객의 투자자금은 정기예금에 넣고, 창출되는 이자만을 파생 상품에 투자하여 수익을 낸다. 투자 대상 파생 상품은 제한 없이 다양하고 중도 해지가 가능하지만 원금에 손실을 입을 수 있다. 증권사의 주가연계증권(ELS)에 비해 안정성이 높으며, 원금은 예금자보호법에 따라 최고 5,000만 원까지 보장되고, 지급이자는 주가지수나 주식가격에 연동하여 결정된다. 투자방식은 투자액의 대부분을 정기예금에 넣고, 여기서 나오는 이자를 주가지수 옵션 등 파생 상품으로 운용하여 발생한 수익을 고객에게 지급하는 방식으로 이루어진다. 주가연동예금(ELD)은 원금이 보장되며, 주가지수가 높아질수록 고수익을 얻을 수 있다. 또한 생계형·세금우대형으로 가입하면 세금절감의 효과도 얻을 수 있으나 중도에 해지할 경우에는 수수료를 물어야 하기 때문에 경우에 따라 원금이 손실될 수도 있다. 또 주가의 변동에 따라 수익률의 상한과 하한을 둔다는 점도 유의하여야 한다.

## 주가연계펀드
ELF : Equity Linked Fund

투자신탁회사가 주가지수연동증권(ELS)상품을 펀드에 편입하거나, 자체적으로 원금보존추구형 펀드를 구성해 판매하는 형태의 상품

대부분의 펀드자산은 국공채나 우량회사채 등의 안전자산에 투자하여 만기 때에 원금을 확보하며, 나머지 잔여자산은 증권회사에서 발행한 권리증서에 편입해 펀드 수익률이 주가에 연동되도록 설계한다. 따라서 ELF는 펀드의 수익률이 주가나 주가지수 움직임에 의해 결정되는 구조화된 수익구조를 갖는다. ELF의 형태는 베리어형, 디지털형, 조기

상환형 등 수익구조에 따라 다양한 종류가 있을 수 있다. 그 중 원금보장형과 조기상환형이 대표적 형태로 원금보장형은 원금은 보장하되 주가가 상승 혹은 하락 시 상승 혹은 하락률의 일정비율을 이자로 지급하는 것이다. ELF는 2003년 1월부터 판매되고 있다. 주가지수 및 개별 주식에 연동되어 수익이 지급되는 장외파생 상품으로는 ELF 외에 ELD과 ELS이 있다.

## 주식 상장
株式上場

요건에 충족한 기업이 발행한 주권을 증권시장에서 거래할 수 있도록 부여하는 자격

한국거래소(KRX)에서 심사하며 이는 어디까지나 증권시장에서 자유롭게 거래할 수 있도록 허용하는 것 일뿐, 가치를 보증 받는 것은 아니다.

## 장외주식
場外株式

현금 보유가 많아 공모를 통한 상장이 필요하지 않은 경우나 상장요건에 미달하거나 상장 준비 중인 경우의 주식

유가증권이나 코스닥 시장에 상장되지 않은 회사의 주식을 말한다. 장외주식은 미래의 성장 잠재력을 가지거나 가치가 제대로 반영되지 않은 종목들이 많기 때문에 의외의 고수익을 창출할 수도 있지만 주식종목의 정보를 구하기가 쉽지 않다는 단점이 있다.

## 백도어 리스팅
Backdoor Listing

장외기업이 상장 기업과의 합병을 통해 상장심사나 공모주 청약 등의 절차를 밟지 않고, 바로 장내로 진입하는 것

상장 때까지 걸리는 시간과 비용을 절감하기 위해 이미 상장된 회사를 이용하는 일종의 우회등록이다. 장외기업들은 현금으로 지분 인수 · 주식 맞교환(스와핑)을 이용해서 상장(등록) 기업과 합병을 통해 상장요건이 되지 않는 기업이 우회하여 상장하는 것이다.

## 우회상장
Backdoor Listing

증권시장에 상장하지 않은 기업이 상장 기업과의 합병 등을 통해 통상적인 상장 절차 없이 상장되는 것

백도어 상장이라고도 한다. 비(非)상장 기업은 우회 상장으로 합병한 상장 기업과의 시너지는 물론 상장의 지위도 함께 얻는다.

## 슈퍼 개미
Super Catfish

자산 규모가 큰 개인투자자

우리나라에 슈퍼 개미란 용어가 등장한 것은 1990년대 중반으로, 당시는 주로 선물이나 옵션 등 변동성이 큰 상품을 매매하여 큰돈을 번 개인들을 지칭하는 용어로 사용되었으며, 이들은 사회에 대한 파급효과보다는 개인적인 차원에서 투자 수익을 극대화하는 게 목표였다. 그러나 2000년대 들어 슈퍼 개미는 새롭게 진화하면서 자신의 실체를 좀 더 분명히 드러낸다. 상당수가 단순투자를 넘어 경영참여를 선언하며 주주행동주의를 적극 실천하고 자본시장의 주역으로 부상하고 있다

## 애널리스트
Analyst

기업과 관련된 조사와 분석을 담당하는 사람

기업의 현재 가치를 정확히 측정할 뿐만 아니라 미래 가치에도 주목한다. 경기흐름이라는 거시적인 틀 속에서 기업의 재무 및 손익구조 등을 분석해 기업의 적정 주가를 산출해 그 결과가 주식시장에 연결되며, 해당 기업의 주가가 기업의 내재가치보다 낮아 저평가되면 매수를, 반대일 경우에는 매도의견을 낸다. 또한 이들의 한마디에 주가가 출렁이기도 한다.

## 출자전환
Debt equitySwap

채권 금융기관이 부실기업에 빌려준 돈을 주식으로 전환하는 방식

출자전환의 장점은 우선 차입금이 자본금으로 전환됨으로서 기업의 재무비율이 개선되고, 지급이자 부담이 줄어들어 흑자전환을 할 수 있다는 것이다. 반면 차입금의 출자전환으로 대주주가 채권자로 교체될 수 있어 회사의 지배권이 바뀌고, 모든 경영사항에 대하여 채권자의 동의를 얻어야 하기 때문에 절차가 번거롭고, 중요한 투자에 대하여 적극적이지 못한다는 단점을 지닌다.

## 액면분할
額面分割

하나의 주식을 분할하는 것

주식 수를 늘려 유동성을 높이고 단가를 낮추기 위한 방법으로 하나의 주식을 여러 주식으로 분할하는 것을 말한다. 한편 액면병합은 액면가를 높이는 것으로 낮아진 주가를 끌어올리기 위해 사용된다. 주식수가 줄어든다는 측면에서는 감자와 비슷하지만 자본금에 변화가 없으며 주주들의 지분 가치에도 변함이 없다는 점이 다르다.

## 감자
減資

주식회사가 자본금을 줄이는 것

각종 잉여금과 자기자본을 포함한 자산에서 부채요인을 빼서 순수자산가치를 산정한 뒤 그만큼만 자본으로 인정하는 것을 말한다. 감자는 기존 주주들에게 큰 손해를 초래할 수 있는 사안이기 때문에 주주총회의 특별결의를 거쳐야만 시행할 수 있다.

## 불마켓
Bull Market

장기간에 걸친 시장 강세

황소가 뿔을 하늘을 향해 찌르는 모습처럼, 시장 시세의 강세나 강세가 예상되는 경우를 말한다. 최근 저점대비 20% 이상 상승했을 때를 의미하곤 한다. 강세시장을 예고하는 패턴으로는 장기하락 후의 상승 전환 등이 있다.

## 돈맥경화
―脈硬化

돈이 시중에 돌지 않는 상태

자금이 시중에서 순환하지 못하는 상태를 동맥경화에 빗대어 표현한 것으로 경제불황이나 여러 가지 요인으로 투자와 소비가 감소하고 자금 순환 속도가 떨어지는 경우에 사용한다.

## SWIFT
Society for Worldwide Interbank Financial Telecommunication

안전한 금융 거래를 위한 유럽의 금융통신망

금융 거래 관련 메시지를 안전하고 효율적으로 주고받기 위하여 유럽 지역의 은행들이 설립한 금융통신망이다. 1973년에 설립되어 금융기관 간 자금이체, 신용장 개설 및 통지, 외환거래, 추심, 신디케이트 등에 관한 메시지 송수신에 주로 이용되며, 일부 국가의 중앙은행 거액결제 시스템 통신망으로도 활용되고 있다. 우리나라는 약 115개 기관이 이용 중이다.

## 디폴트
default

계약에서 정해진 원리금 변제나 지불 시기를 이행하지 못하고 원리금 상환이 불가능한 상태

국가가 전쟁, 혁명, 내란 등을 겪거나 민간기업이 경영부진과 도산 등으로 지불불능 상태가 되는 경우가 원인이다. 정해진 상환기간 안에 채무원리금을 상환하지 못해서 부도를 이르는 상황으로 채무불이행이라고도 한다.

## 모라토리엄
Moratorium

**한 국가가 경제·정치적인 이유로 외국에서 빌려온 차관에 대해 일시적으로 상환을 연기하는 것**

모라토리엄은 상환할 의사가 있다는 점에서 지급거절과는 다르며, 외채를 유예 받지만 국제적으로 신용이 하락하여 대외거래에 여러가지 장애가 뒤따른다. 또한 환율이 급등하고 신용경색으로 물가가 급등하여 전반적으로 심각한 경제적 혼란을 겪게 된다. 모라토리엄을 선언하면 채권국은 채무국과 채무조정 작업을 하게 된다. 만기를 연장하거나, 여러 형태의 구조조정 작업을 통해 신뢰도를 높이고, 모라토리엄 선언 이전에 상환연기나 금리 재협상, 원리금을 추가 대출금으로 돌리는 재융자, 원금삭감 등의 방법을 협상하기도 한다.

## 윤리라운드
ER : Ethic Round

**경제활동의 윤리적 환경과 조건을 각 나라마다 표준화하려는 국제적인 움직임**

비윤리적 기업의 제품은 국제거래에서 규제하자는 윤리라운드(ER)가 우루과이라운드(UR) 이후 국제 경제 질서에 새롭게 등장하여, 21세기 들어 중요한 통상과제로 떠오르고 있다. 윤리라운드(ER)의 목표는 비윤리적인 방법으로 원가를 절감시켜 제조한 제품의 국제 간 거래는 불공정거래로 인식하고, 기업윤리강령의 윤리를 실천하는 기업의 제품만 국제거래가 되도록 하자는 것이다. 미래의 경제 환경에서는 경제운용의 구조적 효율성을 중시하는 풍토가 일반화되고, 토지·노동·자본 등과 함께 생산요소에서 윤리항목이 중요한 자리를 차지할 전망이다.

## 최혜국 대우
MFN : Most Favored Nation Treatment

**관세·항해 등 양국 간 관계에서 지금까지 다른 나라에 부여한 대우 중 최고의 대우를 해주는 것**

제3국에 부여하고 있는 조건보다 절대 불리하지 않은 대우를 해 주는 것이다. GATT는 최혜국 대우가 대표적인 일반원칙으로서 이에 대한 예외를 매우 엄격하게 규제하고 있다. 일단 두 나라 간 최혜국 대우를 적용하기로 하면 이 중 한 나라가 제3국과 보다 유리한 무역협정을 맺어도 그 효력은 별도의 합의 없이도 상대 최혜국 대우 국가에도 적용된다. 이는 최혜국 대우의 의미가 다른 나라와의 관계보다 불리한 대우를 하지 않는다는 포괄적 약속이기 때문이다.

## 이머징 마켓
Emerging Market

**자본시장 부문에서 급성장하고 있는 국가들의 시장**

금융시장과 자본시장에서 빠르게 성장하고 있는 국가들의 신흥시장으로, 특히 개발도상국 가운데 산업화가 빠르게 진행되고 있는 국가의 시장을 뜻한다.

## 전환사채
CB : Convertible Bond

**일정 기간이 지나면 채권 보유자의 청구가 있을 때 미리 결정된 조건대로 발행회사의 주식으로 전환 가능한 특약이 있는 사채**

발행만기 기간과 전환가격 등을 표시하며, 주식으로 전환하지 않을 경우 별도로 정해놓은 이자율을 받을 수 있다. 전환사채를 발행하려면 정관을 통해 주식으로의 전환 조건과 전환으로 인해 발행할 수 있는 사항이나 전환을 청구할 수 있는 기간 등을 정해야 한다. 전환사채의 발행방식은 공모와 사모가 있는데, 공모는 인수단이 구성돼 주식을 인수한 후 투자자에게 판매하는 방식으로 거래소 상장, 신고서, 사업설명서 제출 등 법적장치를 수반해 발행되므로, 관련 사항이 투자자에게 신속히 전달된다. 사모는 특정소수의 기관을 대상으로 모집되어 일반투자자는 투자참여 및 발행정보공유에서 배제되므로 기존의 일반주주의 경우 사모전환사채가 주식으로 전환될 때는 통상적 신주인수권을 원칙적으로 봉쇄당한 채 증자에 따른 불이익을 떠안게 된다.

## 신주인수권부사채
BW : Bond with Warrant

일정 기간이 지나면 미리 정해진 가격으로 주식을 청구할 수 있는 사채, 주식, 채권, 외환 등의 정해진 수량을 약정한 값에 매매할 수 있는 권리가 붙은 사채

대개는 고정된 이자를 받을 수 있는 채권과 주식인수권리를 따로 매매할 수 있다. 만기보장, 수익률, 인수권 행사자격 등 발행조건이 전환사채의 경우와 같으나 전환사채는 사채권자의 전환권행사에 의하여 사채권자의 지위를 상실하고 주주가 되며 신주인수의 대가로서 별도의 출자를 요하지 아니하나, 신주인수권부사채는 사채권자가 신주인수권을 행사하더라도 사채가 소멸하지 않고 신주인수의 대가로 별도의 출자를 요하므로 사채권자와 동시에 주주의 지위를 가진다. 다만, 신주인수권부사채의 상환에 갈음하여 그 가격으로 신주의 발행가액의 납입을 대신하는 대용납입을 할 수 있으므로, 이 경우에는 전환사채와 비슷하게 된다. 전환사채는 사채권과 전환권이 동일증권에 의하여 표창되나, 신주인수권부사채는 신주인수권을 행사하더라도 사채권에는 영향이 없기 때문에 사채권과 신주인수권을 반드시 동일증권에 의하여 표창할 필요가 없다.

## 엄브렐러 펀드
Umbrella Fund

하나의 펀드 아래 서로 다른 여러 개의 하위 펀드가 모여 구성된 상품

투자자금을 시장상황과 고객의 투자목적, 특성에 따라 주식형, 채권형 등으로 이동할 수 있는 펀드를 말하며 직접투자와 간접투자의 중간성격을 갖고 있다. 주식투자를 하다 증시가 조정을 받을 경우 MMF, 채권 등에 투자해 수익률을 높이는 선진국형 상품이다. 기존 하이일드펀드 보다 더 많은 공모주를 배정받을 수 있어 고수익이 기대되지만 부실채권을 모아 담보로 발행한 후순위채권에 주로 투자해 다소 위험도 있다.

## 상장지수펀드
ETF : Exchange Traded Fund

주식처럼 거래가 가능하고, 특정 주가지수의 움직임에 따라 수익률이 결정되는 펀드

인덱스 펀드를 거래소에 상장시켜 투자자들이 주식처럼 편리하게 거래할 수 있도록 만든 상품이다. 투자자들이 개별 주식을 고르는 데 수고를 하지 않아도 되는 펀드투자의 장점과, 언제든지 시장에서 원하는 가격에 매매할 수 있는 주식투자의 장점을 모두 가지고 있는 상품으로 인덱스 펀드와 주식을 합쳐놓은 것과 같다. 최근에는 시장지수를 추종하는 ETF외에도 배당주나 거치주 등 다양한 스타일을 추종하는 ETF들이 상장되어 인기를 얻고 있다.

## 인덱스 펀드
Index Fund

특정 주가 지표 변동과 비례하게 포트폴리오를 구성하여 펀드의 수익률을 이들 지표와 동일하게 실현하고자 하는 투자 펀드

인덱스 펀드의 목적은 주식시장의 장기적 성장 추세를 전제로 하여 주가지수의 변동에 따라 함께 움직이는 포트폴리오를 구성·운용하여 시장의 평균 수익률을 실현하는 데 있다. 또한 최소한의 비용과 인원으로 투자 위험을 최대한 줄이기 위해 가능한 한 적은 종목으로 주가 지표 움직임에 근접한 포트폴리오를 구성하는 것이 이 펀드의 운용 핵심이다. 인덱스펀드의 장점으로는 매입하여 보유하는 것을 원칙으로 하여 일반펀드에 비해 거래 수수료나 비용이 적게 드는 반면, 시장이 침체될 경우에는 펀드 수익률도 동반 하락한다는 단점이 있다.

## 벌처 펀드
Vulture Fund

기업구조조정펀드로 부실한 기업을 저가로 인수해 상황이 호전된 후 고가로 되팔아 수익을 내는 기금이나 회사

벌처(Vulture)란 동물의 시체를 파먹고 사는 대머리 독수리로, 냉혹하지만 생태계를 유지해 주는 순기능도 한다는 유래에서 벌처펀드라는 이름이 붙었다. 벌처펀드는 1980

년대 미국의 금융위기 과정에서 본격적으로 출현했으며, 현재 미국·영국 등 선진국에서는 민간 주도로 기업의 구조조정을 할 만큼 보편화되어 있다. 우리나라는 1999년에 회생하기 힘든 업체의 구조조정 지연문제를 해결하기 위해 도입되었다.

## 더블 딥
### Double Dip
**경기가 저점을 통과한 후 다시 침체에 빠지는 경우**

일반적으로 2분기 연속 마이너스 성장을 벗어나 회복 기미를 보이다 다시 2분기 마이너스 성장을 기록하는 상황으로 경제 사이클 그래프로 그려보면 W자 모양으로 나타나 이중 하락, 이중 하강, 이중 침체 등으로 표현된다. 더블 딥이란 용어는 2001년 미국에서 처음 등장했는데, 경기침체는 기업투자 부진과 민간소비 약화가 요인이다. 경기침체기에는 기업들의 생산 활동이 타격을 받아 기업 재고가 줄고, 다시 이를 채우기 위한 수요가 늘어나 생산 증가로 이어지지만 경기침체기 후반에는 그동안 늘어난 실업자가 누적되어 수요 감소로 이어지면서 전보다 더 심각한 경기침체를 가져온다.

## K자형 회복
**고학력·고소득 노동자와 저학력·저소득 노동자의 양극화 현상**

고학력·고소득 노동자는 경기침체에서 빠르게 회복하는 반면에 저학력·저소득 노동자는 회복이 어렵거나 오히려 소득이 감소하는 등의 양극화 현상을 일컫는다. 보통은 경기하락이 급격하게 나타났다가 회복되는 V자형, 일정 기간 동안은 침체되다가 회복되는 U자형으로 나타나나 최근 코로나19를 통해 임금과 교육수준, 인종 등에 따른 새로운 형태의 경제회복이 나타나고 있다. 고소득층에서는 정보기술을 중심으로 교육과 노동에 타격이 거의 없는 반면, 저소득층에서는 사실상 불가능하여 빈부격차가 악화되고 있다.

## 페이데이 론
### Payday Loan
**월급날 대출금을 갚기로 하고 돈을 빌리는 초고금리 소액 대출**

미국의 신용위기 상황이 지속되면서 서민들이 모기지 이자상환을 위해 높은 금리인데도 급전을 마련하는 경우가 늘고 있으며, 이로 인한 가계파산이 늘어 미국 경제에 부정적인 영향을 끼쳤다.

## 퀀텀 점프
### Quantum Jump
**단기간에 비약적으로 성장하는 것**

원자에 에너지를 가하면 전자의 회전 속도가 빨라지다가 임계점 이상의 에너지가 쌓이면 한 단계 더 높은 궤도로 뛰어오르게 되는 현상을 경제학에서 차용한 표현으로 단기간 성장을 이루는 것을 말한다. 기업이 사업구조나 사업방식 등의 혁신을 통해 단기간에 비약적으로 실적이 호전되는 경우에 퀀텀 점프라는 용어를 사용하고 있다.

## 온렌딩 대출
### On Lending
**중소기업 정책자금 지원 대출**

한국정책금융공사가 시중 은행에 중소기업 대출 자금을 빌려주면 민간 은행이 여신심사를 통하여 지원 대상 기업을 골라 대출해 주는 중소·중견기업 지원 전문 정책금융이다.

## 크라우드 펀딩
### Crowd Funding
**인터넷 등을 통해 대중에게 자금을 모으는 투자 방식**

매체를 활용해 자금을 모으는 투자 방식으로 소셜 펀딩이라고도 불린다. 자금이 없는 예술가나 사회활동가 등이 자신의 창작 프로젝트나 사회공익프로젝트를 인터넷이나 SNS에 공개하고 익명의 다수에게 투자를 받는다. 기간 내에 목표액을 달성하지 못하면 후원금이 전달되지 않기 때문에 창작자나 후원자 모두 프로젝트의 홍보를 돕게 된다. 현재는 트위터나 페이스북 등을 활용해 영화·음악 등의 문화상품이나 IT분야에서 활발히 이용되고 있으며 아이디어 창업 등 응용 범위에 제한이 없다는 것이 장점으로 꼽히고 있다.

## 금산분리
### 金産分離
**금융자본과 산업자본 간에 소유하는 것을 금지하는 원칙**

은행과 기업 간의 결합을 제한하는 것으로 기업들이 은행을 소유할 수 없도록 법으로 규정한 것이다. 산업자본이 금융자본을 지배하게 될 경우, 은행 돈을 보다 쉽게 쓸 수 있으므로 무분별한 투자와 사업 확장을 하기 쉬워진다. 이러한 경우 다른 기업들과의 자본 조달에 있어서 차별이 생길 수 있고 투자자금이 부실화된다면 은행에 돈을 예금한 예금주들은 큰 피해를 입게 될 수 있다. 한편에서는 산업자본의 금융참여 제한은 외국계자본의 국내 금융 산업지배 현상을 심화시키므로 금산분리를 완화하여 국내 자본으로 은행을 방어해야 한다는 의견이 일기도 한다.

## 수탁회사
### 受託會社
**주식, 채권, 유가증권 등 실물을 보관하는 회사**

통상 은행이 수탁회사가 되며, 투신사·투신운용사 등 돈 굴리기를 전문으로 하는 회사들은 자본시장과 금융투자업에 관한 법률에 따라 고객 돈으로 투자한 유가증권을 별도 기관인 수탁회사에 맡겨야한다. 수탁업무는 금전신탁과 재산신탁으로 나누는데, 금전수탁은 운용방법을 특별하게 정해 놓는지의 여부에 따라 특정금전신탁과 불특정금전신탁으로 구분한다.

## 뱅크론
### Bank Loan
**은행 간의 차관**

은행이 차입국의 은행에 융자하여 그 금융기관이 자기책임하에 자국의 기업에 대해서 자금을 대부하는 방식으로 저개발국에 대한 민간경제협력의 하나이다. 보통의 차관은 정부나 기업이 개발도상국의 정부나 기업에 대해 자금을 대출하지만 뱅크론은 은행이 개발도상국의 은행에 대해 대출한다.

## 팩토링
### Factoring
**금융기관들이 기업으로부터 매출채권을 매입한 것을 바탕으로 자금을 빌려주는 제도**

기업들이 상거래 대가로 현금 대신 받은 매출채권을 신속히 현금화, 기업 활동을 돕자는 취지로 지난 20년대 미국에서 처음 도입되었다. 기업이 상품 등을 매출하고 받은 외상매출채권이나 어음을 팩토링 회사(신용판매회사)가 사들여 채권을 관리하며 회수하고, 사들인 외상매출채권이 부도가 날 경우의 위험 부담은 팩토링 회사가 부담한다. 상품을 매출한 기업으로서는 외상판매 또는 신용판매를 하고도 현금판매와 같은 효과를 얻을 수 있고, 채권의 관리·회수에 필요한 인력과 비용을 덜 수 있는 이점이 있다. 한국에서는 1980년부터 팩토링 금융이 도입되어 빠른 성장을 보이고 있다.

## 거북선 펀드

**노후화된 해양경찰청 경비함정을 교체하기 위해 정부 주도 아래 민간 자본을 유치하는 선박 펀드**

정부의 주도 아래 민간자본이 참여한 관공선 전용 선박 펀드를 말한다. 개인 투자자는 당초 정해진 안정적인 수익을 얻을 수 있고, 일반 펀드보다 저율 과세 혜택을 받을 수 있다는 점이 매력 포인트다.

## 금융실명제
金融實名制

금융기관과 거래할 때에 본인 실명으로 거래해야하는 제도

은행예금이나 증권투자 등 금융 거래를 할 때 실명으로만 하게 하는 제도로 1993년에 도입되었다. 가명 거래, 차명 거래, 무기명 거래 등을 제도적으로 금지한다.

## 자금세탁 방지제도
Anti Money Laundering System

불법자금 세탁을 적발하고 방지하기 위한 제도

불법으로 증식한 재산의 출처를 숨기고 위장하여 변환하는 행위를 적발·방지하여 투명하고 공정한 금융 거래 질서를 확립하기 위한 제도이다.

## 확정급여형
DB : Defined Benefit

근로자가 퇴직할 때 받을 퇴직급여가 사전에 확정된 퇴직연금제도

사용자가 매년 부담금을 금융회사에 적립하여 책임지고 운용하며, 운용 결과와 관계없이 근로자는 사전에 정해진 수준의 퇴직급여를 수령하는 확정급여형 연금이다. DB형은 회사의 책임으로 퇴직 적립금을 은행·보험사 등 외부 금융회사에 맡겨 운용한다. 수익이 나도 회사가 갖고, 손실이 나더라도 회사가 책임진다. 근로자가 퇴직할 때 받는 돈에는 차이가 없다.

## 확정기여형
DC :
Defined Contribution

사용자가 납입할 부담금(매년 연간 임금총액의 1/12 이상)이 사전에 확정된 퇴직연금제도

기업의 부담금은 확정되어 있으나 근로자가 받는 퇴직급여는 확정되지 않고 운용수익에 따라 달라지게 된다는 점이 DB형과 다르다. DC형은 회사가 퇴직 적립금을 근로자 개인의 퇴직연금 계좌로 보내주고 근로자 자신이 금융회사 선택에서부터 편입 상품까지 직접 골라 운용한다. 근로자가 운용을 책임지기 때문에 퇴직 때 받는 돈이 차

이가 날 수 있다. 각 회사는 노사 합의에 따라 DB형과 DC형을 선택할 수 있다. 회사별로 DB형이나 DC형 한쪽만 있는 경우도 있고, 근로자가 선택할 수 있도록 하는 회사도 있다.

## 개인형 퇴직연금
IRP :Individual Retirement Pension

근로자가 이직하거나 퇴직할 때 받은 퇴직급여를 향후 연금화할 수 있도록 하는 퇴직연금제도

퇴직한 근로자가 퇴직 시 수령한 퇴직급여를 운용하거나 재직 중인 근로자가 DB나 DC 이외에 자신의 비용 부담으로 추가로 적립하여 운용하다가 연금 또는 일시금으로 수령할 수 있는 계좌이다.

## CSS
Credit Scoring System

개인대출평가시스템

개인의 신상, 직장, 자산, 신용, 금융기관 거래정보 등을 종합평가해 대출여부를 결정해 주는 자동전산시스템이다. 각각의 개인대출 신청은 CSS 결과에 따라 자동승인, 재심사대상, 승인거절 등으로 분류된다. 예금 또는 거래 실적이 많은지 보다는 돈을 제대로 갚을 수 있는 능력이 있는지의 여부를 이 지표로 확인할 수 있으며, 이는 고객의 신용도를 가늠하는 가장 큰 고려사항이다.

## 더블위칭데이
Double Witching Day

선물과 옵션의 만기일이 겹치는 날

두 마녀의 날이라고도 한다. 선물과 옵션의 만기일이 겹치는 날에는 어떤 변화가 생길이 아무도 예측할 수 없다는 의미이다.

## 네 마녀의 날
Quadruple Witching Day

네 가지 파생 상품(주가지수 선물과 옵션, 개별 주식 선물과 옵션)의 만기일이 겹치는 날

3·6·9·12월 둘째 목요일에 발생한다. 네 마녀가 돌아다녀 혼란스러운 것처럼 이날은 주식시장의 변동 폭이 넓어지고 예측이 힘들다는 사실을 바탕으로 이와 같이 부르는 것이다. 네 마녀의 날에는 파생 상품 관련 숨어있던 현물 주식 매매가 정리매물로 시장에 쏟아져 나오면서 예상하기 힘든 주가 움직임이 발생한다. 이는 파생 상품 거래에서 이익 실현을 위해 주식을 팔거나 사는 물량이 급격하게 늘어나거나 줄어드는 것으로 주가의 이상폭등, 이상폭락의 가능성을 보여준다. 따라서 주식투자가들은 이를 기회로 삼아 투자전략을 마련하기도 한다. 미국에서 처음 시작된 이 용어는 트리플 위칭데이(주가지수선물, 주가지수옵션, 개별주식옵션)라 불렸으나 개별 주식선물이 도입된 2002년 12월부터 '쿼드러플 위칭데이'로 변경되었다. 우리나라도 2008년 4월까지는 트리플 위칭데이였으나, 2008년 5월 개별 주식선물이 도입되어 2008년 6월 12일 첫 번째 쿼드러플 위칭데이를 맞았다.

## 신용부도스왑
Credit Default Swap

신용부도가 발생할 시 위험을 다른 곳에 넘기기 위한 위험 헤지 파생 상품

채무불이행의 위험을 대비하기 위한 수단으로, 채권을 발행하거나 금융기관에서 대출을 받아 자금을 조달한 기업의 신용위험만을 분리해서 사고파는 신종 금융파생 상품 거래를 말한다. 즉, 채무불이행 위험을 회피하려는 보장매입자가 이 위험을 대신 부담하는 보장매도자에게 수수료를 지불하고 실제로 부도가 발생하면 사전에 약속한 보상을 지급받는 계약이다.

## 팻핑거
Fat Finger

운영리스크 중 하나

주문자의 주식이나 채권 외환 등 금융 상품 주문을 잘못 입력하여 발생하는 주문실수를 가리킨다. 금융시장이 짧은 시간에 큰 변동성을 보일 때 전문가들 사이에서는 팻핑거 현상이라는 주장이 나오고 있다.

## 신용경색
Credit Crunch

신용경색은 금융기관에서 돈이 제대로 공급되지 않아 기업들이 어려움을 겪는 현상

금융시장에 공급된 자금의 절대량이 적거나 자금이 통로가 막혀있을 때 발생하는데, 특히 돈의 통로가 막혀 발생하는 신용경색은 치유하기가 어렵다. 신용경색이 발생하면 기업들은 자금 부족으로 인해 정상적인 경영이 어려워지고 무역업체들도 수출입 활동에 큰 제약을 받게 된다. 신용경색이 나타나는 과정은 먼저 일부 은행의 도산이나 부실화로 인해 금융시스템 내의 대출가능 규모가 줄어들게 되고, 이들 은행과 거래하던 기업들이 차입이 어려워지면서 기업의 도산 확률이 높아지게 된다. 이렇게 되면 건전한 은행들도 높아진 기업의 신용위험과 유동성위험 등에 대비하여 대출규모를 축소하기 때문에 금융시스템 내의 유동성 부족으로 자금공급의 악순환이 발생하게 되는 것이다. 우리나라의 경우도 1998년 외환위기 시 극심한 신용경색으로 인해 많은 기업들이 도산한 경험이 있다.

## 캘린더 효과
Calendar Effect

일정 시기에 증시가 등락하는 현상

주식시장에서 일정한 시기에 따라서 증시의 흐름이 일정하게 나타나는 현상이다. 1월 효과, 4월 효과, 서머랠리, 산타랠리가 대표적이다.

## 1월 효과
January Effect

### 1월의 주가상승률이 상대적으로 높게 나타나는 현상

캘린더 효과의 하나로 1월의 주가상승률이 다른 달에 비해 상대적으로 높게 나타나는 현상을 말한다. 이러한 현상은 선진국보다 개발도상국에서 더욱 도드라지며 각종 정부 정책의 발표일이 1월이라는 것과 그해의 주식시장의 긍정적인 전망 등을 요인으로 꼽았다.

## 서머랠리
Summer Rally

### 매년 7 · 8월에 본격적인 여름 휴가철을 앞두고 주식시장이 강세를 보이는 것

여름 휴가기간이 비교적 긴 선진국에서 흔히 발생하는 현상으로, 서머랠리라는 말은 펀드매니저들이 여름휴가를 가기 전인 7월에 가을 장세의 호황을 예상하고 주식을 미리 매수함으로써 주가가 단기적으로 오르는 것을 보고 만들어낸 것이다.

## 손절매
損切賣

### 가지고 있는 주식의 현재 시세가 매입가보다 낮고, 향후 가격상승의 희망이 전혀 보이지 않는 경우에 큰 손해를 방지하기 위해 일정액의 손해를 감수하는 매도

손해가 유발될 종목에 대해 적절한 시점에 손절매한다면 수익 내는 것이 쉬워진다. 주식은 상승과 하락으로 대별되는데, 상승을 예견해 매입하지만 예상이 빗나가 하락하는 종목도 있을 수 있다. 따라서 하락이 예상된다면 실패를 인정하고, 빠르게 손절매 하는 것이 현명하다.

## 투매
投賣

### 주가의 하락이 예상될 때 이로 인한 손실을 최소화하기 위해 주식을 대량으로 매도하는 행위

주가의 급락현상을 부채질하며, 투매의 대상은 주식뿐만 아니라 펀드, 채권, 외환선물 등의 모든 시장에서 일어난다. 투매현상이 일어나는 이유는 무조건 던지는 것인데, 던지는 이유는 자신의 손실 폭을 현재의 시점에서 묶어두고 싶어 하는 심리가 작용하고, 또한 앞으로 더더욱 떨어진다는 비관적인 전망 때문이다. 실제로 대부분의 투매는 처음부터 대규모 매도가 쏟아지지 않는다. 시장상황이 좋지 않을 때, 그러한 조짐을 보고 자신의 주식, 채권, 펀드 등을 매도하게 되고, 어느 시점부턴가 매도가 몰리게 되고, 이렇게 몰린 매도로 인하여 지수의 하락 폭을 키우게 된다. 그 낙폭 자체를 투매라고 한다.

## 엑시트
Exit

### 투자자의 입장에서 자금을 회수하는 방안을 뜻하는 것

투자 후 출구전략을 뜻하며, 엑시트는 또 다른 창업을 모색할 수 있는 발판을 제공해 생태계를 선순환시키는 역할을 한다.

## 스트레스 금리
Stress Rate

### 대출 한도를 산출할 때 적용되는 가산금리

향후 금리인상 위험을 반영한다. 변동금리 대출 시 대출 금리가 낮아도 스트레스금리가 적용되면 원리금 상황 부담이 높아지므로 대출 한도가 줄어들게 되며, 대출 시점의 금리가 인상되는 것은 아니다.

## 간주상속재산
看做相續財産

### 본래의 상속재산은 아니지만 상속재산에 해당되는 재산

상속재산은 아니라 하더라도 상속이나 유증 또는 사인증여에 의하여 취득한 재산과 유사한 경제적 이익이 발생되는 경우에는 실질적으로는 상속재산으로 본다는 것으로 의제상속재산이라고도 한다. 간주상속재산에는 피상속인의 사망으로 인해 지급받는 보험금 중 피상속인이 계약자이거나 보험료를 지불한 보험금, 신탁자가 피상속인 자산 또는 타인 여부와는 상관없이 피상속인이 신탁한 재산의 수익자로서 받게 되는 재산, 피상속인에게 지급될 퇴직금이 포함된다.

## 넛 크래커
Nut Cracker

**한국 경제가 선진국과 개발도상국 양쪽에서 힘을 발휘하지 못하는 상황**

본래는 호두를 양쪽으로 눌러 껍질을 까는 기계를 의미하는데, 중국과 일본 사이에 끼여 힘을 발휘하지 못하는 우리나라의 경제 상황을 가리킬 때 자주 사용되는 표현이다. 우리나라가 일본에 비해 제품의 품질과 기술력이 처지고, 중국에 비해 가격 경쟁력에서 밀리는 상황을 나타낼 때에도 쓰인다. 한편, 최근에는 신 넛 크래커라는 용어도 생겨났는데, 이는 경쟁력을 회복한 일본 기업과 기술력 및 구매력을 갖춘 중국 기업 틈에서 한국 기업이 고전하고 있는 현상을 묘사하는 데 사용된다.

## 에코플레이션
Eco Flation

**환경적 요인으로 발생하는 인플레이션**

고온현상으로 인한 가뭄과 산불 등으로 기업의 생산비용이 높아지고 결국 소비재 가격 상승으로 이어진다.

## 녹색가격제도
Green Pricing

**신재생에너지를 이용하여 생산된 전력을 높은 가격에 구매하는 제도**

태양광, 풍력, 지력 등의 신재생에너지를 사용해 생산된 전력을 소비자에게 일반전력보다 높은 가격인 녹색가격으로 판매하는 제도이다. 모든 소비자가 녹색가격을 지불하는 것은 아니고, 지불할 의사가 있는 소비자만이 신재생에너지의 환경친화성에 주목해서 이러한 높은 가격을 자발적으로 부담하고, 여기서 얻은 재원으로 신재생에너지 및 관련 설비개발에 투자한다. 우리나라 경제는 에너지 해외의존도가 높아 유가상승과 같은 외부충격에 취약하고, 화석에너지 위주의 에너지원으로 온실가스 배출 및 대기오염이 심각한 상황이다. 이에 따라 정부는 녹색전력의 보급 확대를 위해 다양한 정책들을 추진 중이다. 대표적인 보급정책으로 녹색전력의 추가생산비를 보조해주는 발전차액제도를 활용하고 있다.

## BCG 매트릭스
BCG Matrix

**기업의 경영전략 수립에 있어 하나의 기본적인 분석도구로 활용되는 사업 포트폴리오 분석기법**

미국의 보스턴 컨설팅 그룹(BCG)이 1970년대 초반에 개발하였으며, BCG 매트릭스는 시장 성장률과 상대적 시장 점유율이란 기준을 활용한다. 두 축을 기준으로 네 개의 영역으로 나눠 사업의 상대적인 위치를 파악할 수 있도록 하고 해당 사업에 대한 추가 투자, 철수의 여부를 결정할 수 있도록 돕는다.

## 포지션 관리
Position 管理

**외국환은행이 외환시장에서 사들인 외화와 판 외화의 차액을 일정 범위에서 유지토록 하는 것**

보유외화자금과 자국통화 사이의 균형을 유지하여 외국환은행에 대한 경영의 건전성을 확보하고, 외환시장의 안정과 국내 유동성 조절을 위한 제도이다. 외국환은행은 고객의 수요에 따라 외화를 사거나 파는데, 외화자금과 자국통화자금이 항상 균형을 유지하지는 않는다. 하루의 외화매매 결과, 외화를 판 금액보다 산 금액이 많은 상태는 매입초과(OB)포지션이며, 판 금액이 많은 것은 매각초과(OS)포지션이다. 또 외화매입과 매각이 같은 상태를 스퀘어 포지션이라고 하는데, 이러한 경우는 드물다. 외화보유 운용에 안정성이 떨어져 손해를 볼 수 있고, 환율도 불안전해질 수 있다. 이를 막기 위해 외국환은행의 외화매입이나 매각을 일정 범위 내로 제한하는 것이 포지션 관리이다.

## 프라임 레이트
Prime Rate

### 신용도가 좋은 고객에게 적용시키는 우대금리

금융기관이 신용도가 높고 좋은 고객에게 적용시키는 우대금리로, 금융기관이 대출 금리를 결정하는 기준이 되기 때문에 기준금리라고도 부른다. 높은 신용등급을 가진 기업은 프라임 레이트가 적용되지만, 신용 등급이 낮은 기업은 여기에 일정 금리가 가산된 이율을 적용 받기 때문에 프라임 레이트는 일반 대출 금리의 하한선이 되기도 한다. 기업과 금융시장의 사정에 따라 결정되기 때문에 경제 사정을 잘 반영하고 있으며, 중앙은행의 금융정책에 의해 변동되기도 한다.

## 톱니 효과
Ratchet Effect

### 생산이나 소비가 일정 수준에 도달하면 이전의 수준으로 감소하지 않는 현상

프랑코 모딜리아니가 발견한 현상으로, 톱니 효과 혹은 래칫 효과라고도 한다. 생산이나 소비 수준이 일정 수준에 도달하고 나면 수준이 낮았던 이전으로 돌아가기 어려운 현상이다. 소비와 생산에는 추세를 역행할 수 없다는 의미이다. 소비시장에서는 경기하락을 억제하는 역할을 한다. 일정 수준에 도달한 소비는 그만큼 줄어들지 않기 때문에 소비 감소폭이 크지 않다.

## 지하경제
地下經濟

### 정보가 파악되지 않아 사회가 공식적으로 계측하는 경제활동 추계에 포함되지 않는 경제활동

지하경제는 신고 되지 않은 재화나 용역의 합법적 생산, 불법적인 재화나 용역의 생산, 은폐된 현물소득 등의 세 가지로 구분된다. OECD의 개념 규정에서는 강도 등 범죄에 의한 비생산적 불법 활동은 지하경제에 포함시키지 않지만, 실제로 대부분의 연구에서는 비생산적 불법 활동의 자료를 이용해 지하경제의 규모를 추정하고 있다.

## 자사주
Asset Stock

### 회사가 누구의 명의로든지 자기의 재산으로 회사가 발행한 주식을 취득해 보유하고 있는 주식

자사주를 취득하려면 상법상 배당가능이익이 있어야 한다. 상장법인의 자사주 취득방법은 장내 및 공개매수 등의 방법으로 가능하고, 시장가격의 왜곡을 막기 위해서 기간이나 수량 및 가격이 제한되어있고 직접 매입이든 신탁계약을 통한 매입이든 모든 계약사항에 대한 이사회 결의 내용을 금융감독위원회에 보고서로 제출해야 하며 취득 완료 이후에 자기주식취득 결과보고서를 제출하여야 한다.

## 우리사주제
우리社株制

### 직원으로 하여금 자기회사의 주식을 취득하게 하고, 이를 장기적으로 보유케 하는 제도

종업원지주제도라고 하기도 하며, 기업연금의 일종으로 운용되는 미국식 ESOP와 성과지급수단으로 활용되는 영국식 AESOP이 있다. 우리사주제는 근로자로 하여금 우리사주조합을 통하여 자사주를 취득·보유하게 함으로써 근로자의 경제, 사회적 지위향상과 노사협력 증진을 도모함을 목적으로 한다. 우리사주제는 자본소유의분산, 부의 공평한 분배 등을 통해 경제 정의를 실현하고, 자본주의 발전을 도모하는 한편 근로자의 자본참가를 통해 근로자의 재산형성, 기업생산성향상, 협력적 노사관계구축 등 근로자 복지와 기업 발전을 도모할 수 있는 제도라 할 수 있다.

## 스톡옵션
Stock Option

### 기업이 임직원에게 일정 기간이 지나면 자사 주식을 매입 또는 처분할 수 있도록 부여한 권한

근로자에게 일정 주식에 대한 매입 또는 처분권을 줌으로서 근로의식을 북돋우고 이를 통해 기업을 활성화하기 위한 제도이다. 스톡옵션은 장래에 사업이 성공했을 경우 주식을 액면가 또는 시세보다 낮게 살 수 있는 권리를 주는 것인데, 기업의 임직원은 자기주식을 현 시가나 액면가에 구입해 향후 주가변동에 따라 차익을 얻을 수 있다. 기업의 경우는 자금부족으로 많은 월급을 주지 못해 유능한 인력확보가 어렵지만 스톡옵션을 인센티브로 제공할 경우 유능한 인력을 장기간 확보할 수 있다. 특히 이 제도는 능력 중심이라는 점 때문에 주로 자금과 조직력은 뒤떨어지지만 기술력이 앞선 첨단 벤처기업들의 경영전략으로 쓰인다.

## 거품경제
### (버블경제)
#### Bubble Economy

투기로 인해 경제규모가 실제 이상으로 과대평가된 경기 상태

자산의 내재가치가 변하지 않았는데도 시장가격이 급격하게 상승할 것이란 기대로 인해 투기를 조장해 만들어진다. 내재가치는 자산으로부터 얻을 수 있는 미래의 기대수익을 현재 가치로 평가한 것을 말하는데, 시장가격이 이 내재가치를 지나치게 넘어섰을 때 거품이 생성된 것으로 볼 수 있다. 거품경제는 재화나 서비스의 가격이 안정되어 있는 반면에 주가와 지가의 폭등과 같이 자산가격만 비정상적으로 급등하는 것이 특징이다. 사회 전반의 투기 심리가 가세하여 주가와 지가가 큰 폭으로 상승되면 실물경제에는 큰 변동이 없음에도 경기가 팽창한 모습이 마치 거품이 부풀어 오른 모양과 같다고 하여 버블경제라고도 한다. 최초의 거품경제는 17세기 네덜란드의 튤립 파동이며 가장 파장이 컸던 사례는 1980년대 일본의 거품경제이다. 당시 일본에서는 주가가 상승하면서 집값이 폭등하여 경제호황을 맞이했다고 생각했지만 주가와 지가가 하락하게 되면서 1990년 초부터 일본 경제는 큰 침체로 접어들었고, 잃어버린 10년이 도래하였다.

## 팬플레이션
#### Panflation

사회 전반으로 인플레이션이 넘치는 현상

영국 주간 경제지가 2012년 「팬플레이션의 위험」이라는 기사에서 처음 사용한 용어로, 사회 전반에 거품현상이 만연해지면서 가치 기준이 떨어지는 현상, 즉 팬플레이션 현상이 심화되고 있다고 지적하였다. 팬플레이션 현상을 조절하지 못할 경우 심각한 사회문제를 야기할 것이라고 경고하였다. 주간 경제지는 직함 인플레이션을 사례로 들었는데, 직장에서의 직함을 남용하여 불합리한 임금인상을 야기하고 있다고 지적하였다.

## 젠트리피케이션
#### Gentrification

낙후된 도심이 활성화되면서 거주민이 밀려나는 현상

빈곤 계층이 이르는 정체 지역에 중산층 이상의 계층이 진입하여 낙후된 도심이 활성화 되면서 거주하고 있던 빈곤 계층을 몰아내는 현상이다. 해당 지역이 활성화 되고 관광객이 늘면서 부동산 가격 등 전반적인 자산가치가 상승하여 기존 거주자들을 몰아내는 것이다. 1964년 영국 사회학자 루스 글래스가 런던 도심의 노동자 거주지에 중산층이 이주 해오면서 발생한 지역 변화를 나타낸다.

## 부동산 버블
#### Housing Bubble

수요의 급증, 투기의 성행에 따라 부동산 가격이 치솟는 현상

주로 제한적인 부동산 공급에 대한 부동산 수요 증가로 발생한다. 투기를 목적으로 한 사람들이 시장에 참여하면서 이러한 수요는 더욱 크게 증가하게 된다. 어느 시점이 되면 수요가 감소하거나 정체되고, 같은 시점에 공급은 증가하게 되면서 가격은 빠르게 하락하게 되는데 이 시점이 부동산 버블이 터지는 때가 된다. 이러한 부동산 버블은 일시적 현상이긴 하지만, 이로 인한 영향은 수년 동안 지속되기도 한다. IMF에 따르면 부동산 버블은 주식 버블보다는 발생 빈도가 적지만, 부동산 버블의 영향력이 주식 버블의 경우보다 두 배 정도 지속된다고 한다.

## 임팩트 론
Impact Loan

### 규제 받지 않는 외화차입금

본래는 소비재 수입에 쓰이는 외화차관을 뜻하는 말이었으나 최근에는 차관의 조건, 즉 자금의 용도가 지정되어 있지 않은 차관을 의미한다. 외화를 국내에서의 설비투자나 노무조달에 이용함으로써 고용과 임금소득이 늘고 소비재에 대한 수요가 증가해 인플레이션의 충격(임팩트)작용을 초래한다는 뜻에서 생긴 용어이다.

## 네덜란드 병
Dutch Disease

### 경기호황을 누리던 국가가 자원수출로 인해 장기적으로는 경제가 침체되는 현상

천연자원에 의해 급성장을 이룩한 국가가 자원의 수출로 인해 일시적으로는 경제 호황을 누리지만 물가와 통화의 가치상승, 산업 경쟁력 등한시로 국내 제조업이 쇠퇴하여 결국 국민 경제 또한 하락하는 현상을 뜻하는 말로 '자원의 저주'라고 불리기도 한다. 1950년대 북해에서 대규모의 천연가스 유전을 발견한 네덜란드가 당시에는 에너지가격 상승에 따라 막대한 수입을 올렸으나, 시간이 지나면서 통화가치와 물가가 상승하고, 임금상승이 유발되어 석유제품을 제외한 제조업의 경쟁력을 하락시켜 심각한 경제적 침체를 초래하였던 역사적 경험에서 유래한 용어이다.

## 직역연금
Special Occupation Retirement Pension

### 특정 직업 또는 자격요건에 의해 발생하는 연금

직역연금은 공무원연금, 군인연금, 사학연금 등 재해보상 및 퇴직금 노후 보장 성격을 가진 사회보장제도이다. 공무원연금과 사학연금은 10년 이상 가입해야 연금 수령 대상자가 되며, 보험료는 기준소득월액의 16%로 국가와 가입자가 반반씩 납입한다.

## 차관
借款

### 외화채권발행, 외국인 직접투자, 기술도입 등과 함께 외자를 조달하는 방법의 하나

외국정부 또는 국제경제협력기구, 외국금융기관으로부터 차입형태로 대외지급수단이나 자본재·원자재를 도입하는 것을 말한다. 차관은 국내 저축 기반이 취약할 경우 기간산업 건설과 사회간접자본 확충을 통한 경제개발을 수행하는 데 요구되는 막대한 투자재원을 확보하기 위해 외국으로부터 도입하는 것이다. 차관자금은 상환기간이 장기이고 금리가 낮은 편이어서 제2차 세계대전 이후 개발도상국의 성장을 위한 필요자본을 충당시켜 주는 유력한 방법 중 하나였다. 차관은 공공차관·상업차관·은행차관 등으로 구분하지만, 우리나라에서 차관은 대개 공공차관을 일컫는다. 공공차관은 정부가 직접 차주가 되어 도입하는 재정차관과 정부가 지급을 보증하고 지방자치단체 등 우리나라 법인이 차주가 되어 도입하는 보증차관으로 나눌 수 있으며, 차관도입을 위해 미리 국회의 의결을 얻어야 한다.

## 차이니스 월
Chinese Wall

### 금융회사의 부서끼리 정보 교류를 차단하는 장치

금융회사의 부서 간 또는 계열사 간 정보 교류를 차단하는 장치나 제도를 말한다. 불필요한 정보 교류를 차단하지 않으면 고객의 이익보다 회사의 이익을 위하는 방향으로 자산을 운용할 가능성이 있기 때문이다.

## 체리피커
Cherry Picker

### 자신의 실속만 챙기려는 소비자

기업의 상품이나 서비스를 구매하지 않으면서 자신의 실속만 챙기려는 소비자를 말한다. 신포도 대신 체리만 골라먹는 사람이라는 뜻으로 신용카드 회사의 서비스 혜택만 누리고 카드는 사용하지 않는 고객을 가리키던 말이었다. 최근에는 기업의 서비스 약점을 이용하여 상품이나 서비스를 잠시 구매했다가 바로 반품하는 등의 체리피커가 급증하였다. 이에 기업은 블랙리스트를 만들어 일반고객과 차별화를 두는 등 대응하고 있다.

## 선도금리
Forward Rate

### 금리변동에 따라 리스크를 커버하는 방법

금리변동에 따른 리스크를 커버하기 위해 선물금리를 계약하는 것을 선도금리약정(FRA)이라고 한다. FRA의 거래당사자에는 금리가 상승하는 것에 대비하여 FRA를 이용하는 자인 선물금리매입자와 금리가 하락하는 것에 대비하여 FRA를 이용하는 자인 선물금리매도자가 있다.

## 선도계약
Forward Contract

### 장래의 일정한 시점에 상품을 미리 정한 가격으로 인수하기로 맺은 선도계약

매입자와 매도자 간의 합의에 의해 계약조건을 정할 수 있으며, 거래장소도 제한이 없어 장외거래라 할 수 있다. 또한 만기일에만 결제 가능하지만 최근에는 변형된 형태로 만기일 이전에 결제가 가능하도록 되어 있어 선도계약은 매일매일의 결제를 하는 선물계약과는 다르다. 선도계약은 매매 당사자 간의 직접거래이므로 계약 당사자의 신용이 고려되어야 하며, 이에 대한 규제도 주로 시장의 자율적 규제에 맡겨지고 있다. 이 계약의 목적은 자산의 가격 변동에 대한 헤지를 위해 주로 이용되고 있으며, 투기를 위해 이용되기도 한다.

## 세이의 법칙
Say's Law

### 공급이 수요를 창출한다는 법칙

프랑스 경제학자 장 바티스트 세이가 주장한 법칙으로 총수요와 총공급 간 인과관계를 의미한다. 일정한 양의 재화가 시장에 공급된다는 것을 그만큼 수요가 공존한다는 주장이었지만 1930년 대공황에는 이러한 법칙이 적용되지 못하였고, 이에 케인스는 세이의 법칙과 반대로 총수요의 크기가 총공급을 결정한다는 주장을 내세웠다.

## 커플링
Coupling

### 금융시장이 개방되면서 각국의 증시가 같은 방향으로 움직이는 경우

동조화 현상이라고도 한다. 이 현상은 투자주체가 다양해지면서 미국의 펀드들이 미국에도 투자하고 한국에도 투자를 함으로써, 돈을 거둬들이거나 지수에 영향을 주고 있다. 동조화 현상은 1990년대 중반에 나타나 1990년대 말부터 심화되었으며, 주가수익률 뿐만 아니라 수익률의 변동성에 있어서도 동일하게 나타나고 있다. 발생원인은 동조화를 야기시킨 주체로 외국인 투자가였다.

## 배드뱅크
Bad Bank

### 금융기관의 부실자산이나 채권을 전문적으로 사들여 처리하는 기관

금융기관의 방만한 운영으로 부실자산 · 채권 발생 시 금융기관 단독 또는 정부기관 등과 공동으로 설립하는 자회사로 부실부분을 정리할 때까지만 한시적으로 운영된다. 기획재정부는 협약에 가입한 금융기관에 연체되어 있는 채무를 하나로 모아 최장 8년 내에 분할 상환할 수 있도록 만든 배드뱅크 프로그램을 도입, 다중 신용불량자를 구제하기 위한 신규대출을 실시하여 기존의 채무를 상환할 수 있도록 2004년 5월부터 한시적으로 운영했다.

## 섀도보팅
Shadow Voting

### 주주가 총회에 참석하지 않아도 투표한 것으로 간주하여 결의에 적용하는 제도

주주총회가 무산되지 않도록 하기 위해 참석하지 않은 주주들의 투표권도 행사할 수 있도록 하는 대리행사 제도이다. 불참한 주주들의 의사가 반영되는 위임투표와는 다르게 다른 주주들의 투표 비율을 적용한다. 그러나 경영진과 대주주가 악용하는 사례가 빈번하여 결국 폐지하게 되었다.

## 이노베이션

Innovation

### 경제에 새로운 방법이 도입되어 획기적인 새로운 국면이 나타나는 현상

슘페터의 경제발전론의 중심 개념으로, 생산을 확대하기 위하여 노동·토지 등의 생산요소의 편성을 변화시키거나 새로운 생산요소를 도입하는 기업가의 행위를 말한다. 기술혁신의 의미로 사용되기도 하나 혁신은 생산기술의 변화만이 아니라 신시장이나 신제품의 개발, 신자원의 획득, 생산조직의 개선 또는 신제도의 도입 등도 포함하는 보다 넓은 개념이다.

## 은산분리

銀産分離

### 산업자본이 금융시장을 잠식하는 것을 제한하는 규정

금융자본과 산업자본을 분리하여 산업자본이 금융시장을 소유하지 못하도록 법적으로 제제 하는 제도이다. 쉽게 말하여 산업자본은 은행 지분 소유 한도를 4%만 가질 수 있으며 은행 지분 소유에 제한을 두는 것이다. 하지만 은산분리로 인해 인터넷전문은행 활성화에 한계가 있다는 지적에 따라 은행법 개정이 추진되었다.

## 프라이빗 뱅킹

PB : Private Banking

### 은행이나 증권회사에서 주로 거액의 자산을 가진 고객을 대상으로 투자 상담을 해 주거나 자산을 운용해 주는 사람

귀족의 재산을 개인적으로 관리해 주면서 시작되었다. 대부분 장기예금으로 수익성이 높기 때문에 새롭게 주목받고 있는 자산관리방법이며 선진국에서 널리 통용되고 있는 제도다. 자산관리는 전담자인 프라이빗 뱅커가 거액예금자의 예금·주식·부동산 등을 1대 1로 종합관리하며, 때로는 투자 상담도 하는데, 대부분의 경우 이자율이 높고 수수료를 면제해 주는 혜택도 있다.

## 프로그램 매매

Program Trading

### 전산 프로그램에 따라 이루어지는 주식거래 방식

주식을 대량 거래하는 기관투자자들이 일정한 전산 프로그램에 따라 주식을 거래하는 방식이다. 의사결정은 매매자가 하지만 나머지 과정들은 프로그램 시스템이 진행한다. 기관투자자들은 지수 영향력이 큰 주식을 대량으로 매매하므로 프로그램 매매는 종합주가지수에 큰 영향을 끼친다.

## A&D

Acquisition & Development

### 직접 개발하기보다는 필요한 기술을 갖춘 기업을 인수하는 방식

인터넷시대에 접어들면서 연구개발에 대한 인식이 많이 변화했다. 공들여 개발한 기술이 시장에 나오기도 전에 퇴물로 전락해 버리는 경우가 있는가 하면, 시장에 출시되었어도 빠른 기술발전으로 신제품 수명이 과거와는 비교할 수 없을 정도로 짧아졌다. 이에 시장의 변화에 따라 기술개발도 시간에 민감하게 변화하고 있다. 이 같은 상황을 반영해 나온 것이 A&D로, 인터넷을 통한 해외 아웃소싱 통로가 넓어진 것도 A&D 환경을 성숙시키는 요인이다. 소프트웨어의 경우, 굳이 인력이 없더라도 인터넷을 통해 소스코드를 주고받는 일이 가능해졌으며, A&D는 기업인수를 통해서만이 아니라 국지적으로 얼마든지 이뤄질 수 있게 되었다.

## EMV

Europay, MasterCard, Visa

### 세계 3대 신용카드 회사의 표준규격

벨기에의 유로페이, 미국의 마스터 카드, 비자카드 등 3개사가 결제하는 IC카드의 표준규격으로 3개사의 앞 글자를 따서 EMV라고 부른다.

## CDS 프리미엄
Credit Default Swap Premium

### 부도 위험을 사고파는 신용파생 상품

CDS 프리미엄은 국제금융시장에서 금융 거래 시에 채무 불이행의 위험을 보완하기 위하여 이용되고 있다. 일반적으로 CDS 프리미엄은 기초자산의 채무불이행 가능성이 높아질수록 이를 보완하기 위해 더 많은 비용을 지불해야 하는 것으로, CDS 프리미엄은 기초자산 발행주체의 신용도를 나타내는 지표로 해석할 수 있다. 그러므로 국제금융시장에서는 각국의 정부가 발행한 외화표시채권에 대한 CDS 프리미엄을 해당 국가의 신용등급이 반영된 지표로 활용하고 있다.

## 스펜데믹

### 사회적 거리두기로 인한 과소비 현상

사회적 거리두기 등으로 여행이나 야외활동 관련 소비는 줄어든 반면 집안에서 생활하면서 배달음식, 인테리어 소품 등으로 나타나는 과소비 현상을 말한다. 집안에서 느끼는 무료함을 소비로 해소하는 보복소비이다.

## 디파이
DeFi :Decentralized Finance

### 탈중앙화가 된 금융 시스템을 의미

정부나 기업이 중앙기관의 통제를 받지 않고 블록체인 금융기술로 다양한 금융 서비스를 제공할 수 있는 것이다. 오픈소스 소프트웨어와 네트워크로 통제 없이 투자자에게 투명성을 제공하여 건전한 서비스 환경을 제공하는 것이다. 스테이블 코인과 탈중앙화 거래소가 있다.